U0934563

谨以此书献给李赤先生

李赤，1941年出生于陕西省榆林市横山高镇李家坬，1961年考入西北大学中文系；曾在人民出版社、榆林报社、横山中学等单位工作。教学期间，积极探索和实践教学改革，桃芬李芳；同时开展“毛泽东诗词”“汉字造字法”“文章全息四分法”“古语摘要”“李自成乡籍”研究

1961年，横山中学教工支部合影

1984年，参加全国中学语文教学改革会议

20世纪80年代，李赤一家人

20世纪80年代，与高84届（5）班班干部在横山中学校门前合影

20世纪80年代，与89届学生在横山游历

1983年，参加榆林地区毛泽东思想研讨会

1986年，与横山中学86届同学留影

1987年，参加横山县政协第一次文史资料工作会议

20世纪90年代，在米脂县考证李自成乡籍

20世纪90年代，由庄稼种植方法研究造字规律

20世纪90年代，与横山中学鲁迅文学社部分成员留影

20世纪90年代，在北京颐和园

20世纪90年代，与学生单子孝、贺立红留影

1990年，与学生高升、刘志生、刘永君在延安大学留影

1999年，在北京巴沟搞研究

2013年，晚年享天伦之乐

李赤

横山中学 编

光明日报出版社

图书在版编目（CIP）数据

先生李赤 / 横山中学编. -- 北京 : 光明日报出版社, 2021.11

ISBN 978-7-5194-6366-3

Ⅰ.①先… Ⅱ.①横… Ⅲ.①李赤—纪念文集 Ⅳ.①K825.46-53

中国版本图书馆CIP数据核字（2021）第221041号

先生李赤
XIANSHENG LICHI

编　　者：横山中学

责任编辑：曲建文　舒　心　　责任校对：傅泉泽
封面设计：李世化　　责任印制：曹　净

出版发行：光明日报出版社
地　　址：北京市西城区永安路106号，100050
电　　话：010-63169890（咨询），010-63131930（邮购）
传　　真：010-63131930
网　　址：http://book.gmw.cn
E - mail：gmrbcbs@gmw.cn
法律顾问：北京市兰台律师事务所龚柳方律师

印　　刷：三河市华润印刷有限公司
装　　订：三河市华润印刷有限公司
本书如有破损、缺页、装订错误，请与本社联系调换，电话：010-63131930

开　　本：170毫米×240毫米　　印　　张：26
字　　数：414千字　　插　　图：17幅
版　　次：2021年11月第1版
印　　次：2021年11月第1次印刷
书　　号：ISBN 978-7-5194-6366-3

定　　价：128.00元

余音未绝犹在耳

（代序）

李赤是横山中学毕业的学生，也是横山中学教授过语文的老师。无论是作为学生还是作为老师，李赤无疑都是横山中学的佼佼者——他在仅读一年高中、自学一年的情况下考入西北大学中文系，开启了追求真理、探索学问的大门；他在横山中学教学一线教授语文，勇于探索，理念超前，致力教改，大胆创新，成果斐然，深受学生爱戴，可谓桃李满天下。

李赤先生离开我们已经有七个年头了，但时至今日，无论他的同学、同事，还是他的学生，总还是能够深深记着他，仿佛他仍然活在大家的心中。他的精神一直激励和影响着每一个和他相识相知的人，这大概正是《先生李赤》这本书能够汇编出版的原因吧。作为一名老师，能够在去世以后得到这样的礼遇，实属难得，这在横山中学校史上也属首次。

古人有言："桃李无言，下自成蹊。"在李赤老师去世不久后，他的学生们就自发组织发起回忆恩师的征文倡议。后来逐渐有李赤老师的同学、朋友、同事以及家人陆续参与，共同写出60多篇文章，最终汇成《先生李赤》一书。这不仅仅是学生们对老师感恩崇敬、追思缅怀的深情表达、亲友同事对他勤学敏思昂扬前行一生的赞许与怀念，更是对"尊师重教"四个字的最好诠释、给师者李赤去世七周年最好的纪念。

教育是天下百业的基础。作为受教主体的学生，在求学路上得一良师何其有幸。李赤先生无疑就是良师，他身后能赢得如此褒扬，也因为他无论作为学者还是作为教师都无愧于楷模和榜样。

李赤先生一生追求真理，颇富创见，学识渊博，育人有方。他在横中一线教书育人总共10年，为时并不算长。但在治学为师中，他重视素质教育，锐意教学改革，注重学生素质的全面提升，培育出一批善于学习、懂得感恩的优秀学生，为教坛留下不少宝贵经验和一种可贵的职业精神。

他注重教书，更注重育人，不仅给学生以知识，更多的是给他们思考的习惯、批判的精神和前行的勇气。

他注重理想教育，激励学生树立远大抱负，确立正确的人生目标，置身历史的洪流中放宽眼界，立足长远，不懈追求，超越自我。

他引导学生学会如何在苦难中乐观向上、永不放弃；让学生知道如何在浮躁的时代沉下心思潜心学问，锲而不舍，实现自身价值。

他教育学生要有严谨的治学态度，不拘泥于形式，不循规蹈矩，学会独立思考，要有批判精神。

他倡导学生全面发展，立体成才，“走自己的路，追求别样人生”；他因材施教，鼓励学生多渠道争取读书机会，完成学业，而后自主择业，拼搏人生。

横山中学自1955年建校以来，涌现出一大批优秀的教师和校友，李赤无疑是其中一位杰出的代表。他虽然已经去世多年，但他在教学中改革创新的精神，治学中追求真理的精神，生活中不屈不挠的精神，还在人们的记忆中深深存留着。在《先生李赤》中，李赤先生诸项研究成果和墨香犹在；曾经的朗朗之声、谆谆之言、殷殷之教、拳拳之心，汇成一曲传道授业解惑的余响。这是对师者李赤的纪念，是对其治学精神和理念的肯定和弘扬，也是对后来者的激励与影响。

近年来，横山中学深化教学改革，强化内部管理，取得了较为显著的成绩，为横山培养社会建设人才做出了应有的贡献，这是师生们共同努力的结果。但是，前行的道路依然漫长而曲折，尚需继续做出不懈努力。我们相信，《先生李赤》一书的出版发行，对弘扬李赤教学理念、治学精神，促进横山中学教育质量进一步提升，具有积极的现实意义。我们相信，在众多像李赤先生一样的横山中学优秀老师和校友的激励和感召下，横山中学在横山的发展进程中，一定会积极担当，锐意改革，更好地完成使命，无愧于当代，无愧于历史！

横山中学

2021年10月

目录 contents

似水流年 / 1

似水流年

“流年似江水，奔注无昏昼。”

生命如同流水，只有奔涌向前，才最壮观、最美丽，才有意义。李赤先生的生命就如同奔涌的江河，飞溅的浪花常常打湿同行者的衣襟，令人记忆深刻。

本篇主要收集李赤先生的同学、同事、朋友的文章，从各个侧面反映李赤先生的一生。

忆李赤：师生·同事·朋友

朱直叙

李赤的去世是我们文化事业的重大损失。回忆起李赤，许多往事历历在目。

从横山中学出发

1955年7月，我从榆林师范初师毕业，扛着一小捆铺盖卷，到正在搞基建的横山中学工地报到。

学校开学后，我被分在教导处当职员。1956年学校第二期招生，招收四个班，每班五六十个学生。李赤是从高镇小学毕业考入横中初中部的。我当时搞编班，将他编在（2）班。他们应在1959年毕业，这个班就叫“59届（2）班”。他注册的名字是“李庚贤”。

记得当时李赤身材高大，不胖，肤色有些黑，人长得不怎么帅。他的手很大，手指头又粗又长。说话声音很大，好像敲响的洪钟似的。他身材均称，站如松，坐如钟，走起路来一股风，似有古代武士风范。他的性格有些内向，见人多笑，话很少。由于家中经济条件差，享受最高的助学金。他穿的衣服很旧很破，补丁摞着补丁。冬天没有御寒的衣物，手和脚都被冻肿。那时不论老师还是学生，都吃大灶的份饭，伙食很差。学生的饭菜更差，多是清水煮白菜、洋芋。李赤饭量大，一份饭三下五除二就吃光了，吃饱饭的机会太少。他几乎是天天在饿着肚子，只有勒紧裤带强忍着。李赤身强体壮，力气很大，能吃苦，脏活累活抢着干。当时建校的劳动多，背砖时他背的砖块最多，在农场劳动时他抢着抬大茅桶上山。他对老师非常尊敬，就是我这个不教书的“老师”，如在街头相遇，他立马立正行个九十度的鞠躬礼，我真是羞愧难当。

初一时他没有什么名气，但他学习很刻苦。到了初二以后，老师教什么他会什么，学业成绩突飞猛进，成为班里学习的佼佼者，令师生们刮目相看。他由于学习超负荷，用脑过度，严重伤害了脑神经，在高一时头疼难忍，吃不下饭，睡不着觉，昼夜如坐针毡，度日如年。身体日渐衰弱，精力不济。他的苦衷可想而知。万般无奈，李赤只得痛苦地选择申请休学。

老校长黑义忠是识才、爱才、用才的名师、教育家。为了让李赤学业有成，破格将其录用为职员，负责领导劳动生产。李赤白天带领学生在校办农场劳动，夜间挑着煤油灯苦攻高中课程，有时也随高他一级的高六（1）班听听课。所谓苦不枉受，地不瞒人，皇天不负有心人。只要付出了就会有回报。1961年，李赤以优异的成绩被西北大学中文系录取。他创造的奇迹，是横山教育界的特大新闻。李赤经常对友人说：“黑校长是我的贵人、恩人。横中为我的一生奠下良基，我是从横中起家的。”

黑义忠校长是横山中学的奠基人之一。他为横山教育事业立下了汗马功劳，是横山教育战线上公认的一座“丰碑”。

1955年年初，上级派黑义忠到横山县去组建横山中学。在建设资金短缺，施工条件极其简陋的情况下，他力排万难，仅用了几个月的时间，就在杨市山脚、芦河畔边，建起了横山县有史以来的第一所中学。横山中学的创立，标志着横山教育进入一个新的时期。

帮了我一个大忙

我这个人学浅才疏，又没有专业技能。在五十几岁开始反思，几十年的工作好似一锅白开水，什么味道也没有。我深深感悟到不仅对不住养育我的老百姓，就连给儿孙们也无法交代。我打定主意做点对社会有念想的小事，以资弥补我的人生遗憾。做什么好呢？我无一技之长，连自行车也不会修。若要经商，既没有资金又没智商，还想起一句俗话叫“秀才经商，连本赔光”。再想也没敢想。经过三番五次的思虑，打定主意收集整理“由来”方面的资料。经过四五年的辛劳，到1990年，整理的“由来”达到一千多则，约有七八十万字。人们称它“小百科全书”，于1994年正式出版。

当时许多出书人喜欢请领导或名人为书题词，我也有这样的期盼。我这个无名无望的平头百姓，能请得起谁呢？这事让我纠结了很久。经多方打听，有人说，全国政协副主席马文瑞对家乡人很关心，为好多人的书题过词。此信息让我茅塞顿开。我与马老素不相识，如何才能请得起他呢？当时李赤正在北京，我抱着投石问路的想法，给他写了一封信。没多久他来信表示愿意为我尽力办理此事。真让我喜出望外、激动不已。李赤与马老并无交往，对如何联系高官要员也没有经验。我无法知道李赤费了多少心思，找了多少人，打了多少电话，跑了多少路，花费多少时间。过了一段时间，马老亲笔题写的“万事有来由，源清水长流”，寄到了我手里。

这真使我如获至宝，喜从天降，让我“今夜无眠”。我要感谢李赤，却被他一口拒绝，我更加敬仰他的人格魅力。

李赤是个好人，他把“人”字写得大方工整；李赤为人正派，才华横溢；李赤学养渊博，是难得的学者、奇才。李赤一生多遭坎坷，他的才能没能发挥到极致。李赤辞世之际我因身体欠佳，没能为他送行，成为一桩心头的憾事。我用这篇文章，回忆李赤，作为纪念。

参加地区研讨会

1983年，榆林地委召开“学习毛泽东思想讨论会”。横山县由宣传部部长崔月德带队，还有李赤和我参加。一天老崔约我给李赤通知参会之事。我们来到李家，老崔刚说明来意，李赤的爱人梁惠莲霎时被吓得面如土色，失声痛哭，眼泪像两串断线的珠子似的直往下掉。老崔和我很理解她的内心恐惧。梁女士泣不成声，哽咽着，断断续续地哭诉：“崔部长呀……这两年我们刚刚过上安稳日子……再也禁不起折腾了……如果他再出事，我们娘儿们几个该怎么活呀……求你们就饶了我们吧……”老崔给她解释了现行的政策，但她还是很坚持，“今后凡是政治活动，李赤一律不准参与”。老崔又跟她谈心、开导、劝解，梁女士态度虽然有所转变，但仍不答应李赤参加会议。我们看出，这次会议李赤是不可能参加了。在会议报到的那天，我俩正准备上车，突然看到李赤气喘吁吁地跑进县委机关大门，他给了我们一个惊喜。研讨会由地委宣传部承办，主管书记参加。各县委宣传部部长和二百多名学习毛泽东著作有突出成就的人员参加。

会议专门安排李赤在大会上讲解他学习毛泽东诗词的探究和体会。李赤一讲就是两三小时。听众被李赤渊博的学识所震惊，对他新颖的研究成果表示仰慕。李赤敢于发表与研究毛泽东诗词的权威专家不同的观点，让人们佩服得五体投地。李赤的研究完全是摆观点，讲道理，以事实为依据，以历史为背景，将专家们的研究成果一一列举出来，再附上他的研究感悟，进行比对，让读者进行鉴别。与会者认为李赤对毛泽东诗词的研究，有着独特的创意，是当之无愧的研究毛泽东诗词的专家。

2017年4月

朱直叙，李赤先生高中读书期间横山中学的老师，1934年出生于陕西子洲县，创编各类文学作品200多万字，出版著作7本，在全国50多家媒体上发表文章600多篇。

我心目中的李赤

赵宝峰

李赤是我西北大学中文系校友，他生前与我过从甚密，情同手足。无论是处于顺境还是逆境，我们之间的友谊坚如磐石，牢不可破。李赤逝世虽已6年之久，但他的音容笑貌却永远留在我的心中。按理，我早该写点儿纪念文字才能对得起我们之间的友谊，才能给嫂夫人梁惠莲女士及其子女朝阳、非雪兄妹俩有个人情上的交代，但我却迟迟未予动笔。其中原因尽管比较复杂，但最主要的因素还是纠结于对李赤一生的评价定位上。因为，李赤在我的心目中绝对不是一般的凡夫俗子，而是一个标准的“高、大、全”形象，我唯恐因自己对李赤的评价带有个人感情色彩，而影响社会对他的整体认知，更不希望我的文章给李赤带来任何负面影响。基于这种想法，我的文章题目权且叫作《我心目中的李赤》好了。

学　长

我是1965年秋从府谷中学高中毕业后，经高考录取到西北大学中文系70届甲班读书的，李赤比我高四级。据说他在横山中学只读过一年高中，因病休学，被横中老校长黑义忠先生特殊照顾留校，一边上班，一边养病，一边利用闲暇时间自学高中课程。在此期间创造了一个奇迹——李赤仅仅用了一年的工余时间，自学完成了两年的高中课程，提前一年参加了1961年高考，并以平均80.5分的优异成绩，被西北大学中文系录取，为横山中学在全省高考中放了“卫星”。

当时的西北大学规模比现在小多了。记得我们1965年入学时，全校学生约两千人左右。中文系为大系，学生总数还不足300名。我们这一届学生人数最多，两个班共有学生70人。中文系和历史系两个系的学生共同居住在3号学生楼，这座楼即是后来因一部电视剧而名噪一时的“半边楼”。

李赤所在的班级即将面临毕业走向工作岗位，同学们习惯称为“中五”班，我所在的班称为“中一甲”（编者注：“中五”为中文系五年级，“中一甲”为中文系一年级甲班，李赤所在年级中文系只有一个班，而作者所在年级有甲、乙两个班）。在我的印象里，“中五”班里陕北学生特多。我至今都能记起姓名的榆林籍学生除李赤外，尚有榆阳区的秦玉璋、子洲县的张子良、吴堡县的宋桂嘉、清涧县的惠世武和李树森，还有绥德县的杨文明和白祝年等人。而我们“中一甲”班却只有我这个唯一的陕北人。基于这一原因，我和系里的全部老乡很快便熟稔起来。无论从年级高低还是从年龄长幼说，他们都是我的学长，我对他们尊重有加。

李赤当年给我的第一印象是一个典型的陕北大汉。他身材魁梧健壮，古铜色的脸膛显露出一股刚毅之气，眉宇间常常呈现凝神沉思的表情，每和人打招呼前总是先面露微笑，让人感到和蔼可亲而又彬彬有礼。他不修边幅，在夏季经常可以看到他穿着背心短裤，手里拿着书，趿拉着一双草鞋行走在校园里。李赤考上西北大学后，他大哥给的学费中，有一部分是硬币，可见家境之清贫。

20世纪60年代的西北大学，在国内外均享有盛誉。西大中文系更是人才济济、名师荟萃，是众多学子梦寐以求的神圣殿堂。在诸多名师中有古典文学领域鉴赏派大师、被学术界公认的全国杜甫诗歌研究领域三大权威之一付庚生先生（另外两位是北京大学西语系冯至先生和山东大学中文系萧滌非先生）；还有民国年间国学大师胡小石、汪辟疆门下的高足、我国国学界考据派代表人物刘持生先生等学界翘楚。而担任系主任的则是东北才子，早年曾和曹禺、吴祖缃并称“清华三诗人”的郝御风先生。

李赤的班主任是后来担任过西大中文系古典文学教研室主任的赵俊玠老师，他当时虽然年轻，但师出名门，是著名的古代文学史专家山东大学教授陆侃如、冯沅君伉俪的得意门生。

从求学的角度看，李赤这届学生最幸运，因为他们是西北大学由4年学制改为5年学制的唯一受益者。他们不仅按照原定教学计划圆满地完成了学习任务，而且因“文化大革命”推迟毕业而在大学待了整整7年。因此，我认为李赤这届学生是西北大学校史上质量最高也是最引人注目的一届。

名师出高徒，事实确实如此。20世纪末，我省新闻广播电视舆论界的领导者好几位均出自李赤这个班。著名的电影文学作家张子良先生，与李赤同班，又是挚友。

李赤当时在他们班是公认的高才生之一，他对古典文学和鲁迅作品用力最勤，造诣最深。李赤毕业后曾经先后在新闻出版、宣传、教育等多个部门工作，无论在什么部门从事什么工作，他都能应付裕如、游刃有余，这完全得益于他在西北大学中文系打下的扎实基础和深厚功底。

记得李赤在校期间曾经写过一篇毕业论文，题目好像是《评金圣叹与〈水浒传〉》。众所周知，被称为我国古典小说四大名著之一的《水浒传》，社会上至少流传三个版本：七十回本和一百回本及一百二十回本。而这七十回本正是清代文人金圣叹将原来一百回本的《忠义水浒传》腰斩以后的版本。金圣叹认为，一百二十回的《忠义水浒传》后五十回系罗贯中“横添狗尾”，故尽行砍去，又将百回本的第一回“张天师祈禳瘟疫洪太尉误走妖魔”作为楔子，将第七十一回“忠义堂石碣受天文梁山泊英雄排座次”改为“忠义堂石碣受天文梁山泊英雄惊噩梦”，作为第七十回，以卢俊义做噩梦，梦见全伙被缚于嵇叔夜作为全书结尾。他自称得“贯华堂古本”无续作，又伪造施耐庵序于前。

对于金圣叹其人及其对《水浒全传》的评点改编的功过，从清初以来就众说纷纭，毁誉褒贬不一。鲁迅称金圣叹为最有名的人。胡适说他是有眼光，有胆识，为“17世纪的一个大怪杰”。钱穆先生说得更直白，“不读金批，《水浒传》就跟没读一样”。有鉴于此，李赤在西大学习期间，就注意收集有关资料，开始了对金圣叹和《水浒传》的研究，并将毕业论文的选题确定为《评金圣叹与〈水浒传〉》。当时因“文化大革命”打乱了正常的工作和教学秩序，学校没有收毕业论文，李赤又在此文的基础上拓展为一本专著，约20万字左右。

李赤在这本书稿中对金圣叹这一明末清初的文坛怪杰、文学评论大师旗帜鲜明地予以肯定和褒奖。他认为，金圣叹腰斩《水浒全传》有功，经金圣叹腰斩后的《水浒传》，删去了被罗贯中蓄意加进去的梁山英雄被朝廷招安并去征讨方腊的情节，这样就使一部宣扬歌颂投降主义的小说，一下子蜕变升华成为一部歌颂农民起义的现实主义作品。

尤其令人叹为观止的是，李赤书稿中的基本观点与后来毛主席公开发表的关于评《水浒传》的有关重要指示何其相似乃尔！这绝非偶然的巧合，而是粉丝与偶像之间在思想灵魂深处的契合。李赤思想认识水平之高由此可见一斑。但是，就是这样一部极有创见、饱含李赤心血的著作手稿，我们永生永世也不可能见到了。

20世纪70年代，李赤从北京回到榆林报社工作期间，曾遭受极“左”势力的残酷迫害，他和胡广深同志一起被无辜打发到南郊农场劳动改造。一次，我回榆林参加地区农村工作会议，晚上偷空看望他时曾经问及书稿一事。他怀着沉重的心情告诉我，书稿早已不复存在了，原因是他担心极“左”派发现书稿后会抓住把柄、节外生枝、罗织罪名，进而无限上纲。因此，在万般无奈下他只好忍痛割爱，将书稿付之一炬。我听之后亦痛彻心扉，至今都感到无比遗憾！

当年曾经掌权的地委领导人雷某是整顿报社的决策者，雷某调回省上后也被列为“三种人”而被清理，但是李赤以及受李赤株连的人却再无人过问。此事不了了之，李赤不明不白地被调离报社，回到横山。

至　交

李赤不仅是我的学长，而且也是我最亲密的朋友。这种朋友关系是从“文化大革命”开始的。用当时的流行语言表达，我俩是风雨同舟的战友。面对这场“大革命”，李赤和我都是农家子弟，生在红旗下（陕北革命老区），长在新中国，托毛主席的福，靠共产党和人民政府提供的助学金养育我们读书成才，理所当然，我们会毫不动摇地积极响应伟大领袖毛主席的号召，义无反顾地投身于当时的“革命洪流”之中，成为所谓的“造反派”和“红卫兵”战士。不管今天的人们对这些名称打上什么样的时代烙印，赋予何种褒贬色彩，作为过来人，我们必须坦然面对，没有任何必要和理由对此遮遮掩掩，否则就是对历史的亵渎。

令人欣慰的是，李赤这位热血青年，在“文化大革命”中，虽然有过造反派经历，但是他的一言一行、一举一动可以说都能禁得起历史考验，而且在他的言传身教下，我本人获益匪浅，由一个不谙世事的懵懂青年逐步成长为一个能够独立思考的人。

李赤在“文革”中，并未在校、系、班三级红卫兵组织中担任过任何大小头目。不过，他曾发起成立过两个群众组织，一个叫作“解放社”，另一个名曰“八四战团”。“解放社”是个非常小的群众组织，其成员除我们中文系的四五个同学外，另外还有数学系、化学系和生物系的六七名同学。后来随着运动的发展，“文革”的烈火由学校逐步扩大到机关厂矿及整个社会上之后，“解放社”自行解散，李赤又在原有成员的基础上组建了“八四战团”，因其成立于8月4日而得名。“八四战团”成立后，活动的重点便从西北大学校园转移到西北局机关大院。参加该团的成员也扩大到了西安市个别大中院校。我记得有西电、西安冶金建筑学院和西安九中、三十七中以及西安女中的学生约二三十人。从“解放社”到“八四战团”，我一直是李赤的追随者之一。

我与李赤在“文革”期间将近两年的相处中，他在我心目中留下了非常美好而又深刻的印象。

首先他坚定不移地贯彻执行伟大领袖毛主席和当时党中央的路线方针和政策，从不打丝毫折扣。用今天的话说，就是和党中央保持高度一致，这当然是无可非议的。作为一个普通老百姓来说，读毛主席的书，听毛主席的话，照毛主席的指示办事，这在任何时候都不应该承担政治责任的。记得1967年10月14日，党中央发出了《关于大、中、小学校复课闹革命的通知》后，李赤雷厉风行，坚决贯彻执行《通知》精神，宣布“八四战团”自行解散，全体人员各自回到所在学校。

李赤还有一个特点是他在“文化大革命”中自始至终保持清醒头脑和独立见解。他能正确对待当权派，正确对待受批判的老师和不同观点的革命群众，正确对待自己。他特别反对任何形式的“打砸抢”行为。记得当时学校召开全校性批斗大会时，一旦出现有体罚批斗对象的错误苗头，李赤便会挺身而出，振臂高呼“要文斗不要武斗”的口号，尽管是他一个人的声音，但是会场的混乱局面马上就会得到有效制止。

有一件轰动全校的事情令我至今记忆犹新。大约在1967年11月3日，《人民日报》发表了一篇署名作者杨成武的《大树特树伟大的毛泽东思想的绝对权威》的文章，此文一发表全国各地一片欢呼声，但是在西北大学校园内的大字报墙上，却看到了李赤用毛笔书写的斗方大字横幅标语，其大致内容是：大树特树的提法是违反马列主义毛泽东思想的。

李赤的标语式大字报犹如空谷余音，震撼了西北大学校园。全校师生看了李赤的大幅标语后，一方面为李赤的这种大无畏的反潮流精神所惊叹；另一方面也为他的这种冒险行为捏着一把汗！李赤因之而成为西北大学的名人了，就连学生食堂的炊事员在打饭时也由不得多看他一眼，唯恐这位身材魁梧的陕北学生吃不饱肚子而有意无意间给他多打点饭菜。

1979年我考入中共陕西省委党校理训班学习，时任省委党校校长的刘端棻同志正是当年我们上西北大学读书时的老校长，当我和这位德高望重的老革命老前辈谈及李赤时，刘老莞尔一笑，以赞赏的口吻夸奖道：“李赤是个好学生，‘文化大革命’中西大虽然很乱，但是李赤这个学生给我的印象很深。他虽然属于造反派，但一点也不胡来。这个人很有头脑，看问题从不随波逐流，总有自己的独立见解，打砸抢之类的事他非但不沾边，而且有胆有识，敢于抵制歪风邪气。咱西大能培养出这样的好学生我从内心深处感到无比欣慰！”

李赤是1968年毕业分配至人民出版社工作的。当时他们班共有五名同学分配至北京工作。其中一名姓贾的女生和一名姓刘的男生分配至北京电影资料馆，一名叫赵晓光（也是李赤“解放社”成员）的男生分配到北京广播学院任教。李赤和纪时两人分配至人民出版社。他俩在出版社上了大约一年班，主要工作就是校对《毛泽东选集》第五卷。校对完之后，领导部门又决定将这批从全国各地分配进京的大学生，下放到山东某部队农场进行了大约一年时间的劳动锻炼。劳动锻炼完之后又回到陕西省进行重新分配。纪时被分配至安康，几年后又调回陕西人民广播电台。李赤本来可以留在省级单位，但因父母年迈多病，妻子一人在家拖累太大，于是主动要求分回老家榆林地区，被组织部门安排在榆林报社工作。

从李赤第一次分配到北京以及后来去山东劳动锻炼期间，我俩书信来往频繁，可惜这些信件我未予保存，确实令人遗憾！1970年他从北京回来路过西安时我还没有毕业离校，我借用西大图书馆武德运老师的个人宿舍留他住了十来天。他和武老师虽然神交已久，但从未打过交道。武老师和我亦师亦友，我们仨在这段时间经常一块儿吃饭，喝茶聊天，一块儿谈论国家大事，慢慢地他俩也成了心心相印的朋友。

1980年，李赤终于平反，他从铜川崔家沟煤矿获释之后首先来到西安找到了我。我当时正在省委党校理训班学习。两人相见，心情难以言表。我的心里除了对他冤狱平反的庆幸之外，更多的是对他身陷囹圄遭受无辜之灾的不解和心痛！晚饭时，我在大灶上买了几个小菜和一瓶长脖子西凤酒，两人对饮了一番。其间，我留心观察他的表情还是和过去一样，一丝苦也没流露，更没有丝毫抱怨，相反从他坚毅的目光里，那无怨无悔的神情仿佛让人看到的是凤凰涅槃之后的严肃和坦然！夜间，他鼾声如雷，一座四层楼房的二百多名学员几乎多数都能听到，吓得我几次用枕巾捂着他的口鼻，他都浑然不知。此情此景至今历历在目，成为我们党校学员学习生活的一段佳话！

偶　　像

李赤一生政治命运坎坷，但他一直是我心目中的偶像。

可惜我在他去世之后未能参加追悼会为他送行，如果让我为他致《悼词》的话，我一定会对他做出这样的评价：李赤先生是一位忠诚的马克思主义信仰者，是一位毛泽东思想的虔诚信仰者、践行者和捍卫者。李赤生前在组织上未能加入中国共产党，但他赤胆忠心矢志不渝地为之奋斗终生，问心无愧却也不无遗憾地做了一辈子党外布尔什维克。我坚信李赤先生不仅思想上早已入党，而且他的党性要比我们有些组织上入了党的人还更加光彩照人。

下面我从三个方面简要阐述李赤在我心目中的崇高偶像地位。

第一，李赤有大志。

古人云，志不立，天下无可成之事。人之所以异于禽兽，唯志而已矣！然人各有志，虽大小有别，但志士仁人，皆志存高远，心系国家与民族。平庸之辈，多目光短浅。

以本人为例。我从小父母多病，经常要东奔西跑为父母求医问药。于是，从上小学起我便立志要做个中医大夫。可是到了高考填报志愿时，因中医学属于二类志愿农医专业，数理化是必考科目，而这又是我的弱项，因此只能改报三类志愿文史专业。而文史类专业我又最喜欢图书馆工作，便把北京大学图书馆学系作为首选志愿，因高考分数差距而最后被命运驱使录取到西北大学中文系汉语语言文学专业。毕业后又从事了干部理论教育工作。

李赤与我则不同。李赤生来就是个想大事、干大事的人，他胸中之志是名副其实之"大志"，为了实现自己的宏图大志，他孜孜不倦地刻苦攻读马列和毛主席著作，用马列主义毛泽东思想武装自己的头脑，塑造自己的灵魂，指导自己的言行。据我所知，他在延迟毕业分配的那两年，反复多次地认真通读了人民出版社出版的四卷本《马克思恩格斯选集》《列宁选集》和《毛泽东选集》。至于《共产党宣言》《哥达纲领批判》《法兰西内战》《关于家庭私有制和国家的起源》《反杜林论》《国家与革命》《共产主义运动中的"左派"幼稚病》等单行本中的内容，他更是烂熟于心。对其中的一些重点段落和名言警句，他已经达到信手拈来倒背如流的熟练程度，以至于让我这个几乎一辈子从事马列主义基础理论教育的专业工作者也不禁有望洋兴叹之感！

李赤不仅在理论上熟谙马列主义毛泽东思想基本原理，更可贵的是他能够严以律己，不折不扣地按照毛主席当年为了反修防修而提出的关于无产阶级革命事业接班人的五条标准，约束规范自己的言行，指导工作实践。如果你和李赤长期学习工作生活在一起，除了你能切身感受到李赤是

个真君子外，你还会无形间发现有时他的言行深受革命导师和领袖品格和风范的影响。

第二，李赤有大才。

所谓大才就是学识很高，堪当重用之才。在个人天赋方面他有惊人的记忆力，用过目不忘一词形容毫不夸张。他的形象思维和逻辑思维二者兼备，均超乎常人。特别是求异性的创新思辨能力，使他具备了思想家的潜质。由于他能够运用马列主义毛泽东思想这一政治上的显微镜和望远镜，因此对国内外发生的重大历史事件和现实问题，他独具慧眼，能够有自己的独立见解。再加上他不畏风险、不怕吃苦、孜孜不倦的学习钻研探究精神，使他的学术功力达到了博古通今的水准。在知识结构上，他有广泛的知识面，除了5年大学本科奠定了扎实的文学基础和国学根基外，他对人文社会科学的其他学科均有广泛涉猎，特别是对中国历史和中共党史的研究，其水平完全可以和专业工作者比肩。至于对马列主义基础理论包括哲学、政治经济学和科学社会主义三个组成部分，我认为李赤真正达到了“弄懂弄通”的程度。

我一直认为李赤之才是大材，大材就要大用。如果李赤避开政治旋涡，专心从事学术研究或高校教学工作，那么他很可能就是大师级人物。因此，当李赤平反之后，被当地政府安置回到母校当了一名普通中学教师时，我不禁为之惋惜，心想李赤此生完矣！他的旷世才华必将被茫茫毛乌素沙漠所淹没！

然而，出人意料的是，李赤登上三尺教坛之后，非但没有意志沉沦，相反却以新的“弄潮儿”姿态投入教育改革的洪流中。至于他的教学理念、教改思路和举措，特别是取得的辉煌成果，在其同事和受他亲炙的学生们写的文章中，多有详尽而又精彩的论述，我恕不赘述。

李赤在从事繁忙的教学改革试验的同时，还开展了对李自成故里、古文字学和文章学方面的研究，而且在较短的时间里取得了阶段性的成果。李赤回到横山中学之后，偏居一隅，信息闭塞，资料匮乏，但他能够从现实生活中发现课题，因陋就简，就地取材开展研究。比如，他从夫人梁惠莲创办的“向阳幼儿园”的孩子们早教认字的需求出发，就能触发快速识字的灵感，进而发展到“汉字象形技术的研究和开发”。为了廓清明末农民起义领袖李自成的县籍、乡籍，他在县政协首倡成立了专题研究组，参与实地调研考察，取得了学术界公认的突破性成果，填补了李自成乡籍资料的空白。

在学术研究上，他犹如一个高级厨师，无论什么样的食材，一经他手便可变成美味佳肴！20世纪80年代初，李赤虽然平反，二次走上工作岗位，但他面对自己政治抱负受挫，政治才华难以施展的严酷现实，独辟蹊径，集中精力研究起了毛主席诗词。李赤不是臧克家、周振甫等老学究，他搞毛泽东诗词研究也绝不会脱离政治，专走纯学术道路。他凭借自己对中共党史和毛泽东思想的精通优势，凭借自己独特的才情、血性和“诗心”，很快就占领了国内外毛泽东诗词研究的一席之地。“功盖三分国，名成八阵图”，李赤运用形象思维和赋比兴的手法研究毛泽东诗词的体系后得出了前无古人的结论：毛泽东诗词是中国共产党党的建设的总图样，是三分天下的韬略书，中华民族的正气歌，是指导中国革命和建设的八阵图！

他曾说过：“如果能把汉字的认识方法和毛主席诗词以及古语摘要方法都推向世界，那将会出现一个‘东方文艺复兴’时代！”可惜他的这一宏伟设想未能实现，他的研究被病魔中断，由新疆人民出版社出版了署名“东学会”的研究成果《鲲鹏展翅——毛泽东诗词新解说》虽已出版，但因年代和条件所限，仅仅将主席写于民主革命时期的十来首诗词解说面世，其余部分有的尚未完成，有的虽然手稿已就，但也未能及时付梓。这既是李赤的终生遗憾，也许是我国文艺界、学术界以至思想理论界不可弥补的损失！

第三，李赤有大德。

这里所谓的大德并非宗教术语里的大德，而是泛指德行高尚之人。孟子曰：“富贵不能淫，贫贱不能移，威武不能屈，此之谓大丈夫。”李赤所具之大德就是这种大丈夫的高尚操守和德行。

除此之外，他的德行情操和品格中还闪耀着一种普通人不具备的风采。作为一介书生，他心无丘壑，坦诚直率，爱憎分明，疾恶如仇，最见不得那些城府很深、表里不一、见风使舵、两面三刀之人。对中国历史上的那些所谓“贰臣”，他视为人渣，嗤之以鼻。

李赤对冯道持彻底否定态度，他旗帜鲜明地赞同欧阳修和司马光以及当代著名马克思主义史学家范文澜先生的观点。我和我的朋友们向来对李赤佩服之至，我个人从内心深处切身感受到，李赤的思想水平和认识能力，确实超乎常人，至少比我们这些同时代人要超前半个世纪！

我还想提及的是李赤的劳动观念与众不同，在他的观念里，劳动是人类神圣的本能和行为，只要与为人类自身创造财富关联在一起，在任何时空都是不可亵渎的，体力劳动更应受人普遍尊崇！这也是李赤与众不同的高尚德行的表现之一。李赤出身贫苦农民之家，他从小便养成以劳动为荣的良好习惯，视劳动为生命不可或缺的组成部分，坚信劳动不仅创造了世界而且也创造了人类本身！他对劳动情有独钟，可以说劳动伴随了他的一生。大学毕业后他在人民出版社刚刚干了一年，就被下放到山东农场劳动锻炼。回到榆林报社上班不久，又被极“左”势力借口隔离审查，打发到南郊农场进行劳动改造。特别是在蒙冤入狱之后，在铜川崔家沟煤矿下井挖煤长达四五年，干的是繁重的体力劳动。李赤对强加在自己头上的种种诬蔑和不实之词从来都是竭尽全力予以抵制和抗争，唯独对其所谓改造期间的强迫劳动，却从未抗拒。特别是在铜川煤矿下井采矿时一只耳朵被火炮的爆破声震聋，几近失去听力时，他也没有流露过半句怨言。这就是李赤！

最令李赤惬意的莫过于他用自己的双手，箍了几孔漂亮的石窑洞，不仅全家人有了窝，还给妻子办起了“向阳幼儿园”。他还垒石造地，开辟了一块小菜园，食用时蔬，自给自足，品种齐全，自得其乐。就连远在榆林居住的艾建国和我这些三朋四友，家家都能坐享其成，经常能吃到李赤从横山托人捎来的南瓜、土豆和豆角，分享李赤的劳动果实。

命　运

回忆李赤的一生，萦回于我脑海里最多的一个词语就是“命运”二字。我没想到自己学习和宣传了一辈子唯物论和辩证法，最终却陷入宿命论之中，不能自拔！至于这宿命论到底是唯心主义，还是现代科学里的量子纠缠，我更茫然无知！

孔子云："吾十有五而志于学，三十而立，四十不惑，五十而知天命。"民谚亦云，人的命，天注定。李赤身怀报国之志，满腔热血，一心报效国家，却命蹇时乖，一生坎坷，四处碰壁。原因何在，命运使然！

20世纪70年代，正是李赤而立之年迈向不惑之年的关键时期，也是他大展雄才报效国家的关键时期。偏偏在这十年期间，他命运坎坷，厄运连连，有多一半的时间竟然失去了人身自由，被剥夺了工作和学术研究的权利，大好时光在受苦、受难、受迫害中度过，至今令人唏嘘！这十年期间，他在给我的信件中曾经写过这样的诗句："且沉北溟养心骨，他年再作逍遥游。"字里行间，表露出自己不甘沉沦，希冀东山再起，伺机再大干一番事业的雄心壮志！

从20世纪80年代初开始，大约又是一个十年周期，即从不惑之年到知天命之年，这对李赤一家人来说是个难得的安居乐业时期。其间，李赤心无旁骛，埋头于他的教学改革和学术研究，夫人梁惠莲除悉心照顾好全家人的生活起居外，全身心地投入自己的幼教事业。儿子和女儿更是无忧无虑地上学读书，一家人亲密和谐，美满幸福。

可是好景不长，正当全家人安享祥和欢乐之际，李赤先是心脑血管发现疾病，刚刚治疗见效还未彻底痊愈，更大的不幸接踵而至，他在北京的出租屋内又惨遭蜂窝煤煤气中毒。这对李赤来讲，无异于雪上加霜，是一次最致命的打击，远比之前的那次政治厄运的打击更为惨烈。因为，政治上的打击失去的只是人身自由，而这次煤气中毒严重破坏了他的大脑神经，使这位铁打硬汉后半生失去了他那超乎常人的思维能力，这对于一个杰出的思想者来说意味着整个人生的毁灭！正如民谚所言"屋漏偏逢连夜雨，船迟又遇打头风"。

本来在1992年李赤辞去横山教职，自费二次进京，是想充分利用首都北京得天独厚的资源优势，在他人生的征途中再做一次最后冲刺，完成他的《鲲鹏展翅——毛主席诗词新解说》和汉字造字法的研究，并将其成果推向世界，从而实现他的宏图大业。但病魔不仅彻底摧毁了李赤的健康，而且也使他心中的梦想受挫。

历史是不允许假设的，但我常常不由自主地在脑子里出现这样那样的假设。

假设李赤出生在土地革命时期，那他也许会成为坚定的革命者，为民族的解放和人民的翻身建功立业；假如李赤出生在当今盛世，凭借自己的真才实学，一定会是个出类拔萃的青年才俊，成为国家栋梁；假如李赤大学毕业一直在家乡横山从事教育工作，那他也许会成为现代版的陶行知，成为一代教育改革大家，造福桑梓，名垂青史；假如李赤健康不出问题，说不定我们会在中央台的百家讲坛栏目中看到他慷慨激昂、绘声绘色地为全国观众宣讲他的毛泽东诗词新解说呢！

然而，历史毕竟不是虚拟空间，残酷的事实将我的所有假设击得粉碎！

不过，李赤的命运也不完全是悲剧，他的真实人生除了政治上的悲剧成分之外，在日常生活中也有很多鲜为人知的喜剧成分。

首先，他有好多志同道合、情同手足的知心朋友，其中不能说个个皆“鸿儒”，但至少“往来无白丁”。这些人都不是世俗的酒肉朋友，而是一帮习惯于独立思考的人，有好多还是“诤友”。而且他的朋友圈有点特殊，好像除他之外几乎都是清一色的共产党员，而李赤则是朋友中最受尊重的人。

在李赤身陷囹圄之时，夫人梁惠莲女士拖儿带女，奔走于横山、榆林和西安三地之间，家中生活极度困难。他在西安工作的大学同学得知消息后，自发捐助钱粮，推选张子良同学专程将钱和粮票送交横山李赤家中。这些资助尽管是杯水车薪，但同学情深，雪中送炭，可见一斑。在榆林工作的朋友们也都竭尽全力，通过各种关系，为李赤平反奔波。

其实李赤对朋友间的爱心在朋友圈里也是出了名的。记得1967年他到人民出版社工作临别之前，还特意去冶金建筑学院托付一个好友为我充当红娘，介绍女朋友。尽管此事未果，但我一直心存感激。30年前，在我工作受到挫折时，李赤多次专程来榆林和我交谈，劝导我一定要冷眼向洋看世界，还特别推荐叶剑英的《远望》诗。

七律·远望

叶剑英

忧患元元忆逝翁，红旗缥缈没遥空。
昏鸦三匝迷枯树，回雁兼程溯旧踪。
赤道雕弓能射虎，椰林匕首敢屠龙。
景升父子皆豚犬，旋转还凭革命功。

据说毛主席当年亲笔将此诗抄送毛岸青、邵华夫妇二人，将原诗题目《望远》改为《远望》。通过李赤的点拨，我对时局有了更加清醒的认识，对李赤高超的理论思维和逻辑判断能力更加折服。

李赤还有个非常令人羡慕的家庭。尽管李赤历尽磨难，但每当说起李赤的家庭，朋友们无不投以羡慕的目光。特别是对嫂夫人梁惠莲女士更是赞不绝口。她精明能干，可以说里里外外一把手，孝敬公婆，培养子女的担子几乎全部落在她一人身上。在李赤落难时期，她忠贞不贰，为夫君平反奔波劳碌，无怨无悔。在李赤患病后，她每时每刻都像一个护工一样，给予精心护理。她还自己创办了“向阳幼儿园”，成为横山私立幼儿园的一个品牌！

记得1995年夏季，张子良来榆林拍摄电影《一棵树》外景，我俩在榆林老城步行街解放巷口邂逅，谈起梁惠莲女士时，子良说：“李赤老婆真正是个名副其实的贤妻良母，李赤能娶上那么个好老婆，是那家伙前辈子修下的福气！我这辈子只要活着有一口气，一定要专门为李赤老婆写一部电视剧。这婆姨和我又是子洲老乡，我一定让我这个老乡出现在屏幕上，让全国观众看看我们陕北婆姨到底有多能！”令人遗憾的是子良后来积劳成疾，身体状况一直欠佳，不幸于2007年病逝，无法兑现他的这一诺言！

如今，嫂夫人梁惠莲虽然不时奔波于横山与北京两地之间，仍为第三代人操劳，含饴弄孙，享受天伦之乐，使自己安度晚年的幸福生活更加充实。李赤虽然长眠地下，亦无后顾之忧！

我以为，最值得李赤引以骄傲和自豪的是，他在短短的十年从教生涯中为家乡为国家培养了一批栋梁之材。我在前文中把李赤的人生定性为悲剧人生，主要是从他的政治命运角度立论的。若从他所从事的事业角度考量，李赤的一生并非因政治命运坎坷而暗淡无光，相反，他在逆境中，却干出了非凡的业绩，发出了金子般的光芒。其中最突出的在教育改革和人才培养上。

李赤教过的学生明显具备“两高”优势：一是学生个体素质高，在求学期间得到了恩师的真传，参加工作后绝大多数都成为单位的骨干力量，有的甚至是顶梁柱；二是成材率高。他的学生现在可以说遍布全国各地，有的已成为大学教授，有的在政界也干得相当出色。

我在2000年至2005年，也曾搞过一段学校教育工作。尽管性质有所不同，他从事的是普通中学教育，我从事的是成人干部教育，但是其中有关教育规律方面也有相通之处。我在榆林市委党校主政5年期间，也曾千方百计围绕“党校姓党，从严治校”方面花了不少心思、下过不少工夫，企求提高教学质量，为市县培养一批合格的领导干部。我甚至在全国党校系统首创党校老师要“为官师表”的口号，通过加强师资队伍建设以提高党校的整体管理水平。绝大多数干部通过党校教育，在思想理论水平和工作能力上都有长足进步。

他的学生为恩师撰写的挽联和悼念文字，拜读之后确有后生可畏之感！借此机会我想与大家共同分享一下李赤的学生对其恩师的真实评价：

张帆：从先生给我们代课的那一天开始，先生的教学方式，像一股沁心的晨风，让我们耳目一新。先生的教学方式与传统的方法区别颇大，有些甚至难以三言两语讲明讲透，不过仔细想来其主旨主要是“自治”。以造就学生人格独立和培养学生自学能力为目的，让学生自己管理自己。如今，先生已经作古，可我却时时想起他，他是对我一生影响最大的人，没有之一。他对学生那种责任感和使命感，教学生看问题的观点方法，以及致力改变学生的思维与格局，往小里说是教做人的基本规范，往大里说，那是在为国育才。

强世功和孙俪馨：缅怀李赤老师——扎根塞北三尺教鞭锐意改革培育桃李满天下，博古通今潜心学问诠释毛诗寄望赤旗遍世界。

邵廉清：别的老师授课只讲课本知识，先生则是站在民族的伟大复兴，站在陕北的高地教授知识，传导思想。他经常讲到我们的民族屡遭帝国列强的侵入、欺辱，祖国的强盛需要有斗志、有理想、有抱负的青年去报效。他提倡独立思考，勇于担当，不然时代不会有进步，这个民族也不会有进步。他鼓励同学们要以民族大义为重，要以报效祖国为荣。

杨蕤：李老师的可贵之处在于两点：（一）他勇于探索的精神；（二）引导学生思考问题，启迪智慧，即授人以渔的道理。今天大家都意识到我们应该改变一下固有的教学生态，但难就难在“落实”二字上。李老师在中学这样的教学阵地上坚持不懈地践行这些前沿的教学理念和方式，确是少有之举。

曹选文：在那个迷茫的青春岁月里，奠定了我人生基本信仰，不会随波逐流，不能同流合污，不敢放纵懈怠。

王永利：李赤先生不仅给了我们知识，更多的是给了我们思考的习惯、批判的精神和前行的勇气，让我们从改变自己的命运开始去改变社会。我们从他那里学会了如何在苦难中乐观向上，永不放弃；我们也从他那里知道了该如何在浮躁的时代沉下心思，潜心学问；我们也从他那里懂了该如何置身于历史的洪流中放宽眼界，不计得失；我们还学会了在独立思考的基础上敢于批判的精神，学会了看淡物质享受而用思想武装自己的力量，拥有了前行的勇气，让许多农家子弟从乡村走向都市，开启了人生的精彩。

叶惠峰：我们的班主任老师就是这样一位特立独行的、在中学教育改革道路上孤独的探索者。他的思想理念远远超越了他的时代，遭到质疑、冷眼和反对是自然的。他与我们虽然相处不到两年，但对我们的影响却是任何一位老师无以比拟的。

高升：他大力推行启发式教学，让学生个个走上讲台亲自讲课，努力培养学习者自觉学习的兴趣、独立思考的能力和勇于创新的精神，使学生不当学习的奴隶，永做知识的主人。可以说，我们班当时的50多人是李老师教改试验田培育出的首批“产品”。“高三（5）班”也注定成为横山中学历史上尝试教学改革的先行“品牌”。对此，我们至今不敢自誉，但对李老师在那个时代敢“吃螃蟹”的精神和敢开先河的自信，对他为横山教育事业和人才培养所做的艰辛探索实践，无不令人感慨万千、敬仰万分。

折小利：先生爱岗敬业，爱校如家；勤勤恳恳，任劳任怨；为了学生，他循循善诱，废寝忘食；为了学生，他披肝沥胆，呕心沥血。虽然先生仅仅教了我们两年，但他那独立的人格、自由的思想、高贵的品质，对我们影响至深，受益终身。

刘培峰：李老师对我们许多学生的影响可能就在精神和人格方面。李老师给我们的是批判精神，专注、坚持和坚守，对新事物、新知识的不断的追求。

贺立红：我能成为先生的学生是一件非常幸运的事。在我人生最重要的几个关键转折点上，先生均给予了我无私的帮助。

吴峰：一个人所说的话，能在20多年后的今天还被清晰地记着，足以说明他对我内心世界的影响。在时代中担当，首先要把自己看成时代的主人。一个青年的责任、担当，大概就是在这样的场合中慢慢树立和坚定的。

王泽华：我读懂了先生的“赤”，赤胆忠心、矢志不渝，先生的一生让人心生敬畏，耿耿星河欲曙天，终留鲲鹏展翅！

王兴根：恩师年少，家境贫寒。才智出众，性格坚韧。十年寒苦，金榜题名。青年俊杰，远近闻名。时值“文革”，举国沸腾。恩师激情澎湃，豪兴喷涌。号呼奔走，以天下为己任；慷慨陈词，唯报国之忠心。陕北好汉，西大英雄。展宏图于国社，恋桑梓而归来。奈何错划右派，继而身陷囹圄。叹人生多少传奇，惜执鞭三尺讲台。发奋研修，从无懈怠。评主席诗词，自成一家。著《鲲鹏展翅》，同行震撼。起承转合，言思辨之规律；古语摘要，揭文言之精髓。四法造字，破六书之常规；图文并茂，快识字之歌诀。教学育人，唯重素质，何须应试之俗套；鼓励自费，但求学问，只为济世之贤才。独辟蹊径，思维缜密。目光高远，不乏惊世之语；思虑超前，常有骇俗之举。可惜晚年罹病，十年轮椅。口无流利之言，手乏捧卷之力。坐看寒暑交替，委屈多少时光；空对笔墨蒙尘，辜负满腹经纶。曾经抱负，唯余凄楚；人生哀伤，莫过于此。

李赤的人生是一本内容博大精深的巨著，最能读懂这本书的内容，深刻领会其精髓的莫过于他的学生。这批后起之秀已经完全可以让人放心地接过恩师手中的接力棒，传承李赤的思想和学术成果，完成李赤的未竟之业，让恩师生前孜孜以求的东方文艺复兴的梦想早日实现！

最后请允许我借用李赤的高足、宁夏大学教授杨开飞为恩师撰写的两副挽联作为本文的结束语——

大道无穷退亦进

丹心不损去犹存

此心何伟敢开风气移现在

其志甚大要育英才补将来

——愿仁兄李赤地下安息，精神永存！

2019年12月26日

赵宝峰，李赤先生大学校友，陕西省府谷县清水镇磁窑沟村人。1947年5月14日出生，中共党员。1970年西北大学中文系毕业，先后在府谷县王家墩公社、府谷县委宣传部、农工部工作；1979年秋至1982年春在陕西省委党校理论培训班学习，毕业后调回中共榆林地（市）委工作。先后任宣传部理论科副科长，讲师团副团长、团长等职务。2000年至2005年任中共榆林市委党校常务副校长，主持日常工作，2007年5月14日退休。现任榆林市各界人士联谊会理事，榆林市老区建设促进会理事。

沙窝里的囚徒

胡广深

一

又一个严冬过去了。一过春节，大地便明显转暖，春天一天天走近了。没想到我的命运也跟着变化了。那天，我刚打洞回去，专案组突然找我。我进门后，发现李赤也在那里。我马上紧张起来，以为又发生了什么事情，把两个“反革命”找在一起修整呢！不料，专案组的同志却给我俩布置了一项新的任务：地区根据上级“抓革命促生产”的指示精神，今年在治沙工作上有了新的部署。决定将南郊的沙漠给各单位划出一块，由各单位自己负责治理，先将沙丘推平，再修成水地种庄稼，就算是自己的农场。既可以治沙，又可以多打粮食，补贴单位职工的生活，可算是一举两得的好办法。报社也分得十几亩的一块，地已修好了，还盖了一间小房，准备办一个农场，只等整地和种庄稼了。别的革命职工都要“干革命”，我和李赤两个“反革命”便又有了用场，让我俩一起去种地办农场。还说这是个很好的改造机会，也是一项光荣的任务，是组织对我们的关心。希望我们能理解组织的关心和爱护，一定把任务完成好。

我哭笑不得。高兴吧，这明显是一种虐待和骗人的假话，怎么能高兴得起来？难受吧，又不敢表露，只能伪装着接受组织的安排。但我很讨厌那种自欺欺人的欺骗，更不愿让他们真把我当成憨头，便故意说：“打防空洞是国防建设，半年多来我亲身体会到的确很重要，的确是组织对我的关心，我已干上劲儿了。办农场没有国防建设重要，我还是继续打洞吧！”专案组的人似乎感到我的话中有刺，很不高兴地皱了皱眉头，但又不好发作，只说：“可不能那么看，搞战斗建设重要，办农场也很重要，对你们都是一种改造的机会，你就办农场去。至于打防空洞的事，有组织安排，你就别管了，很快收拾一下，明天就去。”唉，对这种人还有什么理可讲呢！第二天，我根本不需要收拾，一吃早饭，便与李赤一起，背起铺盖去赴任了。在大街上走时，忽然听见背后有人说：“快看，两个‘劳改犯’。”这意外的称号，使我既难受又反感。但仔细一想，他说得并不错，我俩还不正是两个“劳改犯”吗？因此，连回头看一眼那位说话人的勇气也没有，只好放快脚步走了。

二

李赤是一年多前分配到报社编辑部的。我们住在一座楼上——他住在东楼，我住在北楼，我门前那条窄窄的走道成了他上下楼的必经之路。虽然经常见面，但因我不光彩的身份，从不敢与他接近。

他奇特的装束引起了我的注意——一米八几的个头，皮肤粗糙而赤褐，不讲究吃穿，夏天赤脚拖着两只破塑料凉鞋，裤腿经常卷在半腿上。他生活上一点儿也不讲究不算，还有点儿不修边幅，简直没有一点干部的样子。从外表看，实在不像个文人，倒像个地地道道的农民。后来又听人说，他出身农村，家庭十分贫寒，但他的书念得特别好，考在西安首屈一指的西北大学中文系。“文化大革命”中，对斗争大方向掌握得很好，始终坚持文斗，不搞武斗，还很能正确对待对立派，因此被学校师生称作“高大的形象”。

共同的出身，共同的生活习惯，特别是他出类拔萃的表现，使我不仅对他产生了好感，而且有一种尊重。同时，我也发现他并不把我当“牛鬼蛇神”看待，没一点歧视的意思，相反倒对我有一种同情。

这成为我们间建立关系的基础。刚过了几个月，单位突然间掀起一场批判李赤的运动，而且勒令我也去参加——不知道叫我去批判他还是陪他去接受批判，我实在害怕这种生活，但怎敢不服从呢？一进入阵地，我才知道，原来是不久前作为地区三职兼于一身的绝对头头——地委书记、革委会主任和军分区司令员的一把手，在报纸上发表了一篇指导全区“三田”（梯田、坝田、水地）建设的文章，文章中把“三田”建设提高到战备的高度称作战备田。作为编辑部的一名年轻编辑，李赤竟以初生牛犊不怕虎的精神，对文章提出了批评，认为把“三田”建设当成战备田对待，太牵强附会，是一种明显的极“左”思想的表现。他不仅在会上义正词严地讲，还写成了大字报张贴。这可成了件大事。一个小小的编辑怎敢在“太岁”头上动土？这在报社和地区的历史上都是绝无仅有的。报社和地区领导认为这是李赤在反对地委领导，是一场阶级斗争的新动向。

便很快大兵压境，向李赤发起了围攻。我一看阵势，知道问题严重。但庆幸的是，不管问题多严重，与己无关，便马上决定采取“事不关己，高高挂起”的态度，既不与李赤合伙，也不跟着别人去批判他。每天除劳动外，一叫我去开会，就悄悄地躲在不显眼的角落里，一言不发，睁大眼睛“坐山观虎斗”，心想只要保证我平安无事就好了。但树欲静而风不止，躲过去初一躲不过十五。一天中午，我去上街，刚走到大门口，正好碰见了李赤。他二话没说，顺手从裤兜里掏出一封信递给我，说：“我正要去发信，幸好你去上街，就给我捎着发了算了。”我知道李赤的处境已经很艰难，本不想和他掺合，但因我对他已有了好感，便产生了一种怜悯和同情。他在难中要我帮这么点小忙，我若拒绝，怎能对得住他？又见是一封普通信，肯定不会有什么危险的内容，便毫不犹豫地接了，连信是寄哪、寄给谁都没有看，一把装进裤兜里，很快跑到邮局寄出去了。事情一完，根本没记在心上。但对李赤的斗争却“日新月异”，变化莫测，火力越来越猛，形势越来越紧张。他很快成了众矢之的，连行动的自由也被限制了，斗争进入白热化阶段。我不由得害怕，回想起为他送的那封信，担心会不会因此将我牵连进去。

心里老不放心，但想又不犯法，仅仅是捎了一封信而已，即使被人知道了也不会成为问题，况且现在谁也没有说，因此也没有什么压力。只是心里嘀咕，并再三警告自己，以后再不做这种事儿了。有一天中午午休时间，机关院内一片寂静，我正躺在炕上休息，迷糊中猛然听见门吱地响了一声，进来一个人。我猛吃了一惊：几年来，我这个牛棚除过造反派和专案组的人光临外，再没一个人敢来，今天怎么有人进来了？一边想，一边赶忙抬起头，不禁心里“啊”了一声，原来进来的不是别人，正是我最害怕的李赤。这时李赤已被正式宣布限制自由，不允许他与任何人接触，平时都安排有专人监视他。他已经成了一个危险物，任何人都不能与他接近了。我又是这样一个也很危险的人，怎么他偏偏跑到我这儿来了？我惊慌得像弹簧似的一跃从炕上坐起，准备赶快制止这一危局。但李赤的动作比我更快，进门后，很快用手轻轻地掩住门，又很快从衣襟里面取出一个很大的信封袋子，放在我窗前的桌子上，在上面放了一片很小的纸条，边放边悄声对我说：“这份材料已从邮局寄不出去了，只好通过我在运输公司的一个同学从定边往出寄，你把这份材料送给我那个同学。那个同学的名字我在纸条上写着，交给他就行了。”很明显他更紧张，刚向我交代完，连我的回话也没等，马上又轻轻地拉开门走了，整个过程只有一两分钟。我从炕上一蹦跳下，先把门关死，然后赶忙走到桌前一看，是一个16开的牛皮纸大信封，里面装得满满的，很厚，也很沉。明显是些材料，收信人是兰州军区党委，邮票已贴好了，全是8分的，贴了好几张，信封被封得严严实实。纸条上写着他那位同学的名字，还有一句话，就是要他一定设法从定边把材料寄出去。我一下被吓呆了，不知该如何是好，在凳子上呆呆地坐了半天，只好先把材料锁进抽屉里再说。从此，我像怀里揣了一颗定时炸弹似的，再也不得安宁，惶惶不可终日。这该怎么办？这该怎么办？我心里一直在忐忑不安地考虑着。送吧，这明显是非法行为，现在形势如此危急，我又是个有问题的人，好容易现在没有与李赤搭上，这样做了，不是自投罗网吗？不送吧，李赤既然来求我，就是对我的信任，况且我对他也有好感，在他遇到困难求我帮助时我不去帮助，能干这种事儿吗？以后怎么向他说呢？真是十五只吊桶打水七上八下的，让我不得安宁。就这样伤了好几天脑筋，终于拿定了主意：往出送，实在太危险了。何况我的处境也很危险，若有疏漏，除了事情办不成，我更是罪上加罪，苦得吃不消了，我实在不敢这么做。当然也可以把材料交给组织，对李赤进行揭发，表明自己的觉悟和组织性，为自己去邀功，或许还可以减轻我的罪责。但那是人做的事儿吗？那样做了将来如何做人和见李赤？再则，我对那位领导已完全失去了信任，甚至有点瞧不起他，怎能交给他呢？于是，我便决定，既不帮李赤的忙，也不去揭发李赤，而是向他如实说明我的难处，将材料仍然退给他为好。将来他顶多说我没帮他的忙，但也是完全可以理解的，并不能埋怨我；既不损坏我的人格，也不伤害他，是个比较合情理的选择。于是，我便将材料死死锁在家里，寻找机会把材料退给他。但他的起居行动全都有人跟踪监视，我也是个不自由的人，尽管住得很近，但哪有机会给他退呢？我等了好几天，实在无机可乘。那天中午吃饭时，我发现李赤来得很迟，觉得来了机会：中午在灶上吃饭的人本来就不很多，等李赤吃完后，其他人肯定都走了。监视李赤的那个女积极分子，中午也回家吃饭去了。李赤吃完饭，必然要从二楼西头那个拐角处经过。那里幸好留有一间房的空地，上下左右都有障碍物，除过从台阶上经过的人外，其余再没有人能看得见，是我给李赤退材料的一个最理想、最保险的地方。主意一定，我很快吃了饭，跑回家里，取出材料袋，夹在衣服里边。来到那片空地上，装作休闲的样子边抽烟边欣赏着周围的风景，眼睛和耳朵则专心致志地听着李赤回来的响动。半小时后，李赤果然拿着碗筷从楼道下面走上来了。我一见他上来，马上把他叫到最隐蔽的墙角跟前，说明现在的形势太危急，我的处境也不好，不敢给他去送材料，只好退给他，由他另作处理。李赤有些失望，但很理解，什么话也没说，表示同意了。我赶忙从衣服里取出材料袋交给他，他马上夹在衣服里，装作若无其事地回房间去了。我直等他回去后，才小心翼翼地回到了牛棚。到此为止，这颗定时炸弹总算排除了。一回到家，我往炕上一倒，长长舒了一口气，浑身一下轻松了许多。

但是事情并没有那么简单。好一段时间，主持会议的一来便说李赤不仅不好好认罪，还在背后搞攻守同盟，有人还给他通风报信，所以一再强调要开展反奸斗争，并警告人们不要做李赤的牺牲品。我一听便不由得马上联系到自己的事儿，心惊肉跳起来。怎么办？李赤的压力太大，能不能撑得住呢？他一旦说了，不是彻底把我撂在河滩上了吗？这还了得吗？我的问题刚刚平下来，再发生这样的问题，不是自讨苦吃吗？如果过去的问题人们还可以原谅我的话，再出这样的事儿，有谁能原谅呢？那该怎么办？思来想去，唯一的办法就是给李赤做工作，让他也千万不要说。但革命群众都不能接近李赤，我这个“牛鬼蛇神”怎敢呢？窥探了好几天，始终找不到机会。那天中午，我刚躺在炕上，听见门外过道里“吧嗒”“吧嗒”的脚步声，一下就听出是李赤的脚步声。慌忙出门一看，果然正是李赤，手里提个水壶，大模大样地去打水，还不时高高地扬起头向四周张望着。这真是个好机会，中午时间，人都休息了，水房肯定再没人打水，我何不利用这个机会给李赤说说？机不可失，我赶忙踅回家，将水壶里的水倒掉，提了个空水壶，拔腿就往水房跑。走到水管跟前，李赤正在打水，我赶忙拧开另一个水龙头，一边儿接水，一边儿悄悄对李赤说：“现在形势非常紧张，咱那事你千万不敢说。”李赤不以为然地说：“没事，我知道。”随手提起打满的水壶扬长而去了。我放心了。但没过几天，风声更紧了，我又不放心了。那天中午饭后，我正往回走，刚上楼梯，发现李赤正一个人蹲在拐角处那块空地上，用手摊着晒小米。这又是个好机会，我马上走到他跟前，说：“咱俩那事，只有你知我知，我是不会说的，只要你不说，谁也不知道。一旦暴露，咱就吃不消了。”李赤照样那么胸有成竹地说：“你放心，我知道。”态度十分明确，他是绝对不会说的。李赤是个非凡的硬汉子。运动开始不久，他就在院子的过道里贴出一张“华山松”的大字报。一整张纸，只写了八句律诗，激昂慷慨，气冲斗牛，那么自信地把自己喻为狂风吹不倒，大雪压不垮的华山松，人人看了都不由得起敬。批判中，他不仅一点也不承认错误，还在会上据理力争。从他的一系列表现看，再有我的几次叮咛，我想他是绝对不会暴露的。因此我尽管有点心虚，但总以为是不会出问题的。

没想到却偏偏出了问题。那天上午，编辑部开会，我照常早早就去参加，照常一声不吭地坐在角落里做样子看报。平时总是迟到的那位领导，破例来得比较早，而且主持会议的方式也改变了。平时宣布开会后，总是要先念一阵毛主席语录和林彪语录，今天一句也没念，而是将身子突然扭向我，一副幸灾乐祸的神态。我正莫名其妙地想：他今天这是怎么了？他却冷笑着突如其来地问我："胡广深，你先说说你是怎样给李赤转送资料和与他订立攻守同盟的？"啊？一句话把会场说炸了。几十双眼睛唰地一下全向我射了过来，充满了惊愕、不解和愤怒。本来，编辑部的绝大多数同志对我原来的问题还是比较谅解和同情的，加上运动形势的一天天好转，和外调后对我问题的澄清，大家都认为我的问题没有什么，期待着能早点解放。至于我再犯什么错误，大家都认为是不可能的，尤其是这次对李赤的批判，更相信不会与我有任何牵连。现在听头头这么一说，是他们根本想不到的，怎不叫大家吃惊呢？我看得很清：有的是怨恨，有的是惋惜，有的则是不解地大惊失色，当然也有等着看笑话的。我心里当然很明白，既然头头如此提出来了，肯定是事情败露了，而且肯定是李赤交代了。我的脑子像炸了一样，一片混乱，完了！完了！彻底完了！事情既已败露，便别无选择，只能如实交代了。

我很快镇静下来，将我如何给李赤捎带那封信，我如何退他给的情况照实交代了一番。会场很静，人们都听得十分认真。原来都以为我又干下怎么可怕的大事，但听了我的交代，明显觉得并不像原来想象的那么严重，甚至似乎感到算不得什么问题。因此，仅仅是虚惊了一场，会场里刚才剑拔弩张的紧张气氛一下缓和了好多。但那位头头却十分得意，我一交代完，他便迫不及待地说这可是阶级斗争的新动向，是我根本没有得到改造的具体表现和新的罪证。其中最主要的一个观点是：我过去所以犯错误，就是我没有组织观念，对党不信任。这次犯错误，照样是这个问题。他假惺惺地很为我惋惜地说："胡广深啊，你怎么这么不精明，如果把材料很快交给组织多好呀！不仅不是你的错误，反而是你的立功表现，那不是说明你的组织观念已提高了吗？对你的问题也很好解决了吗？但你却偏偏不那样做，照样对党不信任，与党离心离德，不是说明你对错误一点也没有认识和改正吗？唉，这么好个立功的机会，却被你白白地丢掉了……"

别的批评我都无所谓，但他要我把材料交给组织和立功的说法，却使我十分鄙弃。心里不禁愤愤地道：要我给你交材料去立功，你白日做梦，没门。即使我真要交组织，也绝不会交给你。我宁肯再受你的气，也绝不做那种卖良心的事。

但这事儿毕竟成了一个问题，而且为对李赤的批判增添了新的内容。

这件事究竟是怎么败露的，事后我才断断续续地听说，李赤是被“白骨精”的“铜锤”打倒交代的。当时吃得非常困难，陕北地区供应的主要是玉米面，人们便把玉米馍称作“铜锤”。李赤人大肚子大，仅凭供应的那点粮，连玉米馍也吃不饱，经常处于半饥饿状态。“白骨精”家有食品补贴，听说两个孩子不吃“铜锤”。她是专案组组长，每次找李赤谈话时，兜里便装几个“铜锤”，送给李赤吃。时间长了，李赤便将我们的事和盘托出。

这就是我与李赤在报社的一段交往。现在让我俩一起去办农场，我心里不由得想起那句“一对鞑子喝烧酒”的俗话。再听了人们的评论，真有一种去劳改的滋味。

三

由北向南穿过大街，出了南门，再行十多里，便到了目的地。两人放下行李，久久地伫立在沙窝里，开始认识这个不知将要度过多少时日、更不知将会有什么结局的新环境。满眼望去，一片黄沙世界，滚滚的大沙梁没头没尾地一座连着一座，见不到一棵树、一株草，更见不到一个活物，荒凉得让人寒心。东边是一条深沟，沟里曲曲弯弯流着一条麻绳似的小河，沟底有个村子叫尤家湾。只有西边和南边修出一些零零散散的平地，这就算是分给各单位的农场了。

报社的十几亩地算是基本修好了，但只是个大轮廓，还得平整、整畦、修水渠和道路，然后才能入种。地的北头靠近一座大沙梁下盖了一间简易房子，是我们的栖身地。但除过一盘炕和做饭用的简单锅灶外，什么也没有。看着这一番景象，我不禁想起了苏联老布尔什维克们在革命时被沙皇流放到西伯利亚的生活，一种凄凉之感油然而生。但只能面对现实。

从此，一种地地道道的沙窝囚徒生活正式开始了。

第一天晚上，因为从机关动身时吃了一点饭，到地里虽有点饿两人心情都不好，懒得再去做，只默默地坐下闲谈了一会儿，便一致同意不吃了。饥肠辘辘地睡下，正像群众说的“暗宿”了。

初春的夜晚，特别到了深夜，还异常寒冷。房子刚修起，十分简陋，到处都在漏风。房子还没住过人，我们又没生火，铺盖都很单薄，身上没有热量，所以一过半夜，我便被冻醒了。怕打扰李赤的休息，不敢声张，只把身子缩成一团，用被子死死裹成一个疙瘩，默默地忍受着。不料，李赤也被冻醒了。发现我也醒了，便问：“冷不冷，实在不行的话，我捡点儿柴烧烧火。”我问：“你呢？”“我问题不大，主要看你撑定撑不定？”我知道，李赤的吃苦精神是惊人的，但我也是从小吃苦长大的，这点冷冻算不了什么，咬咬牙就过去了，实在不愿向他示弱。又想，半夜三更，又黑又冷，到哪儿去弄柴呢？便说：“没事，凑合到天明再说。”两人便再不言语，安心地当“团长”了。大半夜搅得没有睡好，临明时却一下不顾冷冻昏天黑地地睡着了。

一觉醒来，睁开眼一看，天已大明了。李赤的铺盖卷在炕圪崂里，人不见踪影了。我急忙穿衣起床，走出门一看，啊，只见他背操着双手握着一把铁锨，正迈着大步，在地里边走边丈量。我赶忙跑了过去，抱歉地说：“你啥时起来的，我睡得啥也不知道。”他笑了笑，说：“现在又没事，你慢慢睡着，忙什么哩。”接着便兴奋地告诉我：“哎呀，我步了一下，将近有二十亩。你看，多好的一块地，平展展的，只要有水有粪，把地种好，能打多少粮食！一下就把职工的蔬菜和吃饭问题解决了。你看，我大体规划了……”随即便把他规划的水渠、道路、畦的大小，哪里种庄稼，哪里栽树等，很详细地给我介绍了一遍，并问我：“你看行不行？”

我有点震惊。我们这次来劳动，明显是把我们当作罪人，让我们来改造和受罪的。实际上对我们种地并没什么过高的要求，更没抱什么希望。一般人在这种情况下，谁还有心思认真劳动？顶多不过应付交差就行了，哪会实心实意地去干呢？他却如此认真地真当成了一回事，简直像对待自己的事似的。

再说他现在的处境，虽然对他的批判停止了，但问题并没有处理。看现在的阵势，真不知会有怎样的下场。就一般人而言，谁有心思好好干这种事儿呢？他却没有一点情绪和怨气，而且那么一心一意，几乎完全忘掉了自己的身份和处境，俨然像一个主人似的。这使我不仅震惊，而且也很敬佩，进一步看到了李赤的品质和觉悟，也打掉了我的悲观消极的情绪。我坚定了信心，也有了一种正儿八经好好干一番事业的劲头。

四

从此，我们的囚徒生活算走上了轨道。每天黎明即起，一起床首先下地，劳动几小时后，要做饭时，李赤为了照顾我，让我去做饭，他仍干活。我把饭做好后，他才收工，先用冷水抹一把脸，然后吃饭。饭很糟糕，主食基本是玉米面，菜只有洋芋和酸白菜。加上我的厨艺较差，不是玉米馍熬酸菜，就是玉米面和酸菜。天天如此，顿顿如此，偶尔吃一顿白面，肉、蛋根本见不到。但我们从不计较，更不挑剔，只要能填饱肚子就行了，顿顿都吃得很香很香，从来舍不得糟蹋一点，完全和农村的受苦人一样。吃过饭，两人抓紧时间休息一会儿。晌午一过，将正红的太阳避过，马上又下地劳动了。下午收工很晚，一般都在太阳落山以后。因为天黑地里看不见干活了，两人便同时收工，一起动手做饭。吃过饭，天已晚了，两人也累得不想动了，都躺在炕上。幸好他有个巴掌大的半导体收音机，两人听一会儿新闻，有时听完才入睡，困得厉害时，听着就睡着了。

生活是凄苦的，但过了一段时间，两人都习惯了，反而觉得这里安静、自由，更不要挨打受气看人家的白眼，倒十分舒适。一个多月时间，我们以高昂的热情、十分认真负责的态度，整好了土地，疏通了渠道，平整了道路，整好了畦，做好了播种的一切准备。我们在房前支起一个石板小桌，上面还搭了一个凉棚，四周又用砖头砌了几个凳子，成了两人休息和乘凉的地方，里里外外俨然有一个农场的样子。

到了播种时间，我们根据机关的要求，按时种了十来亩玉米、六七亩高粱，余下的地种了些洋芋和蔬菜。因为我俩小时都在家里种过地，又都很认真，所以入种的质量非常好，不仅报社满意，而且比附近其他几个单位的都好，好几家都专门派人来参观学习。连尤家湾的农民路过时看了也佩服地说："哎呀，你们这些干部还真行，地种都蛮像个样子。"

按单位安排的任务，我们已超额完成了，可以利用出苗这段时间休息了。但两个倒霉的却像着了魔似的，一会儿也闲不住，老想寻着干活。那天，李赤突然提出几个问题：一是仿照农民的习惯，充分利用土地，要在所有的畦埂上种些向日葵和豆角，在缺苗的庄稼空间种些小瓜，在房门前那块空地上种些南瓜；二是在房背后紧靠北头的沙梁下面再开辟一块地，试种一些西瓜。而且显然是经过一番周密的考虑和考察，对所用的种子的数量和产量都进行了计算，对成功也充满了信心。他高兴地说："只要能在沙窝里种成西瓜，不仅能给单位职工们分吃的，而且也是一种科学实验和创造发明。"

我本没有这种宏图大志，但一经他鼓动，也一下来了劲，觉得是个好主意。既可以有活干，种出西瓜、小瓜、南瓜，起码可以自己吃。再说我小时在家时，曾跟着父亲种过西瓜、小瓜，技术也懂一些，尽管活路挺细致吃力，但干起来也挺有意思，就愉快地同意了。于是，一场新的额外的劳动又开始了。两人起早贪黑忙活了好几天，硬是用铁锨一锨一锨在沙梁下面平整出近一亩大的一片土地。

他神不知鬼不觉地弄来了好多向日葵、豆角、西瓜、南瓜、小瓜的种子，并按照农民的办法，都预先用水育了种，然后一样一样地都种了下去。真是"功不枉使，地不瞒人"。随着节令的到来，所有种下去的庄稼，都像十月怀胎似的按时长出来了。原来一片荒凉的黄沙窝，顿时变成了一片绿色世界。特别因自己花了心血，对这种变化更有一种特殊的感情和滋味。

每到晚上，我们坐在房前的凉棚下，对着寂静的夜空，听庄稼生长时发出的那种美妙的响声，真像享受最动听的音乐一样，实在让人心醉。

一早起来，面对庄稼新长出的一片片新叶，和满身晶莹透亮的露水珠，真有一种说不出的高兴。特别是看到在沙窝里种的西瓜，不仅如期出了苗，而且还按部就班地伸枝长叶开花结果，真不知疼爱得如何保护和培育才好。

李赤的兴趣更大，每天总要赤着双脚，背操着双手，像位威武的巡逻兵一样，绕着庄稼地巡视好几圈。神态是那样的庄严和豪迈，俨然一副神圣不可侵犯的样子，我看着都觉得是一种享受。一旦发现哪里出了一点问题，他便那样焦急，马上想办法进行补救。为了西瓜的生长，那天他竟进城从油脂公司拉回来一架子车油渣。两人不失时机地给西瓜追了两次肥。看着我们的辛苦终于结出了果实，两人真是心花怒放，激动不已。加上这时天气已暖和起来，我们简直把这里视作一个乐园，即使领导要我们回去也不想离开，真把这里当成我们的家了。人的感情是多么复杂而有趣呀！

五

正当我们为庄稼的喜人长势欢欣鼓舞的时候，老天爷却给我们出难题了。刚进入6月，正是庄稼拔节开花需要充足水分的当紧时期，天却旱起来了。说实在话，小时候在家里劳动时对天气的变化是很关心的，正如乡亲们说的，整天都在看老天爷的脸色。但自工作以后，即离开农村吃上公家的保险饭以后，我对天气的好坏再不怎么关心了。因为不管旱也罢涝也罢，庄稼长得好也罢坏也罢，我吃的30斤粮食都是有保证的。但自到农场劳动以来，尤其是看见自己种的庄稼长起来以后，一下又对天气关心起来，心里老装着这件事，希望能风调雨顺，不要出什么事。

自出现旱情以来，心里一下像装了一块石头。每天晚上，总要收听天气预报；每天早上一起来，第一件事便是跑出去看天气。但每天都是晴空万里，云丝儿也没有。半个多月时间，水灵灵的庄稼便被晒得立不住了。特别是到中午，太阳火盆似的，周围的沙漠更像火山一样，庄稼蔫头耷脑，叶片都卷成了筒筒，根周围的叶子竟一天天变黄、干枯了。面对这毁灭性的灾难，我们真忧心如焚！但有什么办法呢？老天爷又不由咱管。一天又一天过去了，连一点怜悯心都没有，而且越晒越上劲，看不见一点要下雨的意思。形势越来越严峻，再不及时浇水，好端端的庄稼眼看要被晒死了。

看来再不能对老天爷抱任何幻想了，两人赶忙商量了一下，决定马上浇一次水。但水渠刚刚修起，水源也十分有限，在我们上游还有好几家农场。尽管说是统一管理，轮流着浇，但“近水楼台先得月”，上游占着优势，庄稼也照样晒得往下死哩，谁还管什么制度不制度。只要水一来，便先下手为强，马上豁开水口子抢着把自己的庄稼先浇了再说。我们的地在水渠的最尾巴上，怎能挨得上呢？我们跑去交涉了几次，每家嘴里说得都很好，但我们一走，他们便翻脸不认账，照样把水抢走了，我们干瞪眼没一点办法。实在等不定了，也不能再傻等了。

那天李赤着急了，他对我说：“光靠说好话不顶事，我看咱也要硬来哩！你在家照看着，我回去动员人去，把印刷厂的小伙子都找来。今黑夜就干，再不给水，就硬干，说打就打，先把水抢来再说。不然咱的辛苦将毁于一旦，前功尽弃。”他说完，不等我回话，就气呼呼地回单位搬兵去了。单位也很着急，很快从印刷厂抽了20多个年轻后生。下午吃过饭，又破例给每人带了两个糖饼做干粮，赶天黑时雄赳赳地赶到农场来。

李赤俨然一副当仁不让的主人的样子，先介绍了庄稼受旱的严峻形势，又讲了上游几家农场蛮不讲理抢水的情况，加上他鼓动性很强的演讲本领，使大伙马上义愤填膺，摩拳擦掌，鼓足了士气。随即便布置了抢水任务——上游每家农场的水口子上守着两个人，其余的人作为机动力量，绝不允许任何一家来把水截去。如果哪一家要抢，预备队就出动，一起上手，哪怕打架也一定要把水抢来。

李赤自告奋勇担任总指挥，要大家绝对服从他的指挥。一切布置好后，大队人马便踏着夜色气昂昂地进入阵地。开始一切都比较顺利，好几家想截水的，一看我们这么多人来，又明显有股子来者不善的劲气，心里很有点怯阵，都乖乖地把水让了，没发生任何问题。

但临到我们的地时，却被紧挨我们的那家挡住了。他们也做了准备，也有三四个年轻力壮的工人，说他们的庄稼也没浇完，非要他们先浇不可。但实际情况我们早已做了调查，因为他们的地在我们之上，前天已浇了一次水，只是没有浇透罢了，所以想再浇一次。我们当然不能让，双方便在水口上争执起来。

双方都硬，先在水渠畔上高喉咙大嗓子地争吵，各不相让。紧接着便互相拉扯起来。因为已近半夜时光，天上只有一点朦胧的月光，只见双方的人死死围成一颗圪蛋。你把他拉一下，他又把你推一下，边撕拉边还高声吵着骂着。对方的人我认不得，我们这方则以李赤为中心，始终战斗在斗争的最前列，声音也属他的高，两只胳膊左右开弓地挥舞着。我个子小，又没力气，根本不敢上阵。大家也对我没抱什么希望，只好站在外围助阵。说时迟那时快，我正在叫喊时，猛听见“扑哧”一声，开始还不明白是什么声音，但很快发现我的布衫背后正中间从上到下被扯成了两半。唉，多倒霉呀，我正在收拾残局和惋惜时，又听见水渠里“扑通”一声，一看，只见李赤抱着对方的那个主要人物滚进了一米多深的水渠里。李赤腿长个高，力气又大，对方根本不是他的对手。只见他双手死死卡着对方两个肩头，不停地一起一落地往水里压着。对方则毫无反抗能力地任其摆布，在水里一上一下地沉浮。李赤一边气恨恨地骂：“欺人太甚，都是公家的庄稼，怎么你们浇几次，我们却一次都浇不上。今天舍上了，先做死几个我去顶命”；一边不时地扬起一只手，向对方站在岸上的其他人叫喊：“来，来，你们都下来，我把你们一个个都煮了扁食。”

这一手真厉害，一下把对方镇住了。好半天没一个人敢下水，连一句话也不敢说了。这时，我们的一些人还摩拳擦掌地准备下水去参加战斗，有的继续吓唬对方，有的则进行劝说，让他们给我们让水。终于，对方服输了，答应给我们放水。直到这时，李赤才将对方放开，两人一齐爬上岸。李赤完全成了个落汤鸡，冷得浑身直打哆嗦，我听见他的牙齿都磕得直响。但他毫不以为然地马上指挥大家将对方的水口子堵住，把水给我们引来了。

看着这场冒险而勇敢的行动，使我非常感动而佩服。完全是为了公家的一点事，即使是觉悟高的革命群众，十有八九都不会这么认真和负责。李赤被人看作反革命，处境如此恶劣，却有如此精神，这不很值得人们深思吗？真正的反革命会这样吗？他是反革命吗？这次抢水斗争，使我对李赤不仅另眼相看，而且真的起敬了。

六

就这样，我们整整忙活了一夜，直到第二天，终于把庄稼饱饱地浇了一遍——面临干枯的庄稼暂时得救了。庄稼得救了，我的心一下安定了。但李赤却又提出了一个问题：眼前的旱象算是解决了，但再旱了怎么办？尤其那些西瓜、小瓜，本身就不耐旱，又种在沙窝里，更不受旱。旱的时间短点，玉米、高粱等完全可以支持，但西瓜、小瓜根本不行，而它又是我们要保护的重点。所以对水的问题必须有长远的打算。我一想也对，好不容易千辛万苦种出来了，旱死多么可惜，我们不能不有所准备。

因此，怎样才能进一步防旱，特别能保证西瓜、小瓜的安全，又成了我们必须考虑解决的一个新问题。但因我从没考虑过，所以一下想不出一点办法。没想到李赤却早已考虑成熟了，他说："最近地里没什么大活，咱们干脆在水渠边靠西瓜、小瓜的地方挖一个蓄水池，趁现在水渠里有水，将水蓄起来。如果再旱了，咱们就担着浇西瓜、小瓜，那样就保险了。"甚至乐哈哈地说："如果再不旱，不用浇地，还能顶个游泳池，咱还可以洗洗澡耍耍水。"真是别出心裁，一个连生存自由都没有的囚徒，怎么能想出这样一些主意。

这当然是件好事，我马上表示完全同意。于是，一场挖蓄水池的战斗马上打响了。两人没日没夜整整挖了两三天，一个五六米见方的蓄水池便挖好了。但全是沙土，渗透太厉害，怎么能蓄住水呢？当我提出这个问题时，他则早已胸有成竹地说："这好办，我早想好了，你不要担心，这我给咱办。"当天他就出去拉来一架子车石灰，还买了一把泥页。将石灰和沙子调在一起，让我当小工给他递泥，他拿起泥页当起了大师傅。没想到他既能想得出办法，又能干，抹得又平整又结实，一天时间便抹好了。我惊奇地问他："你当过泥匠，怎么抹得比泥匠还好？"他嘿嘿一笑，说："没学过泥匠，但见过泥匠，世上什么事不是人学的！”说着用泥页在崖壁上拍了几下，得意地说：“你看，多结实，真比泥匠泥得还结实。”几天后，等池子一干，我们便满满地放进去一池清水。多么美呀，水清澈碧透，经太阳一晒，热乎乎的，成了荒凉的沙漠中的一个大景观。

我们除保证浇西瓜、小瓜外，每到中午还跳进去游起泳来。这为我们寂寞的生活增加了不尽的乐趣——真是苦中作乐啊！

经过几个月的辛勤劳作，我们的汗水终于浇灌出了可喜的果实：玉米棒子一尺多长，高粱穗子火焰一般，向日葵沉甸甸的，洋芋和蔬菜一片葱绿，西瓜、小瓜、南瓜更是果实累累，一派丰收景象。凡是见到的人，无不表示惊奇和赞赏。

七

我真有点盲目乐观和高枕无忧了。

但李赤又提出了新的任务：“可不敢大意，天有不测风云，能不能安安稳稳地收获还很难说。”他的预言果然应验了。一直晴空万里的天空，突然间在西边起了一片云彩，毛翻更阵的，看起来很不正相，而且越来越重，似乎还在向东边游动。李赤一看便对我说：“你看，这块云彩不对劲，凡是这种慌里慌张的云彩，一定有冰雹，千万小心。”我在农村时也有这方面的经验，这种云彩真不是好兆头。但看见还很远，虽然有点嘀咕，但总以为不要紧。

谁知没过半小时，突然间狂风大起，而且正朝着这边而来。那片云彩像发了疯似的，迅速地扩散变大，而且随着风向飞快地向这边涌来了。不好！两人顿时紧张起来，但来不及有丝毫的防范，它便涌到头顶，狂风一过，就迅雷不及掩耳地下了起来。先是铜钱大的雨点，紧接着便下起了冰雹。指头蛋大的冰雹直往下倒，打得庄稼东倒西歪“叭叭叭”直响。哎呀，这可怎么办哪！两人站在房檐底下心疼死了。尤其在我们面前的南瓜地里，刚好结出一个最大的南瓜，有小锅子那么大，圆圆的，模样长得很好看，屁股处已经开始红了。我们高兴地称它为瓜王，每天出出进进都不由得站下来欣赏一番，还准备以后做种子和去展览哩！但无情的冰雹，眨眼间便把瓜叶子打得千疮百孔。

我急得疯了一般，但没一点保护的办法，只好看着任冰雹摧残。李赤一直双手叉着腰，满脸怒气地站着，突然一转身跑进房里，一把将我们做饭的那口大锅拔起，扛着冲出门来，冒着劈头盖脸的冰雹，跑到瓜跟前，一下扣在那个瓜王上面，将它安全地保护起来。啊，他真有办法！那么大一个铁锅，老天爷就是下刀子也不怕了，瓜王被保住了。幸好，冰雹下得时间不长，尽管庄稼受了些损失，但没有受大的影响，这一天灾总算过去了。

几天后，报社那位头头和夫人带着一大帮人到农场来了，名曰查灾，实则是吃来了。不出所料，他们在地里转悠了一会儿，就坐下来等着吃饭了。我和李赤心里都很恼火，庄稼刚刚开始成熟，他们就来了，而且带来那么多人，怎么不叫我们心疼呢？但又没有办法，只好刨了一些洋芋，掰了一些玉米棒子，又摘了些豆角和南瓜，给他们做了一顿吃的。他们吃过饭，又观赏了一会儿风景，那位头头还装模作样地给我俩做了一番训示，便走了。祈老天爷，总算把不受欢迎的领导打发走了。

八

随着夏季的结束，各种庄稼陆续进入成熟期。玉米的缨子干了，尺把长的棒子咧开了嘴，高粱的颗粒也吐出了壳。尤其是西瓜、小瓜胎毛已退净，有的已变了颜色，发出了香味。地四边的向日葵，更是不停地摇晃着沉甸甸的小脑袋，似乎在向人夸耀。我们的劳动度过了最艰难的阶段，只等着收获和享受劳动果实了。

但一辈子只有受罪命的我，这时却要离开了。

说起来十分偶然。那天上午我回机关去办点事，刚走过钟楼，迎面走来熟人李凤扬。他是我的同县老乡，以前一直在地委办公室工作，是位先进工作者，刚刚被提拔为地区革委会政工组副组长。两人互相都知道，但从没有交往过，连一句话也没说过。自我进牛棚以后，觉得没脸见人，所以一直躲着熟人走，即使碰见了，也总是千方百计地回避。现在，这位老乡已经提拔升官了，自己却这个鬼样子，有什么脸去见他呢？人家肯定也不愿和我接近。我马上走上街西边的台阶，因为离报社的大门只有三五十步了，打算顺台阶悄悄地回机关。不料，李凤扬却发现了我，而且从街东面斜穿过街道，向我走来。我马上紧张了起来，不准备见他，把头低得更深，就装作没看见他。但他却加快脚步径直向我走来了，到我面前将我挡住，直截了当地问我：“广深，你现在做什么着哩？”我如实回答：“在南郊种地哩。”“听说这几年你受扎了，”他很同情地说，“不知你想不想下乡去，如果想去，就下上一段乡。”

这不是“天方夜谭”吗？我一个“牛鬼蛇神”，怎么可能去下乡呢？本来，也许是由于出身的缘故，我对农村和农民有一种特殊的感情，自工作以来，总是特别爱下乡。但现在这么个样子，谁肯要我去下乡呢？我又有什么资格去下乡呢？我很老实地对他说：“下乡我倒愿意，但不由我呀，人家怎肯让我去呢？”他不以为然地说：“最近地区准备抽一批人到农村去整队，报社也得抽人，你如果想去，就下上一段乡，起码再不用受气了。”我当然求之不得，但我的处境我知道，虽然我的问题已经查清了，一年多来不再限制我的自由和批斗我了，但想整我的人仍然不肯放过我，我还是一个有问题的人，在单位连班也上不了。加上那个头头一直盯着我，怎么能让我下乡去呢？这是不可能的事情。李凤扬说：“这些情况我也知道，你就别管了。我今天见你主要问你想不想去，只要你想去就好了。报社由我给说，你悄悄等着就行了。”

真是半路上拾得个金娃娃，太让我高兴了。李凤扬与我无一面之交，特别在他刚当了官的时候，不仅一点也不歧视我，相反还记着我，又如此主动来关心我，这是多么难得的一种品质。仅此一点，就完全可以对他信任了。特别这明显是让我走出地狱到人间去，这让我多感激呀！如果真能实现，真让我走出了苦海，我多么高兴呀！但我又有点不相信，报社是绝不肯让我去下乡的。李凤扬虽然当了官，但有那样的本事吗？我心里很不踏实，甚至没抱一点希望。不料，刚过了几天，报社便通知要我回机关，说地区抽我到农村整队去。

啊，我多么高兴呀！尽管我不能享受我的劳动果实了，特别是我们辛苦流汗种下的那么多西瓜、小瓜、南瓜、玉米，刚成熟可以吃了，我却一口也没来得及吃，这叫我多么遗憾呀！

但这又算得了什么？只要我能下乡去，就等于逃出了牢笼，变成了自由人，获得了新生，就可以展翅飞翔了，何况这机会是来之不易的。于是，我马上收拾行装，告别了风雨同舟半年多的难友李赤，告别了洒下我汗水和心血的农场，告别了那一片我深深地爱着的丰收的庄稼，告别了沙窝里充满了崇高精神的生活，带着既眷恋又高兴的心情，背着那个可怜的铺盖卷回到了机关，做好了下乡的准备——我真有一种新生的感觉。

九

就在我动身下乡的头天晚上，已经很晚了，同院的人大都已入睡了。忽然，我听见门外响起了“啪嗒啪嗒”沉重的脚步声，我心里不禁一惊，因为我听出那明显是李赤的脚步声。还没等我再想，门便被人推开了。果然，正是李赤。

显然他刚从农场回来，赤脚，裤腿高高地卷在半腿上，满身带着泥土，双手抱一颗很大的西瓜。一进门就说：“你马上要下乡走了，咱们辛苦了大半年，现在庄稼刚开始成熟了，咱们正没什么事儿，你却要走呀，一点儿也没享受。特别是咱试种的西瓜，你连一口也没尝，还不知道究竟孬好呢。今天我满地挑了一遍，只有这颗成色最好，就是地中间咱们经常看的那一颗。我看是熟了，完全可以吃了，所以摘回来叫你尝尝，也算是一点纪念，你就吃了吧！”我实在没有想到，平时连自己吃饭穿衣都很少想的李赤，对这件事怎么考虑得如此周到细心。

这是一种多么珍贵的人间真情。两个不被当人的囚徒，怎么有这么一种情谊？也许有人会说这是臭味相投和一丘之貉，但我相信，这正是作为一个真正的人最可贵的感情。我因此而被感动了，也更理解了李赤。

我马上将李赤留住，让他与我一起共享这第一颗西瓜的幸福。我很快取来菜刀，将西瓜打开。哎呀，真好，黑籽红瓤，又沙又甜，不愧是从沙窝里经过风沙和暴晒长出的西瓜——我们的实验成功了！沙窝里不仅能长成西瓜，而且可以长得特别好，我们的辛苦和心血没有白费。两人连声惊讶地叫着好，高兴地吃了起来。

我一生中吃了无数的西瓜，唯有这颗西瓜最香甜，留在我记忆最深处，让我终生难忘。第二天，我便跟地区工作队下乡去了。多年的“牛鬼蛇神”生活到此暂告一段落，开始了一种人的新生活。

胡广深，李赤先生在榆林报社工作时的同事，1938年出生于子洲县，曾担任榆林报社总编辑、社长，榆林地委宣传部副部长，出版有《人生旋律》。

逐日者的悲欣

张　芳

题记：

夸父与日逐走，入日。渴，欲得饮，饮于河渭，河渭不足，北饮大泽，未至，道渴而死。弃其杖，化为邓林。

——《山海经》

他被那团炽烈的燃烧体吸引，跌扑疾进执着追行而九死无悔。“入日”“道渴而死”，欣耶？悲耶？“邓林”，何耶？

一

李赤先生是我20世纪五六十年代横山中学读书时的校友，又是我80年代横山中学教学时的同事和县政协履职活动中的共同参与者。我和他相识相处的时间跨度不小，但真正共事的时间不长，仅几年。他独特的人生经历、超常的学识见解、鲜明的个性风格，以及他脸上淡然质朴的笑容，还是给我留下了深刻印象，以至在他离开尘世已经好几年的今天，并没有感觉他走得有多远，一些过往陈事仍会不时浮现于我的眼前。

最初的记忆是他在横山中学读完三年初中和一年高中的时候。

这个比我高一级的学长身材魁梧，不苟言笑，夹着书本落落寡合地偶尔行走于校园，出现在排队打饭的学生中，有时也代学校给学生发放些劳动工具。他不像教职员工，也不像跟班上课的学生，因此常引来我们低年级同学诧异的目光。待到1961年高考放榜时才知道，这位来自高镇山村的学长在因病休学的一年中，边养病边在校内打工自学，竟然提前一年考上了大学，而且是重点大学的亮点学科——西北大学中文系！

他这颗“卫星”放得我们懵懂初醒：休学一年竟能弯道超车创造如此奇迹！但这在校园中毕竟属于个例，没有超常的智力、毅力以及自学能力，是无法效仿和复制的。智商高、敏思讷言且有主见，敢于挑战陈规拓荒前行，这是他给我最初，也是最深的印象，亦可视作他后来一生中执着探索特立独行的人生滥觞。

因着特有的天赋和进取精神，他曾迎来人生的第一次职业辉煌：在大学担任过文科写作组组长，参与或组织过校内多种团体活动；毕业前曾挂职人民出版社去山东济南见习一年，后被分配到人民出版社当了编辑兼校对。也因着特殊的学识才干和火热的青春激情，加上耿直磊落的个性，他遭遇了人生的一次大挫折，跌落到社会最底层。

拨乱反正后，他得到平反，恢复了公职，被安排到横山县教师进修学校任教。这其间，我从外地调回横山中学教高中语文，同时参加省高师函授汉语言文学专业学习，他曾任过我们的古汉语辅导老师。不久，他也调进横中教语文，与我成为一个教研组的同事。

在高中语文的讲台上，他是个轻车熟路游刃有余的好教师，但他觉得照本宣读、填鸭喂食的应试教育方式扼杀了学生的创造力，就在课堂教学和班务工作中，试行启发式教学和学生自治的民主管理。正好这一时期我在教语文课的同时，被学校安排给高中文科班即他开展语文教改的班上兼职教了近一年的地理课，亲眼见到他用自己的知识积累和几倍于常法的精力进行教改试验。在恢复高考才几年、全国千百万青年都为考上大学而拼搏的应试教育热潮中，着眼人才培养的根本目的和长远效应，另辟蹊径实行教学改革（当时还没有“素质教育”一说），确实需要非凡的胆识、气度和把控能力。

80年代中后期，李老师作为横山县政协委员，积极参与了政协开展的各项活动，充分体现出知识界人士参政议政的热情和建言献策的水平。为廓清明末农民起义军领袖李自成的县籍、乡籍，他在县政协首倡成立了李自成乡籍研究组，并一连几年主持并参加了相关内容的县内外系列调研考

察活动，取得了突破性成果。

当时我在县政协任分管文史工作的副主席，在协调并参与这些活动的同时，与文史办负责同志一起，到神木等地向几位横山籍企业家募得资金。在李老师的协助下，将调研成果编印成文史资料专辑《李自成故里》，录制了《李自成故里》音像专题片，在省内外做了广泛的交流宣传，有效扩大了影响，为存史资政、弘扬地方文化发挥了积极作用。当地政府还采纳了李赤老师的建议，在闯王李自成的出生地李继迁村竖起了由《李自成新传》作者谢承仁教授题词、著名书法家欧阳中石先生书写的李自成纪念碑。

90年代初，我由县政协调往地区政协，李赤老师也离开横中教学第一线，去北京搞汉字研究和毛泽东诗词新解。中途，他曾托人转赠我他的新作《鲲鹏展翅——毛泽东诗词新解说》，墨香清新，立论高远。此后因为工作忙疏于联系，直到2000年后的某天，我去横山出差时，偶然听说他因病在家休养，就和几个同事前去探望。他的病情已大有好转，能认得来人，满面笑容显得高兴，只是行动不自如，说话口齿不清晰。他的妻子梁惠莲老师说，比刚从北京回来时好多了，我们也祝愿他一天天好起来，毕竟才60多岁，以后还有几十年的奔头呢！后来间或听说他病情好转又去北京了，又听说没好利索回家休养了。再后来，竟听说他病逝了！着实令人震惊和惋惜。

二

他的生命之弧，起始于1941年的春天，陨落于2014年。回顾他的一生，上天给了他非凡的胆识和才智，命运同时赐予他一条不平坦的人生路线。他在73年的砥砺磨炼中，成就了自己，也给人们留下了生命的原色和自身的高光点，让人们难以忘怀：

他是个本色的农家子，勤俭质朴，吃苦耐劳。教书工作的闲余时间，总见他在杨市沟家居周围抡老镢头挖地，垒石造田，辟园种菜，置秤杆吊水——汗流浃背，娴熟自如，俨然一老农。他不追求物质享受，一生衣着简朴，饮食粗淡，生活设施简单。一箪食，一瓢饮，在陋巷，人不堪其忧，他不改其乐。在北京搞汉字研究时，长期蜗居陋室，于堆满资料的小空间里自己做饭，甘之如饴，谈笑风生。

他是个耿介的书生，心无丘隙，坦诚磊落。在待人接物中常常人走弧他走弦，不讲迂回、中庸，一身“书生气”；在坚守良知正义的同时，有时也显得执拗或偏激。他因心底坦荡而无所畏葸，为追求理想，不计名利得失，藐视一切困难，从不为挫折而怨天尤人、消沉颓废。20世纪80年代初平反复职时，他已进入不惑之年。坐了一回人生“过山车”，蹉跎了10多年黄金岁月。但他既不落拓，也不卑微，仍是一副风雨无损淡然坦然的笑容，穿一身褪了色的制服，走进学校，走进横中，走近同事和学生，走近讲台和课本。而且，不多久，他的“异向思维”又活跃起来，搞起了教学改革。

他是个深钻细研的学者，勤学敏思，治学严谨。聪颖的天资，丰富的学养，既动眼又动脑的习惯，为他奠定了从事学术研究的基础，也成为他一生的业务强项。他博闻强识，简编盈案，但不唯书不唯上，总是从众多资料中提炼对自己有用的成分，多方求证，得出独到的见解。

在县政协组织的李自成乡籍调查中，他作为主干研究人员，不蹚省内外研究者老路，不拾人牙慧，独出心裁，带领组员循着当年米脂县令边大绶《塘报稿》中所述挖掘李自成祖墓的线路，从马湖峪沟口上溯，直到石窑沟乡长峁墕村，踏勘考察李自成祖墓、故居，找到实物证据，分析认定“闯之家院”的遗址所在，得出比较准确也赢得共识的结论：李自成的县籍是米脂县（今横山县），乡籍是米脂双泉里二甲（今横山石窑沟乡长峁墕村），故居是长峁墕村场梁湾古庄窠。从而为多年来聚讼纷纭的“李自成是哪县人”这一公案揭出了谜底，填补了李自成乡籍研究的史料空白。

他是个称职的教师，重教书，更重育人。桃李不言，下自成蹊。离校几十年的学生至今满怀深情地敬仰他、感恩他、追思他、怀念他，就是因为他当年“给了知识，更多地给了思考的习惯、批判的能力、前行的勇气”，使他们受益终身。他把课堂变成学生的大讲堂，实行开放式教学，引导学生开阔视野，独立思考，平等交流，大胆质疑，其教学互动的活跃气氛，在实施素质教育多年后的今天，中小学校里也很少见。实践证明他的教学改革效果良好，不少学生的自学能力、思辨能力以及口头表达能力都得到锻炼和提高，在后来的大学学习中无不显现出后发优势，甚至在后来的社会实践中也受益无穷。

他勉励学生“不懈追求，超越自我，从改变自身命运开始去改变社会”，不但对成绩好的学生寄予成才成功的厚望，也鼓励差生克服自卑心理，扬起人生风帆，发挥自有优势，谱写不一样的人生华章。这才真正体现出教师为“人类灵魂工程师”的本质含义。

他是个有家国情怀的知识分子，富有社会理想和责任感。李赤先生特立独行的改革教学，独辟蹊径发掘地方文化资源，苦心追索汉字起源，深入研究毛泽东诗词和鲁迅作品，处江湖之远而不忘家国大计等，一生所行多为大局而忘小我。他教导学生要以民族大义为重，有远大的理想和放眼世界的胸怀，适应未来形势，勇于接受挑战；他预测汉语将在世界进步、科技发展中产生重要影响，提出要注重汉字的研究和汉语走向世界的推广工作。这些都足以证明他的社会理想和责任感，他的远见卓识和广博胸怀。

三

纵观李赤先生一生，可以说是一种悲欣交集的人生。他以“读圣贤书所学何事”的历史担当、“虽千万人吾往矣”的坚定信念和晚年“路长日暮”的焦迫心情，脚不停步地追寻心中的理想，最终因不堪重负、病魔摧残而倒在即将收获的途中。他一路疾行的昂扬奋进过程和功亏一篑的悲剧结局，使人想起中国古代《夸父逐日》的神话。夸父为追逐那团炽烈滚动的火球，奋不顾身地向前奔进，在接近太阳的欣喜关头，因渴而无饮悲壮倒地；李赤先生也同样，为理想目标付出了毕生心血和宝贵生命，经历了一样的哀乐悲欣。在人心浮躁的今天，能不以物喜不以己悲，潜心研究学问，尽力回报社会，实属难能可贵。

他的人生应该是一种大写意的挥洒，大格局的铺排，令人无法以世俗的成败得失去评论；他本人也从来不屑与人称量。

倒下的夸父遗落下一条手杖，化作一片桃林。李赤先生遗留下几乎等身的书稿和他的精神和思想。它们撒在学生及亲友的心田中，长成一地绿草、一片葳蕤生辉的桃林。

行过留踪，飞过曳痕。李赤先生无愧今生。

2018年12月

张芳，女，1943年生，陕西榆林市横山区人。李赤先生横山中学校友、同事，中国民主同盟成员。曾当过中学教师、横山县政协副主席、榆林市政协副主席等职务。多年从事文史、文化研究工作，出版有《榆林剪纸精品》和《延绥览胜》（校订本）等。

写给李赤同学的一封信

王会英

李赤同学：

一别几十年，遗憾今生再无缘相见！你北京的家离我所在的居地华北油田霸州采油二厂，相距93公里。我们硬是没有见过面，连个电话都没通过。悔已晚矣！李赤你家今年双喜临门，孙子双双考入名校。我为你高兴！

采桑子 · 喜庆

齐敲锣鼓吹唢呐。喜报双双。孙子高强，仙界爷爷眉自扬。

家和邻睦出才俊，喜气洋洋。恭喜长长，兴旺家族育栋梁。

人生路上，虽没联系，但你的故事却陪伴了我一生。大一，我们住学生一号楼（女生楼）一层109室。4个木质架子床住7人，留一上铺放东西。我住下铺头正对门。快放寒假的一天中午，吃过饭，多数人已上床，我正躺着看书。随着敲门声，门被推开个缝，我扭头见门缝里伸进个头，面熟，是外系的。她环视一周，脆声试探道："你们谁把这钱给李赤捎过去，他老家捎来的。"还在地上的凤霞，跨步伸手接过钱，用她惯有的热情和爽快答道："好！没问题！"来人要离开时，又回身说："还是数数吧！" "好的！"凤霞随即打开纸包。"啧啧啧啧！"一连串惊叹声，引得我伸长脖子，用肘支起上半身。一屋人的目光全集中在纸包上…… "一分，一二三四五六。二分，一二，共一毛。"数完，她仍用一分纸币对折把这一角钱封住，递给我。

我干脆坐了起来，双手虔诚地捧着这一角钱，像捧着宝贝！凤霞又开始数："一分，一二三。二分一张。五分一张，共一毛。"这回她没舍得用五分，而是把五分抚平，从前边抽了张一分的当封条。

我把两沓摞在一起，用掌心压了压，两只手紧紧压住，生怕它飞了。数钱还在继续："一分两张，二分，一二三四，二四得八加二分，又一毛。"交给我时她下意识地瞅了一眼我手中的钱。"……又一毛。"我手中的钱在增加，她纸包里的钱在减少，一屋子人都静静地看她数钱。"二分，五张，又一毛。""五分两张，一毛。"我偷偷数了我手中的钱，共六角钱。"一毛一二三四五。""二毛两张。""五毛一张"。她数角币时没再给我。"我这是一块四。""我这是六毛。"接过我递给她的钱，她用手轻轻压了压，对来人说："对着哩，是两块。"来人拉上门离去。凤霞仍用原纸包好，压在了枕头下。"两块？从横山捎来的？！"坐在下铺的亚梅瞪着双眼，慢条斯理地从心底吐出这震撼人心的慨叹。

我们谁都能听出它丰富的内涵，各自心中都翻江倒海——"咋攒的？！可怜的爸妈！"铁路搬运工的女儿秀英知道攒钱的艰难。"可怜天下父母心！"上铺的彩霞话音没落，"就是！""就是！"雪玲、晓秋连声附和……可怜天下父母心！一句提纲挈领的感言，把我们引进了各自的心潮旋涡里。我更知道父母的艰难。我家9口人，母亲一人承担一大家子的吃饭穿衣，劳动量就已不轻，还要下地干活挣工分。大家都不富裕，我也缺钱。我也曾为攒一元九角钱作难了好久。

入校不久，在图书馆借了好几本参考书，还的时候少了一本。书名忘了，只记得它是中华人民共和国成立出版的。罚款按出版年头翻番定价，计算结果罚我一元九角钱。书在相互借阅中传没的，但我从小缺乏自信，没敢大张旗鼓寻找，悄悄攒钱认罚。再去借书，工作人员会客气地问："还没攒够？"我总是不好意思地笑笑。罚款没交，借书受限制，不能像以前按老师要求列个单，一借一厚沓。工作人员会礼貌地要求你"先借一本（或两本），等你钱攒够了再借"。

李赤同学，你父母捎来的关爱，是咱班65家（其实是70家，后来有两个复学的，两个调干，一个从哈尔滨转学来的）父母的关爱，只不过还没攒够，或还没遇见顺路人罢了。攒钱的艰难我也略知一二。农村现金来源不外乎卖鸡蛋、管村里老师们的饭钱、管下乡干部的饭钱……这都是有一下的没一下，不是固定收入。感谢勒紧裤腰带供养我们读书的父母。没有他们的全力支持，我们不可能进大学门。甚至都无法读书识字。我家人口多，每年分粮总要交钱买。父亲的工资总短缺，他的同事、同学、朋友，一来我家总劝他：“俩大的都是女子，女子迟早是人家人，不如叫回家，还能挣工分，你还少花销……”父亲总是笑着回答：“我不分男女，谁上到哪儿我供到哪儿！”让我心里暖暖的！这给了我无穷的力量。可怜天下父母心，此恩大于天。知恩图报孝为先，你的孝顺感天动地。我听同学说：“在失去自由、没有收入的时候，对于年迈的双亲仍惦记在心，舍脸向在西安的老同学求助，等自己一平反，立马背着半袋绿豆，到西安感谢。腰缠万贯孝顺不算啥，一贫如洗，还想着父母，还设法尽养老之责，这是真孝子。”

我们不幸生在万恶的旧社会，亲身感受过挨饥受饿的滋味，更理解新社会生活的美好。兵荒马乱的日子，给我们的童年留下伤痛的烙痕，强迫症伴了我一生。那是儿时的黑色记忆：黑夜，黄土高原的小山村，静得出奇。我依偎在奶奶的臂弯，正要进入甜蜜的梦乡，一声狗叫撕破宁静，全村的狗便一阵高过一阵。每听到这声音会吓得我浑身颤抖，上下牙磕碰不止。哪怕今晚不跑贼、不避战乱，只是虚惊一场，我的战栗却无法止住……每到此时，奶奶便教我数数。见我渐渐安静，就让我不出声，心里悄悄数。……直到现在我常切菜数数、灌水数数、走路数数……一紧张便紧咬牙，吃东西无度，不知饥饱……新社会的平安我深有感触，中学距家20公里，翻两架沟，一座山。大学下火车，还有30公里路得步行。一人行走，从没担心过。

我们是中华人民共和国成立后培养的第一届大学生，标准的解放牌！都沾了解放的光。解放了，翻身了，才有资格、有机会、有能力上学。1949年到1961年，我们和祖国一起成长。我们是西北大学唯一的一届5年制毕业生。至今我们还以中五自居。我们还是跃进牌！年龄参差不齐，年龄小的1942年生人，大的1938年出生，个别还大些。我是1951年被老师动员上学的，还有1952年和1953年入校的，这些人，连滚带爬，通过跳级赶上这拨，成了咱班的一员。那时的陕西有967，有高中的不多。我所在的淳化县以前就没高中，1958年“大跃进”才办起高中。我们老师和我们一起升级，他们没有教高中的经验，常讲着讲着就把自己绕进去出不来，只有回去再研究，下节课再讲。我们高考成绩惊人，升学率67%还多，全得益于我们的老校长白树仁！

大字报里三层外三层贴在他的门楣上，像门帘，他出进得从缝里钻。幼稚的我们要去炼钢铁，他就一句话：“学生娃娃的任务是念书，你把书念好了再去不迟！”我们老师虽没经验，但课程没耽误，学完基本知识，才考出好成绩。咱班65人，47人来自26个县。有几个县城的，大部分是土生土长的农村人。我们穿的多是手工缝制的中式衣裤，黑帮布鞋，书包是布口袋……连长的模样也能一眼看出，是乡下人，山里娃。淳朴的校风，宽容的同学，让我们没有自卑感。大家相处得很融洽，像兄弟姐妹一样。

劳动是农村同学的长项，城里同学也是不怕脏，不怕累，争先恐后。我们下过乡，去过农场，也参加过学校的各种劳作。记得学校修游泳池，挖土方全是学生干的。我和凤霞抬一筐，土刚倒，见你一手拎一筐，很轻松的样子。我俩佩服地夸你：“个大不怯力，也不惜力……”中五同学很纯洁。平日里，要想和谁交流，到他宿舍门外，敲门道出名字，便结伴去校园散步谈心。白天自学，林荫下，花园里找块安静地方，或独自看书，或三三两两在一起探讨功课。一次我正在花园里专心啃《离骚》，你来了。见我抬头看你，便递给我你填的一首词。接过一看，×××便跃然纸上。你迫不及待问我：“写的谁？能看出来吗？”“×××。”我的回答让你很高兴，“能看出来就行……”憨憨地笑着，顺便坐在我旁边。就诗词我们交谈到饭时才散。我佩服你有主心骨！每个考中文系的人，都有他的文学梦。但一进校的专业教育“中文系不是培养作家的”让我茫然无所适从，从此，除了写作课的命题作文，几乎不动笔。和你交谈后，文学梦又开始涌动，偶尔也诗兴大发，胡诌几句。只可惜又一次无主见，听舅舅的话“别留下成了别人整你的依据！”一把火烧了我写的所有东西。1965年我们到延安搞“四清”。过年时，为了减轻农民负担，调回延安。过年吃的红烧肉，每人大半碗。那老碗才叫大哩，连我这五大三粗的人，一只手都端不动，需靠胸抱着。你们几个男同学蹲在墙脚，晒着太阳，享受这难得的美味。女同学站在你们身旁，把自己碗里的肥肉全拣给这些饭量大的男同学。看那狼吞虎咽的吃相，那满足劲，谁都会觉得今天的饭菜分外香……“谁还想吃，自己来舀，还有哩！”食堂师傅在大声喊。我眼见你跟宋桂嘉、杨建国、樊根全、赵秉理……都去了。有舀一回的，最多的舀了三回，连同我们拣的，五斤不止。“咱这帮男士，平常缺的不是一星半点……”“今天才吃了顿饱饭！”我们议论着。

记得刚入校，学校请中文系新生看了场电影，是芭蕾舞《天鹅湖》。长这么大，第一次拿着票，对号入座，享受这种待遇。看完，咱班同学炸锅了。以陕北同学为主，提出抗议。说：“演员连裤子都不穿，耍流氓！这是资产阶级腐蚀……”对待爱情，咱们既向往自由恋爱，又受传统观念的禁锢和束缚。我和老伴同学14年，平常关系也不错，最后还是朋友牵线才走到一起的。大概是大四的一个星期天中午，我打完饭刚进屋，你来了。也刚打完饭，一个手抓了三个馒头，脚上趿拉了你那缺帮短底的鞋……我们相对而坐，吃着唠着。七拐八弯，绕到一个女同学身上，赞她学习，夸她人品……突然，你鼓足勇气说：“我喜欢她，请你帮忙！”此时，我才恍然大悟。你是认真的，我便坦诚地告诉你，我们都知道她有对象了。你不好意思地忙说：“那就算了！那就算了！”好像自己做错了什么。

我欣赏你的人品。像个顶天立地的男子汉。勇敢而有度，拿得起放得下。以后相处仍很自然。

老同学，如今你去了，我谨用一首诗怀念你：

李赤安息：

满园桃李恋故园，故园霞赤照桑田。

桑田福安君含笑，含笑静息留甘泉。

李赤同学，为你写的这首悼念诗，你的学生亲朋群里曾有人建议“结句改成满园”，他说这样成顶针诗。我没同意，原因是你留给学生的太丰富！我不忍心让又回到开头……你说呢？

2020年夏秋

王会英，李赤先生的西北大学同学。

真诚的怀念　永恒的记忆

黄怀业

老同学，在你的人生旅程中，对挫折坎坷的感悟是什么？

在我的人生中所遇到的挫折，我可以坦然地告诉你，无怨无悔。

人生的路没有平坦的大道可走，自古常言，人无完人，金无足赤，人就是在同困难的斗争中增长才干和智慧。一个人的功过是非，要让实践去检验，要让后人去评说。比如，我在横中进行语文教学改革中，有人质疑甚至非议，成功还是失败，学生是最好的见证人。

逝者已逾几年，当下时过境迁。在信息科技如火如荼，网络媒体铺天盖地的时代，学子们仍不忘师长的培育之恩、怀念之情，以文成书留于后世的善举，既是对师长的虔敬，亦是对为人师表的彰显。这是对常言所说的“雁过留声，人过留名”的真实验证。学子们的这一谢师之举，不禁使我回想起李赤老同学的件件往事。朝阳要我写点文字，我欣然命笔，谨以此拙文作为我对老同学的真诚的怀念和永恒的记忆。李赤是我的老同学、老乡亲、老同事和老朋友，相知、相交、互济互帮、患难与共几十个春秋，亲如兄弟，情谊深厚。他的仙逝，使我失去了一位知心的好朋友、好战友，他在我心灵深处烙下了深深的印记，留下了永远的怀念。

一生志向远大，理想信念坚定

为了实现远大的志向，始终不渝地坚持勤奋读书，成为他的人生追求和乐趣。他坚信“腹有诗书气自华”的读书理念，始终以“一物不知，深以为耻”的态度，对待自己的读书和学习。

他的学习精神令人敬佩。从小学到初中，我们俩都是同窗学习，相互帮助，互敬互勉。他出身于农村，家庭生活困难，冬天的衣服非常单薄，手脚常常冻得青一块、紫一块。同学们劝他在宿舍休息防寒，他总是一笑了之，无所畏寒的样子，坚持在寒冷的教室里做作业或抄写名言警句，就连星期天都不放过。大概是因为用脑过度，高一时犯了头疼病，难以坚持继续学习，无奈休学养病。不久，在横中参加了工作，担任教导处的文秘工作，每天都在忙碌中度过。半年后，头痛病好转，继续坚持看书学习。数、理、化、外语等课程自学难度大，他加班加点完成本职工作后，挤时间跟班听课，像在校学生一样坚持自学，做作业，抄写学习笔记。功夫不负有心人。凭借坚持不懈的刻苦学习，他如愿以偿地考取了西北大学中文系，成为一名令人敬佩的名牌大学生。从踏入大学校门之日起，他就把大学的学习作为获取更多知识的新起点，刻苦攻读各课程，以优异的成绩获得了大学本科文凭。自此，他踏上社会主义建设事业新征程，奉献智慧和力量，同时也给家庭带来了希望。

爱岗敬业，踏实工作，坚持把学习理论与工作实践相结合

紧密联系工作实际，不断提高工作能力和为人民服务水平。

他阅读了大量的政治类书籍，其中精读了《共产党宣言》《资本论》《毛泽东选集》《毛泽东诗词》等马列和毛泽东经典著作。他对《毛泽东诗词》进行了深入的学习、探求与研究，并将研究成果编写成集，出版了《鲲鹏展翅——毛泽东诗词新解说》一书。在《鲲鹏展翅——毛泽东诗词新解说》一书中，用“鲲鹏展翅”这一形象思维与比兴方法，认为毛泽东诗词是一个完整的体系并与现实的革命斗争实际紧密结合在一起的思想体系，具有伟大的号召力，唤起了全党全国人民的磅礴革命力量。正如他在该书《序言》里所说：毛泽东诗词有一个贯彻始终的形象思维主体——鲲鹏，这是毛泽东的胸怀、眼界、道路、才能的化身，是无产阶级的智慧和力量的表征；是改造中国和世界的总图样，是革命和建设的韬略书；与他（毛泽东）的策论、实践、美学四位一体，好比蓓蕾、花朵、果实、种子，一脉相承。他还对《毛泽东诗词新解说》中的注释提出了疑问，有的甚至还进行了全面的辨析。不管提出的质疑、批驳正确与否，我无能

予以决断，但就其敢于在理论上进行深入的探究并提出自己独特见解，同时与现实的革命斗争实际紧密地联系在一起，彰显毛泽东诗词的博大精深，这种科学的态度和务实求真的精神是难能可贵的，我们应予充分的肯定。

他对已发表的40多首毛泽东诗词进行了深入的学习、赏析与研究，以引经据典与现实的革命斗争实际相结合的方法进行探求，并将《十六字令三首》《沁园春·雪》等十余首诗词的研究成果编入《鲲鹏展翅——毛泽东诗词新解说》一书。现将其中两首诗词的新注释抄录如下。《沁园春·长沙》，是毛泽东关于加强党的建设的大图样，党的建设是紧密联系于党的政治路线的。中国自古以来就有“君者，舟也；庶人者，水也，水则载舟，水则覆舟”的传统比喻，而《沁园春·长沙》就是以君舟民水比喻为中心，勾画出各种势力、中国各阶级、党内各派别的相互联系。

《菩萨蛮·大柏地》，是揭露和批判王明路线，规划打破五次反“围剿”正确路线图样。在解放战争中，毛泽东筹划的刘邓大军千里挺进大别山和亲自指挥的沙家店战斗，是大柏地战略思想的光辉实践，是毛蒋斗智的卓绝战例。

毛泽东诗词是毛泽东思想的重要组成部分，毛泽东思想是指导中国人民从站起来、富起来到强大起来的强大思想武器。举国人民高举毛泽东思想伟大旗帜，乘风破浪，为实现中华民族伟大复兴的中国梦而不懈奋斗！李赤对毛泽东诗词如此深入学习、探求与研究，源于他对伟大领袖毛泽东主席的无限热爱，对毛泽东思想的崇高信仰。

辛勤劳动不忘初心，使命担当保持劳动人民本色

20世纪70年代初，李赤到农村参加劳动锻炼。他在生产队与群众同甘共苦，实行“三同”（同吃、同住、同劳动），积极参加集体生产劳动，打坝、修梯田、挖水渠、打山洞，春种、夏耕、秋收、冬藏，样样活都能干，样样活都会干，干得很出色。他为什么乐此而不疲呢？思想上、政治上的路线正确与否是决定一切的。他是农村土生土长的农民的儿子，不能忘本，始终保持农民的勤劳善良的本色。更重要的是对劳动有一个正确的

思想认识。他认为，劳动是人的生活基础，是幸福的源泉，也是一个人走向成功与辉煌的重要途径；一个国家、一个民族、一个家庭要摆脱贫困，创造美好的未来，实现梦想，同样要用劳动去创造。

由于严格的组织纪律和繁忙的劳动，无暇与家人见面，更无法对家庭在生活上进行照料。其妻梁惠莲，对其参加繁重的体力劳动忧心忡忡，忐忑不安，担心其过不了这个“坎”。一天，她带着幼小的儿子来到县城。那时我在县教育局工作，她到我的办公室询问情况。我从她的言行里，进一步证实了他们夫妻俩是一对患难与共、相濡以沫的恩爱夫妻。我劝她要冷静对待，农家子弟禁得起艰苦环境和繁重劳动的考验；劳动可以锻炼意志，增长知识和技能，人常说风雨过后即现彩虹和阳光。第二天一早，她带着儿子踏上了探望其夫的路程。

之后的几十年间，李赤无论是在政治上受挫，还是在患病期间，梁惠莲总是一丝不苟地关心照顾，悉心伺候，求医问药，呵护他的健康。同时，还要含辛茹苦地照料、培养两个孩子健康成长。在李赤后期病重期间，她以顽强的毅力，挑起了家庭生活的重担，为家庭、为孩子的成长付出了巨大的心血，人们称赞她是一位贤妻良母。

2013年，李赤患病后期，我同老伴王玉莲去看望。他已经被病魔折磨得骨瘦如柴、脸色苍白。就连我们相处几十年的老同学、老朋友都不认识，说不出话，且吞咽困难。

目睹其人其状，不禁使人泪流满面。试问苍天为何如此无情地把一个钢铁般的硬汉子折磨成这般模样！我们祈盼能有康复的奇迹出现；他的贤妻梁惠莲信心十足地说，要把二层房建成，让他亲眼看看。孰知这次见面竟然成了永别！这时，不禁回想起，我们俩退休后在靖边宾馆邂逅，整宿彻夜长谈的难忘时刻。

忆往昔，话今朝，望未来，我们心潮澎湃，话题无所不及，至今使我记忆犹新的是他的几句简洁的回答。我问：“老同学，在你的人生旅程中，对挫折坎坷的感悟是什么？”“在我的人生中所遇到的挫折，我可以坦然地告诉你，是无怨无悔。”他坚定地说，“人生的路没有平坦的大道可走，自古常言，人无完人，金无足赤，人就是在同困难的斗争中增长才干和智慧。一个人的功过是非，要让实践去检验，要让后人去评说。比如，我在横中进行语文教学改革中，有人质疑甚至非议，成功还是失败，学生是最好的见证人。”他的一席话，既有哲理又有很高的思想境界，真是“与君一席话，胜读十年书”啊！

忠诚党的教育事业，凝心聚力提高教育教学质量

组织上决定让他回母校横中任教时，他既没有怨天尤人，也没有埋怨命运不公而气馁，毅然走上了教学岗位，全身心地投入教书育人的工作中，一干就是十几年。在任教期间，他始终坚持为学生服务的宗旨，努力提高教学能力和水平，坚持不懈地进行语文教学改革，努力提高教学质量。经过长期的教学实践探索，总结出了“开启心智，师生互动；因材施教，精讲多练；循序渐进，稳步跨越”的教学方法。在吃透教材与学生这“两头”的基础上，教师精讲，学生多练，启发和激励学生的独立思维能力与所学知识的应用能力，充分发挥其聪明才智，调动自觉学习的积极性，增强分析问题、解决问题的能力，使其学有所长，各得其所，学有所成。须知，任何一项改革创新举措的实施都要遇到挫折和困难。由于习惯于满堂灌的传统教学方式，对创新性的教学改革不理解，学生家长们担心，基础知识讲得少了，过不了高考这个“坎”。自恢复高考以来，千军万马都在挤高考这座“独木桥”，以此作为青年学生人生旅途的转折点，走出大山的唯一希望。因此，一些家长来教育局质疑，要求“改邪归正”。我同李赤认真交换了家长的意见。他胸有成竹地对我说，家长的期望同教学改革的目的是完全一致的。古人云：“学习全凭自用功，老师只是引路人。”教学改革的目的就是要调动学生学习的积极性和创造性。

对此，我作为教育部门的负责人，理应让其大胆地进行语文教学改革，在教学实践中日臻完善。中国特色社会主义建设事业人才的培养，要使学生在德智体美劳得到全面发展，德是第一位的。古人云：“才者，德之资也；德者，才之帅也。”人才培养是育人与育才相统一的过程，育人是本。人无德不立，育人的根本在于立德。这是人才培养的辩证法，也是

教学改革的出发点和归宿。他说，教学改革的方式，就要通过精讲、对话、交流等方式，让学生自己动脑动手，从而认识昨天、理解今天、展望明天，启迪独立思考能力，激发主动学习的积极性，增强尚德益智、修身养性、齐家治国、造福社会的事业心和责任感。

实践是检验教学成果的最好标准。在他所教的1984届、1986届和1989届高中毕业生中，有的考入了国家一流大学，有的成为科技战线上的领军人物。他们走上社会主义建设事业岗位后，都已展示出了卓越的领导水平或工作能力，在习近平中国特色社会主义思想的指引下，新时代，新作为，谱写新篇章，绽放出当年教学改革的美丽花朵！

谨以此拙文，告慰李赤老同学在天之灵。

2018年6月28日

黄怀业，李赤先生的同学，1937年出生。陕西省榆林市横山区人。1957年加入中国共产党，1963年参加工作。历任公社党委书记、县广电局局长、教育局局长、监察局局长、民政局局长等职务。1998年退休，任县退休干部职工党总支书记、县委老干局党委（总支）副书记、县老区建设促进会副会长兼秘书长，中共横山县第十二届、十三届，榆林市第一届、第二届代表大会代表。

我们的前半生

柳锦柱

我与李赤的交往，从童年就开始了。

李赤是我的表叔，他的母亲是我的二老姑（是我爷爷的亲妹妹）。我与他同岁，我们都出生在1941年。他生在年头，我生在年尾。在有了记忆后与他的接触，是从一段苦难的经历开始的。

那是1948年春节过后不久，我们两家先后离开横山老家，逃荒投亲来到安塞县西河口乡的一个小山村，分别住在一个院子中的两孔破窑洞里，这样我就和李赤有了直接的接触。我们虽为孩子，看着一家人过着乞哀告怜、忍饥挨饿、凄风苦雨的日子，也就没有什么欢乐而言。白天，大人上山开荒种田，他和他的二姐，我和我的弟弟各自被关在自己家里。那时，安塞县大部分地面还被森林覆盖，狼很多，大人干活走时，总要叮咛我们好好待在家里。遇到天气好的时候，一起走出家门，在院子里嬉戏玩耍，因为饥饿，不一会儿就无精打采不吱声了。

有一天，我们一起玩了一会儿，各自坐在自家门口发呆。突然院子里跑进来一只大红狼，直接向我们冲了过来。李赤姐弟俩一边喊一边往家里跑，我和弟弟则吓得呆呆地站在门口。这时在对面山上干活的大人齐声呐喊，那只红狼才停住了脚步，掉头跑到正在吃草的驴跟前，狠狠地咬了一口驴屁股上的肉跑掉了。因那次受到狼的惊吓，我们再也不敢轻易出来到院子里玩了。由于那次狼口脱险的刺激，至今我年近八旬，做梦经常要梦到狼来了被惊醒。

这就是我和李赤最初接触留下的最深刻的记忆。那次遇险后不久，李赤一家离开安塞，又投亲到富县去了。

1951年秋天，父亲领着哥哥、弟弟和我回到横山老家，母亲和两个小妹妹则永远长眠于这次苦难的逃荒路上。回到家乡后得知，李赤一家也于头一年回到横山李家坬老家。

我想，李赤先生后来不屈不挠的性格和艰苦奋斗的精神等多种优秀品质的形成，是与他小时候的这段苦难经历分不开的。

从1952年开始，每逢春节期间，李赤总要随母亲回娘家探望亲友，并来我家，我俩也成了最好的朋友。

1953年，他到高镇小学上学，1955年我也从拓家塌小学转到高镇小学读书，我们之间的接触就更多了。

1956年，他考入横山中学，我紧随其后于1957年也考到了横中。在横中他的聪明好学驰名校内外。

1959年，他初中毕业考入高中，读了一年，因神经衰弱而休学。黑义忠校长特意将他留在学校，让他看管图书室，帮学校再干一些杂事，目的是让他恢复健康后继续上学考大学。

1961年，他没有辜负老校长的厚望，受横中推荐，参加了61届高考（如不休学，他应于1962年高中毕业参加高考），并以平均80.5分的高分被西北大学中文系录取，一时轰动了整个县城。

他的高中，又给我树立了很好的榜样，1963年我也以不错的成绩考入北京大学哲学系。

在大学期间，我们书信往来不断，互相鼓励，交流学业思想进步体会。

“文化大革命”，学生大串联，他也来到北京，在那场暴风骤雨般的洪流中经受冲击和考验。

1968年春节期间，我们先后从学校回到横山老家结婚，我还出席了他的婚礼，与迎亲队伍一起到梁家沟为他迎娶新娘。

巧合的是1968年秋，我在北大等待毕业分配的前夕，他先于我分配到人民出版社，我俩又在北京相遇了。真是天从人愿，让我们高兴异常。那几个月，他来我往，亲密接触，更加加深了我们之间的友谊，也加深了我对他的进一步了解。

后来，我工作到了宁夏，他回到横山教书育人。每逢我回老家探亲，总要到他那里看看，见面总有说不完的话。

大半生同李赤的交往，他身上的许多优秀品质不仅给我留下了深刻而难忘的印象，而且也深深感染着我，使我在做人做事的过程中，往往都受到他的某些影响。

早在高镇小学和横中上学时，他就显得比我成熟得多。他特别喜欢读书，除了学好功课，总要到校图书室借阅历史、地理、文学等各种书籍。一些他认为对自己成长进步有启迪的好书，总要推荐给我看。记得《马克思传》《斯巴达克斯》《钢铁是怎样炼成的》等名人名著我就是从他手里接过来看的。我们在谈论读书体会时，自然要涉及人生之意义，他总要强调生活在毛泽东时代的我辈青年，要有理想、有抱负、有志气，积极向上，努力学习，打好知识功底，将来更好地报效祖国和人民。在这一点上，他对我影响至深，使我直到临近退休之时，一种对国家、对人民的责任感始终萦绕在自己的胸怀，依然对工作不敢马虎应付。

和李赤先生的接触，他的那种独立思考的品格和看问题的独到见解总是令我佩服。我们年轻时，都非常关心政治，关注国家大事。如对1957年的反右派斗争、1958年的“大跃进”人民公社化、1959年的反右倾机会主义运动、1960年困难时期的问题、反修防修阶级斗争问题，以及后来都亲自参加的四清运动、“文化大革命”，我和他都有议论，都谈自己的看法。他从不人云亦云，总是有自己的见解。他是经过自己独立思考得出的，而这些见解的深度广度，又往往高人一筹。在我看来，他的这种独立思考和独到见解，首先是基于他独立的人格。

李赤一生特立独行，毫无依附他人、巴结权贵的媚骨。

我和李赤先生都出身于贫苦家庭，小时候和20世纪60年代初挨饿的难熬苦日子，让我们一辈子都刻骨铭心。这大概对我们后来养成的吃苦耐劳、艰苦奋斗的精神垫了底。尤其是李赤先生，在我同他后来的接触中，尽管生活条件有了很大改善，但从他的饮食、衣着、家用和谈吐之间，总是透着一股俭朴清廉之气。这绝对不是吝啬抠门，而是自我修养升华到高度文化境界的表现。至于与那些贪图享受、奢侈浮华之风相比，其境界更有天壤之别。在李赤先生心中，为工作、事业奋斗，为自己喜欢的课题钻研探讨，那是他最快乐的事情。

李赤先生还是个大孝子。

我们这些当时从落后农村进大学的孩子，突然之间看到大城市的花花世界，心理上很容易发生变化。开始是同大城市里来的同学相比，土里土气，往往自惭形秽，显得胆小自卑。接着，就要往洋的方向变了。一些人就开始回避自己的出身，以致冷漠自己的父母，抛弃农村妻子。所以当时在大学里流传着这样一句顺口溜：头年土，二年洋，三年不认爹和娘。

李赤先生直到大学毕业，来自农村那种善良淳朴的品行一点都没有变。在成家的问题上，他首先想到的不是自己，而是父母，是如何更好地赡养和孝敬年迈的父母。根据他在大学里的品学兼优的表现，找一位志同道合的女同学为终身伴侣并不难，或者到工作单位再找对象也是容易的。可是他坚持要在老家找一位善良的农村姑娘为妻，以便更好地服侍两位老人。在那个年代，有工作的城里人，找农村人为对象，就意味着夫妻长期两地分居，意味着将来子女都是农村户口，子女上学、进城、找工作都困难重重。1968年春节期间，我回老家结婚（我上大学前已和邻村的姑娘订了婚），他也从西安回家要找农村姑娘结婚。我和我父亲都劝说他到工作单位再找，多为父母提供衣食费用也是孝敬。但是他还是按照自己的想法成婚。在他看来，有媳妇亲自在老人膝下服侍，才是真正的尽孝。赤子之心令人敬佩！

我和李赤有着亲戚、玩伴、同学、同志、朋友等多层关系，我俩一生中的大部分时段里都保持着联系。遗憾的是，近七八年间联系中断了，他在北京养病，我在银川乡间养老，时不时地从同学或老乡口中得到一点有关他的不确切的信息。在他病逝很长一段时间内，我都不知道，现在想起来，十分愧疚。

这篇文章，用来纪念李赤。

柳锦柱，陕西横山人，1941年出生在一个贫寒的农民家庭。1953年上小学，1963年考入北京大学哲学系，1968年毕业分配到宁夏青铜峡县（今青铜峡市）工作，先后任青铜峡县党校副校长、银南地委组织部副部长、银南行署监察局局长、地委委员兼宣传部部长。2001年从宁夏吴忠市人大常委会副主任岗位上退休，移居银川。

李赤学长

邢 磊

特立独行，志存高远，勇于求真——这是我对李赤学长的印象。

1965年8月27日，我到西北大学中文系报到，终于成为一名令人羡慕的大学生。那一届中文系录取了70名新生，学制5年，编为两个班：70届甲班和乙班。我被分在甲班。一个月的军训生活结束不久，班主任郑定宇老师和年级主任冯振东老师宣布：中一和中五年级（编者按：中一是中文系一年级，中五是中文系五年级）同学将开展“一帮一一对红”活动。于是一个下午课余时间，中五的同学们来到我班的各个宿舍。到我所在宿舍来的是骞国政、李树森、李赤等中五学长们。以后，这些学长来过多次，和我们交流座谈，介绍他们学习和生活的体会，很是热情。这个“一帮一”的活动，大概到11月姚文元《评新编历史剧〈海瑞罢官〉》发表以后就中止了。时间虽然只有短短三个月，但对我的帮助很大，让我的大学学习生活受益匪浅。

譬如，学长们根据其亲身体会告诉我们：要尽快从高中阶段的学习状态转变到适应大学的学习要求，要根据大学老师的教学方法、教学形式改变自己的学习方法；大学阶段重在培养自己的自学能力，同学之间学习水平的高低主要标准就看自学能力的强弱：自学能力强者往往可以给弱的同学当老师；要尽可能扩展知识面，要充分利用学校的图书馆——西北大学图书馆，该馆存书量当时在西北地区那是首屈一指的等。

学长们的这些经验之谈，我是铭记在心，一一照办不误的，至今也是记忆犹新。《评新编历史剧〈海瑞罢官〉》发表后，我们便转入批判“三家村”的活动中，课堂也常常成为批判“三家村”的战场。记得本学期《写作实习》课程的期末考试，就是老师让我们利用三周时间完成一篇高

质量的有可能在报刊公开发表的批判“三家村”的文章。这个时期，我和李赤、李树森、骞国政等中五学长们见面只是打个招呼而已。再次接触那是“文革”期间的事了。

1966年6月1日，评价为“全国第一张马列主义”的大字报，吹响了“无产阶级文化大革命”的号角。西北大学和全国的大中专学校一样，取消暑假，开始了“停课半年闹革命”的阶段。谁承想，这个“停课半年”的革命，最后竟达10年，变成了我们整个大学时期的唯一任务。

全校学生分为两大派：激进的造反派和保守的造反派（当时称作“造反派”和“保守派”。我认为不合适。我认为大家都是“造反派”，只是“造反”的对象和烈度不同而已），并分别成立了“筹委会”和“临委会”。我们70届甲班参加“临委会”的同学有20余人，参加“筹委会”的同学不足10人，还有几个同学属于这两个组织之外。我认识的那几个中五学长，李树森属于“临委会”，骞国政是“临委会”办公室主任（我是“临委会”办公室秘书）；李赤学长则自成一派，其组织名曰“解放社”（后称“八四”战团）。我们班赵宝峰同学好像就是“解放社”成员，而且他和李赤学长私交甚密。

我从大字报得知，“解放社”的宗旨是：不仅解放自己，而且要解放全人类。慢慢地了解到，“解放社”和“临委会”有共同之处：反对打砸抢抄，不参与乱揪、乱斗、乱批、乱打老师；不同的是：“解放社”成员从不介入同学之间的争辩争论，他们的“四大”对外不对内。（“大鸣”“大放”“大辩论”“大字报”，简称“四大”）

这期间，有一次在校园内碰到了李赤学长，我有意聊起了“文化大革命”。李赤学长说：“你是70届甲班的，我们认识。我看到了你们班关于刘少奇该不该称呼主席的争论的大字报，听说还为此发生了武斗。这太不应该了，太幼稚了，同学之间怎么还能为此发生武斗呢！刘少奇倒不倒咱们能决定吗？”这犹如醍醐灌顶，使我如梦方醒，也使我甚觉惭愧。因为学长所说的武斗，我也是当事人之一呀！

那件事本来不值得一提，起因其实很简单，就是我们班在一次讨论学习“十六条”时，有位班干部发言批判刘少奇的资产阶级反动路线时，仍然习惯性地称呼刘少奇同志如何如何，结果遭到对立观点同学的上纲上线。

我当时有点看不惯那几个同学气势汹汹的样子，便为这位班干部随口辩解了几句。本以为此事就此完结，可万万没想到事态发展越闹越大，不仅校园内张贴了不少批判我们俩的大字报，而且在我的床铺四周也拉着绳子贴满了大字报，导致我无法午休，无法睡觉。我便一把撕掉大字报并破口大骂！结果引来了贴大字报者对我的围攻和殴打，搞得我满嘴流血，最后在班里其他同学的调停下才算平息下来。事后，尽管观点对立的双方谁都没有主动向对方公开致歉，但内心深处总觉得这不是什么光彩之事，愧疚和悔恨之意油然而生。

因此，我当时再也无心对李赤学长提起这场不堪回首的恶作剧，只是想关心“文化大革命”的后续发展之势，和学长交流些看法，以求指点。

李赤学长对我说：“无论如何，我们只能按‘十六条’办，矛头所指自始至终都应该是党内走资派，绝对不能群众斗群众；要摆事实讲道理；要文斗不要武斗。”听了李赤学长的肺腑之言，我进一步意识到自己对睡铺张贴大字报之事的处理不够冷静，太冲动，太年轻气盛了，其结果不仅伤了同学之间的和气，自己还遭受了皮肉之痛，真是得不偿失。由此我对李赤学长更加佩服得五体投地，切身感到他毕竟比我们年长几岁，多上了几年大学，看问题更全面，处理问题很有经验，政策解读显然比我们高了许多，办事很稳妥！

国庆节后，我校师生上京接受毛主席第五次检阅。随后我们响应毛主席号召，到全国去大串联了。

我和班里脾气相投的几位同学组成“红八路”串联队，坐火车经宝鸡、成都到重庆，又从重庆步行经遵义、贵阳、韶山，到了井冈山，进行了为时三个月的大串联，远离了喧闹的西北大学。

再次接触李赤学长已是发生了西安“九二武斗”以后的1967年了，那时李赤学长已是学校的名人了：他公开写大字报质疑杨成武发表在《人民日报》上的一篇《大树特树毛泽东思想的绝对权威》的文章。而这次和李赤学长的接触，是在校园内大字报栏前的偶遇，我们在同看一份鼓吹“文攻武卫”的大字报。我没有问起“质疑”之举，而是对李赤学长说：“文攻武卫”和“要文斗不要武斗”不是矛盾的吗？李赤学长回答：用“十六条”衡量，此口号显然是错误的，现在全国、全省武斗风愈刮愈烈，和此口号不无关系！我说：这个口号来头不小呢！学长望了望我，说：一切言行都要符合毛泽东思想，不要顾虑他们的身份地位！至此，我总算明白了李赤学长为什么敢于那样公开大胆地质疑“大树特树”的文章了！

回想和李赤学长同校3年并不多的几次接触和了解，我强烈地意识到，李赤学长虽是一介书生，却是一个特立独行勤于思考的人，是一个心怀天下志存高远的人，是一个不畏权威勇于求真的人！果不其然，不久就传出了毛泽东主席痛批“大树特树”的谬论，传出了毛主席怒斥“文攻武卫”“揪军内一小撮”、企图毁我“长城”的罪行。从那以后的“文革”后期到现在，我挺佩服李赤学长及他发起成立的“解放社”的这些学友，佩服他们在那样看似轰轰烈烈实则混乱不堪的惨烈的运动中，能保持那样清醒冷静的头脑，不参加两派争斗，只关注捍卫毛泽东思想的大是大非问题，走自己独特的参与运动之路，实属不易，实属难得。

本应1966年毕业的中五学长们因“文革”的延误，一直到1968年7月才毕业走向社会。我们70届倒按时于1970年8月毕业了。

不久，我参加了《陕西日报》社通讯员学习班，得知骞国政学长就在《陕西日报》社工作。以后骞学长成了陕西省广电厅厅长，时不时媒体上有他的信息。而陕北的李树森、李赤学长，从毕业离校后再无消息了。

近日惊悉李赤学长已于6年前病逝，更没有想到李赤学长经受了那么多的磨难。对于大意于北京的煤气中毒，实在令人扼腕痛惜；对于极“左”路线的迫害，实在令人悲愤难抑！唯愿李赤学长魂归天界，再升仙班，静心安息！愿李赤学长亲人们化悲痛为力量，继续砥砺前行！

2020年春节于都江堰

邢磊（1946—），李赤先生西北大学校友，出生于陕北榆林，成长于宝鸡岐山，毕业于西北大学中文系。毕业后到5251部队华阴农场四分场大专十连劳动锻炼、曾在《陕西日报》社实习、工作，在西安铁路局拓石铁中、西安铁五中、西安市九中参加教学工作。主要从教于省化校、西京学院（西京大学）。被评聘为省化工学校副教授（高级讲师）、西京学院督导、教授。曾任省中专语文教研会副会长、西安市关心下一代工作委员会南郊分会主任。

永远的怀念

刘天渊

滋兰九畹务求真实显学者风范，

书馨一生满腹经纶为世人楷模。

李赤，男，生于一九四一年正月二十八，横山高镇李家坬村人，原名李庚贤（此名按族谱辈字所起），后来他自己改名李赤（因赤代表红色，红色又象征光明，象征胜利）。

其父李春生，一生拙守恒业，孝悌力田，只知秉承“耕读传家，孝廉继世”之祖训，以孝著称李家坬。他有五个儿女——三子两女，长子庚芳，次子庚旭，李赤是他的三儿子，是五个子女中的老幺。

李赤出生在一个非常贫穷的农民家庭，1947年随母亲和哥哥姐姐逃荒至延安富县，在这里度过了他难忘的童年。一次因受了风寒，加上饥饿，又营养不良，昏迷了一天一夜，几乎停止了呼吸。就在大人们手足无措、极度悲伤中，准备用干草捆起来，把他送到山里时，他又奇迹般地苏醒，并逐渐康复。

1949年，他随家人回到了高镇李家坬老家。在父亲和大兄长的关顾下，他在村里念了两年冬书。“训子须从婴孩始，端蒙必自小学初。”他在初学的《三字经》里，以“披蒲编”的路温舒、“削竹简”的公孙弘、“头悬梁”的孙敬、“锥刺股”的苏秦、“如囊萤”的车胤、“如映雪”的孙康等这些中国古代少年笃学为榜样。家虽贫，学不辍，自勤苦，且知勉。这种奋发勤学的精神，堪与古人相媲美。12岁那年夏天，他从河边耍水回来，在家里的桌子上写了一句话：“不识字真可怜，长大后连婚姻也成不了。”真是“童心便有爱书癖，手指今余把笔痕”。功夫不负有心人。李赤童年的好学，奠定了他厚实的蒙学基础。从1953年秋季开始，在高镇高小直接读了四年级，1956年考入横山中学。

1956—1959年，他在横山中学读初中，其间以刻苦、钻研、成绩卓群，引来师生们的瞩目。1960年读高中一年后，因患神经衰弱症，觉得无法继续就读，就背着铺盖卷回到高镇李家坬村。到家门口恰遇其父，他就将不准备上学的想法告诉了父亲。其父非常愤怒，没等他把话说完，顺手从石磨上抽起磨棍要打他。就这样，他连家门也没进，背着铺盖卷，冒大雪再次步行回到横中。当时，学校的领导和老师了解了他的学习情况和身体条件后，不忍放弃这个优秀学子，遂决定给他提供在学校图书馆工作的机会。嗜书如命的李赤，如鱼得水，只要身体允许，就在图书馆里如饥似渴地读。1961年，他虽然只读了一年高中，就被横山中学推荐参加当年的高考，并且以优异的成绩被西北大学中文系录取。李赤的高考录取消息迅速传遍横山校园，在近千名莘莘学子中引起了强烈反响。他的考中，在家乡高镇及李氏族中亦引起不小的轰动。这在当年凤毛麟角的考中者中，真算是鲤鱼跃龙门。望子成龙的其父脸上终于绽出了欣慰的笑容。

1961—1967年，李赤虽然考上了大学，但时值三年困难时期，家里生活十分贫困。父亲已年迈体衰，以当时家里的条件，供一个大学生是不可想象的事。其大兄长李庚芳（在石湾镇旋水湾小学任公办教师）支撑着全家的生活，并供其弟上完大学。李赤在西北大学期间，生活极其艰苦，冬天穿着黑棉布棉袄，夏天就把棉袄中的棉花取出当单衣穿。在西北大学，这个来自陕北的青年，以学习的刻苦专注以及独立思考的形象，给同学们留下了深刻的印象。

1968—1970年，李赤大学毕业后，被学校推荐到人民出版社，从事编辑兼校对工作。其间曾在山东胶县部队农场劳动锻炼。

李赤深谙“凡为人子之礼，冬温而夏凊，昏定而晨省”这个中国人的传统美德，也传承了其父孝悌传家的遗风。他在人民出版社工作期间，一有假期，就回到李家圪看望老人。一次他回到家乡，70多岁步履蹒跚的父亲和孱弱的母亲看着远在北京的小儿子回来，心情异常激动。母亲特意给他做了一小盆和菜饭，而她和老伴准备吃头天剩下的豆腐渣。李赤看到此情双眼流着泪，坚持自己吃剩下的豆腐渣，让两位老人吃和菜饭。他为了表达自己的孝心，在诸多给他介绍的对象中，选择了当地以贤惠出名的农村姑娘梁惠莲为终身伴侣，并把家安在李家圪村，目的是让两位年迈的父母得到很好的照顾。李赤性至孝，在父母面前从来不高声讲话，不论父母、兄嫂，有时对他们的批评和指责，即使是受了委屈，也只是耐心听着，从不大声反驳。李赤不仅对父母和兄嫂如此，对他的岳母也非常孝顺。岳母在他家生活的几年中，他孝敬有加，经常给岳母吃在当时非常稀罕的大米饭，而他和妻子、两个孩子都吃小米饭。

1970年，他调回榆林报社工作。李赤是毛泽东思想的忠实追随者和实践者。在政治路线上和方向上非常坚定和明确。在那政治风云突变、风雨如晦的年代，依然坚贞不渝，甚至面对重大打击，亦衷节不改。他那狷介的性格，决定了其人生的起起伏伏、坎坎坷坷。

1973年，他到横山县委宣传部，从事通讯宣传工作。

1980年，他调入横山县教师进修学校的教研室，从此步入教育界，从事教学研究工作。他熟读经史，对“文起八代之衰，道济天下之溺”的唐朝韩愈《师说》里指出的“传道、授业、解惑”“弟子不必不如师，师不必贤于弟子”等打破封建传统的师道观非常认可。所以他愿将他的所学直接传授给学生，为国家培育一批有用人才。后组织将他调入横中当老师。

1982—1996年，他在横山中学任教，一直担任高中语文教学。在教书育人的过程中，提倡并执行学生自治、自学、启发式教学。他认为，在学校老师与学生，既是师生关系，又是学友关系，互相学习，互相借鉴，教学相长。并且要充分发挥学生的个性，要求学生在钻研知识的同时，也要关心国家大事，要“胸怀天下，放眼世界”。他经常用毛泽东在1925年写的《沁园春·雪》这首词里的“恰同学少年，风华正茂；书生意气，挥斥方遒。指点江山，激昂文字，粪土当年万户侯”这些雕镂组秀、炫转荧煌的警言佳句来勉励学生。李赤非常推崇鲁迅，深悟鲁迅“人不可有傲气，但不可无傲骨”这句话的真谛，以及鲁迅写作目的之一是为“如我年轻时候似的正做着美梦的青年，正是因为他们，我‘必须在作品中’处处给予一种不退走、不悲观、不绝望的诱导，而对自己内心深处的悲凉感有所扼制”。这些至理名言的深刻内涵。为弘扬鲁迅精神，学习鲁迅思想，他在学校也组织一些同学，成立了“鲁迅文学社”。在社里，经常用自己丰厚的知识、对社会的认识，引导这些青年学子追求真理，建立自信，创造自己的未来。李赤在横山中学培养出了一大批品学兼优的学生，这些人有的进了大学，有的走上社会，均在不同的岗位，创造出骄人的业绩，令人刮目相看。

李赤在横山中学教书育人的同时，开发了古语摘要、文章结构四分法、毛泽东诗词、李自成乡籍考证，以及汉字起源发展的课题研究，他把这些研究与教学有机地结合起来。经常利用寒暑假，组织他的学生在横中的教研室或会议室里，举行毛泽东诗词讲座。他对毛泽东诗词的注解另辟蹊径，见解独到。他把毛泽东思想用“鲲鹏”二字概括。他说鲲鹏的由来是：“鲲是条大鱼，有多大呢，不知有几千里长，鲲后来由鱼变化为鸟，叫作鹏，鹏的背不知有几千里。”毛泽东诗词中关于鲲鹏的描述是：“鲲鹏展翅九万里，翻动扶摇羊角。背负青天朝下看，都是人间城郭。”他认为毛泽东就像鲲鹏，首先积蓄了充足的能量，再直飞到九万里高空，整个人世间都可以清清楚楚地看到。

李赤对中国的汉字研究，思维新颖，方法独特。他根据中国汉字象形、指事、会意、形声、转注、假借六种造字原则和用字原则之一的“转注”，用图示的方法，让幼儿尽快地掌握它的音、形、意。他认为，幼儿认识汉字不应该是一个一个囫囵地记忆在头脑里，每个汉字经过几千年的发展，都是有自己完整的意义的。怎样把常用的2500个汉字的意义和发展过程，用最简单、最清楚的方法介绍出来，将是一个很大的非常有意义的文化工程。他的理想是，如果能把汉字的认识方法和毛泽东诗词注解，以及古语摘要方法推向世界，那么将会出现一个“东方文艺复兴”。他的汉字研究曾得到中国著名语言学家周祖谟的首肯。

1992年他从教学一线上退下来，准备全身心地继续完成他的研究成果，系统整理推向社会。

但不幸于1994年中风，患偏瘫，虽经多方治疗，左半截身子行动仍受到很大影响。他考虑到自己的研究还没有完成，便用顽强的意志战胜了病魔，终于站了起来，继续自己的学术研究。

1999年，他在学子们的支持下，来到北京，准备推出全部研究成果。不幸的是，他又病倒了，而且病得非常严重。在病中，他坚持以“东方文艺复兴学会”的名义出版了《鲲鹏展翅——毛泽东诗词新解说》一书。仍然希望能有一批志同道合的青年和他一起，为“东方文艺复兴”继续努力。

“妻贤夫祸少，子孝父心宽。”李赤虽然晚年疾病缠身，但他有个幸福的家庭。他有一子一女，都是在他的精心呵护和培养下成长的。现在他们都组建了家庭，有了孩子，在北京有自己的事业。他们大有其父孝慈的遗风，父亲病后，他们看在眼里，疼在心上，请名医找偏方，想方设法减轻父亲的痛苦，时时常守在病榻前。李赤更有一个贤内助，她形影相随，无微不至，百般照顾。亲人们的呵护，使李赤的心灵得到了极大的安慰，在他痛苦的脸上不时地露出快慰的笑意。

胡天不仁，大限降临！这位横山才子，于2014年1月27日，不禄于家中，享年73岁。李赤去世后，在他家举行了隆重的遗体告别仪式和追悼会。横山县政协、横山中学、横山县教育局、横山县财政局、横山县招生办，以及他家乡所在地的镇政府等单位的领导，还有亲戚朋友、同人、同事、学生都前来参加。大家对他的去世，无不扼腕叹息。挽联、挽词、挽幛，挂满墙头，花圈、花篮摆满灵棚院落。在追悼会上，横山中学对他生前的业绩和品格，给予了高度评价：“李赤先生一生淡泊名利，勤勉朴实，胸怀坦荡，光明磊落。在同人同事和朋友眼里，他是良师益友；在家人和亲人面前，他是孝顺的儿子，可靠的丈夫，严慈的父亲；在后辈和学生眼里，他是令人尊敬的长者和导师。”他的学生在挽联中这样评价他：

起承转合评毛诗鲲鹏展翅；
古语摘要著华章桃李盈门。

信道独撑持，久处困顿气犹虹；
匡济空负志，常教后继泪满襟。

此心何伟，敢开风气宜现在；
其志甚大，要育英才补将来。

一种思想，泽三届弟子，终身受益承雅教；
五项研究，耗半生心血，独步横山谁比肩。

李赤走了，世上少了一个才子；才子队伍里腾出一个位子，那是留给我们的。记在这里，也记在心里。老李你听到了吗？

刘天渊，男，1947年生，祖籍米脂，生于榆林，长于横山，李赤先生朋友。高师函授本科学历，中共党员。幼承母教，熟读各类文史典籍。1969年插队横山镇魏墙村，担任民办教师。1977年被韩城矿务局招工后，任教师。1982年调回横山，在赵石畔中学任教，同年调横山县志办工作，1988年担任《横山县志》常务副主编，负责总纂《横山县志》。连任四届政协横山县委员，任横山文史委员、横山县史志办主任、主编。其间主编（合作）《横山起义资料集》并参与十余部家谱的编纂，担任第一部《横山县教育志》编审。1995年评为副编审，由横山县史志编委会，榆林市地方志编委会聘为史志编纂委员会委员。2009年退休后主编《横山镇志》，并承担《榆林市志·经济速要·农业篇》的编辑。2015年获陕西省地方志编委会授予的“资深的地方志工作者”荣誉称号。

不要人夸好颜色，只留清气满乾坤

文　明

李赤的家在横山县李家坬村，我自小在子洲县石垛坪村的外祖母家生活。两个同在小理河畔的相邻村庄之间，只隔一条名为暖水沟的小溪，相距只有2.5公里。两村虽然分属横山和子洲两个县管辖，但相互间都挺熟悉，多有姻亲关系的往来。

记得在20世纪50年代初期，他们村的靓女俊男不少，还有会舞狮、搬船和能当伞头的领头人物。每逢正月闹社火，不但有秧歌队，还有搬船、舞狮、转九曲等节目，很是红火。我和小伙伴们也曾去凑热闹，看表演。

那时候，我就看见李赤也在秧歌队里，跟着走大场子、转大圈。他衣着俭朴，步履沉稳得像平常走路一样地跟着转，并没有多少表演的兴致。

1956年夏季，他从高镇小学考入横山中学59届（2）班，而1957年我由子洲县水地湾小学考入横山中学60届（2）班。

他高我一级，长我两岁多，彼此虽也都熟识，只是一直没有交流。我对他的印象是：一身手工缝制的衣裤，典型的农民子弟形象。经常戴一顶军黄色呢子帽，十分显眼醒目，很有标志性特点。

大概是1958年夏天，我课间休息时，看见（3）班柳锦柱和两三位同学在教室门口，传看一本李赤念过的《初中文学课本》。我好奇地接过来翻阅，只见封四上用毛笔抄录了王冕的《墨梅》诗，字迹工整，遒劲有力，而且是用铅笔打了方格后书写的。我一看就十分惊喜，被诗意所迷恋。当时不仅对李赤的书法功底颇为赏识，更感悟到他对这首诗的异常钟爱与欣赏。

1958年之前的初中语文分为《文学》（大32开）和《汉语》（小32开）两册。前者是按时序及文体专门收入历代的经典文学作品；后者是专讲汉语拼音及语法修辞等内容。从1958年开始，全国就统一改为《语文》，内容大大压缩，且以现代著作为主。此前的《文学》课本中有《王冕》这一课，但只讲王冕幼年刻苦勤学的故事，并未收入诗画作品。估计李赤抄录的出处，一是来自语文老师的讲稿，二是来自课外读物。我清楚记得李赤当时抄录的诗句是：

墨　梅

【元】王冕

我家洗砚池头树，个个花开淡墨痕。

不要人夸好颜色，只留清气满乾坤。

我当时一看，就一直铭记在心，难以忘却。以后再看到其他版本在字、词及排序方面的一些差异，都难以认同。

王冕的《墨梅》诗画，无疑是作者人生心态的形象表达。当时的青年李赤何尝不是以墨梅自喻呢！

而且我感觉李赤先生的一生，确实具有《墨梅》的品格和精神。他像一棵虬枝盘结的腊梅，总是威端地生长在洗砚池旁。那朵朵梅花上都有淡淡的墨痕，每朵梅瓣都透出幽幽淡淡的花香。而他并不期望别人夸耀颜色艳丽美妙，只愿能散发清香的气味在这天地之间。这种淡然的人生心态，似乎更绽放出一种孤傲狂放的人生态度。

此文标题选定为“不要人夸好颜色，只留清气满乾坤”，即是本人对李赤先生的解读和认知。

1961年秋季开学后，在横山中学教导处对面的报栏上，贴出了本校首届高考录取的榜单排名。李赤以每门课平均80.5分的成绩名列第一，考入西北大学中文系，在校内引起轰动。

因为他考上高中后只读了半年多，就因得了“脑病”而休学。其实当时由于处在“三年困难时期”。学生都饿肚子，营养严重不足，学习负担又很重，还要参加勤工俭学劳动，于是校内都把这种频发的头痛症状称为“脑病”，只是轻重程度不同。李赤非常专注好学，“脑病”自然更加严重。记得我在暑期参加高中升学统考时，最后一门课是“化学”，考题并不难，但我身心疲惫，几乎要晕倒在考场。上高中后，我每感头痛难耐时，就用热毛巾勒住两个太阳穴来止痛。

李赤休学后，我们60届初三毕业。老师们编了不少复习资料，都要刻蜡版油印，教导处一位年长的秘书根本忙不过来。我看见李赤也在教导处刻蜡版。后来说他刻蜡版也头疼，学校就让他负责组织校农场的劳动任务。他负责分发农具，指定任务，也和学生一起参加劳动。他好像挺乐意参加劳动。

在高考出榜之前，我们并不知道他要跳级参加高考，更不可思议的是，他竟然金榜题名，中了“状元”！

按当时的分数线，他的成绩已达到北京大学的水平，但由于他是免试外语，所以就被录取在西北大学。而排在其后的西安交通大学的最高分为76分。其他省立高校分数都在60分上下，延安大学只有30—40分。由此不难看出李赤的文史哲功底的厚重，以及他勤学奋斗的毅力和智慧！

大概是1958年，他的名字由李庚贤改为李赤。当时的教育方针是培养“又红又专”的接班人，批判“白专道路”。同时，他积极学习毛泽东著作，颇有心得。我以为这“赤”字是他矢志革命，是对毛泽东思想无限崇拜的宣誓和表达。从他对毛泽东诗词的独到见解和研究成果，更能体会他改名字的初衷和意向。

1968年年初，李赤被分配在人民出版社工作。

当时我还在中央财经大学上学。有一天我收到他寄来的明信片，让我去取家里捎来的东西。我到了朝阳门内的人民出版社时，他正与另一位西北大学毕业的同学在校对毛选五卷本校样。他俩一个人大声读原稿，另一个人看校样，我第一次看到这种读校的方式。

他俩停下后，他将10元钱和几斤苹果交给了我，讲了他和柳锦柱回陕北结婚，在回来的路上，碰见从未谋面的我的弟弟，一眼就认出“你是文明的弟弟”。他说苹果称了分量留在家里，这是在北京按分量买的。我让他留着吃，坚持不带走，但他连推带拥把我送出门外。这是我与李赤先生的首次交往。

1968年年底，我被分配至湖北十堰市参加“三线”建设，之后就再无联系。

大概是1985年的暑假期间，梁惠莲与横山县的几位教师来北京参观。她带着李赤先生的信，到中国财政经济出版社看我。她仔细地谈及李赤遭遇劫难的情况和她不断上访救夫的苦难历程。我既对李赤的劫后重振感到欣慰，更对梁惠莲的贤惠能干充满敬意！当时李赤在横山中学执教已颇有名气，一双子女学有长进，而且还修建了自己的窑洞。她对自己的生活充满喜悦和憧憬！

此后，李赤或写信或介绍学生来京找我，彼此交流颇多。他曾表达“重返京华”的强烈愿望和从事科研的宏伟计划。我进入财经科研出版领域后的工作，始终是超负荷运转，没有精力对李赤先生的科研成果进行研究和欣赏。但在有限的几次交流中，还是领略到他的学术见地和独特的魅力！

李赤先生不幸早逝，令人深感惋惜！但我看到朝阳、非雪和李赤先生的四个非常聪明可爱的孙子、孙女时，内心充满慰藉和祝福！

2020年5月6日北京

文明，陕西横山人，李赤先生中学校友，1968年毕业于中央财经大学，财政部财政科学研究院研究生部兼职教授、硕士研究生导师。曾担任中国建设银行投资研究所副所长，中国投资学会常务理事、副秘书长、行长办公室主任级调研员、行史编写办公室主任、中国建设银行史总编纂等职。曾长期在中国财政经济出版社担任财政编辑室主任、副编审，中国财政学会中青年理论研究会副会长等职。撰写或主编的著作以及文章众多，2019年出版《墨海春秋》。

短期的共事　永久的纪念

白爱武

早在20世纪70年代，我在靖边任教时就听说横山出了个“非凡”的人物叫李赤。后来，我调入横中有幸和李赤先生在同一教研组共事近两年，他任组长，我是副手，才真的领教了先生的一些“非凡”之处。乍一见面，看他那魁梧的身躯，稳健的步伐，不苟言笑的面孔，感觉此人似乎很难接近。然而，只要你跟他讨论教学上的问题时，他面带微笑，态度和蔼，虚心倾听，也乐于阐述自己的意见。先生学识渊博，仍然勤奋好学，手不释卷。即使在课余休息时间也从未见他在棋摊前伸颈观战，更未闻他与人三五成群闲话长短。听他的邻居说：在寒冬深夜他常披着棉被坐在炕上看书学习。李先生始终把远大理想同具体的工作融为一体，因此他的工作态度严肃认真，责任心极强。记得他上任伊始就说过：既然我们在一起共事，就把教研工作当作一项共同的事业来完成。

自他担任教研组组长后一改以往的教研组活动只是分派观摩教学的任务、检查教案和作业批改的套路。他身先示范，在他所带的班级中大胆试行教学改革，同时也倡导其他同事学习魏书生（辽宁盘锦中学的语文教师）的教改经验。但是，这对走惯老路的人来说是何其难！唯有他特立独行，不顾别人的疑虑，勇往直前。后来，他的弟子以卓异的成绩证明了他非凡的胆识和超人的才干。

在他的带领下，我们语文教研组开展了许多生动活泼的教学活动。如分初中、高中组进行诗歌朗诵比赛，选拔优秀者作为校广播员，轮流在早晚饭时播出节目，激发了学生的朗读兴趣；利用假期，让学生收集民间故事或搞社会调查写成作文，选出好的在学校召开“故事演讲会”。这一下学生再不喊“作文难”了，学生写得生动有趣，老师批改起来也觉轻松愉悦。“故事会”也博得了阵阵掌声和笑声。让高中学生搞社会调查，写出调查报告如“李自成故里探究”“横山起义”等等。让初中学生办《手抄报》、画“连环画”，在学校举办了一次优秀作品展览，还得到了地区教研室检查组的好评。

先生认为要教给学生一碗水，教师就得有一桶水。因此强调教师必须加强自身的学习和修养。

鉴于学生的书写能力普遍较差的状况，他要求教师要规范书写，提高自己的书写水平。为此，全校举办了一次师生书法联展，要求语文组的教师每人至少要交一幅书法作品。这一下让我这个臭字老师可难堪了，思来想去，在半张白道林纸上写四个大字——“反面教员”。这是我今生第一次，也是唯一参加的书法展。没有纸质和尺幅的限制，也没有主题和内容的要求，一没装裱，二没展板，只是在平房教室里拉了几根铁丝，用回形针将作品挂在上面，哪像我们现在经常观看的书画展那样装饰精美。然而，却是我印象最深刻，受益最大的一次观展。

和李先生在一起共事只有短短的两年，他那深厚的学养和可贵的品格，使我非常敬重。而我最大的受益是不再一味地迷信教材和权威了，对教材的注释或参考的答案也敢于提出疑问。

比如，杜甫的《茅屋为秋风所破歌》中，“布衾多年冷似铁，娇儿恶卧踏里裂”一句注释：“恶（è）卧——睡相不好。”我想，“睡相不好”，大概指不符合“卧如弓”的标准，或是“仰面八叉”，或是“狗爬式”，这样手脚不动怎能把被里蹬扯破呢？我便去请教李先生。他说：“这个注音就是错的，应该读恶（wù），是讨厌，不喜欢的意思。”我如醍醐灌顶，多年的被子又让雨水浸湿了，像铁一样冰冷，小孩子能安睡吗？哭闹着脚手乱踢打，本来就老旧的被里子能不被撕裂吗？这样的解释多么生动形象呀！

在讲授毛主席诗词时，我常常去请教李先生。有一次，我拿着上大学时发的一本资料《毛主席诗词学习资料汇编》（这里内容多是周振甫、臧克家、郭沫若等名家的讲解），李先生一看，两眼放光，并要借阅。当时我不知道他为什么这么喜欢这本书，直到2000年看到他的著作《鲲鹏展翅——毛泽东诗词新解说》后，我才明白了他的用意，不禁心中暗叹：我那本《毛主席诗词学习资料汇编》到了李先生手里可谓“得其所哉”！

在李先生勤奋钻研精神的影响之下，我们语文教研组的同人们形成了一种“无所顾忌”（不怕人说自己学识浅薄）、随时随地互相请教的良好风气，令我非常留恋这个集体。但是，为了解决长期两地分居、无家可归的困境，1983年寒假我含泪离开了横中。我要调走了，李先生组织全组同事为我举行了欢送会。虽无酒无肉，只在教研组的办公室摆了几盘瓜子、花生和水果糖（还是“故事会”上学校给买奖品的余钱所置），却是我这一生待过的三地五校中受到的最高礼遇。

调入“陕北名校”，工作压力大，有家可归了，可生活负担更重了。因此很少和我魂牵梦萦的横中联系了。后来惊闻李先生在京艰辛研究学术时出事了！2000年我去向阳幼儿园看望他，他露出了喜悦的笑容，说话已经口齿不清了，再难看到他那稳健的步履——当我满怀痛惜之情告别时，他架着双拐，由两人搀扶着，硬是把我送出了大门。在他去世前的一年，听说他又回横山了，我再去看他时，他在老伴梁老师提醒之后，才认出了我，但已无法言语了……

最大的遗恨是我没能送先生最后一程！天妒英才！痛哉，哀哉！今年国庆前，我去看望梁老师，应非雪之邀加入纪念李先生的微信群，拜读了李先生的弟子和亲朋故友们所写的情真意切的回忆文章，更多地看到了先生的非凡之处，深受感动。先生的学识和人品是我无法企及的。每每忆起和先生短期共事的点点滴滴，依然历历在目，现将这些不成文的素材提供给大家，以备出纪念文集时可添补万一。

白爱武，女，李赤先生横山中学同事，陕西子洲人。1968年毕业于陕西师范大学中文系，在解放军农场接受再教育两年。1970年5月至1977年6月在靖边县任教，1977年年底至1983年年底在横山中学任教，和李赤先生在同一教研组共事两年，1984年元月调入榆林中学，1998年年底退休。

谁识先生施露功

康维荣

我有过这样的奇遇，从天堂到地狱只在瞬息之间。……旋涡纠缠着旋涡，我被抛向高空又投进深渊……

只要我还有一根完整的龙骨，绝不驶进避风的港湾；把生命放在征途上，让勇敢来决定道路的宽窄、长短。

后来者还会在残片上认出我，未来的诗人会喟然长叹："这里有一个幸福的灵魂，它曾经是一艘前进的船……"

——白桦《船》（节选）

李赤老师是我的校友，但以前并不熟悉。

作为同事，我们共处了近10年时光（其间我离校到陕师大学习两年）。对他的过去和名气早有耳闻，可以说"如雷贯耳"。我对他的总体印象是：

魁梧帅气，不苟言笑，
衣着朴素，性格爽快，
正直和善，精力充沛，
知识渊博，工作认真，
信念坚定，志向宏远。

在校园里，我经常看到他手不释卷，拿的不是书就是杂志。在教导处院子的玻璃橱窗上，常常展出他的学术论文。一段时间，我的国情教育讲稿，也与他的文章一起展示，想起来，至今感到荣幸。教学之余，他把全身心都投入社会活动和学术研究上。他研究的领域广、涉猎多、成果丰，很有社会价值。

李老师是毛泽东与鲁迅的追随者。在他身上，我总感到有这些伟人的影子，他的处事和行为受之影响甚大。

他熟读马列著作，热衷于毛泽东思想和毛主席诗词的研究。他组建起横山县东方文艺学会（东学会），曾两次邀我参加，可我觉得自己不够格，婉言谢绝了他。其实，参与学习也好，现在想起有些后悔。

但我觉得，我们之间的心是相通的。我与他都崇拜毛主席，他每次油印出“毛泽东诗词新解”后，都要送我一份。虽然我后来从他侄女（我的学生）李雪琳处得到了出版的《鲲鹏展翅——毛泽东诗词新解说》，但我舍不得丢掉油印稿，至今仍保存完好。因它是我们之间交往、友谊的见证。

关于“教改”，我很佩服他。佩服他的才华和睿智，佩服他的执着和胆魄。在当时的横中几十名教师中，唯有他才这样别开生面、独树一帜，并且搞得风生水起，红红火火。先且不论成败，仅就这种“吃螃蟹”精神，改革创新、敢为天下先的勇气，也是难能可贵的。

那阵子，教务会上也常有李老师教改的话题，也听到部分家长的质疑和反映。直到现在，仍有不同看法，就像张帆同学诗中所说的，“至今人犹说是非”。李老师教改处境艰难，阻力不小，我当时同情他、理解他。我没有听过李老师的课，但我清楚，以李老师的学识和能力，教改是可行的，从长远看，对学生是有益的。面对非议和高考压力，李老师态度坚决，不改初衷。因不太了解具体情况，考虑到“应试教育”现状，我也心里没底，甚至为李老师担心。

“是金子总会发光。”李老师过早地走了，但他播撒的种子已经结果，长成大树，尽成栋梁。“等得云开见月明”，事实胜于雄辩。如果李老师在天有灵，能看到他的学生们，听到他们现在对当年教改的反馈该有多好！

生前既不得，身后犹可期。

看了同学们的纪念文章，我深受感动。同学们对李老师教改所给予的热情洋溢、实事求是的评价，充分证明了当年李老师的教改是成功的。这是众多学生的共同心声，这也是学生们用自己多年的社会实践所得出的客观结论。对此，我表示完全赞同！我认为，李老师的教改经验，对当前深化教育改革，打破应试教育魔咒，全面培养、衡量学生大有裨益，其借鉴作用和现实意义不可低估。现在，全国上下都公认应试教育有弊端，这更印证了李老师教改的价值。

我曾想，李老师这样学问深邃、专家型的学者，放在中学任教是委屈了人才，大材小用。如果有更大的平台，李老师定会“才尽其用”，做出更大的贡献。

但李老师从不计较环境好坏、平台大小、条件优劣，从不计较个人得失，在教研组组长、班主任和语文老师的岗位上，尽职尽责，把学生的前途当作第一要务，一切为学生着想，毫无怨言，毫不懈怠，殚精竭虑，巧谋妙筹，硬是开辟了一条教改的新路径。

这条路，学生走过后受益匪浅，获利终身，至今回味无穷。他像一头老黄牛，只顾拉套耕耘，哪管土地坚硬。此境界，常人难以企及！时过境迁，但李老师的心没有白费，汗没有白流，屈没有白受。“积德无人见，行善有天知。”他的教改成果在学生的口口相传中凸显，在连篇的纪念文章中浮现。此情此景，多么像毛主席《卜算子·咏梅》词中的“山花烂漫时”！李老师的品格又多么像“犹有花枝俏”的铁骨寒梅！现在，李老师若知晓这些，也应该如诗中说的那样，“她在丛中笑”了。

请听同学们的声音（本文归纳整理）：

其一，李老师教学能充分发挥学生学习主体的作用（自主性）和学生的主观能动性，有效地调动学生的学习积极性。“授之以渔”，让学生掌握学习的路径和方法，借助各种课内外活动，开阔学生视野，培养学习习惯，增强观察能力，全方位开启学生的智力和思维活力，使学生由“满堂灌”被动接受知识变为主动探寻知识。活动中，老师适时给予指导和点拨

（主导性），增强了学生分析问题、解决问题的能力，提高了教学效果。

其二，李老师在“传道、授业、解惑”外，能把思想教育贯穿于教学的全过程，十分注重塑造学生的灵魂（人格、品德、志向、理想、信仰）。在潜移默化中，培养学生应对社会和抵御各种错误思潮的能力，把班主任工作和语文教学有机结合起来，有的放矢地、不厌其烦地告诉学生做人的道理，既教书又育人，做学生的“引路人”。

其三，李老师不迷信权威（包括课本和教学参考），不囿于程式，敢于向权威和旧的教育、教学模式挑战，培养学生追求真理、探寻科学的胆略和勇气。

其四，李老师对学生和蔼可亲，平等相待，一视同仁。他反对只抓“尖子”不管差生。他“全面培养学生，培养全体学生”“一项都不能缺，一个都不能少”。他着重教育学生树立学习和人生的信心，教育学生“不以分数决胜败，不以学校（录取的学校）分高下”，言传身教，以身作则，让学生乐观向上，自信自强，始终以奋斗者的姿态对待学习、生活和工作。

其五，李老师在学生毕业离校后，仍然与学生保持联系沟通，给学生提供帮助，指点迷津，与学生做知心朋友。学生有困难有问题也乐于找他帮忙请教。这样的事例举不胜举……

这是最具说服力、最有权威的结论！这结论是对品头论足和不实之词的有力回答，因为它来自当年教改的对象，他们是亲历者、当事人，他们最有发言权！

值得指出的是，李老师实施的教改，不是谁都能轻易做到的。

且不论大势与阻力，单就教师的素质来说，实为不易。李老师的教学改革其所以能像“庖丁解牛”那样“游刃有余”，运作自如，与他的刻苦追求和先天禀赋有关。在旁人眼里，李老师或许是头带光环的走极端的特立独行者。而至亲和知情者看到的是他一生艰辛的汗水和苦涩的心血。他的教改和其他研究成果一样，是“十年磨一剑”磨出来的，是“百炼成钢”炼出来的，是厚积薄发，深思熟虑，“功到自然成”。不知有多少酷暑寒冬相陪，多少废寝忘食相伴，还有他贤惠的妻子的相扶……李老师在我眼里，他是素养超凡、品格超众、眼光超前的“超人”。但他又是个普普通通、地地道道的“凡人”，他平凡得连个“一级教师”（据说教龄不够）也没评上，地道得不懂世俗风情。可李老师就这样接受了，虽不情愿，也无可奈何。

我想，李老师其所以能做出这些成绩，与他的下述因素有关：

一是异乎寻常的刻苦和追求，

二是长年不懈的储备和积累；

三是坚忍不拔的毅力和意志；

四是宏远伟大的志向和信念。

有目共睹、人所共知，李老师对马列毛很有研究，他对唯物辩证法理解精到，对逻辑思维运用娴熟，使他具有了高于一般人的远见卓识。加上他的百姓情怀、人民本色、意志品质和责任担当，这样的“树”不结这样的“果”才怪呢，其他人罕见有这样的素质。这也是偶然中的必然！我们庆幸横山出了这样一位才俊，同时惊叹他运舛而辉煌的一生！李老师的劳苦出身和从小的苦难经历，造就了他的“爱生”品质。人的阶级立场决定其观点和方法。从他的教改中，可以看出他对学生的满腔热情和一颗炽热的心。他一生敬仰毛主席，他对学生的所作所为，真如园丁一样，倾心用雨露浇灌国家未来的栋梁之材。不求回报，无私奉献，遵循规律，尊重科学，看准目标，百折不回，不怕困难，不畏强权，爱生如子，勇于担当……这样的老师，才是真真切切、实实在在的“人类灵魂的工程师”！他所唯一追求的只是为学生为社会做点实事。或许，他性格上有些过直，但他不媚上欺下，不圆滑世故，有时率真稚气得像个孩子。但对这样的不图官职，不捞财钱，只图做事的好人，还有什么可苛责的呢？

“路漫漫其修远兮，吾将上下而求索。”李老师就是这样一位求索者、奋斗者，他以求索、奋斗为人生的最大乐趣。他的生命为求索而来，他的一生为求索而忙，他的知识为奋斗而学，他的才华为奋斗而发。

他的教学生涯也是为了求索、奋斗。生命不止，求索不止；生命不息，奋斗不息！我羡慕他的学生们有福，一生中遇到了这样一位大学者，遇到了这样一位可遇而不可求的好老师！我也庆幸，我遇到了一位好同事、好朋友、好兄长！他是我的楷模，是我学习的榜样！李老师生前酷爱毛主席笔下的鲲鹏，但愿他在天堂里能善有善报，化作鲲鹏，俯视天下风云变幻，审阅他的学生们的感恩佳篇。可敬！可叹！

经世之才未可尽，谁识先生施露功。

一生坎坷风雨著，悠然朝天卧枕肱。

2019年8月10日于榆林

康维荣，李赤先生在横山中学时的同事，横山人，1949年12月9日生。中共党员，陕师大专科、党校本科学历，正处级调研员，高级政工师。1968年榆林中学高中毕业后回乡务农，1971年任教，1974年调入横山中学，1991年调入榆林征稽处，2010年退休。现任榆林市各界人士联谊会、老区建设促进会理事。

纪念李赤先生　传承横山精神

李玉清

李赤先生离开我们已经好几年了，我最不能忘怀的是他身上那种对知识、对学术、对事业、对真理的执着。

1987年秋天，我在陕西教育学院上学。李老师来我们学校找他的同事，我们一起吃饭、交流，从此认识了先生。在那里，我有幸读到他写的关于文章全息四分法和李自成出生地考证等几篇文章，从此对先生产生了由衷的敬佩。

1991年秋，我调入横山中学任教，和李老师成为同事。其实，我更多的是把他看作一位长者和老师。那时，先生担任学校语文教研组组长，同时给学生讲授语文课。在学校办学条件十分落后的情况下，他积极倡导课堂教学改革，大力开展第二课堂活动，努力培养学生自主学习的能力。

记得那年开学不久，县教育局对学校教学工作进行了一次常规检查。检查结束后，学校领导在全体教师会上对教师教案、学生作业以及教学活动中存在的其他问题进行了通报。领导话音刚落，李老师便为部分受到批评的老师“不平则鸣”（原话），他用坚定的语气表达了他对一堂好课和一个真正好老师的看法。他明确地指出：“如果按照我们的评价标准，魏书生就不是一名好教师。”几十年过去了，他那铿锵有力的声音依然回响在我的耳畔。

李老师那时候很忙，既要搞课堂教学改革，又要搞课外学生社团活动，文学社、书画社、汉字造字研究、李自成研究……在横山中学的校园里，李老师总是昂首阔步，满脸洋溢着自信，用我们今天的话讲：总是充满着正能量。90年代初，全社会弥漫着商业气息，机关学校兴起了下海经商之风。我没勇气下海，只利用一台相机和仅有的一点儿摄影技术搞起了第二职业。李老师对摄影很感兴趣，并让我利用暑期走进田间地头，捕捉一些与汉字起源有关的影像。

我清楚地记得他说："'束'字就是麦收时节的麦捆子，'圭'字就是小孩子的背部。"暑假结束时，他在县文化馆搞了一次汉字起源展览，吸引了不少观众，而我从与他交往的过程中也学到了许多知识。

1992年秋季，李老师辞去了学校的工作，赴北京潜心研究汉字造字规律，我那时对他讲的内容似懂非懂，只觉得有趣。看着他对知识的那种虔诚，心中不由敬佩，同样是横山中学的教师，和他相比，我算是混饭吃罢了。正当他的汉字研究有序进行时，先生不幸患上脑梗，不得不回家养病。在师母梁老师的悉心照料之下，先生病情日见好转。每到他家，只见书籍满地，先生依然笔耕不辍，那种对科学、对学术的坚定信念让我永远难以忘怀。他要研究汉字造字规律，探究快速识字规律，挖掘黄土地文化，考证李自成故里，研究毛泽东诗词，唤醒可爱的横山人……他给自己布置了太多的作业，唯独忽略了自己的身体。

李老师一身傲骨，却平易近人。对于我们年青一代，他总是充满了期待。他希望我们不要庸庸碌碌，不要把宝贵的时间浪费在赌场和酒场，要好好学习，有所作为。

这让我受益匪浅。

1999年，在先生的生命历程中，是另一道坎坷。在北京的那间简陋的租赁平房里，先生如苦行僧般潜心研究汉字起源。正当学术事业如火如荼时，灾难突然降临。他做饭取暖用的蜂窝煤炉，使他夜间煤气中毒，虽经抢救挽回生命，却从此不能站立，只能与轮椅为伴了。2003年春天，我去北京他女儿家见过他一次。他那时不能站立，在坚持康复锻炼，思维仍然很清晰。他希望继续他的学术研究，卧室里同样摆满了各种书籍，他问了我的很多情况，问我的事业，关心我的孩子……

在与病魔抗争10多年之后，先生回到了横山。2013年秋天，我见到先生时，他的身体状况已经很糟糕，神志虽然清楚，但语言功能已严重退化。临近春节，先生走完了追梦、探索、奋斗、抗争的一生，静静地离开了我们。葬礼是在农历正月初举行的，在祭奠仪式上，来了好多人，这是我们见到的最有意义的场面。李老师的儿女、亲戚、同学、邻里、同事、学生都用自己的方式表达了对先生正直善良、追求真理、献身学术的赞美。

在我看来，他的身上，分明洋溢着我们这片古老的黄土地上的精神——横山精神。斯人已去，精神永存。作为晚辈、学生，我们能做到的，就是将这种自强不息、追求真理的精神代代传承并发扬光大。

李玉清：李赤先生横山中学同事，1962年生，1982年榆林师范学校毕业后参加教学工作。1989年毕业于陕西教育学院政治教育系，1991年至1995年在横山中学任教，2001年参与创办怀远中学并任校长至今。

我与李赤先生二三事

郭新英

一、这个娄子刺破天

李赤先生从外地回榆林后，被分配到宣传组。“文革”初没有现在的行政机构之名，革命委员会下设宣传组，革委会主任就是地区一把手，统军、统政、统民。宣传组就负责新闻、报刊、（首长）讲话，总之文化教育统归其管理。一天城内机关议论纷纷，主题是李赤把一把手会议的讲话文稿做了修改。李赤说这个讲话违反唯物论、违反毛泽东思想，所以必须修改。报社排版印制后，一把手看了拍桌大怒，说李赤反党反社会主义，目无地方党的领导，随意篡改领导讲话。在阶级斗争的年月，反对一把手即是反党、反革命。这个娄子刺破天。

据说两位一把手在斥责李赤时，被李赤反驳得火冒三丈。我好奇：这个年代出了个敢于与地区一把手顶牛之人。李赤身材魁伟，约一米八三左右。横山人，生于1941年，西北大学中文系高才生。不知我记得清楚否。

二、闲差

时隔多年以后，横山县的教育实施“普六”教育。我到横山下乡次数增多了。得知李赤先生已调至教研室，一天到晚搞画画、剪纸什么的不务正业。他是个老同志，也无人过问，让他自由自在、不惹事就行。这既是局里的意思，也是县里的态度。

三、让我大开眼界的汉字展

省里领导到横山视察。李赤先生到宾馆要求省、地区领导去参观他的新的“辨物识字法”——可以让儿童每天识字速度提高率比正常小学教学高出许多的方法。李赤在宾馆等了两天，地区教育局领导深知李赤之个性，连忙让我代表省、地领导随李赤去一趟。这是我与李赤先生面对面相处的一次机会。我陪李赤先生，县上也有其他人相随，去李赤先生的二楼展室。进门一看让我大开眼界。

先生以部首开篇，例如识木字，便知天下树种皆与木有关。李赤先生热心讲解，我无意一看，他人早已溜之大吉，我是唯一听众。两小时过去，我俩抛开展室内容，随意说天画地、论古评物，都有相见恨晚之感。李赤先生叮嘱让我转告省、地领导：此事事关教育大业，能否纳入教学内容？先生的热忱与盼望都寄托在我的身上，我从他的眼光中看出他的一片丹心。后来，我到省教研室专门做了汇报。省上领导讲：郭先生，修改教材内容不是我们说了算。后来我又到横山下乡找到李赤先生，他听了后一言不发。

我俩又说了许多旧事。分手时他站在二楼上，我回头望见他的身影好像高过山脊。他的人品、文风以及他对教育的探索贡献，让我深深感到敬佩，他无疑是为陕北文化做出贡献者之一。听说李赤先生在2014年已作古，回忆此事，作为对李赤老兄的追念。

郭新英，李赤先生朋友，榆林明清历史、民国史研究者。

李赤先生二三事

何志铭

20世纪70年代末，我在西安电影制片厂还是一名青年工人。因为老家在陕北榆林，厂里给我分配了单身宿舍。我的同乡榆林人秦玉璋、子洲人张子良都是西北大学毕业后分配到我厂的职工。他们较我年长一轮，平日里关系非常要好。

我住的青工宿舍为单身楼，常年有空床。一天，张子良带来一人，高个头，衣着中等，让住在我的宿舍。并且告诉我，此人叫李赤，陕北横山人，是他的同学。刚刚出狱，是因不同见解而得罪的，现已平反，在西安休整一下后回陕北。

李赤先生话少，目光坚定。我晚上下班，他与我在夜里拉话。他很健谈，思想超前，是个人物。当年我也二十刚出头，关心国家命运，追求思想进步，各种流派理论都能接受。李赤先生的想法多与人不同，包括政治、经济、历史、文学，包括教育改革，多有高见。我俩每晚都聊到深夜才入睡。

李赤先生穿的衣服是他西安的陕北籍同学们资助的。我惊羡这些陕北同乡，对李赤先生不离不弃，在同学遇到困难时表现出大仁大义。李赤先生思想敏锐，目光炯炯有神，对同学们的帮助心领神会。他发白的衣服反衬黑红的脸膛，给人一种常在大自然中沐雨栉风的感觉，很是顽强。他在公开场合言少谨慎，而私下里一旦开口，言辞坚定。

我与李赤先生相处约10天，他就回陕北去了。虽再没见过面，但此后还有书信往来。

80年代初，李赤先生曾来过两封信。主要是他考察了横山李自成家乡的文章，还有两张照片，背后均有文字。

志铭同志：

近好！政协管资料的人不在，我翻出一张1988年5月考察时的照片，背景是传说的李自成少年时坐过的“龙墩”，后边是羊圈，左边是“龙碑”遗址，右边是小蒜峁、皇陵沟口。配发文章可用。我不是专搞历史的，也不想在李自成乡籍问题上成名家，但我的研究成果在目前的史学界是有启发作用的，这个工程我不做，不知还要沉埋多少年。你与谷溪、治权商量一下，看能否分别发《闯王家乡寻访记》和《李自成乡籍调查报告》？你把勘误、更正和补注加上，复印给他们可否？如需书，我处还有，子良如愿动笔，明春一起来。祝遂！

李赤

1995年12月12日

李自成家乡是陕北横山，这方面的理论建树，他的是比较早的。

2000年6月，我收到了李赤先生的《鲲鹏展翅——毛泽东诗词新解说》一书，读后很感震撼。关于毛泽东诗词的研究，这应该是我见过最深刻的一本书。书中关于横山与苏东坡的关系最令我兴奋。“附录二：苏东坡神游横山地”一节，如今读来仍然很有力度。他把宋夏陕北之战，特别是与苏东坡前后两首《赤壁赋》点拨得很清楚。陕北的宋夏之战，因元代异族统治而见于史书。李赤先生则大胆地假设，小心地求证。以前、后《赤壁赋》为切入点，让我们走进苏东坡的内心世界。此文初发表至今20年过去了，如今读来仍觉笔力雄健，让人有豁然开朗之感。

李赤先生生不逢时，命途多舛，是个大才之人。每每忆起，令人叹息。我写此文意在补上这笔不为人知的历史细节。哪怕是一块彩陶碎片，也对拼接历史有用。谨此，是以为记。

何志铭，李赤先生朋友，导演，陕西榆林市老城人。1971年进入西安电影制片厂，1991年拍摄的《路遥一个普通劳动者》，是作家路遥生前唯一的纪录片；1993年拍摄了三集纪录片《路遥》。创作了关于西安电影制片厂厂史的纪录片、纪念中国电影百年十集大型纪录片《大话新西部电影》以及《永远的西影》和主编大型图书《西影44年》。他关于陕北的影视作品有10集纪录片《陕北是个好地方》《陕北父老》《梦回榆林》，导演首部陕北民歌故事影片《东方红》《想起我男人背地里哭》和纪录片《李鼎铭先生》。《东方红》获中国金鸡百花电影节第二届国际微电影展映优秀作品奖。

观鱼胜过富春江

方治恩

我与先生非亲非故却有缘相识，说来话长。我在横山高中就要毕业那年，全体师生参加县里召开的一个批斗会，批斗的对象就是李赤。之前，我们还听到过关于他的一些传闻：说他家庭贫困，横中老校长黑义忠安排他在学校边打工边念书，结果高二的时候就考上了西北大学；说他大学毕业，分到什么重要单位，后来被打发到了榆林地区；说他把某个领导写的文章改了个面目全非，领导很不高兴，等等。这些都不晓得是不是真实的，反正这次好像是犯了什么错误，给揪回原籍，接受群众批判的。批斗会是在横中旧大礼堂举行的。昏暗的灯光下，我们看不清楚他的面容，只看到他站在台上，身材魁梧。我不记得他做检查的内容是什么了，只记得他声音洪亮，语调铿锵，用词用句让我耳目一新，实在是没有听过这么有水平的"检查"了。回来以后，大家还议论纷纷。后来，好多人都晓得横山有个大才子李赤。我高中毕业后回贺马畔学校当了民办教师，暑假时全公社教师集中开会学习10天。平时喜欢胡乱写点什么的我，开会时有些无聊，就写了一首类似七言绝句的诗。不料被一位同学恶作剧地填了几句传了出去，弄起了一场风波。批了我好几天，特别是将我比作"赵石畔的李赤"。"赵石畔的李赤"这个说法虽然让我有点尴尬，但内心还是有一丝得意。倒是父亲的一句"你怕连李赤的一节节也不顶"的话，让我清醒了不少。

因为我的事，父亲知道了先生。巧的是后来不多时父亲竟与先生偶遇。原来，我家山脚下的水沟有个沤麻池，父亲在那里沤了十来捆麻。麻沤好了，要捞出晒干，抽空好剥麻。父亲年纪大了，捞麻捆时很吃力。正好有一位干部模样的大个子路过看见，二话不说，挽起裤腿就跳进冰冷发臭的沤麻池里，帮他把麻捆全捞出来。父亲很感动，要留他吃饭，他说啥也不吃。攀谈中才知道原来这人就是李赤，是下乡路过这里的。身为干部，不怕冰水刺骨，不怕奇臭难闻，在下乡途中帮一位素不相识的老农捞麻柴捆子，搁在今天似乎有点让人不太敢相信，但当时就是真真切切有过这回事。父亲后来常常对我说起，对先生赞誉有加，说李赤这人有文化，有本事，不怕脏，不怕累，一点架子也没，能接近群众，帮助群众，是个真正好干部。

真正和先生相识，还是在先生担任我们高师函授辅导老师的时候。1979年，我通过考试参加了省教育学院高师函授班，在横山上课，李赤先生教语文。仰慕已久的先生现在要亲自给我们当老师，我非常高兴。先生上课辅导，果然和我之前所遇到老师的方式不同，他是“三不讲”：我们能看懂的不讲，没有异议的不讲，没什么意思的不讲。先生专挑那些有歧义有争议的讲，而且他还有自己独到的见解。比如，学习苏轼的《赤壁怀古》时，针对教材注释以及一些专家的解读，他就有疑问：“羽扇纶巾”究竟指谁？“多情”者又是哪个？他引经据典，提出自己的看法，满腹经纶，令人十分佩服。

学习《归去来兮》时，他说，这里的“去”字，就是我们横山话里的“kè”，读入声，比如，“啦（哪儿）kè（去）了？上gāi（街）kè（去）了”。陕北方言中保留了古音，“归去来兮”就是“回kè来吧”。我们茅塞顿开，原来陕北方言，竟然还是古语的活化石啊！先生还鼓励我们要有质疑问难的精神，敢于向权威挑战。他说，你们也不要迷信我，不同意我的观点，也可以反驳。先生这种教学方式，无疑极大地调动了学员的学习热情。为了能弄明白一个意思，为了能找到支持自己观点的论据，我们就更加努力地多读书，多去思考，有的还写成论文。比如，李志堂就对“复得返自然”中的“自然”的解释，提出自己的观点。经先生指点，写成文稿发表在教育学院办的《函授辅导》上。当时横山学员成绩在全省都不落后，受到上面的表扬。我还获得县教师进修学校的奖励，奖品是定价5元多的《现代汉语词典》。这对于当时的我来说，无疑就是天价。有一次，先生突然来到贺马畔学校找我，一是有事要通知；二是想看看我学习的情况。那天，先生和我谈了好久。当时我正对陕北方言中某些字的读音来源进行研究，找到一些规律，草拟成《陕北方言“切声字”的研究》论文。先生对我大加鼓励，提出了修改意见，并让我将论文寄某大学教授征求意见。不知是没有寄到还是什么缘故，反正没有收到回复。后来在某学报上看到一篇论文，部分内容似乎和我的研究很接近。当然我很高兴，觉得自己的研究成果还能和专家挨点边，说明在先生的指导下确实能学有所得。那天先生还带走了我结合教学整理出来的《方言正音表》。回去以后，给我进行了详细的修改，有的方言发音还用国际音标给我注出读音。正是盛夏时节，先生在崎岖不平的路上骑车来回得上百里。找到我时，已是汗流浃背。当时的我只是一个民办教师，一个小青年啊，我不知道怎么才能表达我的感激之情。可惜我只有小米饭，找遍学校才弄到几个鸡蛋，算是招待了老师。后来，为了能够转正，我报考了榆师民教班。因为有3年的函授学习，我的语文功底扎实了很多，以高分被榆师录取。后来我又取得了函授本科学历。参加高师函授，算是敷衍了一下自己的大学梦，而有幸遇到先生这样高水平的辅导老师，确实让我受益匪浅。

先生后来在横中上课，着力教学改革。“师生共议、分读合议、独立思考、同舟共济”的语文教学方法和今天“自主、合作、探究”的学习方式何其吻合！其前瞻性令人叹服。先生对毛主席诗词的研究，见解独到；先生发表《闯王家乡寻访记》《李自成乡籍调查报告》等论文，廓清史实。“李自成出生和成长的地方，原属米脂，现属横山”的结论得到专家肯定。这些多人提及，我就不再赘述。这里提一件事：李先生当年和张芳、安明文等在长峁墕寻找李自成故居所在地时，找到一个古窨子，推测为李自成的故居。为慎重起见，先生留下这么一段话：“自成故家的具体定点是需要继续调查研讨的，但可以确定的是，不出引坟山为中心的三四里范围……”他还说：“关于李自成故家所在的村庄，曹颖僧《延绥览胜》提供了‘厂梁湾’的名称，有待考定。”新一届横山李自成研究会成立后，经对照边大绥掘墓路线的记载和其他文献资料，在李先生等研究的基础上，实地进行考察，认为长峁墕黄龙岭阳湾台最有可能是李自成庄园所在地。

先生得知后也表示赞同。后来在阳湾台发现有十多孔土窑洞，就此由我执笔写成发现李自成庄园遗址的考察报告。经毛佩琦等十多位明史专家实地考察、听取报告后，肯定了我们的考察结论。通过这件事情，也可以感受到先生科学的预见和严谨的治学精神。不确定是1981年还是1982年正月，我去看望先生，在宿舍的门框上看到先生手书对联：“莫道昆明池水浅，观鱼胜过富春江”。我有些疑惑，先生看见，也不解释，只是憨厚地笑笑，我也就没有再问。我知道这是摘引毛泽东《七律 · 和柳亚子先生》中的尾联，全诗如下：

七律 · 和柳亚子先生

1949年4月29日

饮茶粤海未能忘，索句渝州叶正黄。
三十一年还旧国，落花时节读华章。
牢骚太盛防肠断，风物长宜放眼量。
莫道昆明池水浅，观鱼胜过富春江。

此尾联并不对仗，按说不合对联规矩，但以先生学识，不是不知，应是刻意为之，取其意境而非重其形式。先生身居陋室而胸有丘壑，由此可窥见一二。

我在城关小学负责时，有一天，先生找到我，商量他研究的《识字快》能不能在一年级进行试验。我委婉说了学校不好进行试验的原因，先生非常理解，而我却一直感到对不起先生。一生闯过许多难关的先生，竟在2014年马年年关勒马驻足了。先生的品行与才学，曾给我深刻的影响，为表达感激与怀念之情，我以自己的名义送了一副挽联：

学生良师教师楷模横山教改你是领军，

研究毛诗考证闯王怀远学界君为高峰。

我和安明文还代表横山县李自成研究会拟了挽联：

论古今释字根考证闯王满腹经纶更有《鲲鹏展翅》；

做园丁育桃李研究教学一片赤心只为《可爱横山》。

先生曾统稿青少年读本《可爱的横山》。

记得其中有先生的一首诗：

狄青击西夏，铜面披长发。

高高万亩原，一幅功臣画。

先生没有给自己画像。他是一个才子，是一个学者，是一位良师，也是一个教学改革的践行者，他的画像留在横山人的口碑中。斯人已去笔墨犹有余香，托体同山阿风范长存天地。我的想象中先生是乘着鲲鹏，从默默的小理河起飞，缓缓飞过大理河，飞过芦河，飞过汤汤无定河，飞越高高狄青原，神游《可爱的横山》之后，扶摇而上，去了遥远的地方——也许就在某天池边观鱼。

谨以此文纪念先生李赤。

方治恩，共产党员，小学高级教师，横山县第六、第七届政协委员。1994年到2011年任横山县城关小学校长。曾任横山县李自成研究会党支部书记、副会长。横山县摄影协会会员，榆林市摄影协会会员，中国民俗摄影协会会员。

澄清《李自成故里》 唱响《可爱的横山》

安明文

李赤先生已经离开我们7年了。

他在横山县政协任委员的10多年时间里，积极参政议政，大胆献计献策，考证闯王乡籍，编纂文史资料，澄清《李自成故里》，唱响《可爱的横山》，给人们留下很深的印象。

一、参政议政 献计献策

凭着渊博的学识和较高的知名度，李赤先生从第一届县政协到第四届，任县政协委员十几年。

他结合自己的教学实践，围绕全县教育工作积极参与调查研究，多次写出有内容、有见地、有建议、有价值的可行性提案和建设性调查报告。

在20世纪80年代召开的县政协一届三次会议上，他和教育界委员经过详细的调查，提出《解决中小学教育中12个突出问题》。

在1987年5月召开的县政协二届一次会议上，李赤与教育界的委员一道提出《扩建县城中小学校舍，解决众多孩子上学难的问题》。

1992年5月，李赤和教育界的委员共同提出《关于抓好农村普及教育的建议》《关于纯洁教师队伍，提高教师队伍质量的建议》等调查报告。

从1993年开始到20世纪末，李赤先生以个人名义提出《建议政府参与理通汉字开发项目》《关于创建“李自成家乡建设联谊会”的建议》《关于设立闯王故里出生地和活动遗址标志的提案》《关于在县城南大街建塑李自成像的建议》等。有些意见和建议被党政部门采纳后收效明显。

这充分体现了李赤先生这位学者热爱横山、建设家乡的家国情怀，也体现了李赤先生时常怀有一颗发展教育、培养人才炙热的赤子之心！

二、研究闯王 澄清乡籍

闯王李自成的家乡问题是一个需要厘清的历史积案。

早在20世纪80年代初，李赤先生以超常的敏锐性和深远的洞察力，首先意识到研究考证闯王乡籍的意义和开发闯王故里文化的价值。

从1985年开始，他以本地文化人应有的责任担当，倡议和发起研究考证李自成的乡籍。李赤先生带领和组织广大文史工作者和爱好者对闯王乡籍问题及其青少年时期活动史料进行了艰苦细致的调查研究、踏勘、考证、收集文物、整理文史，取得了可喜成绩。

1988年8月，李赤先生写出《闯王家乡寻访记》，初步认定闯王的老家在横山县石窑沟乡长峁墕附近。

当年10月，针对米脂县少数人有不同的看法，他通过多次踏勘论证写出《李自成是今横山人》的文章，发表在《陕西日报》《榆林报》《黄土文化研究》等报刊上，希望所有陕西人“携手合作，和衷共济，把李自成家乡问题彻底搞清楚”。

1989年冬，李赤先生带领李军、梁怀良、安明文、冯光雄等几位年轻人又数次专程调查、踏勘乡籍问题。

当年11月11日至13日，他们从米脂县城出发，调查了米脂县李家站的情况，然后沿着明崇祯十五年正月米脂县令边大绶《塘报稿》记载的掘墓路线逐段踏查。到武镇粉房台村后弃车徒步丈量里程，考察了横山县石窑沟乡长峁墕村附近的李自成故里、祖坟和青少年时期活动的遗迹、遗址。

途中，李赤利用两个傍晚，在武镇后街找到常氏的几位老者问明清时期当地行政归属管辖和里程问题；走到武镇三峰子村，了解到当地至今还有对“娇贵”娃娃起小名“外生”的风俗。

他们请老乡为“向导”，沿黄陵沟找到传说李自成当年“别埋”父亲的地方“闯王台”和数年前山下冬天经常冻出“冰马冰人”的遗址；又爬上大小脑山，在两山之间的墕口准确找到当年边大绶“断龙脉”处（约长20米，宽10米，深5米）遗址。然后着重踏察了“祖坟”和“闯之庄院”遗址，并拍照和测绘。

这次调查的成果，全面印证边大绶《塘报稿》所记的方位和里程，从而将300多年来聚讼纷纭的闯王乡籍问题初步澄清：明米脂县双泉里二甲长梁湾，今横山县石窑沟乡长峁墕村古庄窠。

当天，李赤先生高兴地站在“老坟塌”，招呼几位青年合影说“横山县李自成研究小组”正式成立。他自任组长，给每位青年布置任务，研究组成员每人写出考证文章。李赤先生写了《李自成乡籍调查报告》，并提出四项建议。

建议一：成立李自成乡籍问题研究中心，汇聚人才和资料，征集传说和遗物，广泛开展调查活动和研究工作，经常同国内外有关机构和学者交流信息。

建议二：拍摄李自成乡籍调查文献电视片，举办县、地、省、全国李自成家乡问题学术会议，逐步使学术界、新闻界、出版界明确李自成家乡实况。

建议三：在横山县城和石窑沟乡长峁墕村、殿市镇李继迁寨修建李自成纪念馆、室。在各有关遗址设立纪念标志，保护绿化李继迁寨的“闯王窑”、长峁墕村老坟塌、大小脑山下的“闯王台”、皇陵沟口的“羊圈”“龙墩”等。

建议四：报省里批准，将石窑沟乡命名为李自成乡，开辟横山—李继迁寨—长峁墕村—米脂“行宫”这条闯王家乡旅游专线，开办有关食、宿、视、听服务项目。用“陕人光荣”激励广大干部和群众，把家乡建成地上乐园。

1989年到1990年，李赤先生带领几位青年在县文化馆办起“闯王乡籍考证展”，县委书记党凯同志和县长樊立孚同志为展览剪彩。

李赤先生参与编写了横山文史资料第四辑《李自成故里》，拍摄了《李自成的乡籍》电视资料片。这均在县内外产生积极的影响，陕西人民广播电台报道了“李赤等找到了闯王故里”的消息。

进入20世纪90年代，县委、县政府对研究闯王乡籍较为重视，成立了由县委书记任主任的“横山县李自成研究会”，李赤任常务副会长。

通过他牵线，县政协派人在北京找到明史专家谢承仁、顾诚和文学家姚雪垠先生。他们分别致信、赠书、题写碑文，肯定考证成果。

李赤等人在县城东山青灵山又办起初具规模的“李自成故里纪念馆”。李赤先生亲自设计，编写了四大块内容，并配有彩绘图。县委书记刘买义同志题写馆牌，县级所有部门和乡镇负责同志参加了开馆仪式，县委副书记姬乃旺同志热情洋溢地讲了话。该馆接待了江苏省常熟市等友好县市代表团的多次观展，多年利用庙会展览，起到了很好的宣传作用。

李赤先生还组织人力在县城几条过境公路的出入口挂起姚雪垠题写的“李自成故里”固定横幅。

他们在李继迁寨和长峁墕村分别竖起出生地和故里纪念碑，上书谢承仁教授的题词和作家姚雪垠的题字，李赤撰写了碑文。1997年11月28日，在秋冬农田基建现场会期间，县委书记刘买义同志带领各乡镇和有关部门负责人分别参加了纪念碑落成揭幕仪式。刘买义同志以县委书记和研究会主任的身份在两地讲了话。

李赤先生将考证清楚的“李继迁降生、长峁墕揽工、拜师学艺、应募驿卒、里长起义”等写成碑文，由县文化馆作为县级文物保护单位勒碑竖立在黄龙岭神龙庙前。

第二年，长峁墕村群众在“闯王碑”（故里纪念碑）下建起“李自成小学”。

时任省政协委员、县政协副主席苗飞同志连续多次在省政协全委会上提出“让闯王铜像重归故里”的提案。2004年4月，流落外地多年的国家二级文物、书有“永昌二年八月吉日铸”的闯王铜像终于重归故里。

2006年秋冬，中央电视台记者慕名来到李继迁寨和长峁墕村拍摄7集大型纪录片——《李自成宝藏之谜》，录制了当地群众站在“坐朝峁”下唱着由李赤编写的信天游——“水有源来树有根，李自成是咱横山人。李

继迁生来长峁墕盛，小蒜峁下边坐龙墩”的画面。

今天，是值得欣慰的。

一是闯王故居找到了。

2013年6月的一天，一村民在黄龙岭阳湾台（长梁湾）耕地时踩破一孔地下土窑洞顶部。7月，省、市、县文物考古勘探队经过两周钻探，发现当地地下有一院明末清初的古民居，在东西200米长的范围内分布14孔窑洞。窑口及中部地表以下淤泥层包含草木灰等痕迹，其南部挖掘到27件农具、用具等明末清初文物。

县内文史工作者对照“古民居”地点，依据《塘报稿》记载里程，准确找到“闯之庄院”。当年边大绶近百人的掘墓队伍“一昼夜行一百三十里，始到其地，地名三峰山”，是说经过一天一夜行程到达三峰子山北沟（今天的鹰嘴山与小蒜峁之间的皇陵沟口），抵达李自成庄院所在地村庄三峰子山脚下，此处离米脂县城刚好130里。

“时遇大雪，深二尺余，山路陡滑，马不能进，职下马步行五六里至其山。”是说在雪深路滑的情况下，骑“马不能进”皇陵沟（注意“进”字）。边大绶下马由皇陵沟进去（而不是上小蒜峁）向南徒步走了五六里山沟路，到达李自成祖墓和庄院所在地的黄龙岭山根，其山沟路也正好五六里。

“鸟道崎岖，久绝人迹，旋开道攀缘而上。”是说他们沿着“久绝人迹”崎岖“鸟道”（当年可能是李自成家的吃水取水驮水路，至今尚可辨认），由黄龙岭南阳畔扫开雪路“攀缘而上”。

“又一里许，见窑舍十余处，墙垣尚存，即闯之庄院也。”说的是由小黄龙山南阳畔走了一里多路到达今天大小黄龙山之间的墕口，刚好就看到了对面位于长梁湾（阳台湾）的十余孔“闯之庄院”（文物单位称古民居）。

“又过一山，至其墓地。”说的是再由墕口向大黄龙山西坡“神龙庙”下坡走过，即到李自成祖坟墓地。

“值天晚，难以下山，遂坐贼旧窑中向火。”说的是到了晚上因路滑没有下山，就近在“闯之庄院”旧窑中燃柴烤火。

这与曹颖僧《延绥览胜》记载长梁湾“与自成祖墓之黑峰子相比邻”十分吻合。据此，中国明史专家毛佩琦先生闻讯前来数次踏勘阳湾台，肯定考证成果，挥毫题字“李自成故居”。

2014年9月，毛先生从北京带来文物、堪舆等8位专家来横山举行“李自成故居学术会”，郑重向世人宣布：“李自成故居就在长峁墕。”中央电视台等媒体随即向世界发布了此消息。

二是衣冠冢等纪念标志建立了。

家乡人近年在夏田峁东北山脚的小圪垯上投资200万元建立“大顺帝李自成衣冠冢”。县城河滨公园数处石碑上记载李自成是横山人。

李继迁寨村口和石窑沟乡政府门前分别建起“鸿基广场”和“闯王故里”广场，长峁墕村口、祖坟、“坐朝峁”“古庄窠”和“龙碑”等处竖立了石碑标志。

李继迁寨和长峁墕村通了水泥路，黄龙岭和小蒜峁通了公路，老坟塌、夏田峁等地正在绿化，黄龙岭上那棵“柳叶鼠李”树被市旅游局公布为保护品种。

李自成故里的“佛宅龟坟”被评为横山新八景之一，故里旅游网设立，闯王青少年活动遗址成为旅游景点，闯王故里文化开发价值开始提升。

三是研究人员交流密切了。

横山建立“李自成研究会”微信群，与米脂县、延安市富县太平村、湖北通山县、湖南石门县、台湾大顺堂以及北京、兰州和全国各地的研究人员，交流信息，互通有无。

2013年深秋，时任县政协主席王振华同志率横山各界代表人士前往通山县拜谒闯王陵，副主席曹楗翊同志宣读祭文。各地研究人员因闯王结成友好关系，经常往来，交流信息。

近年，台湾大顺堂、湖北通山县等地数次组团来李继迁寨和长峁村寻根问祖，观光旅游。

如今，闯王李自成故里在横山境内已经人所共知。

三、山歌咏唱 可爱横山

1999年李赤先生因病在家休养。当县委按照上级要求想统编一本热爱家乡的教材，征求他的意见时，李赤坚定地表示愿意挑此重任。

李赤先生经常对他的学生说：“写文章题目是灵魂，标点符号是眼睛，写出错别字不成体统。”他是这样说的，也是这样做的。

从2000年开始，李赤先生首先谋篇布局，四易其稿，拟出《可爱的横山》一书的编写大纲，然后内查外调，翻阅大量县情图书资料。

他本着实事求是的原则和超前的眼光，寄情历史，立足现实，字斟句酌，描绘未来，整整用了40天时间，融合众位作者的文章，编出近8万字的优秀读本——《可爱的横山》。

全书共分四个部分，每章四节，每节四条，每条四段。从前言到后记，每章、节、条前皆配有喜闻乐见的《绣荷包》调唱出的四句五字山歌，用简洁明快、押韵上口的语句囊括其中全部内容。

该书资料丰富翔实，笔调明快简洁，读来通俗易懂，朗朗上口，集思想性、科学性、知识性、趣味性于一体，带着浓郁芳香的乡土气息，倾注了笔者的一腔热血。

读《可爱的横山》可任你的想象纵横驰骋，山川弄趣、人文景观、自然资源、文明成果及辉煌的未来得以毕览；

读《可爱的横山》可深化永恒的爱国主义、热爱家乡的主题，激发全县人民特别是青少年建设家乡、报效祖国的宏伟志愿；

读《可爱的横山》可使外地人仰慕横山的自然资源、人文景观、文化底蕴，促使他们想来横山旅游，开发并支援家乡建设。

书稿送陕西人民出版社审阅时，编辑同志说：“全省105个县区的书稿，数横山县的书稿成熟，连一个标点符号都改不了。”

陕西人民出版社将《可爱的横山》出版后，省委宣传部发文称其为“全省《可爱的家乡》丛书中优秀读物”。

四、一代学者 永久追忆

追忆李赤先生那渊博的高深学问、超前的远见卓识、严谨的治学态度、大胆的担当精神和朴素的生活作风等，是永远令人仰慕的，也是值得人们永远学习的。

李赤先生去世后，横山教育界、文化界举行了规模空前的追悼会。全国各地学术界发来很多唁电。很多县内外文人雅士怀揣李赤两本遗作——《鲲鹏展翅》和《可爱的横山》前来吊唁。有好几位同事、同学、学生、家属致了悼词或祭文。灵棚前、房顶上、院子内、围墙外等到处挂满挽联，摆满花圈、挽幛和挽匾。

现摘录其中三副挽联以表缅怀：

半工半读博学强识中榜名校横山骄子，
一仆一师释字研诗享誉学界文坛泰斗。

研究润之诗词　放飞《鲲鹏展翅》百世流芳，
考证闯王乡籍　诵出《可爱横山》千古绝唱。

释解字根推行教学改革李桃满天下无愧一代学者，
研析章法弘扬黄土文化赤心见日月堪称当世大家。

安明文，1958年10月生，陕西横山人，大学文化，中共党员。曾任横山县政协委员、办公室主任、县司法局局长、县畜牧兽医局局长等职。现为中国农民战争史研究会横山县李自成研究会秘书长、榆林黄土文化研究会理事、中国畜牧协会会员、横山县养羊协会理事长。出版著作《横山羊肉香天下》（西北农林大学出版社），参与两轮新编《横山县志》的编纂工作，参与编写《横山文史资料》《横山英烈传》《李自成故里》《可爱的横山》《横山起义》《横山名人传》《高岗文选》《高岗书信电文选集》等图书。

悼李赤老师

雷子义

尊敬的来宾，各位亲友：

今天，我们怀着无比沉痛的心情，哀悼横山教育界德高望重、深受爱戴的老前辈李赤先生。我们沉痛天妒英才，让李老先生于2014年1月27日这个不幸的日子永远离开了我们。

李老是本县高镇李家坬人，生于1941年2月23日。1982年到横山中学工作，1992年退休。十年中，他爱岗敬业，勤敏严谨，在高效完成教学任务的同时，拓展第二课堂，挖掘学生兴趣特长，使素质教育在横山县独树一帜。

为了学生，他不为名利羁绊，不随世俗流弊，以父亲般的情怀，言传身教，循循善诱。特别是对经济困难的学生，经常慷慨解囊，以激励他们生活的信心，为每一个梦想赋予伸展的羽翼，真正践行了教书与育人的内涵。

正是本着以学生为本、以知识立业、以成长立基的人文素养教育观，他以其独特的思想精神、个性的人格魅力，深深影响着学生，赢得广泛的好评。他所带的84届、86届、89届应届班，以及92届补习班同学，现在在各行各业表现非凡。

尤其是1989年，在他的倡导和鼓励下，在这个名不见经传的小县城，在人们质疑的舆论中，走出了第一批自费生。事实证明，这一批学生的成长，让我们看到了素质教育在我们这里的延伸，与我们正规的教育实现了有效的并轨，为很多具有个性、才华的学生找到了一条实现自身价值的成才之路。

追思感怀，他的敬业不仅辉煌在过去的历史中，也必将在未来闪光。李老先生在从事教育工作的经历中，大胆的教学改革，引人注目；创新的教育模式，令人刮目，在教育界已成为美谈。在平凡的岗位上，他默默奉献，辛勤耕耘，矢志不渝，为横山教育事业做出了卓越贡献。

“仙人已过蓬莱阁，德范犹香启后人。” 李老先生虽然离开了我们，但他爱岗敬业、无私奉献的精神，脚踏实地、一丝不苟的作风，严于律己、为人师表的风范，将永远铭记在我们的心中。

作为李老先生教育精神的传承者，我们将化悲痛为力量，专心治学，潜心执教，爱心育人，为横山教育事业的繁荣和发展而努力奋斗。

李老，安息吧！

雷子义，李赤老师同事，高级教师，榆林市有突出贡献专家，陕西省中学英语特级教师，横山县人大常委会委员，2010年至2015年任横山中学校长。本文为在李赤先生追悼会上所致悼词。

我与李赤先生的交往记忆

霍明耀

不平凡的庚子年转眼已成为过去。年初疫情严重期间，整天待在家里，除了读书就是在手机里看看自己感兴趣的文章。偶然在一个叫“东学会”的自媒体平台上，看到有关纪念李赤先生的文章，便将这个公众号上陆续发表的40来篇纪念文章认真地悉数阅读。我不但与李赤先生相识相交，并且和写这些纪念文章的一部分人也很熟悉。最近看到李赤先生的夫人梁惠莲老师的纪念文章，让我特别感动。联想到这40多篇文章里的人与事，使我心潮起伏、热泪盈眶。脑海中，我与李赤先生交往的情景历历在目，仿佛就在昨天。心里升腾起许多的想法总想表达出来。于是我便将这些想法在微信上与横中校友王永利先生畅聊。王永利先生在横山中学求学期间曾受教于李赤先生，大学毕业后曾在北京做记者工作。在我的印象中，他是李赤先生的一位很懂感恩的得意高足。我们虽然从未谋面，但相互间在微信上聊得很是投缘。他建议我把这些观点看法整理成章，将来可在纪念李赤先生文集中发表。我因病导致写字困难，就用笨拙的手指头夹个笔慢慢地开始练习着握笔书写。今天终于写成这些文字，以表达我对李赤先生的怀念之情。

李赤先生年长我整整20岁，论年龄他应该是我的长辈；论学识，他做我的老师绰绰有余。所以，我一直对先生十分敬重。我初闻李赤先生的大名是在横山中学求学期间。那时候就知道有这么一个出类拔萃的校友。有人说他在横中上学期间半工半读，只读了一年高中就考上了名牌大学。在我的心中他是学霸，也是天才。我那时想象，也许经过十几年的努力奋斗，他可能已经成为一个非凡的人物了，此外便对他的情况一无所知。但好奇心总让我想知道他的工作近况与职业地位，了解他的家庭身世。光阴似箭，岁月如梭，转眼40多年过去。记忆不一定准确，在我参加工作后不久，好像是1976年的下半年，李赤先生被调到横山县委宣传部工作。因为同在文教宣传系统工作，那段时间先生的经历和遭遇，笔者都耳闻目睹，令我震惊不已、不可思议，又难以想象的是，第一次见到李赤先生竟是在横山影剧院召开的县委、县革委组织的批斗他的干部职工大会上。在现实社会中，每个人的荣辱沉浮都离不开政治与经济大环境的影响。在今天这个经济社会里，绝大多数人的追求都是“一切向钱看”，而在那个激情燃烧的非常岁月，政治是挂帅的。“政治工作是一切经济工作的生命线！”李赤先生是在轰轰烈烈的“文化大革命”政治运动中，在横山县委宣传部工作时因为写大字报而改变了人生命运的。所幸的是改革开放以后，中央开始落实各项政策，李赤先生的问题得到了解决，又重新回到横山，先后在进修学校和横中工作直至退休。古人云：“以铜为镜，可以正衣冠；以史为镜，可以知兴替；以人为镜，可以明得失。”李赤先生是横山的名人，通过我们的纪念文章，让每个读者和想有所作为的青年才俊，弄明白为什么一个才华横溢、品德高尚的人竟会一生坎坷，命途如此多舛。给他们展现一个李赤先生的全貌，一个完整的李赤先生。“修身、齐家、治国、平天下”是中国千百年来读书人家国情怀的奋斗目标。那时的李赤先生在我这个喜欢文学、历史的年轻人心中已经留下了深刻的印象，老想走近他、了解他、读懂他。下乡到李家坬村去看他老家、他成长的地方，通过左邻右舍了解他的身世，再通过后来的接触交流，对李赤先生有了更进一步的了解。记得好像在20世纪90年代，由横山政协张芳副主席牵头，县政协办公室安明文主任和文史办的主任、干事以及几位县志办和政协委员参与的《李自成乡籍考》编写组，准备在县文化馆举办纪念李自成诞辰纪念活动暨《李自成乡籍考》考察、编写活动成果展览，其中主要编写者就有李赤先生。可能是几位编写人员商量要在展览时播放歌颂李自成的陕北民歌，并且随书发表，安明文主任邀请我为这首陕北民歌谱曲，因此，我便和久仰大名的李赤先生有了几次交流。一回生二回熟，接触多了自然就成老熟人了。再经过读了李赤先生的《鲲鹏展翅》，更加敬佩他的满腹经

纶、学养高深、抱负非常。自己喜欢古体诗词，便即兴草成读后感七言诗一首。

《鲲鹏展翅》读后感

母校骄子传美谈，
数载苦读在长安。
京城当酬少年志，
教书育人返横山。
《闯王乡考》填史缺，
《鲲鹏展翅》阔新学。
应悔“文革”鸣政议，
枉抑春秋笔如椽。

此诗写好后并没有冒失地去见李赤先生，而是用钢笔正楷工工整整地书写好，首先到安明文主任的办公室让他过目，征求他的意见。安主任认为此诗写得比较中肯，可以当面送给李赤先生过目并求指正。于是，在一次李老师参加政协会议的时候，我拿着这首诗稿，在会议结束后，看到李老师和其他同志边谈边从楼上下来，便到室外政协办的门口等着他。李老师刚下到楼梯口就看到了等在几米外的我。因为已经很近了，还没等他和我打招呼，我主动上前问好，打招呼攀谈起来。我说：“李老师你好！会议结束了？”他微笑着点了点头。平时找李老师一般是等他们的会议结束以后在政协办安主任的办公室请教交流有关文学、历史方面的话题，那天我是因为带着自己写的诗稿想单独找李老师请教交流古体诗歌创作方面的话题，所以就没有和往常一样去安主任办公室聊天。我首先表达了阅读《鲲鹏展翅》后的感想和赞美之词，然后又提出赠诗并求指正，随即从上衣口袋里掏出书写好的诗稿递给李老师。李老师接过诗稿站在路边没有出声，默默地吟诵。我看着他脸上的表情，直怕引起他的不高兴。他看完后频频点头，淡淡一笑，面带他那标志性的笑容把诗稿递给了我。然后边走边谈了些关于古体五言、七言诗歌，古风与律诗的区别和平仄对仗的关系，以及创作中比兴手法的应用。勉励让我大量阅读和背诵古典诗词，有了丰富的知识积累，“读书破万卷”，才能够“下笔如有神”。不知不觉到了县影剧院大门外，我感谢了李老师的谆谆教导，与他握手道别，目送他向北大街横中方向渐渐远去。此次请教探讨交流，从政协大院走一会儿、站一会儿直到影剧院门外，时间虽短却让我受益匪浅，使我在后来的古体诗歌创作中信心倍增。光阴荏苒，转眼30载岁月已匆匆流逝，李老师离开我们已有7年之久。人无完人，金无足赤，凡人如此，伟人亦如此。李赤老师既是凡人，又是一个不平凡的人。

他才高志伟，抱负非常。

他刚正不阿，鄙视权贵。

他厚德博学，笃行至善，独具人格魅力。

他出身贫寒，同情和关心底层劳动人民的疾苦。

他一视同仁，不分贫富贵贱，引领和教育他的学生们开阔视野，不断向新的高度努力攀登。

他坚韧不拔，兢兢业业，任劳任怨，能吃大苦、耐大劳，总是踏踏实实把组织交给自己的工作出色地完成好。

他培养的许多优秀学生在全国各地不同的工作岗位都成绩斐然。

他是一个既普通、平凡而又伟大的人类灵魂工程师。

作为同行，李老师永远是我心中的楷模。

在我看来，李老师的一生是有遗憾更是值得欣慰的一生。他教出了许多心怀感恩、卓有成就的优秀学生。李老师要是健在，今年应该是整80周岁，写此回忆是作为我对李赤先生的纪念。

2021年2月2日于榆林

霍明耀，李赤先生校友，横山中学76届学生。现为横山职教中心教师。曾多次参加中央电视台的演出（印象横山、挑战李双江等），2008年参加北京奥运会文化广场的演出，曾获得中国文联和中央电视台举办的全国推文艺新人主持人大赛的全国十优节目主持人的荣誉。

我们的《柠条花》

何怀东

我很早就知道李赤先生。20世纪80年代，横山还是个相对落后闭塞的小县城，物资相对贫乏，人们的精神生活也略显空虚。在这座默默无闻的小县城，李赤先生早已是名人，而且是为数不多的有文化的名人。这不仅因为他只正式读过一年高中就考取了大学，还因为他在北京工作过，见过大世面，同时也在那个年代吃过大苦、受过大冤。这样的人物自然名气就大，当然也会受到尊重和礼赞。

“文学”这两个字，让我有机会接触到一生中这个最难忘的人——李赤先生。

30多年前的短暂接触，我得到先生在文学方面的许多指导教诲。这些指导和教诲，使当时年轻的我在各方面快速提升，在追寻文化的旅途中找到了自己的精神港湾，对以后的生活和发展有着影响深远。

那个年代，文学就像一股热浪席卷神州，横山这个小县城也萌发了文学新芽。各行各业的文学青年，时不时地就找机会聚在一起，懂或不懂都会在文学的天地里畅谈。然后各回各家，狠着劲地读书补充养分，开始所谓的文学创作。不多久，有人出了成绩。在国内一些报刊中，不时见到部分文友的小豆腐块文章。不管是谁发表的，只要拿到散发着墨香的报刊，总要相互告知。创作者兴奋异常，被激励着更加努力创作。文友们则羡慕甚至嫉妒，心里难免暗暗发狠，勤勉之心毫不妥协。没多久，在文友王建强的鼓动斡旋下，我们一帮文友创办了《柠条花》文学社。

有了阵地，得有战士。好在文学爱好者甚多，没多久就聚集了一批有文学功底兼有艺术天赋的文学青年。这时，大家考虑到一个问题：这支队伍没有一个好的“教官”是很难提升的，也会偏失文艺方向。找谁做“教官”呢？大家很快想到在本县城影响最大、西北大学中文系毕业的李赤先生。李赤先生的许多大学同学都是全国有影响的作家、文化战线上的佼佼者。譬如，西安电影制片厂著名编剧张子良，陕西电视台台长骞国政，《陕西日报》《西安晚报》主编等。这些对于我们，似乎有着魔法般的吸引力。

李赤先生的鼎鼎大名，除了他在横山中学实行素质教育备受关注外，还有他的学术研究：对李自成的研究、对毛泽东诗词的研究、对汉字起源的研究等。文以载道，李赤先生的研究成果颇丰，其认识世界和事物的思想亦超前。究其一生所走过的路、完成的事业，他是一个有傲骨的人，是一个脱离低级趣味的人；他傲骨铮铮，他嗤鼻于糜俗之风；他君子坦荡荡；他的人生观、价值观一以贯之，以博大的胸怀完成了自我人格的独立。

更让家乡人极其乐道的是他的骨气和正气。在我们心里，他是一个富有人格魅力而又有文学理论权威的人物。

凭着一腔热忱和无知无畏，我们几个年轻人心怀忐忑，相约去了李赤先生家。先是请教，看李赤先生非但没有反感，更是谆谆教导、极尽鼓励引导，我们就说明了想法。李赤先生并不推辞，从此成了《柠条花》文学社的顾问。我当时在横山县文工团工作，由于小学毕业就被文工团文艺班录取，也就只有一点辨识文字和基本计算的文化基础。两年的学艺过程中，县文化局为了提高文艺班的文化知识，特意选调了一名文化课老师，为我们进行专门的文化课辅导，也就是讲一些初中和高中的语文和历史知识。尽管如此，对我以后的职业生涯也起到了很好的作用。

《柠条花》文学社在无资金、无场所的情况下，由同是发起人的县文化馆副馆长张凤梧老师主动提出，将编辑部设在自己的办公室：一来文化馆地处县城中心，便于文学爱好者集中；二来文化馆有基本的刻板油印条件，可以满足油印小刊的印发。在物资极度匮乏的年代，能有这些条件，我们相当兴奋。那段日子的大部分时间，我们都泡在文化馆的办公室里。浓郁的文学氛围，为我们打造了温馨的临时家园。能把文字变为油印刊物上的作品，我们热情高涨、尽心尽力。第一期创刊的时候，李赤先生用他深厚的学养和经验，与我们一道探讨版面设计、稿件位置安排等问题，亲自修改每篇稿件，还针对创作题材向每位文学爱好者提出自己的意见和建议。

我的叙事诗《羊肠小道》曾得到李赤先生的认可，并给予了很高的评价和极大的鼓励。

《羊肠小道》的稿笺上书写的评语我现在还记忆犹新。他写道：此诗反映了新时代的旧悲剧，刻画细腻，回肠荡气。拟借鉴《兰花花》《孔雀东南飞》等，加强节奏韵律，便于上口吟咏。循此方向，成功有望。落款时间为1986年4月24日。就是这很简短的评语，犹如一丝清风注入心田，仿佛强心剂一般，给了我信心，给了我写作的欲望，给了我前行的动力，同时坚定了我热爱文学的决心，激发了我在文学艺术方面的某些潜能。从此，我前行的步履从未停歇。油印小刊出来后，文学社向榆林地区文联《塞上柳》杂志推选优秀稿件，诗歌《羊肠小道》也有幸被刊发。次年我将该诗改为叙事散文诗投寄《陕西日报》，同年底刊发在《陕西日报》的文艺副刊中。再后来，该诗被多种刊物和书籍收录转载，并获得全国优秀作品奖。那段时间，我靠激情写的东西较多，创作异常活跃。

创作《黑雪》这首长诗时，我以陕北庙会为背景。

乡村庙会，每逢祭祀，人如潮涌，求神拜佛者络绎不绝。在炎热的中午，烧化的香末纸灰被烧香磕头的信众人流带起，似黑雪一般飘扬在寺庙上空。是虔诚，还是灾难？我构思着表现封建迷信，继而着笔“文化大革命”。我为自己的开阔思维兴奋不已。反复改稿后，第一时间送到李赤先生手中。看过诗后，他对以黑雪命题创作诗歌予以充分肯定。谈到“文革”，他语重心长地说：这段历史我们作为过来人现在也说不清楚，建议你还是从艺术的角度将封建迷信这个题材深深挖掘下去。至于敏感的政治话题，在说不清楚的情况下尽量回避。一个师者的关爱之心就这样在看似平常的谈话中表现了出来。在这段时间，除了不断地写作，阅读是必不可少的基础要求。在李赤先生的推荐下，我从学习诗词韵律入手，细读了大量的国内外诗歌作品和文学名著。尤其是他推荐的元代王实甫的《西厢记》（李赤先生的个人藏书），我除细细阅读外，还抄写了一遍，这种方法更是得到了李赤先生的赞赏。

这些用功，为我在同时段转行当编剧、导演打下了扎实的基础。

后来，我相继编写了戏剧剧本《法律面前》《钦差大臣审古今》《淤泥河》《夜话乡村》，改编导演了大型古装戏《花枪缘》《宗泽与岳飞》《小包公》等剧。这些作品发表和亲自执导上演后，得到了观众和同行的普遍认可，部分剧本获得榆林地区文化局和艺术馆的二等奖和优秀奖等。在此前后部分诗歌作品分别在省、地、县各级报刊中陆续发表并获得各种奖励。为了系统学习，我前后报考了夜大汉语言文学专业、安徽未来文学院文学创作专业，取得了结业、毕业证书并被评为优秀学员。1991年年底，我调至神东矿区工作。由于工作需要，我没有办法坚持我心爱的文学创作，但先后创作主编出版了3本书籍（其中《神东矿区五人诗选》和《西部散文诗选》为合著合编）。这些终究只是安慰自己而已，内心常常深感愧对李赤先生的栽培厚爱。逝者如斯夫。转眼间，自己也已是年过半百之人。这些年来为我师者不在少数，但李赤先生在我人生和文学的起步阶段给予的无私鼓励和指导，让我永生难忘。我的精神境界得到了升华和净化，我的人生格局得到了扩展和延伸。我永远感恩和怀念敬爱的李赤先生。师者已故，精神犹存，写此短文，以表追念。

2018年11月11日草就于康巴什

何怀东，出生于20世纪60年代后期，国家三级编剧、高级摄影师、书法家、诗人、企业文化师。现供职于神东天隆集团公司机关党委。

流年似水

崔月德

独树一帜治学勤，熠熠生辉梓里荣。
壮心不已叹囹圄，惠莲贤良人称颂。

崔月德，历任横山团县委副书记、县革委会政工组副组长、公社党委书记、县委宣传部部长、靖边县县长、榆林农专校长、榆林地委宣传部副部长兼讲师团团长等职。独立和与他人合作出版《石湾镇志》《陕北民歌故事》《陕北地名故事》《陕北民间故事》《陕北民国史》等著作。

悼 鹤 兄

乔亚梅

赤也憨直伟岸立，黉门初度作雄啼。
特立独行学深厚，更有胆识傲世俗。
敢搏权要论真假，广涉文苑语亦奇。
惜哉草根无势借，半生轮椅锁骄躯！

乔亚梅，李赤先生西北大学同学。

追悼学长李赤大哥诗二首

倪尚元

一

八四怒吼犹在耳，
赤心为国写平生。
德才双绝追屈子，
常使侪辈泪满襟。

二

八四一吼，天地易容。
赤诚汉子，烈焰雄风。
声动古城，西大传颂。
坚持真理，效法润公。
励精图教，学贯西中。
桃李艳艳，著述隆隆。
身染重疴，笑谈从容。
冤属不白，铁骨秋风。
魂追屈子，志效史公。
中华文坛，又一青松。
惜哉李哥，痛哉赤兄。
学界楷模，人中龙凤。
山高水长，魂寄碧空。

佑我中华，助我国梦。
中国雄起，于兄有功。
九泉之下，君笑称颂。
逝者已已，生者汹汹。
时序三载，方祭李公。
天若有情，行雨送风。
君见风雨，知弟奠颂。
诚感上苍，今夜有梦。
梦中论诗，苏翁毛公。
诗行于此，涕泪如涌。
哀哉学兄，泉下珍重！

倪尚元，李赤先生西北大学校友，陕西汉中人，生于1944年10月。1970年毕业于西北大学中文系。历任佛坪县中学、汉中师范学院、汉中职业技术学院教师，副高职称。2005年退休。著有教学辅导资料《现代汉语教学辅导》《小学语文教学教法》（1991年由陕西师范大学出版社出版发行）。

咏李赤学长诗四首

王耀斌

一

万里长城气如虹，横山亘古出英雄。
无定河水流日夜，志士雕像入心中。

二

黄土高坡一青松，任尔东西南北风。
冲锋陷阵猛将在，一腔热血万山红。

三

白于逶迤猛虎生，长安添翼御长风。
特立独行解放社，惊天动地八四声。

四

一生呐喊意犹忧，翰林铩羽志凌云。
西陆蝉鸣千帆过，无定河边祭哲人。

王耀斌，李赤先生西北大学校友，陕西省富平县梅家坪镇人，1946年6月生。西北大学中文系毕业。高级经济师。曾任陕西省计划委员会处长、陕西省地方铁路公司总经理。编著有《小锦囊》《铎》《针》《泾渭集》《河岳集》《湖海集》等。

忆 少 年

刘建勋

河东容颜，关西身躯，塞外赤脚板。
无愧横山子，朱蕴透骨间。
独侠一举解放社，学而思，夤夜炬炫。
卦词释毛诗，奇胲有超然！

刘建勋，李赤先生西北大学同学。

诗 二 首

王 超

2014年1月27日，噩耗传来，惊愕痛惜之余，钦敬之情亦生。

一

面赤身赤胆更赤，赤头赤脑赤心人。
身世难得不为己，无愧天地与鬼神。

二

抱负在天下，学养涉中外。
无奈多舛路，更堪时不再。

王超，李赤先生西北大学同学。

李赤先生

高崇喜

李赤先生睿智奇才，敏锐深邃；思维创新，见地独到；刚正有为，勇于担当；文人才子，唯其莫属。

学识渊博通古今，
文采潇洒展天地。
德高望重传城乡，
功成名就耀人间。

高崇喜，李赤先生横山中学同事。

七律　李赤

李庚堂

喻理求真才学横，淋漓笔墨实堪惊。
鲲鹏展翅开新境，主席诗词有正评。
古语摘要君独见，寻源汉字显峥嵘。
一生坎坷运多舛，刚直不阿身后名。

李庚堂，李赤先生本家堂弟，林业高级工程师。

桃李成蹊

“桃李不言，下自成蹊。”

李赤先生在横山中学教书十载，为高中文科班教授语文课并实施“教改”，引起各方关注。

李赤先生的学生坦言：“他不仅给了我们知识，更多的是给了我们思考的习惯、批判的精神和前行的勇气，让我们从改变自己的命运开始去改变社会。我们从他那里学会了如何在苦难中乐观向上，永不放弃；我们从他那里知道了该如何在浮躁的时代沉下心思，潜心学问；我们从他那里懂得了该如何置身于历史的洪流中放宽眼界，不计得失；我们还学会了在独立思考的基础上敢于批判的精神，学会了看淡物质享受而用思想武装自己的力量，拥有了前行的勇气，让许多农家子弟从乡村走向都市，开启了人生的精彩。”

本篇主要收集李赤先生的学生撰写的回忆文章，以毕业时间为顺序。

一生襟抱未曾开

张　帆

虚负凌云万丈才，一生襟抱未曾开。
鸟啼花落人何在，竹死桐枯凤不来。
良马足因无主踠，旧交心为绝弦哀。
九泉莫叹三光隔，又送文星入夜台。

这是唐才子崔珏在大诗人李商隐逝世以后，满怀痛惜充满深情写下的两首悼念诗中的一首。李商隐一生虽抱负宏伟、充满理想，但命运坎坷、怀才不遇，最后郁郁而终。先师李赤才气纵横、心高齐天，然命途多舛，崔珏的诗很能表达他曲折而颇富争议的一生，也很能表达作为学生的我对先生的感情。

记得有人曾说过，一个没有争议的人是平庸的人。先生是位颇富争议的人，不论是其政治主张、学术研究还是教学教育改革，无不充满争议。“世人皆欲杀，吾意独怜才。”当然，对他的争议终归是思想的、学术的，而非人格的、私利的；无论如何，他的一生都是奋斗的、向上的，而非消极的、堕落的。众说纷纭莫衷一是无损其形，不改初心始终如一益彰其志。

一

先生非师范类院校毕业生，也非一参加工作就从事教育工作，而是半道出家做了教师。我们这批学生非常幸运，20世纪80年代初，一个落后的山区小县，全县也没几个大学生，能遇上像先生这样名牌大学出来的人做班主任兼语文老师是很难得的。

在先生还未来横山中学之前，就有好多关于他的传说。那个年代的我们既充满理想也很崇尚英雄。不仅因为他曾给高层领导提过意见，还因为他仅上一年高中就以全县第一名的成绩考入西北大学，而且毕业后被分配到北京工作。能在北京工作那是上中学时的我们非常神往的，而他却成了一名普通中学教师。正因为如此，我对他的行为产生诸多的不解，甚至觉得他有些神秘。直到今天，先生已作古，有些一直憋在肚子里的话仍未能亲自向先生讨教。

从先生给我们代课的那一天开始，先生的教学方式像一股晨风，让我们耳目一新。先生的教学方式与传统方法区别颇大，有些甚至难以三言两语讲明讲透，不过仔细想来其主旨就是“自治”。

自治——以造就学生人格独立和培养学生自学能力为目的，让学生自己管理自己。无论是学习生活、娱乐活动、纪律约束或者班级的日常事务，主要依靠学生自己实施。当然，作为班主任的他不是撒手不管，而是他既是听众又是参与者。

先生担任语文课老师以后，一改过去一以贯之对文章采取的分段、总结段落大意和中心思想的程式；二改整堂课由老师一人讲到底的传统。首先他对讲授的内容列出数个问题，由学生自己通过阅读课文、查阅资料寻找答案，而且让学生走上讲台，讲授对课文的理解，他则适时给予点评总结。

班级学生学习管理事务中，我印象最深的莫过于成立班代会了。班级在组织结构上一直以来是由班委会和团支部两个学生组织构成。他任班主任后开始在班上推行班代会制度，就是从班团干部之外产生12名班代会成员，再将全班划分为3个大组9个小组，由这12人分别担任3大组9小组组长。班代会的主要职能，是对选举产生的班委会成员进行职务分工，其次担任学科代表。最主要的则是每个小组，要针对每次语文课的课题分别承担讲解任务，扮演老师的角色。每个小组分到的课题任务是不同的，从课题的深度以及学生要阅读的教辅材料的广度上大大增加了。这样可能减少

了学生在其他课程学习上分配的时间，这也是先生教改遭到不同程度反对和有不同声音的主要原因吧！

因为那时高考对教学的左右和影响比现在是有过之而无不及的。那个时代只要你能够大学毕业，就直接分配工作了。出于生计和饭碗考虑，那是绝对不能花更多精力在一门语文课的学习上的，各门功课必须是平分秋色。

在成为我们的语文老师不久，先生好像担任了学校语文教研组组长。这个组长对先生来说作用还是蛮大的，大概从那时起，我们班及学校有了学生自办的刊物。全校影响最大的好像是《萌芽》，全是手工抄写的小报，刊登的也全是学生创作的诗歌散文、影评和时论，内容很是丰富。我们班也办了几种上墙刊物，记得班委会的刊物名叫《号角》；团支部的刊物是以中共早期机关报《向导》的名字命名的；班代会的刊物叫《呐喊》，用鲁迅小说集的名字命名。仔细一想，很符合机构的职能。也是从那时开始，学校有了各种文学社团及兴趣爱好小组，其中有鲁迅文学社，有《红楼梦》兴趣小组，有书法美术兴趣小组，我们班上也成立了鲲鹏诗社。语文教研组在全校举办了书画作品大赛及诗歌散文创作展览。他当时发表在《陕西社会科学》杂志上的《辛弃疾〈破阵子〉新解》也参与展出，里面还有几处他用钢笔重新修改的痕迹，给大家留下了深刻印象。

每学期学校统一举行一次初、高中组作文大赛，其中一次竞赛题目是《论强者》，我得了一等奖，年轻人那点浅薄的虚荣心得到了满足，兴奋了那么些天。不过后来还是没能走上文学这条道，固然自身天分是主要原因，估计文学是一种很苦的差事，不仅要受“板凳要坐十年冷”的煎熬，也要有“吟安一个字，捻断数茎须”的耐心。从先生当班主任开始，早操结束返回教室上早自习前的第一件事就是全班集体高唱一首歌，然后读一段报纸，内容多是当时重大时政消息，而后才开始自学。

班上还向社会各界聘请了课外辅导员，这些辅导员都是县里各行各业的知名人士。记得当时的宣传部崔月德部长、政协安景涵副主席、科技畜牧专家，都是我们的课外辅导员。崔部长曾来学校做过时政报告，安主席也来学校给学生们讲过书法，着实让我们这些山沟里出来的穷学生耳目一新、大开眼界。

春秋两季，先生会带上全班同学徒步于芦河两岸的长城烽火台（横山境内现存为明长城），让大家感受长城文化，感受“秦时明月汉时关”的苍凉与壮阔。徒步寻觅怀远古堡旧迹，追寻昔日繁华，慨叹沧海桑田。彼时，先生约四十二三，我辈正青春年少，行吟芦河畔，狂歌烽火台，那是何等的朝气蓬勃、意气风发！真个是粪土当年万户侯，激浊扬清少年狂。

今天来看，这些举措似乎没什么值得大惊小怪的，而对30多年前那传统闭塞的横山来说，不啻是春风徐徐春雷阵阵。正是这些今天看似微不足道的东西，却开风气之先，改变着我们，改变着横中，像春日的细雨，滋润着、陶冶着、启迪着横中学子。

后来，走向社会的同学们，特别是先生任教期间的横中同学遇到一起，聊先生的教改已成了大家必不可少的话题。我曾吟了四句歪诗来反映自己对教改的感受：

寂寂教苑鸣惊雷，学生自治破天规。
春风化雨传奇事，至今人犹说是非。

二

作为一个关心政治、充满政治理想和抱负的知识分子，他的思维总是被这种巨大的精神追求左右着。也许正是这种浓厚的家国情怀，导致他坎坷的一生。直至他走进了横山中学，成为一名普通的中学教师，这种情怀仍然挥之不去，而且将这种情怀体现在他的教学之中，那就是要从精神到灵魂把学生塑造成有作为、敢担当的有用之才。在我看来，先生就是一个马克思主义者，不仅因为他精通马克思主义理论，还因为他的言行完全体现了马克思主义的精神。他要求学生要辩证地看待高考，辩证地看待人生。

马克思17岁中学毕业时在《青年在选择职业时的思考》中说："如果我们选择了最能为人类福利而劳动的职业，那么我们就不会被任何重负所压倒，因为这是为全人类所做的牺牲，那时我们感到的将不是一点点自私而可怜的欢乐，我们的幸福将属于千百万人。我们的事业并不显赫一时，但将永远存在，而面对我们的骨灰，高尚的人们将洒下热泪。"这是先生常常用来激励学生的语录。他常用杨昌济与毛泽东、蔡和森师生间的故事教育启迪学生。他的语文课既是知识教育，也是社会教育，包括他对高考的态度。

他常讲：一个人不可能考不上大学就放弃人生，即使上不了大学，你照样可以活出精彩，照样对社会有所贡献。他告诉学生，眼界要阔，格局要大，"出水才见两腿泥"。记得后来在西安上学时，我因为高考考得不好，学校不理想，情绪低落，先生在回我的信中说："要争千秋高下，莫较一日短长。李杜哪一个是进士？鲁迅又毕业于哪一所名牌大学？"

他在任何时候总给你以希望，让你精神饱满。而他自己也从未在我们面前表现过气馁、沮丧、失望和迷茫的情绪。他在处理班级的任何事情时，无论大小，总是充分尊重学生的意见。先生眼里没有差学生与好学生的区分。他曾说："如果五六十人的一个班，把大多数同学抛下而重点培养三两个尖子生，那是一种失败的教育。"他尊重每一个学生，激发每一个学生身上的潜能和自信，把每一个学生都看作可塑之才来培养。先生从没有讽刺成绩不好的同学甚或辱骂我们的习惯，不满意大家的表现时他会说："天将降大任于斯人也，必先苦其心志，劳其筋骨……"之类的话，严重些也就让我们唱一首"樱桃好吃树难栽，不下苦功花不开……"

他的语文课，我觉得在我学生时代是最没压力的一堂课，也是最饶有兴味的一堂课。他常说，兴趣是最好的老师，培养好的兴趣和习惯将会终身受益。每讲新课前，针对所讲内容，他都会精心设计几个问题，以激发大家的兴趣。先生反对读死书，反对用死板、僵化、俗套的方式给学生灌输东西。记得在讲苏东坡《念奴娇·赤壁怀古》时，他布置的问题是："羽扇纶巾"指的是谁？讲《与朱元思书》时，他留的问题是：文章结构是否合理？句子段落前后可否调整？这令我们格外吃惊，课本里的范文还有不足的地方吗？用启发的方式引导学生讨论、引导学生推论是他教学的特点。他从不否定学生思考的成果，总是以欣赏的眼光看待学生对问题的认识。

李先生身材高大，讲课声音洪亮，每每讲到和文章发生共鸣处，双手往后背一操，目光灼灼直逼台下，并在台上来回踱步，步履一如平日的散步，很是从容。那气场的感染力是极强的，让人不由自主地被他吸引。尤其讲到兴奋处，他会多层面、多角度地剖析文章，进而大声读上一段原文。记得在讲《阿Q正传》时，他曾为我们朗诵了其中的一段，至今还记得那掷地有声、抑扬顿挫、穿透力特强的声音。读着读着竟笑出了声，那是对鲁迅幽默、辛辣文字的会心，真是欣欣然忘乎所以。上先生的语文课，现在想起来，那感觉绝不亚于听如今的一堂百家讲坛，让你回味无穷。

先生经常讲，文章乃经国之大业、不朽之盛事，所以立意要高远，要有现实针对性。任何学问最终都要解决实际问题和面对实践，谋篇布局要为内容服务。他对文章的优劣高下也是用此标准来衡量的。他用李白《嘲鲁儒》来表达他的观点："鲁叟谈五经，白发死章句。问以经济策，茫如坠烟雾……"他更多关注的是作品的思想性，那些纯表现情感的东西，他在讲课中重视得少些。有时认为表现个人情感，也要有家国情怀；纯表现自我的东西，以闲情逸致为文的，是没有生命力的。

我曾经写过一篇自我感觉特别好、文笔意境也颇为自得的作文，万没想到先生给出的评语是："格调不高！"我当时很不以为然，去与他"讨论"，他说："不要写小我，不要为一己小利耿耿于怀，那样是没出息的。"盖因我写了外婆家果园失而复得的事。

他非常鼓励能自圆其说的新观点、新思想。语文考试时常有些发挥题，按照标准答案有很多同学的回答是错误的，但他仍然给分，甚至是高分。你若问原因，他会告诉你，只要你言之成理、有创新、能独立思考就应该给分。

他反对汉朝的和亲政策，认为“一去紫台连朔漠，独留青冢向黄昏”，是对封建王朝试图依赖女性维护统治的有力控诉。

他反对嫔妃乱政说，常用鲁迅的话来讽刺和驳斥：“中国的男人，本来大半都可以做圣贤，可惜全被女人毁掉了。商是妲己闹亡的，周是褒姒弄坏的，秦……虽然史无明文，我们也假定他因为女人，大约未必会错，而董卓可的确是给貂蝉害死了。”

他对姜夔“废池乔木，犹厌言兵”很不以为然，他认为只有以战才能止战，也才会有国家的长治久安。

他对中国经济学界“言必称希腊”的现象非常反感，认为他们是当代的贾桂，没有自信心，更没有尊严。

先生讲课很少见带讲义，也未曾见备有教案。上课时总是一粉笔、一课本。我曾惊诧于他信手拈来的诗文掌故、名言警句，利用去他办公室和家里的机会偷偷观察，并未见其家里有任何藏书。偶尔一两次看到的也是黑格尔及马克思、恩格斯的《哥达纲领批判》《自然辩证法》等从校图书馆借来的书，并无什么教辅书籍。好奇心驱使我不能不当面问他，他的书都藏在哪里，结果他淡淡地说了句，我哪有藏书，早被抄了。如今，先生已经作古，可我却时时想起他，他是对我一生影响最大的人。他对学生那种责任感和使命感，他教学生看问题的观点方法，他致力于改变学生的思维与格局，往小里说是教做人的基本规范，往大里说那是在为国育才。

三

怀远当年负盛名，途穷犹有大家风。
常怀救世匡弊志，敢发惊世骇俗声。
鲲鹏诗词八阵解，文章结构四法分。
只今芝兰各竞秀，谁识先生施露功。

从先生的治学成果看，20世纪80年代初结合他的教学实践就已经开始了对毛泽东诗词的研究。这是他花了10多年时光，也是投入精力较多的一项研究。在20世纪90年代末成书出版的《鲲鹏展翅——毛泽东诗词新解说》中，他对毛泽东生前正式发表的42首诗词进行了全新解读。他用从毛诗中抽象的贯穿诗词作品的形象——鲲鹏来解读毛诗。毛泽东诗词的显著特点是豪放浪漫、气势恢宏、笔力雄健、意境深远。其视野之大，也只有硕大的鲲鹏可以比拟。像“山，倒海翻江卷巨澜”“五岭逶迤腾细浪，乌蒙磅礴走泥丸”“要将宇宙看稊米”“千里冰封，万里雪飘”……

他认为毛泽东诗词就是毛泽东改造中国和世界的总图样，是革命和建设的韬略书。毛泽东在去世前公开发表的42首诗词是结构严密的宏伟体系，是充满智慧的八阵兵法图。旧注解未能深入作品本质，思维停留在浅表层次。

毛泽东观看了《孙悟空三打白骨精》一剧，见到郭沫若的七律后，于1961年11月17日挥毫写下《七律·和郭沫若同志》一诗：

一从大地起风雷，便有精生白骨堆。
僧是愚氓犹可训，妖为鬼蜮必成灾。
金猴奋起千钧棒，玉宇澄清万里埃。
今日欢呼孙大圣，只缘妖雾又重来。

郭沫若作品：

《七律·看孙悟空三打白骨精》

人妖颠倒是非淆，对敌慈悲对友刁。
咒念金箍闻万遍，精逃白骨累三遭。
千刀当剐唐僧肉，一拔何亏大圣毛。
教育及时堪赞赏，猪犹智慧胜愚曹。

这首诗是1961年10月18日，郭沫若观看了绍剧《孙悟空三打白骨精》之后有感而作。

20世纪80年代末90年代初，那时我刚参加工作，闲暇时常聆听和请教先生一些问题。在说到毛泽东诗词时，他说了这样一段话：“毛泽东和郭沫若《孙悟空三打白骨精》的七律诗读过吗？毛泽东同志早就用自己的诗回答他们了，‘斥鷃每闻欺大鸟，昆鸡长笑老鹰非’。蜩与学鸠何知？它们能奈鲲鹏何呢？”

《沁园春·雪》是毛泽东诗词名篇，也是解说者最多、最为脍炙人口的一首词作。他认为旧注家把反对雪说成了赞美雪，是直观和臆测，是没有用形象思维的方法来理解。他为爱女起名非雪，那是先生研究毛泽东诗词《沁园春·雪》词义的主题。雪是封建主义的象征，非雪当然是批判中国几千年的封建主义了。

先生在汉语言文学方面的研究倾注了大量心力，主要有《古语摘要说》。他认为，文言是古代的口语，“词类活用”说是错误的。在该论文中，他总结了文言词句省略借代的若干规律，以期提高文言教学效率质量，为计算机翻译文言文技术的开发提供见解和启迪。

在《文章结构统分法》中提出了对文章结构和思维规律的探讨。他认为要成立专门的文章学研究机构，现有的语言学和文学研究机构应该隶属文章学。统分法也即文章全息四分法用“起承转合”四个层次加以划分，同黑格尔的判断分类一致，是对立统一规律的展开形态。

由先生统稿的《可爱的横山》也是先生思想及他对家乡认知的体现。在该著每篇内容前，先生都用民歌生动活泼的语言形式对横山的政治经济、人文历史加以概况总结，是一本极好的表现爱国爱家的乡土教材。20世纪90年代初，先生把他的一些研究文章给我，有李自成出生地考证，记得文章中有一句话让我印象深刻，说李自成“生在李继迁，长在长峁墕”；有八阵图说毛泽东诗词；有文章全息四分法；有用汉字字根规律掌握识字诀窍；有苏轼《赤壁赋》与横山的关系等。

四

吾师气若虹，才调更绝伦。

旷达辞京华，从容就樊笼。

研学司马骨，立身魏晋风。

一生风波里，情追“民族魂”。

先生能成为横中教师，得益于老校长黑义忠的爱才，黑老是横山中学创始人，也是先生20世纪60年代上横中时的校长。20世纪80年代初我们进入横山中学后他仍然是校长，德高望重，在横山教育史上是值得大书特书的人。据说先生身陷囹圄平反出来以后，组织上将其安置在教师进修学校，是一个闲差。黑老校长怜其才，做了各方工作，把他要到横中担任语文教师。不知是我等有幸，还是先生与我们有缘。

先生还为自己创办的幼儿园起名向阳幼儿园。该园虽属民办性质，但近30年了仍生机勃勃。因其教学质量不错，所以生源充足。说到幼儿园的创办，不得不说先生很有些商业眼光。先生平反到进修学校后，相对清闲，可他又是一个闲不住的人。进修学校与横中操场的东北角是杨市沟沟口的排洪河道，河道两侧则是乱石岗坡。先生那时正年富力强，每到下班即将乱石捡了堆到一块，将荒坡地平整成种菜的园子。后来慢慢地利用乱石垒成排洪河堤。再后来将菜园子临路一边修成一座五孔窑洞。

有了自己居住的地方，且有了空闲的窑洞。那时全县只有一所公办幼儿园，幼儿无法入园问题难坏了好多家庭。先生逐渐蒙生创办幼儿园的想法并付诸实施，不仅解决了几个幼教的就业，也方便了就近家庭的孩子入园。虽然所收不多，却成为先生家里主要的收入来源。师母因先生打成右派后失去了民办教师工作；先生由于教龄短，评不上职称，所得工资无几，依靠他一人的收入维持全家生活捉襟见肘。1994年前后，师母因家庭经济紧张还让我担保贷款3万元，以解决两个孩子上学费用及家庭日常生活的困顿。

世人皆知先生学养渊博，称为横山大儒。课堂上讲起人情世故头头是道，但生活中却时常有令人费解之举。有一次先生的长兄因病在榆林住院，他从横山过去探望。那时横山到榆林80千米的路程，出租车约需两小时。当他走到医院门口时发现口袋里分文也无，遂返回横山从家里取上钱再次返回医院探视长兄。按说在榆林有不少他的学生，他可以向他们借点，可他宁愿返回横山去取。

先生回到榆林，在榆林报社工作。对先生这样一个有思想、有才气、有个性的人来说其实并非好事。没多长时间，他就因为大刀阔斧地修改某领导稿件被发配到横山宣传部。而正是在这儿，他又给中央高层提意见而获罪，被戴上反革命的帽子送进了监狱。

大约是先生平反后在进修学校工作的时候，先生有过一次壮举。横中操场东北头，也就离先生家不足1000米，是杨市沟大坝，每当六七月赤日炎炎之时，常有学生背着家长和学校偷偷在此嬉耍游泳。有一次有四个学生同时溺水，当听到坝上有人大喊淹人了，先生大步流星最早冲进坝里，一人独救三人。可惜从落水到救起时时间间隔较长，四位学生无一人生还。然而每想到他一人从水坝中救出三人，那凛然搏水的形象似在眼前。

先生反对迷信，认为寺庙供奉的无非是些古人，他们身上可能有值得令人学习的地方，但想要让他们保佑，帮你实现愿望恐怕办不到。因为这些古人连今天最普通的电灯、电话都没见过，又如何能帮你排忧解难呢？他说小时候大人不让小孩晚上剪指甲，云神云鬼的很邪乎。实际呢，旧时无电灯，晚上煤油灯昏暗，弄不好会伤及指头。细细一想，确有道理。

先生一生耿介，但曾听师母讲，他们夫妇一生从未红过脸。不管家里家外，他们意见不一致或发生矛盾时，不能达成一致，他就会沉默不言，不再与她继续讨论，而是去干别的事。

先生晚年患病时，基本上是从轮椅到床，从床到轮椅。其间我曾探望过几次，其中一次正遇上朝阳从轮椅里往床上抱他。那时由于他长期卧床，身上有多处褥疮，等我协助朝阳费劲地把他抱上床后，先生已冷汗淋漓了，朝阳问他疼吗，他半晌才说：“那还用问了？”可以想象他在忍受多大的苦痛。

不知什么原因我突然想到了他在牢狱中、在“劳动改造”中、在被批斗时所遭受的捆绑、所遭受的摧残，想到了他在讲课时“虽九死其犹未悔”“我不入地狱谁入地狱”的铿锵之声。那应该是信仰的力量，是敢为天下先的精神，是一种若钢铁般的意志在支撑着他。

最后一次见先生大约是在他去世前的一年多，当我站在他面前的时候，我看到他的嘴唇在蠕动，发出的声音含混不清。我知道那是他在叫我的名字。而他的怀里还放着黑格尔的《逻辑学》。先生拉着我的手低沉缓慢念叨着。我感觉他的两只手松弛无力，本就高耸的颧骨由于清瘦少肌更显突兀，两鬓及头顶后半部稀疏地耸着几许花发，这一切让我沉默。

人生无常，岁月无情，曾经傲岸的身姿，曾经澎湃的激情，曾经有多少想与先生请教和讨论的话题，我竟一时无语。“潮打空城寂寞回！”我想起了苏东坡的诗：

骑驴渺渺入荒陂，想见先生未病时。
劝我试求三亩宅，从公已觉十年迟。

“冠盖满京华，斯人独憔悴。”天妒英才，正是先生学术、思想趋于成熟的阶段，不幸罹患重疾。他的好多研究未能如愿完成，他所怀抱的伟大理想未能实现。2014年1月27日，先生带着遗憾，也带着眷恋离开了他的毕生追求，离开了陪伴他10多年的轮椅，也离开了忘不了舍不得他的弟子们。

作为先生最初的教改实验对象，我资质平平，无甚成就，但先生对84届高三（5）班的影响是巨大的，对他从教10年带出的学生及整个横中后来的教育教学影响是深远的。尤其在人格的形成、精神的塑造方面是无人能及的。从这一点上说，先生一生所遭受的那些不公、一生坎坷的命运以及他在教学中的付出，还是获得了回报的。

人事有代谢，往来成古今。斯人已逝，风范长存。陈寅恪在悼王国

维时深情地说：“先生之著述，或有时而不章。先生之学说，或有时而可商。唯此独立之精神，自由之思想，历千万祀，与天壤而同久，共三光而永光。”

世道的无常，时代的局限，自身的原因，先生未能成为名满天下之人，未能一展满腔报国情怀，然陈氏之言之于先生我深以为是。先生是位有独立思想的哲人，先生是位博古通今的学者，先生是横山教育改革的先驱！伟岸丰姿依旧历历，慷慨雄谈言犹在耳。谁谓公死，凛凛犹生。

张帆，横山中学84届学生，现为榆林市政协干部。

回忆我的高中语文老师李赤先生

杨开飞

一

年少时，我是一个思想上既涣散又紧张的人，行动上既浪荡又严谨的人，意志上既松懈又进取的人。我在横山南塔乡中学读完初三，考上县城的最高学府——横山中学，完成我的高中学业。

我的初中和高中学习内容虽然不同，但心路历程却有惊人的相似。在特定的环境下，我是一个可以创造奇迹的人。初三第一学期期末测试，我的各科考试成绩大部分都是六七十分的样子。记得最清楚的是我的物理只考了60分。这不是因为发挥失常，而是我当时的实际水平仅此而已。以那时我的学习水平，想要考上久负盛名的横山中学，如同痴人说梦。结果并非如此。半年后我们一群山沟沟里长大的孩子，站着挤在一辆“解放牌”汽车的车厢里，顶着烈日，在崎岖不平的山路上颠簸了近两小时。第一次看到威武广大的横山县城，此情此景至今记忆犹新。我怀着忐忑心情走进横山县第一小学（人们习惯称“一完小”）的教室，参加了难度相当大的选拔考试。我是当时南塔中学考入横山中学的四个学生中的一员。当时南塔中学的初三大约有50名学生，我能考上横中，绝不是碰运气，确实实力就在那儿！记得在升学考试前的最后一次测验，物理老师家在赵石畔乡，他回家的时候，顺路在横山中学要了一套重点中学的物理题，试探性地让我们做。我得了满分，我的表现让初中时的老师和同学多少有点惊讶。老师原本以为我是一个没啥指望的放羊娃，不承想却进了响当当的横山中学，丑小鸭变成了白天鹅。

然而好景不长。我考上高中来到县城以后，以前的学习紧张感荡然无存。新鲜的城市生活彻底遮蔽了我读书的目标，我变得恍恍惚惚，懒惰而迷茫。当时大多数学生是来自乡下的孩子，只有极个别是生活条件比较好的市民或干部子弟。

农村的学生住校。那时住校学生没有早餐，早读之后要上四节课，大约12点是午餐。我清楚记得，上午第四节课我基本上都是扳着指头等下课，饥饿像一条毒蛇缠绕着我的身体，我的注意力完全不在课堂，心早已飞到食堂。学生下课后把食堂窗口挤得水泄不通，每个组派一个人用洗脸盆把饭端出来，分给小组里其他同学，大家每天轮流值日。到了分饭的时候，大家的眼睛直勾勾地盯着掌勺人的勺子，希望能给自己满满地倒一勺子土豆、白菜或稀饭。每顿饭只能分固定的两勺子，再加一个馒头或一点小米蒸饭，还没吃尽兴，洋瓷碗底已经朝天。午饭常常只能起到缓解饥饿的作用，下午最后一节课我的学习情绪早已淹没在吃饭的欲望里。高中的前两年，饥饿的痛楚一直难以清除，我无法赶走它对我产生的不良影响。在很长一段时间，我只能被饥饿摆布，在学习上毫无作为，也无法找到任何有效的解决办法。

我还有极其严重的自卑心理。

刚上高中的时候，我所在的高一（3）班有几位同学家住横山县城，属于家庭条件优越的走读生。他们的穿着打扮、言谈举止还是挺“潮”的。他们每天到校都挂着一个书包，不像我们住校生，书和作业多就直接抱在怀里，少就用一只手拿了。城乡之间的差距在班上体现得非常明显，私底下对城市的羡慕有时会演变成一种胆怯。记得我前排坐着一个穿绿色军装的城里女孩，她的头发从中间一分为二，后面扎着两个马尾辫。我觉得她就是一种美，就是眼前一道迷人的风景。即使我不愿意看她，也不得不看她，她每天如约而至坐在我面前。我曾经无数次想：向她请教一道数学题，或者问一下我没有听清楚老师布置的课后作业，或者是请她告诉我横山街上某个商店的具体方位。但是直到高一第一学期结束，我都没敢和她说过一句话。我表现出的胆怯令人难以置信。有时在回宿舍的路上，如果看见前边站着三五个女生，我会绕道而行；或者停在原处不动，等她们走了我再动身。我似乎得了无法治愈的人格分裂症。在青春的憧憬与情感的封闭中，在贫穷与饥饿碾压的日子里，在县城与遥远的农村老家之间无法填补的思念里，我逐渐沉沦。

高一下学期文理分班的时候，我进入全年级唯一的文科班［(5)班］。进入高二，我的学习一直疲软，随波逐流，屡屡遭到老师的“痛骂”。高中阶段我最怕英语老师，由于初中在农村只学了一点点英语，上了高中主观上对英语课有抵触情绪，每次英语考试我只能胡蒙乱猜。用老师的话讲，我是狗吃屎冒堆的。英语考试好的时候考三四十分，差的时候只有20来分，经常是班上的倒数第一二名。多数老师认为我是回天乏术的站年汉。即便念了高三，也是瞎子点灯白费油，不如早点回家“修地球”。

我是一匹高考的黑马。当很多人对我不寄予任何希望的时候，我的名字赫然出现在横山大街影剧院旁张贴的高考喜报上。我甩掉了“差生”的帽子，成为20世纪80年代的“天之骄子”。据说有老师看到我的高考成绩时感慨地说：“实在是想不到！”

我自己知道，我是凭实力考上大学的。高三的时候，我按自己的计划自学了很多课程，我的高考英语成绩在班上跃居第五。进入高三，我的内心燃烧着追求理想的火焰，变得越来越自信，变得越来越藐视“敌人”。我有克敌制胜的精神武器。正像高尔基所言：“我扑在书上，像饥饿的人扑在面包上。”无数夜晚，当我睡在十来个人挤在一起的土炕上，我的脑海里像放电影一般，白天读过的每一页书都变成一个个无比清晰的画面，我感觉我是世界上最富有的人。此时我把饥饿忘得一干二净，我把所有的胆怯和恐惧抛到九霄云外。高三，我充满力量，充满勇气，充满自信。因为我的身边站着一直关心我的李老师。他指挥所有学生列队高唱《大刀向鬼子头上砍去》，他指引我冲向没有硝烟的高考战场。他教我们唱《国际歌》：“起来，饥寒交迫的奴隶！起来，全世界受苦的人！”在高三的那一年，我终于站起来了，做了学习世界的主人。在我人生的关键时刻，李老师拯救了我。

在我的老师之中，他是对我影响至深至远的一个。

二

一个人的伟大取决于他的思想，一个人的强大取决于他的精神。我读高二时，李老师从横山教师进修学校调入横山中学，担任我们的语文老师兼班主任。进修学校就在横山中学大操场的东边。在我并不知道李赤老师到底是何人的时候，我就已经“认识”了他。每天早晨横山中学的全体师生都必须到操场上跑操。我经常看见，远处杨市沟口的公路边，一个人有时拿着锄头种菜，有时从河里打水浇灌。这个人就是李赤老师。那会儿横中操场不是封闭的。高一的我们在操场上体育课时，常看到身材魁梧的他从操场的中间漫步而过。他习惯于昂着头，背操着手走路。他的前额特别宽阔，颧骨下面的脸简洁而瘦削，显出坚毅的个性。他的样子非常吸引我，后来我听到很多李老师的故事。李老师在横山中学读书时名声很响，他善诗而得名“小杜甫”；在高考时得过横山县的“状元”曾经名震全县；他读大学时写作非常厉害，毕业分配到首都北京。这些故事，听得十七八岁的文科班的我们如醉如痴，恨不得赶紧跑到他门前，一问究竟；恨不得赶快向他请教，得到作文秘笈。假如有“神”，李老师就是那时我心中的“神”。总之，作为84届文科班学生，李老师的本领和水平，他还未到横山中学时我们就佩服得五体投地。我们都想：如果自己能够有像传说中的李老师那样的天才，也就可以笑傲江湖、指点江山啦！

天遂人愿，地感其诚，到了高二，一直活跃在我们想象中的李老师来到我们的教室，开启了我人生崭新的历程。不过这里不得不交代一个真实的情况，当时横山中学校长一心想为文科班聘请一位德高望重的语文老师，他把全县的语文教师梳理了一遍，最后认为，不论是在横山县，还是放眼整个榆林地区，李老师的学术与文章很难有人匹敌，担任横山中学文科班语文老师的人，非李赤老师莫属！

李老师喜欢庄子的《逍遥游》。《逍遥游》是《庄子》的首篇。李老师对鲲鹏形象情有独钟，他站在讲台上，反复讲解《逍遥游》的前几句："北冥有鱼，其名为鲲。鲲之大，不知其几千里也；化而为鸟，其名为鹏。鹏之背，不知其几千里也；怒而飞，其翼若垂天之云。是鸟也，海运则将徙于南冥。南冥者，天池也。"李老师对《逍遥游》的诠释，表达了他对大自由、大境界的渴望和追求。他的思想正像《逍遥游》一样，汪洋恣肆，洋溢着浪漫主义精神。庄子的逍遥游完全是一种虚幻，他对自由精神的向往正是来源于他对现实罗网的厌恶和反抗。

李老师还给我们讲李白的诗《行路难》："金樽清酒斗十千，玉盘珍羞直万钱。停杯投箸不能食，拔剑四顾心茫然。欲渡黄河冰塞川，将登太行雪满山。闲来垂钓碧溪上，忽复乘舟梦日边。行路难，行路难，多歧路，今安在？长风破浪会有时，直挂云帆济沧海。"

李老师讲李白，并不满足于弄清诗句意思。

他关注的是学生的精神成长，他化腐朽为神奇，让他的学生不畏艰难险阻，敢于使一切不可能变为可能，为实现理想百折不挠，为捍卫理想挺身而出。李老师的语文课，借文育人，托物言志。这使他能够摆脱窠臼，以我为主，以学生的需要为主，从"六经注我"变为"我注六经"。李老师让语文课的内容得以扩展，语文课的功效得以提升，语文变成为学生服务的工具。

李老师的语文课给了我学习的信心、战胜一切困难的勇气。李白的很多好诗，李老师经常在课堂上宣读。

"世人见我恒殊调，闻余大言皆冷笑。宣父犹能畏后生，丈夫未可轻年少。"李老师用李白《上李邕》中的这几句诗鼓励我一定要敢作敢为，后来者居上。

"俱怀逸兴壮思飞，欲上青天揽明月。"让我在成绩落后的情况下奋起直追，在青春的烦恼和艰苦的生活中，灌注了慷慨豪迈的热情和高昂乐观的基调。

"安能摧眉折腰事权贵，使我不得开心颜！"这句诗让我学会执着和坚守，让我在压力面前永不屈服，在诱惑面前永不动摇！

"仰天大笑出门去，我辈岂是蓬蒿人！"让我深深感到应该像大诗仙李白那样，对自己未来的人生表现出无比的自信与自负。

李老师把教材当作磨刀石，他说他的任务就是让学生始终保持锋利的思想。李老师把庄子的哲学思想熔铸在李白具体可感的诗句当中，达到“乐而不淫，哀而不伤”。文学与哲学交融，思想与情感渗透，人生与社会结合，理想与现实碰撞。李老师的语文课是有温度的，他让我的人生从此散发出压抑已久的光和热！

李老师把课堂变成学生的大讲堂。李老师的语文课是对传统教学的革新，改革创新是他教学思想的灵魂。他真正做到教学以教师为主导，学生为主体。他是导演，学生是演员；他是总设计师，学生是践行者。他把每节课要完成的教学任务，提前一天分成四部分内容，布置给四个小组做好准备，第二天上课时由各小组指定的课题负责人进行汇报。他是组织者，学生是参与者；他是改革者，学生是受益者。当时的横山中学几乎全部走应试教育的模式，绝大多数教师满堂灌。教师唯教材和教学参考书是举，不敢越雷池一步。学生的头脑被标准答案囚禁，不敢有丝毫自己的想法，遑论发表独立见解。李老师把学生推上讲台，鼓励学生独立思考，做到“如切如磋，如琢如磨”。学生和老师平等交流，提倡质疑问难。正如《易·乾》中讲的：“君子学以聚之，问以辩之。”李老师经常发动大家就一些问题展开辩论。他认为辩论可以激起思想的火花，开启智慧的大门。辩论还可以激发人的斗志，勇于发现真理。所谓学问就是边学边问，问中有学，学中有问。

有一次李老师在我面前一边做手势，一边给我讲了个小故事来启发我，他说：“马克思的学问是问出来的，马克思曾经追着老师，从后边扯了一下老师的衣襟，急于向老师请教问题。”毫无疑问，能够主动提出问题是一种高水准的学习，也是一种可持续的深入学习。

我记得，在李老师的语文教学改革推行不到两个月的时间，就有学校领导阻拦。在万马齐喑的教育界，李老师的改革无疑给横山中学扔了一颗炸弹。李老师早已做好思想准备，他不唯上，不唯书，不盲从，不迷信，坚决把语文教学改革进行到底。初冬一个早晨，他走进教室，笔直地站在讲桌与黑板之间，好像在宣誓，又像在吐露心声。

他声音并不高，神情坚定地说："即使我明天离开横中，今天我仍然要搞改革！"今天人们回顾横山教育，依然对李老师心怀敬意。只有他，敢于倡导改革，只有他，能够将改革进行到底。他走进横山中学的第一天开始改革，10多年后离开讲台的时候仍然坚持改革。我不知道，横山教育界有多少人赞同他的改革，但我知道，李老师的入室弟子，还有无数受其熏陶和影响的学生，都会永远地铭记他所做的一切。李老师推崇鲁迅21岁写的诗《自题小像》：

灵台无计逃神矢，
风雨如磐暗故园。
寄意寒星荃不察，
我以我血荐轩辕。

他还引用鲁迅的话说："最大的藐视是无言，而且连眼珠也不转过去！""有缺点的战士终究是战士，完美的苍蝇也终究不过是苍蝇。"这些句子在学生的心中刻下难以磨灭的印记，同学们经常喜欢模仿李老师的口吻朗诵鲁迅先生的名句，试图捕捉他的言外之意。

李老师对毛泽东诗词研究倾注了大量心血，20世纪90年代，他参加过毛泽东诗词学术会议。我记得他曾经和宁夏诗词学会的秦中吟有过交流。他对自己的研究非常自信，曾经对我说："我的成果，只要发表出去，一定会引起轰动！"

可以想见，李老师是多么希望他的成果通过主流媒体公之于世。我不敢说李老师的成果无可挑剔，但敢说李老师的成果一定有独到的见解。2000年秋天，横山中学84届高三（5）班在横山县政府招待所聚会，我见到正式出版的李老师的专著《鲲鹏展翅——毛泽东诗词新解说》。当时李老师坐在轮椅上，还可以给我们讲话。学术研究的生命在于创新。我相信，李老师的毛泽东诗词研究应该在当时的国内，堪称最新的学术成果。

高二的时候，我看到李老师在《陕西社会科学》（今天的《人文杂志》）发表了一篇学术文章，题目大概是《辛弃疾〈破阵子〉新解》。《陕西社会科学》是从事人文社会科学研究者公认的权威杂志，在全国期刊界具有相当大的影响。

我认为李老师的研究能力和研究水平是许多大学教授无法企及的。李老师的学术思想突出体现在“新”上。新是一种品质，是一种勇气，是一种永无止境的追求。李老师追求卓越，拒绝平庸，他将学术与教学融为一体。作为他的学生，我觉得他就像庄子笔下的鲲鹏，永远翱翔在思想的天空，令我们神往，令我们怀念。他让我们在物欲横流的社会，再一次感受到精神的力量！

三

有人说，苦难对于强者是一种挑战，对于弱者是一个生命终点。也有人说，苦难对于天才是一块垫脚石，对于强者是一笔财富，对于弱者是万丈深渊。而我要说，苦难是一块试金石，人们总是被苦难反复打磨以后，才有可能获得成功。李老师是在苦难中活出精彩的！李老师从小家庭贫寒，10岁以后才开始读书，他肯吃苦，爱学习。苦难养成了他勤劳的习惯，并且培养了他乐观向上的生活态度，塑造了他坚韧不拔的意志品质。

李老师向我们展示的是他渊博的学识、雄伟的抱负和高远的情怀。他身上这些闪光的东西永远吸引着他的学生。在我的人生旅途中，他就像黑暗的天空中的一道闪电，让我从梦魇中清醒，让我看到前途与光明，让我获得人生的志向与进取的力量。

他推崇鲁迅，并能像鲁迅那样关心青年人的成长。

鲁迅有一句名言：“我吃的是草，挤出来的是奶。”这仿佛成为李老师的座右铭。他勤于读书，乐于思考，总是想把最好的精神食粮奉献给自己的学生。

在平凡的教学岗位，他提出了许多很有创见的想法。他主张学生自治、自学，使我在高三终于掌握了自学武器，学习上有了突飞猛进的变化。他在语文教学中另辟蹊径，提出“古语摘要”学说和文章结构四分法，同时运用分工协作的方法组织教学。在这一过程中，他启发我独立思考，培养我的写作兴趣，给予我登上讲台讲课的勇气。他在教学之余潜心研究鲁迅和毛泽东思想，很好地利用他们的作品教育青年学生。鲁迅在《野草·题辞》中说："地火在地下运行，奔突；熔岩一旦喷出，将烧尽一切野草，以及乔木，于是并且无可朽腐。"李老师用这几句话教导我要积蓄力量，在压迫中反抗，在困境中崛起。他又引用鲁迅的话说："沉默呵，沉默呵！不在沉默中爆发，就在沉默中灭亡。"我从中领悟到沉默是为了爆发，而绝不是等待死亡，我懂得了"置之死地而后生"。我越来越强烈地感觉到青春不能苟活，我一定要创造生命的价值与意义，我要爆发。这就是李老师给予我最宝贵的精神财富。他像是一块煤，把光和热送给最需要的人。他把自己在苦难中积攒的智慧和经验毫无保留地给了学生。

人们评价鲁迅的杂文是匕首，是刀枪。在阴云蔽日的年代，鲁迅就是时代的精神、民族的斗士。李老师同样具有战士的品格，他敢于为追求真理而献身。他向苦难宣战，向习惯势力宣战，向那些长久以来束缚人才培养的体制宣战！正如鲁迅所言："我们从古以来，就有埋头苦干的人，有拼命硬干的人，有为民请命的人，有舍身求法的人……虽是等于为帝王将相作家谱的所谓'正史'，也往往掩不住他们的光耀，这就是中国的脊梁。"

尽管李老师遭受了很多挫折，但我从未在他那里看到任何抱怨和悲观。他曾经在陕西铜川煤矿下井挖煤，一只耳朵被炸药炸得听力减弱，所以他上课的时候，常常会微微侧着身体，用一只好的耳朵，仔细听同学们的演讲。他参加过战天斗地的农田改造，挖土拉车，干起活来一个顶俩。李老师展示给学生的永远是风雨后的彩虹，辛酸后的微笑。他这样做或许仍然蕴含着一份对学生的关爱。鲁迅写作的目的之一，是为"如我年轻时候似的正做着美梦的青年，正是因为他们，我必须在作品中处处给予一种不退走，不悲观，不绝望的诱导，而对自己内心深处的悲凉感有所扼制"。李老师在他的学生面前又何尝不是如此呢？

古人云："寒门出贵子，危难见臣节。"贫瘠的陕北高原养育出心怀天下的李赤老师。

李老师经常给我们讲毛泽东在学生时代坚持洗冷水浴，遇到疾风暴雨天，他和蔡和森等几个志同道合的同窗好友去登山，锻炼与困难做斗争的胆识和气魄。

大概是隆冬时节的一个下午，李老师领着同学们爬山。先是顺着芦河向南走了很远，然后开始爬上西边的山。阳光照着山上的积雪，同学们爬山的速度越来越快，前边的开路，后面的追赶，同学们忘记了寒冷和饥饿，兴致高涨。李老师把学生带出教室，带进一个广阔的天地，与严寒抗争，这与青年毛泽东的行为如出一辙。那次爬山回到教室，李老师在黑板上写了一句上联，要求同学们对出下联。他上联是这样写的："世界观人生观观清才能走正路。"有没有同学写出下联，我已经记不清了，只记得我当时翻来覆去想了很长时间，写出了下联，终因不太满意不了了之。

老师从大处着眼，小处着手，他心系国家，心系民族，有着强烈的济世报国胸怀。

北宋名臣范仲淹两岁失怙，少年时居宿寺庙，以粥度日，发奋读书，通过科举考试步入仕途。他提出了"先天下之忧而忧，后天下之乐而乐"的人生理想，对后世影响甚远。可以说，李老师以天下为家，同样有先苦后乐的精神。他的教育思想是有大境界和大关怀的，他的所思所想与所作所为无不着眼于民族的复兴和未来的发展。他说，如果能把汉字的认识方法和毛主席诗词以及古语摘要方法都推向世界，那么将会出现一个"东方文艺复兴"。

他既是一个优秀的学者，又是一名卓越的诗人。他善于给自己细小的工作描绘出一个远大的蓝图，善于把艰苦的研究工作搞得有滋有味。

他研究毛泽东诗词目的在于关心现实，改造现实。

他的教学改革与毛泽东诗词研究并行不悖，相得益彰。《沁园春·长沙》有句："怅寥廓，问苍茫大地，谁主沉浮？"毛泽东的英雄主义情怀，通过李老师的时空穿越，对学生时代的我和同学们具有无比强大的感召力。“携来百侣曾游，忆往昔峥嵘岁月稠。恰同学少年，风华正茂；书生意气，挥斥方遒。指点江山，激扬文字，粪土当年万户侯。”李老师用毛主席诗词激励青年学生以天下之重，为国家的将来着想。

李老师经常说：“一个人的能力和他的抱负成正比，抱负决定能力，抱负越大，能力也越大。”在李老师的点拨下，横山中学高三（5）班的同学精神振奋，跃跃欲试，浑身洋溢着傲睨一切的英雄气概。

《沁园春·雪》是毛泽东长征结束、初来陕北高原观赏雪景时所作。李老师大声朗诵“数风流人物，还看今朝”，意在唤起学生的民族自豪感和历史使命感。他在教育学生的时候，同样表明了自己的人生志向。诗言志，教亦言志。

学生们的精神成长，正如身体的成长一样，如果缺少了高明的老师，再好的教材也无济于事。

表面看，李老师研究的是毛主席诗词，其实他研究的目的在于塑造学生的灵魂。他曾经引用杨昌济的诗来表达心志：“强避桃园作太古，欲栽大木柱长天。”他以教书为职业，以天下为己任，希望学生早日成为栋梁，担负起复兴中华民族的重任。鲁迅曾经说：“要论中国人，必须不被搽在表面的自欺欺人的脂粉所诓骗，却看看他的筋骨和脊梁。自信力的有无，状元宰相的文章是不足为据的，要自己去看地底下。”当人们向“地底下”看，在最普通的人群中去找，就一定能够觉察出李老师的“与众不同”。当人们遥望荆棘丛生的原野，忽然发现大地上留下的那一串深深的脚印。只有撇开世俗的目光，才能看到李老师精神的硬度和高度，才能真正认识李老师作为中国人的筋骨和脊梁。

李老师在横山中学教书的空隙，带着师母以及他的一双儿女，把一个垃圾场改造成菜园子，他似乎变成了那位“种豆南山下”的诗人。读书不忘耕作，缝衣服、种菜、打石头、箍窑洞，农村的活，他全能干。用劳动稀释苦难，苦难便在劳动中长出花朵。“不管风吹浪打，胜似闲庭信步。”这就是李老师从容的生活态度，虽然他经历了无数坎坷，但在学生面前总是若无其事。孟子说：“富贵不能淫，贫贱不能移，威武不能屈，此之谓大丈夫。”李老师可以当之。

陶渊明有诗道：“精卫衔微木，将以填沧海。刑天舞干戚，猛志固常在。”李老师犹如神话传说中的精卫或刑天，虽然在病魔面前倒下，但他从不畏惧危险和挑战，他的精神将与日月争辉，与天地同在！

在横山中学，李老师成立的第一个文学社叫“鲲鹏诗社”，我是其中一名成员。在我最失意的时候，李老师曾经给我写过信，其中有两句诗是这样写的：“且沉北冥养雄骨，他日还需逍遥游。”李老师善于写诗，他所做的每项工作都充满诗意。今天，我相信他和他喜爱的鲲鹏一起飞向浩渺的宇宙，继续吟咏鲲鹏的诗篇。

四

2014年春节刚过，陕北的天空飘飘洒洒，漫天白雪。大地莽莽苍苍，一片静寂。那些天，我的脑海中矗立着一个形象，我为他草拟了四副挽联。

其一：傲骨传神傲天地，雄文载道雄古今。

其二：大道无穷退亦进，丹心不损去犹存。

其三：此心何伟敢开风气移现在，其志甚大要育英才补将来。

其四：以天下自许志在不朽心常健，凭才华人知身受折磨气如虹。

这里，我用此文纪念我的高中语文老师——李赤先生！

2016年3月7日初稿

2016年4月2日清明节改定

杨开飞，横山中学84届毕业生，博士，现为宁夏大学美术学院教授、硕士生导师。主要从事书法理论与创作研究工作。现为中国书法家协会会员，中国文艺评论家协会会员，宁夏文史馆研究员，甘肃张芝书法院特聘教授，江苏刘海粟美术馆特聘教授。

教育改革的独行者

叶惠峰

按照自然的法则，每个人都是平等的，很好地表现人性是人类共同的责任。任何一个受过良好教育的人都会很好地完成一切与他相关的工作。不论我的学生将来会成为军人、牧师，还是律师，对我来说都相差无几。我所要教给他们的是堂堂正正地活着。

——卢梭

记得20世纪80年代初，刚上高二的我们迎来了既当班主任又教语文课的李赤老师。李赤老师的教学理念和教学方法使当年懵懂的我们耳目一新，极大地影响着我们以后的工作与生活。

李老师提倡务实的教育理念。他要求我们主动学习、认真思考、敢于质疑、勇于挑战、积极讨论与研究，期望我们能真正掌握一定知识，成为服务社会的人才。他反对以高考为指挥棒组织教学，认为高中教育不该单纯是培养学生的应试能力，而要注重实际能力与素质的提高，即教育应为学生终身负责。

调动学生在课堂中的积极性是他教改的一大亮点。他认为传统教学环境中以老师满堂授课的模式，学生是被动的知识接受者，学生再努力、老师再辛苦，学生都很难融会贯通地迅速掌握新知识。为改变这种状况，他要求学生由被动变主动，占领讲台，成为课堂的主人。语文课上，他将班内所有学生分成语言、篇章、赏析三大组，大组又包括中组、小组，每小组大约有四位同学。每讲一篇课文，根据内容委派各小组不同的任务。组员自己收集资料，在准备过程中组员互相帮助、互相学习，然后由代表走上讲台给全班授课，老师称为“官教官、兵教兵、官兵互教”。这种理念与本世纪以来教育界提倡的“自主学习”及“任务型教学”不谋而合，极大地调动了学生学习的主动性。在20世纪80年代很少有教师有这样的教学思路，更别说在偏僻的内地小镇。

批判性学习是他教改的另一大亮点。李老师认为死读书、读死书的学习方法对青年学生极其有害。他要求我们在学习的过程中开动大脑、积极思考，不要被动地接受书本中所有的知识，不仅要取其精华，去其糟粕，更要有挑战权威的勇气。他经常把“百花齐放，百家争鸣”挂在嘴边，教导我们只要合理、能自圆其说即可成一家。老师从不批判、嘲笑、贬低任何人的想法，他鼓励大家放开手脚自由发表意见。在他的课堂上，学生经常有机会唇枪舌剑、据理力争，就某种思想观点发表自己的看法，甚至由于观点不同或相斥而辩论得面红耳赤。好像把西方议会议员们的辩论场面搬到了高中课堂，锻炼了大家的思辨能力，也提高了学生的口语表达能力。英国著名私立学校伊顿公学就是以挑战权威为校训，培养了大量社会精英，足以证明这种方式的积极意义。

老师的另一教学改革举措就是提倡研究性学习。他要求学生主动查找相关资料，对语文课本中的一些问题进行分析探讨，并得出一定的结论。这更是遭到很多质疑。质疑者认为，高中学生仍处于知识汲取阶段，知识容量小，认识水平低，让他们搞所谓的研究简直是天方夜谭，极为荒唐。岂不知这正是我国教育的悲哀。在一些西方发达国家，比如，英国与美国，中小学教科书难度不及我们，但学生的创新能力却不是我们能比的。造成这种现象的原因是多方面的，其中教育理念的不同是不可忽视的重要原因。在这些国家，从小学开始教师就要求孩子们自主查阅资料、做实验、搞社会调查，完成论文或调查、实验报告的写作任务。而我们受功利思想的影响，要求学生按所谓的标准答案完成无数习题演练，考试分数是衡量学生的主要标准。这种方法严重制约了学生的创造性思维能力的提高，短期来看学生的成绩好像很优秀，长期来说与国家现在提倡的创新性政策相违背，不利于高素质人才的培养。在近30年前，李老师就蔑视这种教育方法，鼓励并创造机会要学生做一点研究。比如，在讲古文的时候，他要语言组的同学探讨一些词在古文、陕北方言、普通话中的不同发音或意义的差异，以此了解一点汉语词语的演变现象；他要我们探讨汉武帝时期的李陵事件（李将军因打败仗不得已投降匈奴，司马迁就是因为替他辩护，惹怒皇帝而被治罪的）；也曾要我们不仅感受毛泽东《沁园春·雪》的语言魅力，更要我们分析其深刻的思想内涵及诗中所体现的毛泽东的人格魅力；老师还曾要求篇章组中的一小组，比较大乘佛教与小乘佛教的异同，等等。这种研究性学习锻炼了我们独立思考的能力，为我们的人生打下了良好的基础，这种能力对我们许多人来说是一笔不可或缺的财富。

老师的授课方法也与众不同。他既不按参考书照本宣读，也不拘泥于传统的方式分析文章，而是以他独特的视角与睿智的眼光帮我们理解文章内容。他认为昭君出塞和亲是政府无能的表现；长城的修筑是被动的防卫，绝不能保证国家的长治久安，要安全就要增强国力，主动出击。他喜欢《红楼梦》，但认为作品的后半部违背了作者的原意。小说开头“留得一片白茫茫大地真干净”的话语一定是预示着四大家族主要成员最后分崩离析的凄惨命运，而不是高鹗写的那样比较圆满的结局。他明确指出，法国作家莫泊桑作品《项链》中，主人公的丈夫是非常可恶的家伙，是他的虚荣、贪欲与自私，才促使妻子借项链参加舞会，继而造成因项链丢失而使妻子辛苦生活数年的结果。老师的课文分析经常与大家熟悉的观点大相径庭，让我们意识到原来许多问题并不是只有唯一答案。世界是缤纷的、多彩的，这些都极大地扩展了我们的视野。

另外值得一提的是他上课不拘一格。老师曾将课堂搬到野外。他带弟子们去县城西边的山上领略自然风光，远眺明代古长城，领略古人的情怀。也曾带领我们去几里以外的县城旧址，了解本地的文化历史。

老师教学改革还体现在对学生的管理方面。著名导演张艺谋拍摄过一部题为《一个都不能少》的电影。片中那个倔强的小姑娘代教的形象，曾给无数人留下深刻的印象。我们的李老师正是现实版的她，是不放弃任何学生这一思想的践行者。老师认为，人人都有闪光的一面，教师应帮助每一个学生成为对社会有用的人才。即使不能通过高考，他们也能用自己掌握的知识为自己、家人以及社会负责。老师不仅重视学习成绩优秀的学生，而且关爱成绩不理想的同学，也就是一视同仁地对待班里的每一个成员。这其实极大地鼓舞了低分档次的学生，增强了他们的勇气与自信心，也维护了他们的尊严，极大地调动了他们的学习积极性。在当年高考录取比例相当低的状况下，我们班超过85%的同学陆续通过高考并学有所成，这与老师的鼓励是分不开的。

“我想唱歌却不敢唱，小声哼哼还得东张西望，高三了还有闲心唱，妈妈总是这么说……”这是李玲玉20多年前唱的一首流行歌曲的歌词，其内容反映的是在高考巨大的压力面前，孩子们期望有片刻放松机会，而老师和家长要求他们全身心地投入学习，唯恐学生不能有效利用每分每秒。长期以来这种矛盾冲突现象普遍存在，没有得到改观，而我们的老师深知歌曲对青年的影响作用，要求我们唱歌。他要我们唱《满江红》来激发爱国热情；要我们唱《樱桃好吃树难栽》体会成果的来之不易；要我们唱《四渡赤水》了解革命先烈的勇猛与机智。就在我们走入高考考场的前几分钟，他还要我们齐唱《大刀向鬼子们的头上砍去》，以激发我们昂扬的斗志，消除考前紧张情绪。当然我们还唱过其他一些红歌。老师不喜欢一些流行歌曲，但班委决定教大家唱的，他也不阻止，总希望我们活泼一些，不要被高考压得喘不过气。

在管理学生方面，李老师的教改还有其他一些在那个年代极其特别的地方。他经常念叨《论语》中的名言：“取其其上，得乎其中；取其其中，得乎其下；取其其下，则无所得以。”他认为青年人要志存高远，放飞理想，而不是仅局限于顺利通过高考。为培养学生的工作能力，他大胆放手班务工作，交由班委会处理许多具体事宜。比如，委托班委会搞各种课外活动及班级晚会，以缓解同学们紧张的学习压力。他还支持学生从事一定的体力劳动，一方面可以增强体力；另一方面体验劳动的艰辛。他曾与大家一起拾柴、栽树、耕作。

我们的班主任老师就是这样一位特立独行的、在中学教育改革道路上孤独的探索者。他的思想理念远远超越了他的时代，遭到质疑、冷眼和反对是自然的。他与我们虽然相处不到两年，但对我们的影响却是任何一位老师无以比拟的。

现在他的学生中有官员、商人、法官、职员、警察、教师，等等。老师的教导极大地影响了学生们的人格塑造与工作风格。班里许多同学后来能正直、积极向上、勤勤恳恳、任劳任怨地耕耘在自己的岗位上，奉献自己的光和热，这与老师的培养是分不开的。我们会永远怀念和感激他——我们的班主任李赤老师。

2016年8月5日

叶惠峰，女，横山中学84届毕业生，横山人，副教授。1988年7月毕业于西安外语大学英语系（现西安外国语大学），获文学学士学位。现就职于陕西省榆林学院外国语学院，主要研究方向为英语专业泛读教学，主持完成了两项相关科研项目，在《东北亚论坛》《宁夏大学学报》《吉林商学院学报》《榆林学院学报》等期刊上发表科研、教改论文十余篇。

传奇人生　风骨典范

折小利

从小学到大学的求学生涯，以及工作之后参加的各类继续教育、学习培训，所遇到的男男女女、老老少少、各式各样的老师不可胜数。

李赤老师无疑是给我印象最好、与我相交最深、对我影响最大的一位恩师兼益友。先生的思想、品行、学问、胆识就像高山、像大海。先生给我印象最深的就是他的思维胆大超前、工作认真负责、教学灵活有趣、学识渊博深厚、品行忠职守正。

1982年，横山中学高84届文理分科不久，学校安排李老师担任横山中学唯一的文科班——高84届（5）班的班主任，同时兼语文老师。到现在我仍清晰记得，先生在接手我们班的教学和管理之前，就开始找我们班的同学深入交谈。他和大家讨论对当时应试教育的认识和看法、对语文教学的思路和模式的意见和建议，探讨学校和学生管理制度的创新和改革。

先生开创性地创设了“师生共教、分谈合议、独立思考、同舟共济”的启发式语文教学法。

在先生的主导下，我们开始彻底颠覆了传统的语文课教学模式：将全班学生分成三个组，让学生自己先预习课文和准备讲课方案，然后每组推选一名代表轮流讲课，最后师生共同探讨和点评。先生主导的这种教学模式，充分地调动起所有学生的主观能动性，人人可以上讲台、当老师，人人可以反驳和质疑他人的观点。课堂气氛空前活跃，讨论氛围异常热烈。这不仅锻炼了学生的思考能力和领悟能力，而且提高了学生的阅读和写作水平。

学生管理方面，在先生的主导下，我们班当时是那么的特立独行。班级和学生的日常事务完全采取学生自治的办法。小组长和班干部经过自荐、演讲竞选、民主投票后选出，甚至学习借鉴西方的民主体制，采取轮流执政的方式管理学生日常事务。充分调动所有学生参与管理、创新管理，全面提高学生的组织协调管理能力和对公共事务的认知水平。两年间，全班有半数以上的同学先后担任过各种班级事务管理职务。诸如文学社、诗社等学生社团如雨后春笋般集中涌现，板报、小刊物、文娱活动频繁举办。不仅开阔了学生的视野，拓展了学生的思路，还增长了学生的知识和才干，促进了学业。

先生的这些做法，当时一些学校领导、老师以及部分学生家长都心存疑虑，颇有微词。有的甚至放言，先生的做法会彻底毁掉一个班级、一批孩子。毕竟，高考是一个硬门槛，再活跃的思想、再好的组织协调管理能力，在高考分数面前都会显得苍白无力。

但事实证明，先生的教改是正确的。1984年的高考，我们没有给老师丢脸，84届（5）班创造了辉煌。走进大学，步入社会，先生当时教会我们的那些能力，使我们受益终身。我们一直以先生为荣，生命中遇到先生这样的良师益友，是我们最大的幸事。

1982年，改革开放的大幕刚刚拉开，高考制度才恢复几年，素质教育的话题还未开启。先生已然超前地认识到一切围绕高考指挥棒运行的教育体制、填鸭式的教育教学模式，对学生的思想意识和创新能力的扼杀以及对教育本身的伤害。先生以一名普通教师的绵薄之力，以大无畏的精神气概，积极倡导并践行启发式教育，全身心地致力于教育教学改革和创新，在一个偏僻的小县城开了素质教育的先河。

先生身上具有的独立思考、不畏强权、敢于怀疑、追求真理的高贵品质，是我们一生学习的榜样。

先生一生爱岗敬业，爱校如家；勤勤恳恳，任劳任怨；为了学生，他循循善诱，废寝忘食；为了学生，他披肝沥胆，呕心沥血。

虽然先生仅教了我们两年，但他那独立的人格、自由的思想、高贵的品质对我们影响至深，受益终身。几十年来，我们始终坚守先生教我们的做人原则。今天，我们纪念先生，我以为首要的是弘扬先生的精神，不管我们身处何方、身居何位，都要像先生那样崇尚自由、追求真理，不信邪，不盲从，敢于担当，勇于创新，以我们绵薄之力影响身边的每一个人，推进我们的国家和社会走向民主、自由、文明、和谐。

折小利，1966年出生，横山南塔人，横山中学84届毕业生，后就读于西北政法大学。先后在榆阳区、绥德、府谷县检察院、靖边县人民政府任职，现供职于榆林市委政法委员会。

先生之风　山高水长

高　升

“云山苍苍，江水泱泱。先生之风，山高水长！”此言李赤老师堪当也。

提起李赤，横山人没有不知晓的。

打小起就听说此人不同寻常，一生颇富传奇色彩，是小理河川有名的三大才子之一，可是个大名鼎鼎的非凡人物啊！小时候总是像听“古朝”、讲神话一样，传着李赤先生不凡的经历和故事，仰慕着先生高深的学识和风范。真够幸运也十分有缘的是，在我求学的路上还就真的碰见了他——这位令人久仰的“大人物”，而且竟然成了我可接近、可聆听、可请教的科班老师，成为我受益良多、尊崇备至的人生导师。

我是在横山中学上高中时有幸成为李老师学生的。我们84届进校开始共6个班，不分文理科，我在（6）班。高一后半学期分开文理科后，合并成5个班，（1）至（4）班为理科班，（5）班为文科班。我当时在（2）班，学理科。记得在理科班学了一年多时间后，经学校动员，最后邢建文、刘波、张子芳、胡志芳和我等少数几个理科班的学生插入（5）班改学文科了。李老师当时是文科（5）班的语文老师，从此以后我就成为李老师正儿八经的学生了。我们班高中最后一年时叫“高三（5）班”，应该是李老师在横中教语文课并担任班主任带出的第一届学生。“高三（5）班”也因李老师的语文课教学改革名震一时且影响久远。到现在提起横中的84届“高三（5）班”，提起李老师的教改试验田，还让人那么记忆犹新、回味无穷。

李老师在横中的语文教学改革就是从我们班起步的。他大力推行启发式教学，让学生个个走上讲台亲自讲课，努力培养学习者自觉学习的兴趣、独立思考的能力和勇于创新的精神，使学生不当学习的奴隶，永做知识的主人。班里那时不仅有班委会、团支部，还新设有“班代会”和学习小组，实行学生自治式管理。在语文教学和学习活动中，呈现一派生龙活虎、欣欣向荣的景象。

忘不了，李老师课堂上爽朗洪亮的声音和磅礴洒脱的板书；忘不了，李老师批评我们“商女不知亡国恨，隔江犹唱后庭花”时的威严表情与幽思神态；也忘不了，李老师带我们去悉心考察西沙梁上古长城遗址时的谆谆教诲和殷殷期盼；更忘不了，高考前夕李老师约我们到李界沟鱼塘边休闲放松，上考场前在“完小”院子里与我们齐声高唱《国际歌》的良苦用心……可以说，我们班50多人是李老师教改试验田培育出的首批“产品”。“高三（5）班”也注定成为横山中学历史上尝试教学改革的先行“品牌”。对此，我们至今不敢自誉为是，但对李老师在那个时代敢“吃螃蟹”的精神和敢开先河的自信，对他为横山教育事业和人才培养所做的艰辛探索实践，无不令人感慨万端、敬仰万分。

高中毕业，考上大学，离开了李老师的语文课堂，但离不开的是李老师对我们各方面的熏陶和影响。我的大学专业与李老师一样，学的也是中文。在阅读大量的文学作品时，我总会不自觉地运用李老师教的“起承转合”分析法去理解和把握，总是喜欢用李老师经常引用恩格斯讲的“塑造典型环境中的典型性格”之文学观去鉴赏和品味。在学习古典文学和古代汉语课程遇到文言障碍“拦路”时，也总是习惯用李老师传授的古语摘要之“绝活秘籍”攻城拔寨，无不势如破竹、旗开得胜。

受李老师学术方面的影响，我的大学毕业论文没有选择作品赏析或文艺理论等文学类主题，而是把对黑格尔的判断分类体系作为研究对象。在学习和承接李老师多年研究成果的基础上，对黑格尔的“三段论”逻辑体系进行批判，对其“文章全息四分法”观点加以重建，以期对逻辑思维规律及文学创作方法、文艺理论批评有新的认识和把握。这篇论文得到大学指导老师的高度评价，后来被推荐在《延安大学学报》上发表。论文在选题和形成过程中曾得到李老师的不少指点和帮助，可以说，李老师更应该成为我大学毕业论文的指导老师！

李老师治学兴趣非常广泛。不仅涉猎文学、艺术、哲学、政治、语言学、文字学等范畴，对自然科学和现代科技也超级敏感、高度关注。他经常教导我们要注重自然科学领域的重大发展变化，尤其是科学技术方面的新发明、新创造，要跟得上时代前进发展的步伐。他基于人体科学和中医传统理论提出的现代科学“全息论”观点和思想，不仅广泛应用于学术研究和教学实践，更是人们认识世界、分析事物、研究问题的新视角和好方法。最令人叹为观止的是，李老师对毛泽东诗词的系统化研究，真可谓独具匠心。

其思想成果不仅是主席诗词研究领域绽放的绚丽的艺术花朵，也为我们学习研究党的革命斗争历史开辟了新方向、创造出新天地。非常有意思的是，在我工作多年后攻读党史党建专业研究生学位期间，李老师对毛泽东诗词研究的独特视角和丰硕成果，还常常是我学习研究这门专业的“另一只眼”。对一些历史事件的考察和探究，我会自然而然地联想到李老师研究主席诗词的一些结论和看法。这就使我多了一条观察问题的渠道，多了一样透视历史的“法器”，真是让人受益无穷啊！

印象深刻的是，大学毕业工作后不久，那是1990年的仲夏，李老师来延安看我们。当时在延大工作的李老师的学生还有刘志生、刘永君等人。我们一起在延大六排窑洞里谈天说地、数古论今，一起在校园里漫步闲聊、合影留念，一起陪李老师参观杨家岭、登临宝塔山、游览万花水。

延安大学谈话，听李老师说得最多的是他要去北京搞汉字开发研究的想法。他说要在科学研究的基础上借助现代科技手段开发出一款汉字学习应用软件，以此作为自己后半生的主要事业，去追求、去奋斗。李老师当时虽然没有明说，但我感觉好像是想让我们几个也能跟他去创业。当然，最后是谁也没能遂他心愿，真不知李老师当时对我们有无看法和怨气？现在回想起来，不免有些愧疚和难受！

后来，记得是1993年的春夏之交，我去北京出差，志生带我专门去看望李老师。李老师在颐和园东北边挂甲屯一个叫“一亩园”的地方租了间平房，就是他开展汉字开发研究的战场，还有两个助手在帮他。看上去条件很简陋，生活很艰苦，但从他身上丝毫看不出什么困难和艰辛，一副乐在其中的样子和志在必得的派头。房间墙壁上悬挂着印有毛主席像的挂历和“鲲鹏展翅”四个大字，桌子上堆满了书籍字典纸张。那种执着的劲头、刻苦的精神、忘我的境界，着实让人感动。

后来好长一段时间再没有李老师的消息，也不知他在北京的创业情况怎样。不知是哪一年，突然听说李老师病了，是脑梗和血栓之类的问题。后来又听说他半身不遂，连走路和说话都困难了。2000年10月，我们高三（5）班毕业后首次在横山聚会，见到了李老师。他坐着轮椅参加了我们的活动，一起照相合影，原来伟岸挺拔的身躯变得佝偻消瘦了许多，过去的光辉和豪气不见了，万恶的病痛还有无情的岁月把他折磨成了一位无精打采的可怜老头。

2012年冬天，打听到李老师在北京待了好多年后又回到横山的消息，我约志生去李老师家里看他。在杨市沟家里，李老师仍旧坐在轮椅上接见了我俩。看到志生和我，李老师显得略微有些激动，两眼紧盯着我俩，似乎有些湿润，口里想说什么，但说不完整一句话，只看到嘴唇在不停地翕动着，声音从喉咙里艰难地发出，像是招呼我们坐下的意思。师母梁老师给我俩说了一些李老师得病的原因和现在家里护理及其生活起居等情况。我们给李老师汇报了各自目前的工作、生活状况，也劝慰他好好养病、保重身体，表达了再抽空来看他的愿望。

谁料这竟是我见李老师的最后一面。

2014年1月，李老师去世的消息传来，我还是有点不愿相信。当时正值春节年关，下了一场老黑雪，山山野野、村村镇镇一片雪皑皑、白茫茫的世界。我因为一些特殊情况没有回横山吊唁李老师，尽管给师母梁老师和张帆老班长有过汇报和请示，但此事至今还不能使我完全释怀。好在这次有这样一个纪念李老师的机会，但愿自己写下的这点东西，能够算作对李老师的一丁点祭奠和缅怀，或许还能多少了却我心中仍有的无限遗憾之情。老古人范仲淹的话应该这样说：横山苍苍，芦水泱泱。先生之风，山高水长……

敬爱的李赤老师永远活在我们心田！

2016年3月写于西安

高升，横山人，中共党员，副研究员，文学学士，法学硕士。1984年横山中学高中文科班毕业，1988年延安大学中文系毕业后留校工作多年，1999年中央党校全日制研究生毕业，现供职于陕西省委组织部，从事巡视工作。

我的高中生活

吴翀华

1981年秋季开学的时间到了。报到那天早上，我和腿脚并不利索的父亲早早起床，吃过母亲精心准备的早餐（其实和平常差不多，就是加了几颗煮鸡蛋，供路上吃），太阳还没有出山就动身了。从家到公路要穿过10千米左右的半沙漠地带（有沙且上坡的路段，走起来比较吃力，甚至进两步，退一步），路上看不到人家，路两边有一些沙蒿、柠条类的植物，还有一些奇形怪状的杨树（不是胡杨），半活不死的。偶尔也能遇见如狐狸一样的动物，把人吓一跳。这条路并不是大路，只是人们走亲访友、赶集走出来的小路，遇上大风沙路就没有了。陕北过去春天经常刮风，一刮就很长时间。农村有句谚语：雨洒清明，45天黄风。经过三个多小时的跋涉，我和父亲终于到了公路边。这是通往横山县城的必经之路，从榆林、绥德发往横山、靖边等地为数不多的班车都要经过这里。上了车，虽然车内很挤，但买了票，就进"保险箱"了，如果错过班车或人太多上不去，只能碰运气搭拉炭的顺风车。那时候车少，司机都很善良，只要条件允许，一般都愿意停下来捎上一段，驾驶室坐不下，就坐在炭上面。那天，我和父亲运气还好，挤上了班车，顺利到达县城。

横山县城坐落在长城脚下，与毛乌素沙漠接壤，芦河从县城边上流过，注入无定河。横山是历史上的边塞重镇，清雍正九年（1731）置县怀远，民国三年（1914）为别于安徽怀远，遂依境内横山山脉而名之。境内煤炭资源十分丰富，煤层浅，煤质好（后来许多人因煤炭发财，也有许多人因煤炭破落）；横山老腰鼓（现在安塞腰鼓的起源，号称"黄土地上的迪斯科”）、陕北说书（说书艺人韩起祥等曾应邀给毛主席表演）、陕北民歌（横山里下来游击队等）名震天下；横山羊肉更是吃货们的最爱，别的地方不说，单就西安市，大街小巷随处可见“横山铁锅炖羊肉”的招牌，且常常人满为患。吃一锅横山羊肉，喝几瓶榆林老酒，听几首陕北民歌，美醉了。

横山中学坐落在横山县城，是当之无愧的重点中学，从1955年创建至今，为国家、为社会培养了大批栋梁。第一任黑校长个子不高，为人和善，据说当年赶着毛驴来到横山，亲手创办了横山中学。1981年，我初中毕业后，有幸和本公社的另外两名同学考入横山中学，遗憾的是他俩读了不到两个月就回去补习，准备考小中专了，我因为父亲不同意，就留了下来。

家里经济一直是非常拮据的，收入来源只有父母的工分。1979年，母亲参加生产队劳动，兴修水利，移山造田。我家门前有一座近百米高的叫作“龙头峁”的山成了农业学大寨的牺牲品。那一年农闲时，大队集中了一部分社员在“龙头峁”会战，通常是男社员在山上挖，女社员在山下运，但母亲为了多挣些工分，和男社员一样爬在半山腰，挥汗如雨。意外就这样发生了，母亲来不及躲闪，被一大片土块重重地砸在身上，又从几十米高的半山腰滚到山下，鲜血直流，当时就昏死过去。大队组织男社员以最快的速度将母亲抬到了几十千米外的公社卫生院，但卫生院却无能为力。医生告知随时有生命危险，于是公社卫生院一边和县医院联系救护车，害怕耽搁时间，一边又继续组织男社员抬着母亲沿着公路向县医院飞跑。母亲命大，终于没有撇下我们。等到几个月后母亲从医院出来，已不能再下地劳动。医生预计可能要半身不遂，但母亲凭着顽强的毅力硬是站了起来。随着时间一天天地过去，母亲又可以下地干活了，只是不能再干重活。这时，我家的情况也稍有好转，也算因祸得福吧，父亲在医院守护母亲的时候，通过认真复习，考取了公办教师。

母亲不能下地干活了，家里收入来源只有父亲微薄的工资，具体多少钱，已记不清了。既要供我和弟妹们读书，又要维持家里的日常开支

（后来弟弟妹妹因为各种原因先后辍学，都在农村苦拼着，给父母留下深深的愧疚）。入校前，父亲不知从哪里借了点钱（我一学期的学费和生活费），独自去了一趟县里，存在银行里，办了整存零取，我每月只能取一次，固定的数目（具体数字也忘却了），这些钱勉强维持我的生活。开学之际，父亲把这个存折郑重地交给我，除了叮嘱好好学习外，就是要节俭，不能随便乱花的。

高中的生活和初中的生活有许多相同之处，也有许多不同之处。相同的是都要住校，一日三餐都要在学校吃，睡的同样是窑洞，同样在冬天烧不了火，睡觉不敢脱衣服。不同的是初中可以一周回家一次，而高中最多可能两月回去一次，后来发展到一学期回去一次；不同的是初中吃饭是自带，吃什么五花八门，学校不提供蔬菜，而高中是交钱交粮票，统一买饭票，一日三餐，学校统一供应，大家吃得一样。入校的前两年，早饭是一勺带些臭味的酸菜玉米糁子或酸菜小米粥（酸菜就是腌菜，大概因为是在很大的水泥池子里腌的，温度不好掌控所致吧），一个扔到墙上也摔不碎的杂粮馍（大概是二两吧，因为不好下咽，经常会和炊事员发生争执），中午和晚饭稍好些，主食是四两黑面枕头馍，菜还是腌白菜、粉条、土豆、豆腐之类（陕北入秋后家家户户都腌菜，一直吃到来年有了新鲜的蔬菜时为止），夏天有些时令蔬菜，很少见肉。一个班大概10个人一组，一组一个大脸盆，装稀饭和菜，统一到学校食堂窗口打出来，再分给每个人。高中第三年起，生活有所改善，也能吃白面膜，有时候也吃猪肉炖粉条了。不同的是初中住的窑洞是砖砌的小“八坎”，一盘炕，在窑洞里边，占据一半位置，学生双排睡，要么头对头，要么脚对脚。而高中是实实在在的大石窑，一盘炕，在窑洞的一边，睡觉只能一字排开；不同的是五龙山中学只有初中，而横山中学却高中、初中都有，规模也大了好多。

上了高中不久，我的困难就来了，新开的物理、化学学不懂，数学跟不上（后来发现我好像在这些方面缺根弦），连初中比较擅长的英语也落到了班级最后面（初中英语简单些，常常拿满分，被老师表扬）。英语苗老师上课说的汉语少，我常常听得一头雾水，呆若木鸡，为此害怕上课，害怕老师提问，以至于后来苗老师给我下了最后通牒，如果英语还是没有起色，就很难考上学。父亲很快知道了我的处境，又背着我借钱给我买了个砖头大小的收音机（红灯牌，好像40多元），希望能帮助我，我也使劲再使劲，可一直到毕业也没有多少起色，高考时英语蒙了48分，这还是比高中历次考试成绩好些。顺便说一句，我的另一门老大难课程——数学，在高考时竟考出了61分的“好成绩”（高中时很少及格过）。

好在半年后文理科就分班了，我欣喜若狂，不假思索就报了文科班。我们这级5个班，文科班只有一个，现在我们都叫高三（5）班，班主任兼语文老师叫李赤，身材魁梧，学识渊博，教学方法独特，对我们既严厉又友善。在他的精心策划下，我们班成立了研究毛泽东诗词的《鲲鹏诗社》和其他学术团体，有《呐喊》编委、《共青团员》编委、《号角》编委、《学科向导》编委，等等，大家在繁重的课程学习之余，大量吸收着新鲜的知识，百花齐放、百家争鸣，生活丰富而充实。听李老师一字一句分析毛泽东诗词的创作背景、表达内涵、用词用典的来龙去脉、革命价值和影响以及研究心得，领略伟人“问苍茫大地，谁主沉浮”这种对中华民族前途的乐观主义精神和以天下事为己任的豪情壮志，领略伟人“惜秦皇汉武，略输文采；唐宗宋祖，稍逊风骚。一代天骄，成吉思汗，只识弯弓射大雕。俱往矣，数风流人物，还看今朝”这种不负历史使命、敢于超越历史英雄人物，并且必将创造空前伟大业绩的坚定自信和雄伟抱负，不啻为一种享受，一种难得的精神升华。以至于其他班的同学好生羡慕，我们这些社员也满满地骄傲和自豪。

高三的学习是异常紧张的，为了升学这条路，人人铆足了劲。晚自习下了，熄灯铃响了，大家充耳不闻，继续在教室里发愤读书，直到值班的老师催了又催，才恋恋不舍地合上书，离开教室。有的同学并没有回到宿舍休息，而是翻出高高的围墙，借助校外马路上微弱的灯光，继续复习着。语文、数学、英语、历史、地理、政治等无不涉猎，厚厚的书背了一本又一本，有些已滚瓜烂熟还不放心，一次又一次温习着。第二天天不亮，又翻墙出去，在路灯底下忙碌着。学习也是个重活，既费脑力，也费体力，实在饿了，狠狠心数出一二角钱，买个糖基子（一种发黄的薄糖饼，两三口即可吃完，那时候对我们来说就是一种美食，一种奢侈品，一般是舍不得买的），再喝大量的水；冷了，在原地跺跺脚、搓搓手，继续发愤着，天天如此，月月如此，谁也不敢懈怠。每个人都“折磨”着自己，直至榨干自己最后的那一点精力。每晚只安排给自己三四或四五小时的休息时间，睡眠严重不足，不少人面容憔悴，眼圈发黑，但从来没有听到抱怨。因为每个人心里都跟明镜似的，只有奋发努力，才有可能金榜题名；只有金榜题名，才能走出黄土地，才能摆脱面朝黄土背朝天的生活；只有金榜题名，才能不辜负自己的十年寒窗，不辜负老师的辛勤培养，不辜负父母的倾情付出。

高三下半年，为了更自由地安排作息时间，腾出更多的学习机会，为高考做最后的准备和冲刺，经过老师同意，许多同学搬出了学校，租住在学校旁边的村民家里，每月象征性地给一点租金。我和几位同学在郭水湾一个老奶奶家里找到了住宿的地方。听说我们要来住，老奶奶早早地就把窑洞收拾出来，打扫干净，把院子也扫了一遍又一遍。老奶奶小脚没文化，但很明白事理，看着这么多未来的大学生跟自己住在一个院子，老奶奶打心眼里高兴。我们几位跟老奶奶一起住（老奶奶的窑洞是一个门，连着一大一小两个窑洞，我和几位同学住大的窑洞，这里也是老奶奶做饭的地方，老奶奶住小窑洞），另外几位住单独的窑洞。老奶奶慈眉善目，对我们十分关爱，每天用开水在搪瓷缸里为我们冲一颗鸡蛋，补充我们的能量，有时候也把儿女们孝敬她的美食拿出来给我们解馋。可惜我们毕业后天各一方，没有好好报答她老人家，如今老人家已驾鹤西归，愿老奶奶在另一个世界一切安好。

当然，我们的生活也是乐趣横生。我们班教室在一楼，靠近操场，窗户外面，操场旁边，有几组单双杠。一下课，男生就蜂拥而至，在单双杠上练习，如果有心仪的女生走过（这个场地离厕所不远），就迫不及待地露一手，有的玩起了双臂大回环，至于女生看不看，只有女生知道。男生的叫好声很快淹没了女生上厕所急匆匆的脚步声，悲催的是有的人直接从单杠上摔了下来，好在年轻，爬起来，拍拍土，尴尬地笑笑了事。

高中是禁止谈恋爱的，为的是怕分心，影响学习，但有的同学因为精力旺盛，也因为学习好、长得帅、成熟早，不乏追求别人和被别人追求，以马克思和燕妮为“榜样”，认为恋爱可以促进学习，可以变成学习的动力。胆小些的给暗恋的对象在书里、文具盒里或桌兜里放个纸条，胆大的就会偷偷地面对面互诉衷肠。有些人保密工作做得不好，传得沸沸扬扬，许多人都知道他的暗恋对象或恋爱对象；有的人经验丰富，保密工作也做得好，直到多年以后修成正果大家才知道。大部分同学也是村里娃，家庭条件也差不多，个人条件也差不多（深层次上讲，是大有差别的），愣是最后与城里的女娃娃鸾凤和鸣，问之，往往是一笑而过，也许是因为主动、勇敢和锲而不舍，也许是因为有着常人不可有的巨大的磁场吧！令人艳羡的是我们班有4对同学最后佳偶天成，过上了幸福的生活。

转眼高中就要毕业了，团支部、班委会、班代会准备好了《2000年聚会倡议书》分发给大家。倡议书内容如下：时代的列车披着岁月的征尘已经驶入20世纪80年代的第四个春天，再过几天或者说再过一个月，我们就要结束中学时代的美好生活，离开母校，步入社会的大门。中学毕业意味着什么？它意味着我们即将跨上人生的第二个阶梯，通过不久之后的高考，有一部分同学将会实现自己的夙愿，跨入高校的大门，但毋庸讳言，也肯定会有一部分同学要进入社会就业，就要走向不同的岗位。为了配合学习“一山两湖英雄集体”的事迹，激发大家热爱集体的思想，发扬共产主义精神，也为了激励同学们在不同的岗位上认真学习，努力工作，争取优异成绩，团支部、班委会、班代会特向全体同学提出2000年来相会的倡议，具体内容如下（以下略）。随后大家拿出准备好的礼物（所谓礼物，也就是手绢、巴掌大的笔记本之类，那时候物资少，贵的也买不起）交换着，并在事先准备好的留言本上认真地写上自己的家庭住址，写上慎重选择的祝福语，端端正正地贴上自己的一英寸黑白照，恋恋不舍地交给对方。留言各不相同，但都是积极向上、健康乐观的“豪言壮语”。

难舍难分的时刻还是不情愿地要到来，有情的、无缘的，不管你愿不愿意，都要分别，纵然分别是暂时的。念去去，千里烟波，暮霭沉沉楚天阔……各自收拾行李，告别学校、告别老师、告别同学，回到父母身边，心急火燎地等待着，等待着喜悦到来的那一刻。自然有的人欢呼，有的人失落，有的人泪流满面，几家欢乐几家愁就是最好的写照。

放榜了，记得当年22人榜上有名。柳蔚以全班第一名的成绩被杭州电子工业学院录取，明光、小利跨入西北政法学院的大门，彦明、高升、培刚、培林、志生、树萍、广斌、建文考入延安大学，惠峰、文勤、子芳、张晓收到西安外院的通知，文宏、桂芳、开飞顺利进入榆林师专，永强——陕西银行学校、亚芬——陕西劳改警官学校、成林——陕西外贸学校、我——青海省邮电学校。当年没有考上的，继续补习，来年大都如愿以偿或参加了工作。

难忘一起苦读3年的兄弟姐妹，难忘为我们倾心传道授业解惑的师长，难忘百人在电影院齐唱《长征组歌》，难忘暑假为学校看菜园的酸甜苦辣，难忘为了省下几角钱的交通费与同学步行几十千米山路的艰辛，难忘回家坑坑洼洼黄土能到小腿的土路，难忘搭上顺风车的快乐，也难忘骑自行车墩得屁股痛甚至尿不出来的痛苦与尴尬，难忘……如今我们已毕业34年，弹指一挥间，不时地相聚，浓浓的情感。永远的高三（5）班，多少人在登高振臂？多少人在指点江山？年年岁岁情如兄妹，岁岁年年笑语欢声。不管你身在国内海外，不管你是布衣高官，我们会永远记住，我们有一个共同的名字：永远的高三（5）班。

附现代诗一首：

赤焰光芒

一团赤色的火焰

在寒冷的季节

逆风而上

刺破无垠的苍穹
把宇宙点亮

一个伟岸的身躯
挺立在天庭
如炬的目光
平息了乱麻似的嘈嚷
智慧的琼浆玉液
征服了那些自以为是的脸庞

一如当年的时光
三尺讲台上
振聋发聩的语言
刀劈斧削的文字
燕雀般的我
也有了鲲鹏展翅的梦想

余音绕梁
天国从此激情荡漾
世间少了一位智者
多了数万人的思念与渴望
玉帝的微笑
化作我难言的苦涩忧伤

您鼓动着强力的翅膀
呵护了我三年的青春岁月
您循循善诱的启迪
开启了我愚钝的思想

放飞了
我在青藏高原 关中平原上遥望
家乡的黄土地
我的父母 我的童年 我的师长

您驾鹤西行了
洒下了一路的绿草芳香
有一颗星星更亮了
那是注入了您无私的光芒
宇宙的天空越发的蓝了
温暖的阳光普照四方
浮躁的心渐渐平复了
沐浴着您春风般的目光

再多的语言
也难以描述心中的万般惆怅
再多的泪水
也换不回您的锦绣文章
谆谆的教诲
今生刻骨难忘
您就是一支不灭的火炬啊
熊熊地燃烧
照亮我奋进的方向

吴翀华，曾就读横山中学高三（5）班，1984年毕业。现供职陕西省邮政工会。

鲲鹏展翅

侯明光

清明前夕，我决意回一次陕北，回一次横山。

我要去拜访、采访一个人，完成我的一个重要“任务”，了却我的一桩心愿。这个采访对象是一个70多岁，满头银发，而精神矍铄，热情如故的老人。她，就是我的师母，向阳幼儿园园长梁老师。

我的老师李赤先生去世已经好几年了。早想写篇文章纪念他，但数年来一直未曾动笔。一来以前工作较忙，二来我一直以为我对老师的了解，还是零零散散、一知半解，更重要的是作为他的学生，我很难把握和领悟老师的思想、学说和精神。

几年间，陆续有他的学生、同事撰写了一些回忆性质的文章。通过各种途径，我也看到一些。可以说，同学们、他的同事们写的这些或长或短的文章，都饱含深切的怀念之情，读后令人敬佩，令人感慨。

我敬爱的老师——李赤先生，他已经去了，但他还活在想他爱他的家人心中，活在尊他敬他的学生心中，活在怀念他的同事和朋友心中。

去年6月上旬，我们横山中学高84届（5）班同学在美丽的黄陵国家森林公园聚会。晚间。我的老班长张帆同学请我到他房间喝酒小叙。几杯酒下肚，班长说：“明光，你得写写李老师。”我有退却之意：“我担心我不能担此‘大任’，写不好。”班长看出我的顾虑，鼓励说：“你能行，肯定能写好！”我欣然接受。

任务是接受了，但几次动笔都不知从何写起。我知道，对于老师教我们的那几年，同学们都从不同的侧面写了，再写这些，难免有老师曾经讲过的“嚼别人嚼过的馍”之嫌。

去年下半年开始，我陆续与老师的儿子朝阳和老师的门生永利取得联系，加了他俩的微信，关注了他俩建立的公众号《京华陕北人》（现为《陕北人物》），朝阳还热情地将我拉进纪念李赤老师的群。后来又关注了公众号《东学会》。在上述两个公众号里，我又陆续看到一批纪念老师的文章，特别是看到老师在世时写的那些文章，备感亲切。

前不久，我和永利在银川相聚，大家又说起编写《李赤老师纪念文集》的事，永利也鼓励我尽快动笔写一篇。我更是感到使命召唤，责任在身，任务重大。再也不能拖延、耽搁了，必须马上行动，而不是简单地心动！

“纸上得来终觉浅，绝知此事要躬行。”

我得回趟老家，去看望她老人家，更重要的是为了我的这篇命题作文收集第一手材料。我相信，我会不虚此行。事实证明，我也不枉此行，而且是收获满满，满载而归。

周末，我背起背包，带了一支笔和一个采访本，坐上火车出发了。一路上，我在思考着如何进行这次不同寻常的访谈。脑子里像过电影一样回忆着那些年老师的音容笑貌和儒雅风范。我给朝阳发了微信，期望他能和他的母亲联系，看老人在不在家，期盼她能接受我这次冒昧的访问。很快，朝阳回了信，说他的老母亲正在老家，很高兴我去，谈老师的人生经历。我充满着期望。

向阳幼儿园坐落在县城杨市山下，母校横山中学旁边，面前是一条古老的公路。我捧着一束鲜花，来到幼儿园的门口。几个像幼师的女娃围上来问我的来意。我说，我是来看师母的。小姑娘很高兴，一转身飞快上楼。没几分钟，那个飞快跑上去“禀报”的小姑娘就领着满面春风的师母下了楼。我“最近”一次见师母还是几年前在老师的葬礼上。时间过得飞快，一转眼又是几年。师母还是那样，永远的“年轻”，永远的精神，永远充满着“朝气与活力”！一看到我，师母热情的手就伸了上来，感谢你们这帮学生还记得李老师，记得我！我说：“那是应该的，必须的！”

师母热情地带我上楼，进了旁边那间又是办公室又是卧室的房间。师母的一儿一女现在都在北京工作和发展。除了假期到儿女们那儿住以外，其余大部分时间还在老家管理她亲手创办了几十年的幼儿园。向阳幼儿园房间里收拾得干干净净，客厅正面墙上挂着朝阳的得意之作《大美横山》摄影作品（朝阳现在可是个非常有名的摄影师），旁边就是李赤老师慈祥可爱的照片。客厅对面墙上是师母一家人的合影。照片里，李老师有些消瘦，师母那时头发已经斑白，但都是笑容可掬。啊，多么幸福的家庭啊！

客厅的茶几上早已摆上了鲜红的醉枣和小西红柿，还有瓜子。师母客气地请我入座，旋即又沏上了一杯热气腾腾的香茶。我们的“访谈”开始了，一场持续近3小时的“采访”开始了。

1941年2月23日，一个幼小的生命在陕北黄土高坡——横山县高镇乡李家圪村诞生了，他就是后来我们的老师——李赤。李赤原名李庚贤，后来才改名李赤。李赤出生时，前面已有两个哥哥和两个姐姐，一大家子人。李赤的父亲在当地是个很能干很有远见的人。其他人“挣哈了”（指有钱了），不是买田就是买地，但是他不这样，他要供养子女们读书。他不光供儿女们念书，而且还尽力帮助侄儿、侄女们读书。现在全国有好几个地方都有他们李家后人居住，大有作为者不在少数。说起这些，师母很是自豪！

在李家圪、高镇念了小学、初小时，李赤学习很好。后来，有人提携，父母也支持他去县城横山中学读书。其间，因家里人口多，生活贫困，加之又得了神经衰弱，被迫中途辍学。没多长时间，听说黑义忠老校长提出给李赤在学校里谋了一份差，边干活边学习，这样才使李赤的学业得以继续。李赤的老朋友，横山的朱直叙老先生在他晚年的回忆录里就李赤的这段历史有所记录。读者可以阅读朱老先生的回忆文章。

我问师母老师小时候的其他情况，师母说，对李赤小时候乃至上大学前的有关情况，她也是听说而已，不是非常了解。我想，这些留待李赤传记者详考吧！不过师母说，李赤在横中只上了一年多就到了高考时间，李赤以优异的成绩考取西北大学中文系，在大学时学习成绩优异。大学毕业时，学习成绩好的可以在待分配的单位里优先选择，李赤选择去了北京的人民出版社。在人民出版社工作了大约两年多，其间他还到驻扎在青岛的部队上锻炼过。开始李赤被分到陕西安康一单位工作，李赤大学同学纪时当时被分到榆林。李赤因家里有老人想回榆林工作，通过纪时联系从安康回到榆林报社。

“大概是1971年吧，李赤给我写了一封信，大体意思是说他栽在一个旋涡里了，很难自拔，很难自救，不过又安慰我说以后慢慢会好的，”师母说，“那时我刚生了儿子，一看这封信，脑子嗡的一声，一下就炸了。”师母十分的惶恐与不安。“阿姨，你和老师是怎么结婚的？”我问。

“还是李赤在人民出版社工作的时候，有一次他回来看父母，他母亲骨折了，没人照顾。家里人就说，李赤，你在咱们农村找个婆姨，李赤也同意了。这样经媒人也是我的一个亲戚介绍，我们俩从见面到结婚只用了十几天。”“结婚后，李赤就回北京的单位上班，我一直在家照顾两个老人。我的一双儿女也都是在李家坬生的。”“我是子洲水地湾的，离高镇不远。我只上学到小学五年级，后来和李赤结婚后，人家看在李赤的面子上就照顾我当了村里小学的民请老师，一直到横山前。”师母介绍了她和李赤的结婚生子情况。

李赤到榆林报社上班后，初生牛犊不怕虎。有一次，报社的领导去西安开会，领导走的时候对李赤说，我走了以后，你谁的稿件也不要接，更不能发。没想到，报社的领导前脚刚走，当时地委的主要领导就派人给报社送了一篇稿子，要报社以他个人名义发表。李赤看了这个稿子，满稿子都是“胡吹冒料”（也就是吹牛的意思），说榆林人民富有得很，这哪里是当时的现实？！李赤把“领导”的稿子改了个底朝天，也没给发表。这下可把这位“领导”惹下了，于是，“大领导”一声令下，报纸停刊了，李赤也就成了“罪人”。“我那时接到李赤写给我的信，也就是上面说到的那封信后，就带着孩子去榆林看李赤。报纸停刊了，李赤就在院子里扫雪，再就是拉个车给灶上买粮食和其他吃的。”那时的李赤落魄到了极点。可是，更大的灾难还在后头。“当时横山的领导知道李赤的境况后，崔月德他们把李赤要回了横山，在宣传部工作。”本来从北京到安康再到榆林再到横山，李赤应该“安分”了、“安生”了。可是，倔强的李赤并未安分安生。20世纪70年代初，一个大领导到陕北视察工作并主持召开了一个座谈会，会上这个领导也讲到陕北的情况。李赤看到有关报道后，认为大领导讲得似乎不切实际，于是就有了写大字报的想法。大字报写好了，还没贴出去，他就被抓了。在那个特殊的年代，这样的行为是一件多么可怕的事情啊！李赤被关进看守所，他的案子成了榆林地区最大的政治案件。“在横山看守所里，李赤差点被冻死、饿死。我在外面给买了几张老羊皮，缝了件皮袄，他才没被冻死。那时，看守所号子里都是烧炭取暖，外面的人都吃不饱穿不暖，号子里的人可想而知了！李赤的这个案子是榆林中院判的，判了18年。”师母平静地说。“那是什么罪啊？”我问。“你是学法律的，那时就是现行‘反革命’罪啊，能还是什么罪？”是啊，那时我们国家还没有一部完整的刑法，只有《惩治贪污贿赂条例》和《惩治反革命条例》，给李赤也就只能以这些条例治罪了。李赤判刑后，被送到铜川崔家沟煤矿劳动改造。“到了崔家沟，我去看过李赤。当时，矿上的领导也很照顾他，叫他在矿宣传部工作，搞文化工作。我去了以后，矿上的人说，李赤的案子有平反的可能性。我当时很感激，也有了一丝希望。”师母继续说，“在崔家沟，还有一件事差点把李赤的命要了。有一次，李赤带人到井下检查工作，他看到井壁突然有增大的裂缝，一看情况不好，就边吹哨子边喊叫所有工友往外跑。等所有工友都脱离险区，矿井坍塌了，李赤被压到黑洞洞的矿井里，如果没有几根支柱‘腾架’（支撑护卫的意思）着，李赤这次也就没命了。不过，他的耳膜在这次事故中被震穿孔了，以后再也没好过！”师母平静地说。“这么大的英雄壮举，我们怎么一点儿都不知道啊？！”我感慨道。“是不是英雄壮举不好说，但这件事对李赤的平反是起到好作用呢。后来榆林中院的办案人员几次去崔家沟了解情况，矿上的领导一定给他们说过这件事。”

20世纪70年代末，特别是党的十一届三中全会以后，我们党和国家的形势发生了很大变化，全国开始大规模平反冤假错案。在这样的形势下，师母踏上了“杨三姐告状”“秋菊打官司”式的上访申诉之路。“当时，也是中院在办理李赤的申诉案件。我记得当时办案的人叫霍守胜（音），可是个正直的人、好人，庭长姓裴，叫什么我不清楚。”“李赤的案卷很多，听霍守胜说他每次报案都要推一小平车卷宗，可每次都把李赤的案子排在最后，等会议结束时又没轮到，就这样一拖再拖，没个结果。”“我没办法，就去中院找他们。有一次，我在门口等着，裴庭长看见我就发火，说你这个婆姨怎么又来了？后来，看我没办法，就把我叫到办公室，给我道歉，说工作实在是忙，并安排手下人给我解决了三天的吃住问题。”看来我们法院的领导和法官还是不错的啊，我趁机说。我大学毕业后在榆林中院曾经工作过4年。1988年工作时，就没有霍守胜这个同志，看来早已离休或退休了，那时倒有个裴庭长，也不知是不是师母说的那个裴庭长？“是啊，中院的领导和办案人员实在是不错，办案的人还给我说你的这个案子恐怕要找地区的‘大脑脑’（指大领导）呢，言外之意是有一些阻力，否则每次都排不上队？！”“我也是下了狠心。从中院出来后就去了县招待所附近租了一个小房子，就住在那儿。那时榆林还是县（1988年9月2日，榆林县改为榆林市）。隔三岔五我就去中院，每次去，他们就说你又来了。岂不知我在租房子，是个老上访户，我是在给人家绱鞋、拆洗衣服、抹桌子，换取别人的同情照顾，换口饭吃。”“后来，我实在是没办法，就去地委找当时的主要领导。”“我一共去找了两次，第一次见到大领导，人家说去开会，车子在等着，我就没再纠缠。”“第二次，又把大领导堵在办公室，人家又说有会。我就急了，说你是咱榆林最大的官，你不管谁管？！如果你再不管，我就要去找省上的领导，找中央呢！看到我这么坚决的态度，执拗不过，眼看着‘大领导’给中院的院长和办案人员打了电话，安排‘尽快依法办理’李赤的申诉案件。”这样，1980年腊月，李赤从崔家沟煤矿释放回到了横山，被安排在县教师进修学校工作，半年后又安排在横山中学任教。我是从榆林中院出来的，师母说中院的领导和法官好，我也感到很骄傲，很自豪！我也有个想法，有时间我到榆林一定要去查阅一下当年李赤老师的案卷，我要看看李赤究竟是如何成为“现行反革命分子”的？我期待。

应该感谢黑义忠、张景明等老一辈横山中学的领导，是他们慧眼识才，是他们把刚刚从监狱里出来的李赤再次提携重用。1982年，李赤老师再次踏入横山中学的校门，这一次他不是学生，而是老师。同年9月，我们一群意气风发的孩子上了高中，大部分都是农村的孩子。第一年共设6个班，文理不分。1982年秋天吧，学校要分文理科，将我们高81级6个班整合为5个班，（5）班为文科班，也就是高84届（5）班。文理科分班以后，李赤老师担任我们的班主任，带语文课。对李赤，我们这帮说大不大说小不小的孩子以前还是知道一点的，那也只是像高升同学在后来撰写的纪念文章里说的那样，更多的是了解到他是一个传奇人物。初次见到，老师身材魁梧，气宇轩昂，一派儒雅风度，同学们敬佩不已。那时的横山中学，最响亮的口号就是“白馍馍与糠窝窝的大决战”，最崇高的目标就是考上大学。在这样的氛围下，从学校领导到代课教师，更不用说学生，都铆足了劲，奋发努力，争取好的成绩！这完全没有错。事实证明，也完全正确。那时我们中学每人每月的伙食费只有9元钱30斤粮票。每天吃的都是“铜锤”“金砖”（玉米漫黄）加水煮白菜。一周吃一次白面馍馍，过一段时间灶上在菜里放几片白猪肉片片，好像过年一样。就是这样，也有同学拿不出这9元钱，凑不齐这30斤粮票。作为一个农村娃，这9元可能是自己的父母掏野扁豆根根卖的钱，这30斤粮票也可能是自己的弟弟妹妹背着家里的粮食走上大半天的山路去公社粮站换来的。那时候人们穷，农村的孩子更是可怜！路遥在《平凡的世界》里一开头写到主人公上中学时的窘迫以及最近关中的一篇《背馍》，也记述了那个时代农村学生的艰辛。但对于陕北的农村孩子来说，那时馍也没的背，条件好一点的也只能是背点干米豆豆，也没几颗豆豆。穷则思变，变则通，通则久。一辈子面朝黄土背朝天的农民们，哪怕自己饿着肚子也要供子女们读书。所以，我们没有理由质疑那个时代学校校长、老师、教工和同学们的想法：目标只有一个，那就是考学，而且是破釜沉舟。

然而，李赤老师的到来给我们带来了朝气与活力，我说的是在苦闷的学习氛围下的朝气与活力。是他，使我们知道了不同的教学方式，他反对“填鸭式”教学，倡导“启发式”教学。是他，使我们知道世界竟有那么大，从马克思、恩格斯、列宁、斯大林，一直讲到毛主席、鲁迅。是他，使我们了解到中国文学史，诗书礼易春秋，老子、庄子、诸子百家，李白、杜甫、白居易。是他，使我们了解了民主政治模式，并在班里实施，建立了班代会、班委会、共青团等组织。是他，使我们了解了宣传的力量，建立了《呐喊》《共青团员》《号角》《学科向导》等编委会。是他，使我们了解到陕北历史的厚重与陕北文化的博大精深，李自成的研究，陕北方言的探究，无不给人留下深刻的印象。是他，使我们知道“自信人生二百年，会当击水三千里”“与天斗其乐无穷，与地斗其乐无穷”“壮志饥餐胡虏肉，笑谈渴饮匈奴血”。

我读了我的同学张帆、折小利、高升、叶惠峰、邢建文等同学写的纪念文章。在这些文采飞扬、激情澎湃的文章诗词中，同学们对那段岁月从不同的侧面都有所记录。对老师的为人、学识，都有全面的回忆，我不在这里一一赘述。

但是，有四件事我得提提。

一是那时因为崇拜李赤老师，李老师研究的也就是我们所关注的。比如，李老师爱读马列毛主席著作，我的同学乔玉光就开始潜心研究《毛泽东选集》。我高考后等待成绩期间，手抄了毛泽东的《实践论》《矛盾论》《中国社会各阶级的分析》等；我的同学曹培刚写钢笔字学的就是“李赤体”，到现在仍然如此。

二是1984年五六月，同学们3年的高中生活就要结束了。我们隆重地举办了班级毕业晚会。在条件十分简陋的教室里，我们买了瓜子、花生、糖果。刘波同学给我们演唱了《在那桃花盛开的地方》，王奇同学变魔术。班级的组织特别是2000通讯组，给每位同学还赠送了礼品——一个很小的笔记本，里面有《2000聚会倡议书》。大家在《年轻的朋友来相会》的歌声中，依依不舍，留言赠别。

三是1984年7月高考前，同学们压力很大。高考前两天，李赤老师带同学们去当时横山的“水上公园”——梁家湾渔场散心，有照片为证。

四是1984年7月7日上午高考语文考试前，在横山五七完小的操场上，李赤老师破天荒地将我们全班列队，齐声高唱《大刀向鬼子们的头上砍去》，以提升同学们的士气。即使这样，广斌同学还是紧张得四五分钟上一次厕所。

1984年秋天高考成绩出来后，总体成绩不错，也可以说是横中历史上史无前例的。文理科5个班都取得了优异的成绩，许多同学都考上了大学或中专。就是没考上的，后续补习，也陆续圆了自己的上学梦。那些没有考上大学的，也陆续参加了工作，在各自的人生道路上阔步前行。

再后来，听说李赤老师又带了两届多学生。这段历史，留给永利等学弟学妹们去撰写。

在这次采访中，师母说：老师在横中不带课后，专心他的学术研究，集中精力撰写《鲲鹏展翅——毛泽东诗词新解说》，对“汉字输入法、快速识字法”以及文言文的研究也更加深入。比如，他20世纪90年代初曾在《延安大学学报》上发表了《古语摘要说》。老师研究陕北历史，为了李自成家乡归属地的认定问题，他不遗余力，亲自步量，我在横山有关文章中看到过。

再后来，李赤老师去了北京，在北京租了一间小平房，烧着蜂窝煤，潜心学术。每天都是熬夜读书写作，不料一次煤烟中毒，差点儿要了命。自此，脑神经受到损害，坐上了轮椅，一坐就是14年。2000年，我们横山中学高84届（5）班的同学在高中毕业16年后，国庆节如期在横山县招待所聚会。同学们难忘师恩，从恩师的家里将老师用轮椅抬到了招待所，参加同学们的聚会，共叙师生情、同学情。

2014年1月27日，李赤老师在横山驾鹤西游，享年73岁。

《庄子·逍遥游》有云：“北冥有鱼，其名为鲲。鲲之大，不知其几千里也。化而为鸟，其名为鹏。鹏之背，不知其几千里也。怒而飞，其翼若垂天之云。是鸟也，海运则将徙于南冥。南溟者，天池也。”

李白有诗云：

大鹏一日同风起，扶摇直上九万里。
假令风歇时下来，犹能簸却沧溟水。
世人见我恒殊调，闻余大言皆冷笑。
宣父犹能畏后生，丈夫未可轻年少。

毛泽东有诗云：

鲲鹏展翅，九万里，翻动扶摇羊角。
背负青天朝下看，都是人间城郭。
炮火连天，弹痕遍地，吓倒蓬间雀。
怎么得了，哎呀我要飞跃。
借问君去何方，雀儿答道：有仙山琼阁。
不见前年秋月朗，订了三家条约。
还有吃的，土豆烧熟了，再加牛肉。
不须放屁！试看天地翻覆。

司马迁说：

人固有一死，或重如泰山，或轻于鸿毛。

李赤老师死了。
他的死，既不重于泰山，也不轻于鸿毛。
他的死，是鲲之死，是鹏之死。
假令风歇时下来，犹能簸却沧溟水。

今天我们纪念李赤，我们究竟应该纪念什么？

我以为，在于他的理想信念、意志精神、理念与方法。

我们要学习他浪漫主义的情怀和崇高的理想；我们要学习他不忘初心方得始终的信念；我们要学习他在逆境中坚韧不拔的意志和乐观主义态度；我们要学习他高瞻远瞩实事求是的理念；我们要学习他精益求精、起承转合的方法；我们要，我们要——

近3小时的专访就要结束了，师母一定要请我吃顿饭。陕北人有亲朋来，吃饭那是最高的礼遇。

我谢过了师母的盛情，老师的教诲当永志不忘，吃饭的事等朝阳回来后补上。

下楼看着院子里欢呼雀跃的孩子，我们都笑了。

孩子就是希望，孩子就是未来！

侯明光，横山中学84届学生，西北政法学院毕业后，长期在法院系统工作，微信公众号《黄土猴》创办者。

31年后的一份特殊作业

贺立红

早就应该提笔来回忆纪念一下恩师李赤先生了，但总是担心写不好，不敢下笔。近日，爱人告诉我，恩师的儿子朝阳希望他写一篇纪念恩师的文章，因他俗务较为繁杂，嘱我写此文。我在“纪念李老师文集召集群”里，逐一拜读了先生生前的亲朋、好友、同事、同学、学生的各类纪念文章，对先生有了更加全面、深入的了解，对先生为人的各个方面有了更加清晰的认识和感悟，我想这个特殊的作业我必须完成了。

距离先生当我的语文老师直到我高中毕业离开横山中学去上大学，至今已有31年。高二分文理科的时候，我选择了文科，也就是大家知道的高86届文科班——高三（4）班。学校给我们配备了当时最好的老师：语文兼班主任李赤老师、历史张汉友老师、地理刘广华老师、政治刘忠奎老师、数学杨培君老师、英语屈振元老师。现在来看确实体现了当时学校领导的良苦用心。

对我们班，老师们个个都很尽职尽责、尽心尽力，特别是李赤先生投入了大量的心血和精力。先生在班级内进行了大胆改革和尝试，在班内成立几个学习小组，推举小组长，每个小组定期开展课题研究活动，小组推举代表上台宣讲。有一次布置给我所在小组的作业是研究中国古诗词的发展历程及各个朝代的文学艺术特色。接到作业后，我和刘芳等几个同学广泛收集相关资料，用了大概两周的时间，拿出了一篇自认为洋洋洒洒的作业，由我上台给全班同学宣讲，当天先生刚好有事没来，事后先生还专门向其他同学了解我宣讲的效果如何。现在想来，先生的做法相当超前！我们现在通过媒体了解到美国等西方国家先进的课堂教学即是如此，即现在提倡的素质教育。先生上课很有特点，不拘泥于形式和内容。有时候他会用启发式的教学方法，用他的“起承转合”法，先用十几分钟的时间，让我们自己找整篇文章“起”到哪儿，“承”到哪儿，“转”到哪儿，从哪儿开始“合”。然后他再带领学生一起看他认为的“起”“承”“转”“合”点在哪里，这样我们相互之间就有了一个对照。有时候我的判断与先生一致，有时不一致，这时候先生就会把他的理由告诉我们，现在看来就是培养学生独立思考和思辨的能力。有时候先生就有些他想说明的内容展开来讲，书本上没有的内容信手拈来。如讲到李白的《梦游天姥吟留别》一文时，他讲到形象思维，又用毛主席的《十六字令三首》中的“惊回首，离天三尺三”和庄子《逍遥游》里的“鲲鹏展翅”“鲲之大，不知其几千里也；鹏之背，不知其几千里也；怒而飞，其翼若垂天之云”等来加以说明，这给我留下很深的印象。我始终觉得先生受庄子的影响很大，他后来出版的研究毛主席诗词的著作，书名即用“鲲鹏展翅”。

先生批改作文时的评语也很特别，经常会用一些用现在的话来讲比较提气、正能量的诗词中的句子做评语，如“生当作人杰，死亦为鬼雄”“长风破浪会有时，直挂云帆济沧海”等。先生在横山中学的十年教学时期，完整带过高中3年的班级应该不超过三届，因此，先生能成为我的老师是一件非常幸运的事。在我人生最重要的几个关键点，先生均给予我无私的帮助。

第一个转折点：在我第一次高考失利补习时，因为复读的思想包袱和压力较大，见到先生时不免有所流露。一天先生借给我一本书，书很厚，书名不记得了，特别推荐了书中的一篇司马迁的《报任安书》。其中一段话我依然记得很清楚：“西伯拘而演《周易》；仲尼厄而作《春秋》；屈原放逐，乃赋《离骚》；左丘失明，厥有《国语》；孙子膑脚，《兵法》修列；不韦迁蜀，世传《吕览》；韩非囚秦，《说难》《孤愤》；《诗》三百篇，大抵圣贤发愤之所为作也。”并告诉我“成大事者，必先苦其心志，劳其筋骨”，用这些文章来激励我放下包袱，克服困难。

第二个转折点：我参加完第二次高考后，当时是提前报志愿。根据估分情况，我第二批录取的可能性较大，因此，重点就放在第二批学校的选择上。在张景明校长的指导下，第一志愿填报了一所财经院校。分数出来后的某一天，我突然接到一封电报，电文是无档未录。原来是先生私下里给他在西北大学中文系当主任的赵同学打招呼，看能否录取我，因我离一档录取线仅差一分而遗憾错过。

第三个转折点：就是毕业分配的事。大四的第一学期快放寒假的时候，应该考虑毕业分配的问题了。我当时什么门道都不懂，家里更帮不上忙。当时学校还负责分配，我心里虽然着急，但也毫无办法，做好了听天由命的准备。一天，我收到了先生给我写的第一封信，信上就我毕业分配的事，让我去找当时在北京建行总行投资研究所的文明先生，并且写了一份推荐信让我带上。

于是我在寒假回家途中，在北京中转签字的间隙，专门去找了文明先生，受到了文先生的热情接待。他看了推荐信后，明确表示愿意帮助，甚至希望我能留在北京。我当时真是觉得自己很幸运，遇到了好人。文先生尽心尽力地帮助我，专门给我学校的系主任和一位家是清涧的李东阳老师（现是东财大的校级领导）写信，希望他们在毕业分配上给予我帮助。这两位老师都很认真地帮助我，最后因种种原因，我未能分到北京，但分到西安，我和家人都很满意，对几位老师尤其是李赤和文明两位先生充满感激。

第四个转折点：就是我的终身大事。我和我爱人是高中同班同学，虽然在一个班里，但那时没有多说过一句话的。他在班级里给我的印象是一个默默无闻、寡言少语的人，我对他根本不了解。他家在农村，我家在县城。我俩都复读一年，他考上了山东大学，我考上了东北财大。大学期间我只给他写过一封同学之间的平常信，他礼节性地回了一张当时普遍流行的明信片。他没邀请我去济南，我也没邀请他来大连，仅此而已。

大四放寒假的时候，我去先生家拜望先生。谈到毕业及其他同学的情况，聊着聊着，可能聊到他了，先生突然对我说：我感觉你俩可以成为一家子。我听了非常意外，甚至有些不好意思。我觉得不可能，因为当时还未毕业，分配到哪儿都是未知数。更何况对他根本不了解，所以我说毕业分配后各自的去向都不知道，现在考虑这个问题为时尚早。其实我心里压根就没在意这个事情，心想：谁知道我会分配到哪儿，他又会分配到哪儿。但后来的结果却超出了我的想象，先生无意中当了我的“红娘”。

对先生我充满了感激，但对先生的了解我一直知之甚少。有些事虽然好奇，但作为学生我始终没敢问。只知道他老家是高镇李家坬的（我老家也在高镇），毕业于西北大学，是老牌大学生，毕业分配到北京，后回到榆林，然后到横山，坐过禁闭，仅此而已。细节知道的就更少，有些情况我还是从文明先生那儿得知的。因为从事的行业与先生的期望越来越远，再后来由于工作成家后被生活琐事所累，见先生的机会越来越少，基本上都是过年回家时看望一下先生。后来先生去了北京，见面机会更少。再后来听说先生身体一直不好，直到有一天听到先生突然去世的消息，我怅然若失，心里非常难过。觉得亏欠先生的太多，此生无以为报。

先生更多的事情是最近从众人写的回忆文章中知道的，先生的形象也是我看了这么多的纪念文章之后渐渐完整起来，渐渐丰满起来，也渐渐高大起来的。先生比我们活得更磊落、更坦荡、更勇敢、更率真、更崇高、更自在。他的乐于助人、不求回报，很好地诠释了中国知识分子“达则兼济天下，穷则独善其身”的人生态度和处世原则；常人看来觉得先生不懂官场潜规则，不懂人情世故，甚至觉得他很傻；他的治学态度和研究成果很好地诠释了有良知的知识分子敢于挑战权威、质疑权威、成一家之言的“独立之精神”。他就像希腊的那位智者，即使一无所有，仍然可以潇洒地做到“请让开，不要遮住我的阳光”；他更像民国时期的弘一法师，为了自己的信仰和理想，可以不顾一切，义无反顾。先生真正做到了一个高尚的人，一个纯粹的人，一个脱离了低级趣味的人，他书写了一个大大的“人”字。

写到这里，我的这篇“作业”也到需要交的时候了。我很忐忑，如果先生泉下有知，不知该给我的作业作何评语？

贺立红，横山中学86届（4）班毕业，现任职光大银行西安分行。

李赤老师

刘培峰

李赤老师故去数年，写一些文字纪念老师的想法一直存有。没有动笔，有忙乱的原因，也有其他的因素。李老师教我中学两年，中学毕业后和李老师也有交流，没有动笔并不是李老师在我心中的形象不鲜明，恰好相反，无论在其生前还是故去，李老师的形象都是非常鲜明的。我也经常和学生、同学、家人谈起李老师，谈起李老师对我们成长的影响，给李老师出版纪念文集的想法也早就有过。大概在我刚到师大不久，张帆、宝定兄来北京时就提过，想给李老师和师母出一本照片和文字的合集，感念老师，也感谢师母对老师的付出。后来还和世荣兄、朝阳学弟都讨论过。想法停留，行动没有跟上，更多是自己执行力的问题。这次有人张罗，文字的东西一定不能再拖延了，但动笔起来还有许多踌躇。

很早就听到李老师的名字了，李老师一直是家乡的传奇。知道李老师大概就是从乡人的传说中得来，好像李老师因为反革命罪被判了18年。记得广播里有过报道，父老中也有议论，议论中多有赞许。李老师究竟因为什么下大狱，坊间有许多说法，但因言获罪是确定的。李老师被一贬再贬，立场未变，最后被投入监狱，还被判了重刑。此事是家乡的传奇，但多少具有悲情色彩。我知道李老师的时候，李老师已经平反昭雪，在家乡的最高学府当教师。家乡民风淳朴，崇尚英雄，对于因为政治原因遭难的人往往抱以同情，乃至赞赏。陕北天高地偏，人们的认知中多了一些自然，少了一些功利。父老乡亲们有一些简单但质朴的判断：一个人能和“权威”作对，自然是要有一些能耐的。另外和“权威”作对也非一般的作奸犯科，更不会鱼肉百姓。和“权威”作对的人也有为民请命的，因此，许多人也就心向往之了。诸如此类的事情就口口相传成为人们茶余饭后的谈资，以至演绎消费。这是人的宿命，李老师也无法逃脱。在父老乡亲们的消费中，李老师由远及近了。初中毕业的时候，校长就介绍，你们将要升入横山中学了，横中学风很好，有许多优秀的老师，其中就有著名的李赤老师。如果你们学文科，李老师可能就是你们的语文老师。我有一杯水给你们，李老师则有一缸水（大水缸）给你们。于是步入高中的我也就有了憧憬乃至好奇。

1983年秋季我进入横山中学。横中是近乎30万人的横山县唯一的完全中学，当时可以说是人文荟萃。我的老师大体由两部分构成：一是“文革”前来支教的外地大学生，这些人已经在此地结婚生子，把一生都献给了横山的教育，如当时的校长张景明先生；另外一部分是改革开放后的大学毕业生，我的数学老师杨培君先生就是当年从陕西师范大学毕业的，教我们三年数学后，考上研究生和我们一并离开；少数老师还在民国时期受过良好的教育，如我们的历史老师张汉有先生；还有一些老师是“文革”中自学成才的。这些老师虽然背景不同，见解各异，但他们全心投入教育，爱学生，爱教育。有的老师个性鲜明。如卫生室的武万里老师，会把学校中的不文明行为画成漫画，编成顺口溜。有些我们至今记得，同学聚会的时候作为相互寻开心的素材。已故的钟凤德先生好像旱烟锅不离口，吸完后也是用鞋底来磕烟灰的，这点又如我的农人父亲。最重要的是20世纪80年代，长期压抑后的释放使人们都有一种朝气、一种向上的心劲。这种心劲让我们读完了中学，走出了家乡。

对于出生在穷山村的我来讲，横山县城就是一个大地方，横山中学就是一个大世界。其实当时的横山县城就是一条街，大概也就一两千米长，两边是灰色的平房，有点大景致的是百货公司和电影院。电影院成为城市的中心，我们每年高中放榜也是在那个地方。

进入横中后，初中的好奇还保留着，谁是李赤老师？一进高中，学习很快就进入状态了，课业也很重。不几天，我去历史老师安斌处汇报自己的学习，也想听听他对高中学习的建议。安老师是我初中的语文老师，调到横中教历史（安老师大学是历史系毕业的）。安老师就和我讲，昨天拜访李赤老师去了，李老师真是不一般，大开大合，有大格局，让人如醍醐灌顶，受益匪浅。我就问哪位是李赤老师，他一描述，我就知道了。原来每天从操场到校园，背操着手走路的那个高大的老师就是李老师。当时语文教研室在教务处的那个小院子的最西边，靠近通道。李老师每天都在那里读书，门是敞开的，但李老师很专注。于是我每次经过那里就会多看几眼。李老师总是在那里安静地读书，不太关注外界的事务。有时我也偷偷地绕近一些想看李老师在看什么书。当时见识有限，现在回想起来，大概读的是中华书局简装的那套历史书，有可能是宋史或辽史。后来李老师用宋史的资料来解读毛泽东诗词，用两条路线斗争的观点来解读当时的边境争端，可以印证这一点。其时李老师是高三文科班也就是84届（5）班的语文老师。再后来，李老师在学校的报栏里贴出了他对毛泽东《沁园春》的解读，字体工整，30多页。解读的内容我没仔细看，但30多页的长文就够我震撼的了。我们那个地方文化不发达，读书的人很少，除印刷的文字外，没有见过几个人做研究，更不用说这么长的文章了，因此，对李老师的敬佩又增了几许。再后来，李老师带领高三（5）班的同学做活动，出板报，搞讲演。带着好奇心的我每次都见识了李老师的风采，也见识了高三的学长，向往之心油然而生。

需要说明的是，学生课外小组是当时的风气。喜欢文科的同学有文学社和读书会，喜欢理科的同学有各种兴趣小组。我当时参加的是《红楼梦》读书小组，柳逢清老师讲的刘姥姥三进荣国府划分3个阶段，甄士隐去、贾雨村言两条线索今天还记得。理科的同学制作了收音机，还有航模，上一届同学放飞的时候我也观看了。按照惯例，我们这一届文理分科后李老师可能会成为我们的语文老师，于是对自己的高二生活又多了一份期盼。

高二那年，文理分科，按照意愿，我选择了文科。84届毕业了，李老师按照惯例成为我们的语文老师。对李老师也就由道听、远观到耳提面命、亲承教诲了。近距离接受李老师的教导，记起的事情很多，很杂乱，有的事也很难理出一个头绪来。时过境迁，物是人非，人是物非，很难说清楚。

李老师对我们的影响很多，但影响最大的是三件事情：教课、语文教改、班级自治。

对于高中时期老师的教课，现在已经淡漠了。老师如何讲课，如何布置作业有一些模糊的记忆。李老师讲课一开始与其他老师没有什么不同，但慢慢的李老师的特点就显露出来。记得讲某篇与新疆有关的课文，其中作者说少数民族兄弟热情好客，晚上和女主人一幔相隔，老师评论说格调不高。一篇有关土地的散文，老师说无病呻吟。这种批评对于当时的我们很是震撼。

陕北文化不发达，我们对于读书人，对于印在纸上的文字有一种近乎神圣的感觉。再说当年能够读到的东西也大多是毛主席语录、毛选和报纸。书上的文字可以批评、名人可以质疑，对于年轻的我们震撼极大，有可能也在我们的心灵里种下了反叛的种子，影响我们后来的生活。在整个高中，能够记起的就是这些评论。

还有就是张汉友先生背诵的黄兴夫人的悼亡诗了，到现在我也没有找到原文，但“黄花女子祭郎君……可怜的黄土埋没有志人”的每一句里带一个黄字诗，还是印象深刻。另外老师讲解放之前物价飞涨：他们在横山闹学潮，发了一笔补助，几个人兴冲冲地跑到榆林准备做一套过冬的棉衣，但到了榆林这些钱只能够买几个烧饼了。

另外还有几个小细节记忆比较深刻。每到秋冬，李老师在腰间总会系一条棕色的围巾。老师讲课中，围巾可能松了，露出一个尾巴，同学们笑了。李老师解释说，腰不好，坐禁闭落下的病根，然后将围巾系好。一年总是会有几次，以至于现在想起李老师，还会想起身材魁伟的老师拖着一个尾巴写板书的背影……

语文课按部就班进行了几周后，开始改革。语文课的改革先从讲课开始，李老师将一部分课程让学生来讲。我曾经讲过老杜的“茅屋为秋风所破歌”。其次是老师将中学的语文知识点分解，分给同学来整理，还有同学互相判作业。班级组织读书小组，在班级的墙上出版小报纸。这些活动如何开展现在已经印象不深。当时参考书很少，知识整理不过是将一本《中学语文教师手册》里的内容抄写一遍；小报纸也大体是大报纸或者《青年文摘》《读者文摘》的摘抄。当时语文教改，我是积极的参与者与反对者。参与是自己动手能力强，老师布置的活动能够很快完成。自己中学一直担任班干部，在人面前讲话的勇气还是有的，轮到讲课也比较积极，效果也还好。这种以自学为主、老师引导的教学方式受两个因素的制约：其一，学生知识水平有限，参考书很少，抄书容易，但提高很难。当然毛曾经讲过，照抄也是学习，那就另当别论了。其二，需要投入很多的精力，可能会影响到其他课程的学习。对于当时的我们来说，考上大学跳出农门是唯一的选择，当时的高考也被称作千军万马过独木桥。在高考的指挥棒下，对于这种有别于传统的实验，抵触可能是自然的。

为了推进语文教改，在学期中间，李老师接任了我们的班主任，开始民主自治的试验。试验大体上是把班里的同学分为三个大组，大组下边再分几个小组。由大组选出班代会，由班代会选出班委会。这样一个班级大体的组织机构是班支部、班委会、班代会、大组和小组。每天下午有一个固定的时间讨论班级事务。一时间班级很热闹，大家的积极性也被调动起来了。当时李老师信心满满，许多积极参与的同学热血沸腾。按照李老师的想法，还是要制定自治班条例的。李老师多次用圣鞠斯特26岁制定共和国纲领的例子鼓励我们。

自治的试验是得到学校的支持的，校长也曾多次来班级讲话。当然也有人反对，老师、同学都有。自治运行一段时间颓势也显露出来了。根本原因是时间，大家没有这么多时间。中学也不同于社会，每天没有那么多的政治可以讨论。凭空增加许多的讨论，不但于事无补，可能还会生出许多事端来。同学之间可能由此闹出一些隔阂，需要多年才能解开。不知出于何种原因，一个学期结束后，自治试验被叫停了。李老师也将班主任交给原来担任班主任的屈振元老师。我们班的自治试验也告一个段落，但语文课的改革还在推进。进入高三，大家的学习更为紧张，高中的趣事也就少了，现在能记得的事情不多了。

高中结束后，考上大学，结束一个时代也开启一个时代。和李老师的交往也慢慢少了，大学的假期，还曾经拜访过李老师。后来回家乡工作，曾经也有机会和李老师交往。再后来李老师在北京，我也来北京读书和工作，本来有机会和李老师有密切的交往，但渐渐淡了下来。不去看李老师，自己懒惰是一个原因；更为重要的原因是对于某些问题的看法，尤其是对某些人的看法，我和李老师有根本性的不同。

李老师一直在做研究，而且颇有心得。李老师也一直希望得到学生们的支持和认同。但我是一个执拗的人，一方面我不想惹李老师不高兴；另外一方面我也不想讲假话去迎合老师。老师又是一个非常专注的人，对学问和某些政事之外的事情话很少。这样见面难免尴尬，于是见老师的次数也就少了，但别的同学来北京见老师我有机会就陪同。自己也做多年老师了，现在想起来，也会为自己的执拗感到懊悔，这样少了许多向老师学习的机会。自己做人也有许多需要检视的地方。当然在某些问题上我并没有改变自己的观点，也许李老师也没有。

回想起来，李老师对我们的影响，尤其是对我的影响主要不在知识方面，更多的在思想和行为方式上。在知识方面对我影响很多的是安斌老师。安老师刚从学校毕业，除了读书、抽烟没有其他的爱好和追求，生活能力也相对低下。但他对许多问题的思考，尤其是许多事实的阐述，让我很开眼界。中学时期是人生观、价值观形成的时期，一些事实要比一些观念对人的影响更大，尤其是那些具有颠覆性但你也无法不相信的事实。安老师的教诲和他的书让我找到了另外一个世界。

对人生道路影响很大的是杨培君老师，我们有较多的交往。杨老师也没有给我们教什么人生道路选择的知识，但他的事业和生活的选择深深地影响了我们。

老师一定意义上就是一个引路人。你的行动就是道路，许多学生可能就跟了上来。我想“桃李不言，下自成蹊”可能就是这个意思。

李老师对我们许多学生的影响可能就在精神和人格方面。李老师给我们的是批判精神，专注、坚持和坚守，对新事物、新知识的不断追求。人生可以这样；事情可以不落俗套，可以这样去干。当然中学语文课上的训练在大学派上了用场。

李老师影响了许多人，作为老师，无疑是成功的。受老师影响的学生的成长也是对老师在教育领域坚守最好的回报。但从另外一个角度上看，李老师的人生有悲情和悲剧的一面。怀念李老师，如何坚守、坚持和改变是李老师给我们留下的作业。

刘培峰，横山中学86届（4）班学生，现为北京师范大学法学院教授。

望帝春心托杜鹃

——怀念恩师李赤先生

王兴根

“庄生晓梦迷蝴蝶，望帝春心托杜鹃。”

每每想起李商隐的这联诗，我的心里总会升起一种莫名的悲哀，不仅为李商隐，更为我的恩师李赤先生。

有一种记忆，本想深埋在心底；有一种伤痛，本不想轻易去触摸。然岁月匆匆，人世无常，渐行渐远。蓦然回首，又一次看到了那遥远的难以忘怀的感动，还有那刻骨铭心的伤痛。

作为自治班的学生，也许冥冥之中早已注定，我们要经历与众不同的高中生活。当时，我班同学大致可分三个类型：一部分来自农村，学习成绩较好，高考也有希望，所以对自治并不热心，且心里隐约有抵触情绪；一部分积极投身于班务管理，参加各种课外活动，以求全方位锻炼自己；还有一部分学习成绩较差，升学无望，仅为一张毕业证书而已，自然也是重点管理的对象。

横中89届文科共有两个班。（1）班英语教材使用甲种本，我们（2）班使用乙种本。作为（2）班，我们在学校的地位不言自明。特殊的地位，复杂的组成，再加上自治，使这个班仿佛异类而孤独存在。至于校方对自治班的态度，我不敢妄加揣测，但冷眼旁观却是我们共同的感受，当然也包括先生的教学改革。

我已记不清什么时候开始当班长，也不知道当了多长时间，只记得几经沉浮，颇有宦海无常之感。高二下学期，眼见高考渐近，可我成绩平平，班务管理的热心早已冷却。当时班级学风不浓，同学之间又拉帮结派，重重矛盾令我心生厌倦，对自治班失去信心，内心充满矛盾。由于年少无知，又好高骛远、狂妄自大，就在教室的背墙上写文章，表达对自治的不满。每次语文课时，先生让值日生在黑板上抄一首诗，供同学们背诵。我利用这个机会，在黑板上以“君诚”的笔名，写诗嘲讽，但先生总是一笑置之。后来，我干脆写了一篇《关于自治班得失之我见》的作文，直接交给先生。这一次，先生生气了，给我的评语是“奇文共欣赏”，专门召开班会，让同学们讨论。我感觉很委屈，但更多的是不服气，和先生大吵一架，赌气辞掉了班长，开始安心学习，准备高考。我的成绩一般，特别是英语更差，要想补起来，需要时间。可学校下晚自习后，教室里不供电，没有办法，我想起了先生的向阳幼儿园。可刚和先生吵过架，心生胆怯，害怕先生计较，犹豫不决。最后狠下心来，心怀忐忑地去找先生，没想到先生很爽快地答应了。从此以后，几乎每天晚上，我都在向阳幼儿园复习功课。有时，在同学面前，我戏称在向阳幼儿园进修。

灯光通亮，炉火呼呼，我一个人埋头学习，经常坚持到很晚。有时，师母会端来一碗和杂面给我吃。双手接过微烫的瓷碗，和杂面的清香扑面而来，忍不住先吞咽一下口水，可早已泪眼蒙眬。师母坐在旁边，一边看着我吃，一边嘘寒问暖，鼓励我学习。现在回想起来，仍历历在目，如同昨日，禁不住热泪盈眶。有时，先生也会过来小坐，给我谈理想，谈人生。有一次，先生兴致很高，向我谈起他年轻时的事情，特别是5分钱走北京的经历，颇为传奇，令我心驰神往，热血澎湃。有时，先生会鼓励我，要有远大理想，要有吃苦精神，要学习他的治学态度。向阳幼儿园的夜晚，是很温暖的回忆。最难忘的是夜阑人静时，震撼人心的汽车的轰响和隔壁李老师隐约的鼾声。冬天天冷，我的衣服单薄，回宿舍要经过宽阔的操场，常常是一路小跑。有一次，我跑步穿越操场的时候，碰上马老师巡夜，举枪瞄准了我，让我站住。当时横中的夜晚很不平静，马老师经常荷枪夜巡。被枪指着，是一种很特殊的感觉，有一点恐惧，有一点兴奋，当然更多的是紧张，虽然知道马老师不会轻易开枪的。说明原因之后，马老师颇为关切地说，睡这么晚，不影响白天的上课吗？毕业时，先生给每个学生都留了言，我印象较深的是给一个同学的留言“小院难栽万古松”，而给我的留言是“盗跖庄蹻流誉后，更陈王奋起挥黄钺”。我知道，先生对我们都寄予厚望。后来，我考上了西北大学历史系，正好是先生的母校。上学前，我去拜别，先生颇为感慨，认为我给自治班争了光，把剩下的几十元班费全给了我。我知道先生为我高兴，可也感受到了他内心深处的某种失落。临行前，先生给我写了一封推荐信，让我到学校后，找西安电影制片厂的王吉呈先生。推荐信的具体内容我已记不真切，仿佛有“性格坚韧，百炼可成钢”之句。大学期间，我不喜欢自己的专业，日渐沉沦，导致学业荒废，颠沛流离，四处漂泊，尝尽人世悲欢，深谙世态炎凉。面对流言蜚语，痛苦煎熬，致使身心疲惫，贫困潦倒，整日呼酒买醉，麻木了身体，麻木了情感，甚至麻木了灵魂。几近崩溃的精神难以承载屈辱，也难以承载无法报答的恩义，深感辜负先生的厚望，无颜面对。后来先生病重，从北京回到横山，我去县医院看望。先生躺在病床上，脸色苍白，昏迷不醒。我不相信先生伟岸的身躯真的会倒下，但事实就在眼前。我以为先生难逃此次劫难，忍不住热泪长流。作为弟子，面对先生，哀痛者莫过于学业荒废，岁月蹉跎，即使草木之心，亦知愧疚。所幸先生病情好转，真是欣慰。进了横中之后，我经常去向阳幼儿园，聆听先生教诲，扶先生在院子里锻炼两圈，可心里依旧有说不出的惭愧。后来先生去了北京，同学聚会时，我和梁峰代表我们班的同学去看望。先生坐在轮椅上，生活已不能自理。再后来先生回到横山，依旧坐着轮椅，不能看书，不能写作，甚至目光呆滞，言语含糊。看到我们，虽面带微笑，然眼角含泪，令人心酸而目不忍视。10年轮椅，可惜了先生的满腹才华。我真的无法想象，先生内心，到底经历了怎样的痛苦和绝望！

先生是大才，我不敢评判，只能从生活的点滴中去解读。先生办公室的后窑掌上，挂着马克思像，两边是李商隐的一联诗：“庄生晓梦迷蝴蝶，望帝春心托杜鹃。”我们知道，庄子是出世的，面对着他认为荒诞的现实世界而无能为力，只好用更为荒诞的想象来表达对现实的认知，试图摆脱自己的哲学困境，这应该与先生的思想格格不入。但先生钟爱庄子笔下的鲲鹏形象，他不止一次地引用过李白的《上李邕》：“大鹏一日同风起，扶摇直上九万里。”先生崇拜毛泽东主席，向往那种“会当水击三千里，自信人生二百年”的豪迈。先生研究毛泽东诗词，推崇古语摘要学说，研究造字法，每一个领域都有建树。特别是对毛泽东诗词的研究，观点独到，自成一家。庄生有梦，迷于蝴蝶，这是他认识世界的局限，但先生的梦是清晰的，如鲲鹏展翅，翱翔寰宇。学术研究并不是先生的目的，而是实现梦想的阶梯。“于无声处听惊雷”，但微雨过后，天边并没有出现彩虹。也许生不逢时，也许世无知己，也许是身体原因，先生的梦最终凝固在轮椅上，化作片片飞红，洒落成满地叹息。命乎？运乎？

先生有凌云之志，有放眼天下的气魄，却被禁锢于三尺讲台。“望帝春心托杜鹃”，先生不是自怨自艾地哀鸣，而是播撒希望，寄托精神，正如他引用马克思的话：“我播下的是龙种，收获的不应该是跳蚤。”先生的学术研究虽然很有成就，但最终未能如愿，希望弟子们能传承他的思想，传承他的精神，完成他未竟的事业。先生提倡素质教育，注重雕塑学生的灵魂。对我影响最大的是先生不盲目迷信的批判精神。我记得先生讲《张衡传》，有一句“衡下车，治威严，整法度”。先生认为断句有问题，应该是“衡下车治威，严整法度”。在讲贾平凹的《丑石》时，对“丑到极处，便是美到极处”的观点不仅不认同，甚至予以毫不留情的批判。指责碧野在《天山景物记里》的“心猿意马”，玷污的不仅是天山别具风味的景物。后来我也走上讲台，面对教科书里错误的注解，有些许无奈，也有几分欣慰。园里观花无可厚非，而山外看山，才是一种境界。先生总是教导我们，要以民族大义为重，要有远大的理想，要有放眼世界的胸怀。我记得戈尔巴乔夫当选的第二天，先生就对苏联的未来有过断言，认为戈尔巴乔夫执政，苏联不会有光明的前途。当时我不相信，甚至觉得可笑。但后来的事实证明，先生是对的，让我不仅佩服，更多的是不可思议，真有一种高山仰止的感觉。先生注重因材施教，对不同性格的学生，引导确立不同的奋斗目标，规划不同的人生道路。先生不迷信万人同挤独木桥式的应试教育，也不崇尚循规蹈矩、按部就班式的平淡无奇的人生，教育我们应该在社会的大熔炉里去锻炼，去实现自身的价值。针对我们班同学成绩普遍较差的实际，先生鼓励“走异路，逃异地，去追求别样人生”。动员同学们去西安上自费学校，走一条在当时被认为离经叛道的路。20多年过去了，那些自费的同学有不少人取得了很好的成就，实现了自身的价值。回过头来，好多人才意识到，先生的思想总是超前的。在挂着素质教育的羊头，依旧卖着应试教育狗肉的今天，几人能够企及？

先生是陕北大儒，是陕北好汉，他有知识分子的傲骨，更有陕北好汉的豪气。上大学的时候，我和西影创作室的王吉呈谈到先生，他还清楚地记得，当年先生裹着棉袄，跳上桌子在集会现场慷慨陈词的情景。真乃青年俊杰，陕北好汉！1990年去学校前，我去拜访先生，看到先生后窗的春联是“锦瑟无端五十弦，一弦一柱思华年”。我猜想，先生那年应该是50岁。这副春联取自李商隐的《锦瑟》，相传是李商隐的最后一首诗。先生办公室后窑掌的那联也是取自《锦瑟》，我想不明白先生为什么会对那首诗情有独钟。但我依稀从先生的春联里，读出了先生落寞的心情。是对逝去青春的追忆，还是理想破灭后的失落？李商隐的人生是坎坷的，也是悲剧性的。生不逢时的无奈以及怀才不遇的伤痛，构成了他人生灰暗的旋律。虽然诗名满天下，但一生的大部分时间屈身幕僚，唯一独当一面的是仅40多天的代理县令。可悲！可叹！我不知道先生欣赏李商隐，到底是同情、怜悯，还是自怜，但我真切地感受到，先生和李商隐之间存在的相似性。先生一生历经坎坷，但从不气馁，从不服输，更不会沉沦。即使在身陷囹圄的岁月，更是壮心不已。人们印象最深的是先生食量大，力气大，能吃苦，还有手里总是捧着在他们看来有些神秘的线装书。先生有一次也谈到，即使他拉着大粪从大街上经过，也总是昂首挺胸，因为他没有错，因为他富有！是的，先生很富有，他富有的是才华，是精神。但现实中的先生，生活很不富裕，甚至可以说是贫困。有好长一段时间，他甚至是靠贷款度日。但即使在这种情况下，先生依旧把自己的班主任津贴拿出来，给我们班上买《辞海》，买篮球、排球和羽毛球，让我们在学习之余，锻炼身体。先生教育我们，身体是革命的本钱，没有好的身体，所有的理想都是空谈。先生不止一次地给我们谈起毛主席夏练三伏、冬练三九，有意识地野蛮身体的故事。可没有想到的是，他自己却因为罹病，在轮椅上度过了漫长的10年，令人感慨，更令人悲伤。先生性情耿直，疾恶如仇，不愿阿谀奉承，更不会丢弃自尊。人生道路曲折回环，先生只走直径，孤标傲世，哪管斜风冷雨，花开花落，但现实总是无情的。先生奋斗一生，直到去世，我印象中，他曾经在横中的职务是语文教研组组长，那是一个没有级别的职务；他的职称是中教一级，还没有评得上高级；先生不知是哪一届的县政协委员，然这个美丽的头衔可能是先生最无上的荣光。所以在体制内，先生是一个没有级别的人。我知道先生不屑去追求不感兴趣的事情，但先生的境遇，不禁令我们唏嘘、悲叹，还有更多的是思考。“学富五车叹世无知己，才高八斗恨生不逢时”，我只能用此来概括先生的一生，可惜！可悲！

先生走了！对于他悲剧的人生，我们无能为力，只能表达内心的崇敬和哀伤。望帝春心托杜鹃，希望我们能传承先生的精神，以民族大义为重，健全人格，坚持不懈，奋斗终生。然当今社会，红尘滚滚，纸醉金迷，有几个人能像先生一样义无反顾地走下去？先生的一生是坎坷的，才华横溢，却又怀才不遇，经历了太多的无奈和寂寞。我也只能说，但愿先生身后，不会再寂寞。我想起崔珏的《哭李商隐》：“虚负凌云万丈才，一生襟抱未曾开。鸟啼花落人何在，竹死桐枯凤不来。良马足因无主踠，旧交心为绝弦哀。九泉莫叹三光隔，又送文星入夜台。”

谨以此悼念先生，愿先生精神永在，浩气长存！

2016年8月30日于榆林

附：

悼恩师

恩师李赤，才高德劭。潜深思于学术，硕果累累；寄豪情于育人，桃李天下。胸怀远阔，素有凌云之志；一生耿介，可叹壮志难酬。今不幸离世，人皆痛惜。山川静默，草木悲声。门下弟子，悲伤哀恸。尺素难尽，师恩深厚；灵前祭奠，以寄哀思！

恩师年少，家境贫寒。才智出众，性格坚韧。十年寒苦，金榜题名。青年俊杰，远近闻名。时值“文革”，举国沸腾。恩师激情澎湃，豪兴喷涌。号呼奔走，以天下为己任；慷慨陈词，唯报国之忠心。陕北好汉，西大英雄。展宏图于国社，恋桑梓而归来，奈何身陷囹圄。叹人生多少传奇，惜执鞭三尺讲台。发奋研修，从无懈怠。评主席诗词，自成一家。著《鲲鹏展翅》，同行震撼。起承转合，言思辨之规律；古语摘要，揭文言之精髓。四法造字，破六书之常规；图文并茂，快识字之歌诀。教学育人，唯重素质，何须应试之俗套；鼓励自费，但求学问，只为济世之贤才。独辟蹊径，思维缜密。目光高远，不乏惊世之语；思虑超前，常有骇俗之举。可惜晚年罹病，十年轮椅。口无流利之言，手乏捧卷之力。坐看寒暑交替，委屈多少时光；空对笔墨蒙尘，辜负满腹经纶。曾经抱负，唯余凄楚；人生哀伤，莫过于此。

恩师光明磊落，仗义执言。孤标傲世，不媚权贵。身处逆境，矢志不渝，犹自笔耕不辍；屡遭磨难，傲骨无改，依旧笑傲江湖。命途多舛，雄心自是无悔；历尽坎坷，铁骨何曾低俗？纵然囚徒何妨，昂首闹市；笑看匆匆过客，唯我独尊。持正义，虽死无惧，男儿血性；求真理，百折不挠，忠心赤胆。尘世碌碌，众生芸芸，曾经几人知己？学富五车，才高八斗，此生未必逢时。无心插柳，弟子尊崇，放眼谁堪伯仲？有心栽花，宦海沉浮，扪心自知伤痛。叹祢衡刚直，何必渔阳参挝？惜苏子聪慧，无须乌台数阕。大德懿范，大略高才，嘉名留后世；一生坎坷，壮志未酬，遗憾抱终生。

恩师已逝，无尽悲伤。黄土高原，痛失大才；黄土文化，痛失栋梁。横山教育，痛失大贤；横山学子，痛失良师。音容犹在，恩师何处，谁人指点迷津；曾经恩遇，如同昨日，思来备感伤痛。灵幡依依，哀乐沉沉。时馐珍品，祭奠英灵。灵前挥泪哭恩师，柔肠百结；案下焚香忆往昔，事事揪心。叹人间，多少贤良埋蒿草；悲恩师，一腔热血报无门。长城巍巍祭英杰，芦河默默吊忠魂。恩师英名，永世长存。李老师，安息吧！

（本文系李赤先生追悼会上所致的悼词）

王兴根，横山中学89届毕业生，现执教于榆林职业技术学院林学院。陕西省诗词学会会员，榆林诗词学会理事。曾出版长篇小说《红烛泪》《热土》。作品《横山赋》获陕西省百县赋征文大赛一等奖。

李赤老师与我的中学时代

陈　远

一、重遇

1991年春天的一个早晨，延安马家湾的阳坡上柳树渐绿，树杈上的喜鹊叽叽喳喳叫个不停。监窑内的一个犯罪嫌疑人踩着马桶站在高墙上方的窗口，仰望着窗外的景色自言自语道："喜鹊叫，有人到！"话音未落，便听到监窑外院的大门有人开锁，紧接着大门开了，所有监窑内的犯罪嫌疑人都竖起了耳朵侦听大门进来的管教干部的脚步声会走向哪个方向。脚步声越来越清晰，表明正向着我们的监窑而来。很快我们的窑门锁便哗啦啦地响起，锁落门开，一个姓任的老管教探进头来叫我的名字。我箭步飞出牢门，抬头看对面山坡上飞来飞去的喜鹊，原来它们是给我报喜的，只是不知来客是谁。

牢门外面是院门，出了院门还要经过长长的走廊才到了监狱的铁大门。任管教将我带出铁大门旁边的会客室门前，示意我进去，并交代说我只有5分钟的会客时间。我不知道探视者是谁，推门而进，从长椅上站起来一位披着黄绿色军大衣的伟岸身影。天哪，是李老师，我的高中文科班语文老师——李赤老师。李老师见我进来，站起身来，脸上浮现出他那惯常的微笑，爽朗地说道："你小子也有今天啊！"

二、授业

李赤老师与我的关系要从5年前的横山中学高二年级说起。

1984年下半学期，横山中学高二年级分文理科班，我被分到文科班。

据说，学校给我们这个班分派的老师都是学校最牛的老师：语文老师李赤、历史老师张汉友、地理老师刘广华、政治老师高金山、数学老师杨培君、英语老师兼班主任屈振元。我当时正处在摆脱物理和化学困境的兴奋中，对于老师的能力水平并不在乎。

横山中学84届文科班的高考取得了辉煌的成绩。作为班主任兼语文老师，学校安排李赤老师接着给我们这级文科班教授语文课。为此，同学们深感荣幸，并抱着急切的心情期待着李老师的莅临。在我们眼里，李老师是带着成功的光环走上讲台的。但是，我很快发现自己对语文课的不适应。事实上，不适应者非我一人。对于期盼李赤老师将其满腹经纶灌输进如饥似渴的大脑中的全班同学而言，我们很快就显出些许的失望。李老师上课从不带讲义，也很少将他总结的知识要点写满黑板供勤奋的同学们熟记下来。

每当语文课的上课铃声响起时，不待众同学坐定，李老师就将高大魁梧的身躯慢腾腾地移进教室。上了讲台，旁若无人地拿起粉笔，在黑板的正中央飘飘洒洒地写上与课程无关的唐诗宋词、论语屈赋、毛泽东诗词或李老师欣赏的相关名人诗文中的一两句名言。比如，屈原的“路漫漫其修远也，吾将上下而求索”、孔子的“士不可不弘毅，任重而道远”、张载的“为天地立心，为生民立命，为往圣继绝学，为万世开太平”、毛泽东的“书生意气，挥斥方遒，粪土当年万户侯”、李白的“清水出芙蓉，天然去雕饰”，等等。我记得最清楚的是李白的那句：“仰天大笑出门去，我辈岂是蓬蒿人。”该诗句曾连续霸板几个语文课时。李老师每次写完诗句便潇洒地将粉笔扔到桌子边上的盒子里，表明他今天的板书到此结束。

那些名句像不言自明的灯笼一样挂在那里，李老师从不讲解它们。

挂完灯笼，李老师将双肘往讲台上一架，撑起了他那硕大的充满自信的头颅，面向茫然坐定的同学们微微一笑，拿起课本一边翻一边问，第一单元5篇课文你们都看了吗？

台下同学正在按惯例等着从第一课开始，哪里想到老师问的是第一单元的所有内容，便慌忙将那书页翻得哗哗作响。偏有个同学却能对得上李老师的问话，大声说道，都看完了。众同学循声而视，见刘同学同样笑眯眯地期待着李老师的下一个问题。患有聋疾的李老师本能地侧脸倾听，大概也未听清声音来自哪位同学，便将其回应视为全班同学的答案，自顾自地说道，第一单元有5篇散文，从天山写到东海，写的都是祖国的大好河山与劳动群众组成的壮美画卷，你们觉得写得怎样？

同学们异口同声地说："好。"

"好吗？"

李老师把同学们给问住了。

看看无人回答，李老师又说，按照教学大纲，你们要掌握散文的结构以及创作方法，顺便要熟悉其中的字、词、句和相关的语法。他扫视了一眼下面的学生，继续说道，翻到第一课《天山的景物》，你们先看一遍。

这时，李老师在台上自个儿看，我们在台下看。

大概过了10分钟的光景，他看完了，抬头问："写得怎样？"

"好。"同学们说。

"好吗？你们说说看，作者碧野写了什么？"

写了天山的几组景物画面。刘同学总是能够率先回答。

李老师扫视了其他同学，看看再无人应答，便道："作者写天山的景物，这是文章的主题，你们看看第一句话：朋友，你到过天山吗？这句话是不是与主题无关？"

有个同学怯怯地说："有，为了引出主题——"

这一次，李老师听见是讲台下的一位女同学的声音，便看着这位同学，进一步启发式地问道："如果直接跳过这句话，甚至跳过第一自然段、第二自然段，你们直接从作者的正文开始阅读，看看是不是丝毫不伤散文的结构和意旨，而且会让文章更加简洁凝练？"

刘同学看破时机，大声地抢答道："文章的第一部分的两个自然段是多余的。"

李老师笑容灿烂地问道："多余的？你们都觉得是多余吗？好，看看还有哪些段落或句子是多余的或者是写得不好的，是否有用字、用词不当甚至是病句的，你们帮作者删改一下——”

那一堂课，我们将碧野先生登载于《人民文学》的一篇五六千字的散文删改得七零八落。下课了，我们从小对教材课文的神圣感被李老师砸得稀烂。李老师合上书本，满意地走出教室，留下满教室张大嘴巴待填的“鸭子”。黑板上飘着雪花般的粉笔字：“仰天大笑出门去，我辈岂是蓬蒿人。”

李赤老师在横山中学甚至整个县城都是一位传奇式人物。关于他有很多传闻。他因贫病只上了一年高中，然后通过自学一举考上西北大学中文系。大学期间，他虽是造反派的组织者，却因反对武斗以及反对把毛泽东思想树立为绝对权威而闻名于校园。大学毕业后，他被分配在人民出版社从事《毛泽东选集》第五卷的校对工作；不久，他被下放到山东基层锻炼两年。第二次分配工作时，他主动选择回到家乡，担任榆林报社编辑。又因反地区革委会的极“左”政策而激怒了雷姓革委会主任，后被以“现行反革命罪”判刑18年。据说宣判那天，他被押往横山县的体育广场，县革委会领导在主席台上宣判时，他高高地仰起头颅。这个动作冒犯了主席台上的权威，他们命令他低头以示认罪，李老师拒绝低头。押解他的武装人员强迫他低头，他便与武警战士在仰头与低头的行为上展开顽强的斗争。武装人员压下去了，李老师抬起来了；武装人员又压下去了，李老师又抬起来了。如是反复，引起广场看台上的群众骚动。主席台上的革委会成员恼羞成怒，命令武装人员必须让他低头。武装人员便抡起大手击打李老师的头和脖子，直至鲜血淋漓。

他被投入监狱后，遭了很多罪，但仍铁骨铮铮。横山人觉得他是条汉子，加之他对毛泽东思想的强烈信仰，基于同情，监狱管教便容许他在院子里散步而不必整天锁在牢房里。他常常背操着手，拖着高大魁梧的身躯在牢房院子里转圈圈散步，日复一日，月复一月。时间久了，监狱大门偶有不关的时候。传说有一天，他走着走着，便从监狱大门走出来，也不跑，背操着手，不紧不慢地昂首走出监狱所在的街巷，沿着大马路直走到横山油库一带，被武装人员追上押回牢房。面对惊慌恼怒的看守人员，李老师嘟囔道：“我只是散步而已，又没逃跑！”

改革的春风吹到县城时，在有识之士的支持下，经过李老师爱人梁惠莲老师的上下奔呼，已经在铜川崔家沟劳教了6年的李赤老师获得平反。当时的横山中学黑义忠校长爱惜人才，硬是将其要到横山中学从事高中语文教学。

在我们的高中时代，横中有一道独特的风景：每天放学，巍峨挺拔的李赤老师身着一身老旧中山装，背操着手，昂着高傲的头颅，不紧不慢地走出北教学楼道，走在空旷的大操场上，消失在后操场东北边横山电大和函授部的大门外。如此风景风雨无阻，只是换个春夏秋冬。在他走过的北教学楼外墙立面有一块大黑板。一度那黑板好像是专供李老师发表其分析毛主席诗词的文章。并非每个学生都能看懂或理解那些洋洋洒洒的恢宏文章，但是，类似《沁园春·雪》这类豪迈辞章配上李赤老师飘逸的粉笔字，那块巨大的黑板报显得整个横山中学非同凡响。

1985年的元旦前，李老师准备更换黑板报的内容，叫了几个同学到他教研室帮忙整理，其中便有我。事后我们离开时，李老师一边收拾书本子，一边对我说道，你那篇畅想20年后的作文写得不错。

“那是憋了好几天才写出来的。”我谦虚道。

“文章贵在立意，立意高低能够看出一个人的志向。”李老师说。

听李老师这么表扬，我竟然不好意思，木讷而无应，慌不择路地跑了。跑回教室就有些懊恼，而且也觉得有问题。因为我是农民家庭出身，学习成绩不突出，考大学是一种梦想，便谨慎畅想20年后我如何带领家乡农民不再挨饿受穷。这种仍然离不开在黄土堆里谋生的畅想是个什么破志向？便又跑回语文教研室请教，发现门已上锁。

后来，我理解到李老师喜欢学生写大我而讨厌叽叽歪歪的小我情调。

过了元旦，李老师索性不亲自上课了。他宣布说，以后你们的语文课程分为课外语文和课内语文。课内语文实行自教改革，课外语文则根据兴趣形成小组自愿参与学习。

自教改革就是通过学生自己教自己的方式完成课本里剩余24课的教

学内容。具体方案是将全班63名同学分为8组，每个组8个同学负责完成3节课；各组内部要进一步分工完成从备课、讨论到推选代表向全班同学讲课、布置作业并负责批改作业一系列任务。

李老师要求学生不拘于教学大纲，鼓励推陈出新有自己的思路和思想。他提出文章学，认为所有的文章都可以按“起、承、转、合”四分法加以解剖，然后进入文章内部了解其字、词、句、段等语言学方面的知识应用。最后走出文章，从外部加以分析评判。我的理解，这就如宰羊一样，先按其结构解剖，然后剥除五脏六腑，再加以分析，最后从整体上加以批判式的总结。

我们每个小组先讨论如何划分文章的起承转合四个部分，形成共识后，再分成两人一组分别进入一个部分，按语法负责分解字词句段，然后将该部分加以分析后给出小结。那时，语文教学大纲、《新华字典》和《康熙字典》、各种教学辅助材料和课外补充读物充斥在我们每个同学的周围。李老师利用语文教研室的资源帮助我们收集校内所有的备课资料，有些同学利用家庭关系收集校外的资料。这使我们的自教运动显得轰轰烈烈。

理论上讲，每组3节课的备课内容应该在各小组内部轮流执行。比如，张三组在第一课负责文章之“起”的部分，那么第二课应该负责“承”的部分，依此类推；同样的，两人一小组内部也应在查阅资料与执笔备课上轮流执行，保证每个人在本单元的各个知识环节上都有锻炼。但是，由于自学能力、理解能力和认知水平的差异，有些同学便从自教运动中逃之夭夭；有些同学将分给自己的备课任务推掉后玩耍去了；还有些同学拖拖拉拉不能按时完成备课任务或虽然完成却达不到要求。最终，自教运动成为少数同学的事情，尤其是理应推选产生的讲课代表往往成为该组中能者多劳的某一位同学的专利。

李老师像一位无为而治的道长，每听我们反映的相关问题，只憨憨而笑，既无批评纠正，也无表扬。听各组的讲课代表上课，有的滔滔不绝，有的慷慨激昂，有的结结巴巴，有的低吟若蚊。每当此时，我们期待李老师点评。然而，除了毛泽东或鲁迅等作者的经典文章他会亲自讲解外，对于讲课代表的演讲，他则像一位刚进校的学生，坐在教室一角认真地聆听并做着笔记。等到讲完，他也不点评，好像他是站在空旷的夜晚看着星星点点的篝火，只是满面堆笑道："好，好，好。"

我的讲课基本秉承了李老师提供的教学套路：先分解，次分析，再从全局总结评判。所谓分解，即按"起承转合"文章全息四分法将文章分解。所谓分析，就是在各部分的主要自然段里，按语法或修辞学分析其中的字词句。最后，所谓总结评判，就是根据前面的语法和修辞的分析，判断其文字表达是否准确、遣词造句是否禁得起推敲甚至彰显才华，以及段落内部的句意或段落之间的承接是否逻辑严密。一般来讲，如果被组里的同学讨论后找出其中的病句或用字不准确，遣词造句生硬不通，句子或段落之间的意思缺乏逻辑，就说明这篇课文狗屁不通，不是好文章；倘若被我们分解分析后竟然一个字或词甚至标点符号也不能改动，遣词造句不但自然合理而且语言凝练甚至满含韵律节奏，句段之间表达的内容跌宕起伏且逻辑严密，我们就觉得这是一篇上乘文章，值得认真学习。

李老师的文章学在文言文的教学中更具优势，它能让我们很容易地进入一篇文章的内部结构一窥作者的行文细节和创作思想。每当我们分析那些经典名作遇上行文不通时，他就教导我们可以重新断句而不囿于教材给出的标点符号。了解到李老师是西北大学中文系的高才生，又是编辑出身，尤其是校对过《毛泽东选集》，我们可以理解，他实际上将编辑工作中获得的才能倾囊教授我们。

并非每篇文章皆有完整结构，若总是以文章全息四分法分析文章，难免有削足适履的嫌疑。一些同学便讥之为"八股式"分析法。李老师则认为任何文章都是有结构的，这种结构与人类在长期创作活动中形成的认知结构相关，古人确实出于对科举考试的套路化的需要形成了"八股"文风，但它的存在是有其合理的心理学基础，因此，不能走向另一极端。事实上，上大学以至进入社会以后，我已经形成按文章全息四分法阅读并分析文章的习惯，而四分法的概念本身则早已忘记。它确实是训练学生认识文章的有效工具，当你掌握了文章，工具也便可有可无了。

关于李老师的自教改革，其积极意义毋庸置疑。它培养了我们独立思考的能力和分析批判的能力。而且，通过自查资料、自备教案、上台演讲和分组讨论，我们既掌握了语文的基础知识，又锻炼了写作和口才表达能力。

但是，自教改革也有其消极的一面。我们班的李同学就认为，自主教学和学习对极少数具有语文学习天赋的学生而言受益无穷；然而，李老师高估了大多数学生的语文兴趣、学习能力和水平。一年下来，他的教改让大多数语文兴趣和学习能力不强的同学几无所获，严重影响这部分学生通过按部就班的学习有效提高语文成绩以闯过高考大关。我深以为然。

三、传道

比起语文技能，李老师所传“独立人格、不惧权威、敢于批判、敢想敢干”之“道”，对我们的影响无以言表。

他挂在黑板上的那些诗词名句仿佛灯笼中发出的微光，在不知不觉地陶冶着我们的心性。许多同学可能会忘记文章全息四分法的文章学，然而，倘若他曾用自己幼稚的笔解剖过那些如牛似虎的文章，敢于大言不惭批判那些文学大家，他身上便或多或少地形成不唯上、不唯权威的学习态度或批判精神。我们可以称此为李赤效应。

我曾在自己讲完课后追着他到教研室问自己的表现，他说：“你敢反潮流，难得！”

“没有可改进的问题吗？”

“激情有余。”他说。

我不确定这是批评还是表扬，便又追问：“要改吗？”

“不要改。”

我不死心，便换着问：“其他讲课代表的演讲，你觉得怎么样？”

“都很好。”他笑着补充道，“有些同学比我讲得还好。”

“那你对我们还有什么建议吗？”我问。

“对你有个建议。”李老师严肃地对我说，“多读鲁迅的书，让你的思想带上批判的锋芒。”

事实上，他的这个建议不只是给我的。在讲第十五课《阿Q正传》时，他说，我们这个民族只有进化到脱离了对官老爷的奴性和对洋人的媚骨，到那时候才不再需要鲁迅。在讲鲁迅的《“丧家的”“资本家的乏走狗”》一文时，他俯身在讲桌上漫不经心地对教室里的学生说：“你们有兴趣的多读些鲁迅的书。”

无论如何，我因为他说多读其书能让自己的思想带上批判的锋芒，便加入了课外的鲁迅文学兴趣小组，与几个同学将当时能找到的“鲁文”全读了。一些杂文或散文被我们背诵了，还专门模仿其杂文句式来锻炼写作。有时，为了打造一句鲁迅所谓批判的匕首，我们常日谋夜思。

学习鲁迅文章的后果就是我见官员便如孟子所言，见大人则藐之，真的难视其巍巍然！偶尔与我坐在一起的官员以为我竟敢瞧不起他，他不知道那实在是鲁文或更准确地说是“李赤效应”惹的祸。我个人以为我们班的一些极具才华的同学当年受李老师指导读多了鲁文者，在公务员队伍中混得皆不如意！因此，我理解李老师崇拜毛主席亲手摧毁他一手建立的官僚体系的内在逻辑：无论贫富贵贱或为官为民都应人格平等，不平等即应摧毁之。

鉴于李老师的背景，他对那些具有反潮流精神的学生格外垂青。反潮流是“文革”时代的流行语。1984年，“文革”已遭否定，这个词也成忌讳。但是，了解近代中国历史的人都知道反潮流精神是五四运动甚至更早的陈独秀、胡适等新文化思想家播下的启蒙种子，这粒种子成就了近代的中国青年风起云涌的革命情结，文革应该是这股精神走向极端的产物。李老师认为，否定文革中的反潮流精神，就是对新文化运动以来“新民”精神的自我阉割。他曾议论道：一百年前，吾族积贫积弱、四分五裂，当时的知识精英们毅然否定二千年的儒学传统和皇权专制思想，以科学和民主为旗帜引领中国走向共和；一百年来，外驱鞑虏以争独立之生存，内奉血颅以辩发展之路线（李老师视国共战争为当年中国发展路线之辩）。毛泽东领导的共产党在血与火的争辩中取得了领导权；一百年来，吾族全赖反潮流的精神达成革故鼎新的国运。他说道，这些精神内涵在由毛泽东诗词构造的鲲鹏展翅的八阵图中，有兴趣的同学可以认真研究。

以上议论为李老师所述大意。之所以引出这一段，是因为很多同学回忆或记述李老师的经历以及他的教学改革时，忽略了他的理论背景和思想动机。我的理解是他以家国情怀布道于我们。

李老师只上了一年高中，全凭自学一举考中名牌大学。我估计他大概想将“自主学习”的成功经验复制在我们身上。他利用课外时间掀起了自由结社活动（以语文为主，但不限于语文），如书法绘画兴趣组、《红楼梦》兴趣研究组、《水浒传》兴趣研究组、《三国演义》兴趣研究组、《西游记》兴趣研究组、鲁迅文学兴趣研究组、毛泽东诗词爱好组、电影影评兴趣组、诗歌文学兴趣组，等等。总之，只要有同学提议并得到其他同学响应即可成为一个课外小组。不管研究什么，相关的兴趣组都要在固定的墙报上展示该组的研究成果。优秀者还可登上学校或班上的油印刊物（我不记得那些刊物的名称了）。一开始，同学们像春天的蝴蝶到处乱飞，感觉自己在任何一朵花上都能采到蜜。然而，当热情渐息，每个人都发现兴趣并不像自己想象的那么丰富。许多兴趣组逐渐无人问津，先是每个组仅剩召集人，最后只剩寥寥的两三个组还有活动。很多兴趣组生也勃也，死亦忽矣！李老师像早就勘破世事的达人，如火如荼时未见他兴奋，若衰若亡时未见他叹息。他总是满意地笑着，仿佛潮起潮落都是他要的景色。上了大学以后，我才了解到我们的大学生活从高二便已开始。

整个一学期，同学们感觉自己没学到预期的语文知识，却又觉得一如饱学之士，个个都能挥斥方遒，大有“粪土当年万户侯”之慨。唯期末考试，同学们似有忧愁而不知其然。

车到山前，李赤老师早有办法。他让每个学生写一个本学期的备课报告。一些同学确实从事了备课工作，写起来也不费事。个别同学平时滥竽充数，此时便有些缺粮，慌慌然四处采借，终于糊弄一个报告交给李老师。哪里知道李老师一眼未看，便让同学抱回教室，让8个组互相批阅打分，作为期末的语文成绩。对于个别同学的敷衍了事，他解释道，未参与备课的同学，只要听了代表们讲的课，起码也收获了填鸭式教学中要求掌握的知识；照抄别人完成了备课报告，说明他了解了填鸭之食的制作过程；知识的获取途径是多元的，只要他跟上，那就说明他在学，怎么能说他在敷衍呢？至于学习态度，这是你们相互打分应该考虑的维度，你们可以给他在学习态度上打个零分嘛；还有，组与组之间应该展开学习竞争，但具体到每个组的同学理应相互帮扶。一个组只有个别同学优秀，其他同学都是学习的落后分子，所谓的优秀同学也应给予适当的扣分。我当时不太理解李老师的这层意思，后来才明白，他的理念是不应通过平均主义来掩盖落后学生的学习状态。当然，你也可以理解为李老师想通过这种方式告诉那些优秀的同学，分数不能仅仅取决于你的学习成绩。

过往皆是前奏。在此之前，李老师仅是我们的语文老师。高二的第二个学期，李老师取代了屈振元老师成为我们的新班主任。坦率地讲，屈老师是很好的班主任，但他属于传统型的以管教为主的班主任老师。我之所以这么说，完全是为了将其与李赤老师的带班风格相比较。

李赤老师不认为我们应该被管教。按他的说法，甘罗12岁官拜上卿、李世民16岁营救隋帝杨广、霍去病17岁率领八百精骑横扫河西得封冠军侯、孙策18岁便成一方诸侯。他认为像我们这个年龄，恰同学少年，风华正茂，管教就是扼杀。因此，他一上任，便行改革。首先成立自治性质的班委会。班委会设班长一名，委员若干，皆由全班同学选举产生。班长则需要竞选。原来的班长是任命的，已经做了半年，熬就了自己的威信和地位，突然说要竞选，他学习好，本也信心满满。未料其他表现活跃的同学也愿意参与竞选，平衡被打破，一番较量从明到暗展开。有拉帮结派的、有诉诸利益的、有倚才卖秀的，真个是龙争虎斗，煞是好看。我那时只是群众，常常躲在桌下背英语单词，偶尔钻出桌面，发现辩论翻天，争吵破桌。竞选了一周，半路杀出豹头环眼的付明明同学。付明明平时不爱学习，乐于助人，慷慨仗义。看看竞选如火如荼，付明明将胳膊一拃，说他也要参与竞选。同学们便起哄式地挤对付明明上去发表竞选演说。他倒是诚实，也不会慷慨陈词，只排比式地说他要给全班同学干什么，吧啦吧啦。周末，全班展开选举，付明明高票当选，成为自治班委会的班长。

同学们习惯了有一个学习优秀或表现良好的学生来做班长，如今冒出一个不甚突出的付明明，有些同学心有不甘，便去找李老师干预。他却身向后倾，大手一推，直喊使不得，民主选举，这是你们自己投票选出来的嘛，不能想改就改；至于说起哄的事，你们要为自己的行为负责。如果选出了一个混世魔王，那也得由你们自己承受。再说了，我看付明明不错，朴素而能吃苦，劳动时愿意扑下身子。班长嘛，本来就是谁愿意给大家伙服务那就谁上，哪条王法规定必须由学习好的同学做班长?

于是，我们班的自治运动由付明明同学做班长开始。

此前，同学们基本接受了语文自教改革。然而，当自治运动展开后，我们迎来了出乎意料的“政治运动”。基于自教改革的分组被政治站队所击溃，小组成员之间脆弱的互助关系被打破。很多时候，每个自教组很难召集在一起共同备课，语文学习逐渐演变为个人行为。

自治改革使全班63位男女同学逐渐以各自的好恶分成各种派系。主要是三大派：一派是激进的拥护自治改革的左派；一派是着眼于高考因而消极应对改革的右派；还有一派则是无所谓左右的逍遥派。三派同学经常围绕班集体事务相互论战，诸如卫生值日方案、板报内容编排、文体活动筹划、自治权力安排（要不要收班费、自教组织如何划分、座位如何安排）等。原来由班主任或班长独裁之事，现在都成为班委会自治范围内需要民主讨论后才能决定的事。到后来，语文课基本上演变为自治议会，各种质疑、辩论、起哄都在自治议会上展开。每当吵得难分难解时，主持大局的付明明一双明亮的大环眼左看看，右瞅瞅。很多时候，他大概还未听明白一方在说什么，便被另一方反驳的声音扯过去。着急时，付明明大吼一声，辩论的火焰便稍稍停息；后来，他的牛吼不起任何作用。付明明索性一生气，骂一句：“去你的，老爷不管啦！”便跳下讲台坐在自己的书桌旁发呆。此时，李老师像一个旁观者，抱着膀子，笑眯眯地一言不发地坐在教室的一角。至少我没见过他出来干预过。后来得知，在李老师所带的84届文科班的自治改革中，他曾介入学生纷争，结果把自己搞得颇为被动。大概是吸取了经验教训，他在我们班的自治改革中始终恪守超然之态。然而，学生毕竟以学习为主，李老师的不干预导致自治改革走偏了方向。客观上，泛滥的民主让政治生活取代学习功课成为学生的中心。事实上，优秀的同学天然就是一股力量，任何教改若将这群同学边缘化，使其沦为改革的消极派甚至反对派，教改的效果也可想而知。

我们班的吵架（李老师称为民主辩论）声音传到班外，影响到其他班上课，引来其他师生议论纷纷。有看不下去的代课老师将此视为胡闹。此事传至校长那里，校长便向李老师了解情况。李老师笑道，这才是最好的学习！校长见此光景，也不好再过问。

我们的高二就是在这样的自教和自治改革运动中一晃而过。我的感觉是我们的青春在燃烧。李老师可能觉得我们燃烧得还不够，但是，他没时间了。

高三的第一学期，我们燃烧到国庆节，班主任又换回英语老师屈振元。我后来了解到的情况是：一些学生的家长和其他代课老师认为我们不能继续胡闹下去了，否则，高考就会麻烦。屈老师一上来，便废除改革，同时让他离开时的班长重新回归。随着自治班委会的解散，民选班长付明明的使命完成了。坦率地讲，我们需要重新围着高考指挥棒转起来。

李老师的教改失败了吗？

中国自古就有“君子不器”的人才标准，比如，传统中国“六艺”这样的素质教育。李老师的语文教学不囿于教材甚至不限于课本学习，他的教改试图让我们成为一个拥有独立人格、不惧权威、自由思想和富有批判精神的“新民”。简言之，他想让我们不屑于器。但是，普通高中语文教学旨在培养学生具有基本读写技能，使每个学生成为有使用价值的工具。显然，李老师的教改目标与高中语文教学的目标大相径庭。其间的冲突着实困扰着部分学生及他们的家长。无论如何，缺乏公民教育是现代中国人成长的软肋，李老师的教改给我们补上了这一课，尽管不系统，也不成规范，但是，当我们上大学或进入社会，李老师所布之道使我们轻易摆脱一路走来所受传统教育，更能理性看待公民、政府和社会的关系。

另一方面，好像也不能说李老师的教改是成功的。我们需要反思的是李老师的教革还有什么问题需要改进和完善。就此而论，我以为教改完全是李老师个人的想法，缺乏有计划的系统设计，包括要达成什么目标，如何组织，如何安排节奏并与高考衔接，如何保障语文底子差或缺乏兴趣或学习能力弱的学生也能受益，如何让其他代课老师支持并形成统一的教改方案，学生之间发生矛盾或一些失控的学生如何引导而不至于掉队或边缘化，等等。要解决这些问题，恐非李老师一人所能。校方若能成立专门机构配合李老师摸索设计出一个较完善的教改方案并在横山中学推广，使之成为一种有特色的高中教育，今日横中绝非一所“普通中学”。遗憾的是，这是李老师一个人的战斗。人离教息，这是横山中学的失败！

四、解惑

一切好像都没发生。李赤老师仍然将他的大手背操于伟岸的身躯后面，高高地昂起头颅，不紧不慢地往来于教研室与后操场之间。我们的自教运动也废除了。李老师如他刚来代课时的光景，先在黑板的中央写上一两句诗词名句，他则俯身在讲台上翻着课本，干巴巴地念着他认为应当念的文字和段落。但是，一旦涉及传道类的文章，李老师便站起身来，口若悬河，背操着手，在讲台上来回踱步，不时地停下来向台下的学生们抛出问题。比如，讲到毛泽东的那篇《人的正确思想是从哪里来的》一文，他啪地将书扣在讲桌上，好像在背诵着自己写的文章道：

“人的正确思想是从哪里来的？是从天上掉下来的吗？不是。是自己头脑里固有的吗？不是。人的正确思想，只能从社会实践中来，只能从社会的生产斗争、阶级斗争和科学实验这三项实践中来。人们的社会存在，决定人们的思想。而代表先进阶级的正确思想，一旦被群众掌握，就会变成改造社会、改造世界的物质力量。”

念到这里，他拿起书本，举在半空，以炯炯有神的目光横扫台下的学生，问道：“你们以为学会了课本上的这些劳什子就能在高考有个好成绩吗？不会。你们有的同学未来会读更多的书，通过书本掌握比别人更多的思想，但是能用来改革社会、改造我们这个世界吗？不能。只有实践才能出真知。马克思的理论那么伟大，也只有与中国的革命实践相结合才能是正确的思想。你们也要自己实践，在实践中写出自己的大文章，在实践中验证别人的思想并将其转化成自己的正确思想；只有如此，你才有资格改变这个世界。”说到这里，他便将书又啪地扣在桌上，咕哝道：会写大文章者，还怕语文高考不能取得好成绩嘛？！（记不大清此话是否在此课堂所言）

很遗憾，当时的我们已经被高考蒙上了眼睛，李老师的脏腑之言被我们当作普通的政治唠叨课啦！也有同学认为他是以此为过去乱哄哄的教改辩护。今日反思，如果说他的学生中产生几个有些许思想者，那皆与李老师领导的那段“实践”脱不了干系；以此观之，李老师所言不是辩护，而是注解。

李老师仍然继续经营着北教楼的那块大黑板报。所不同者，板报上少了毛泽东诗词的分析文章，多了李老师对汉文字的研究成果。比起文学才艺，李老师的文字功夫明显更具优势。这一点在他所热衷的毛泽东诗词分析中即能管窥。也许是他认为毛泽东（想要）的时代还未到来，他将自己一生所创的以毛泽东诗词构造的那套鲲鹏展翅八阵图暂时放下（听说联系出版而暂无着落），立志打通汉字的生成脉络并将其数字化。对于这段经历我不了解。但我知道正是这一使命将他再次带出封闭而落后的横山县城。近60岁时，李老师重返京城，开始了另一段坎坷的创业人生，从而导致了他的悲剧式命运。此为题外话。

高三下学期，虽然高考压力山大，一些同学仍然与李老师往来密切。那时，李老师在平时离校后消失的后操场边缘购得一块宅基地，我和个别来自农村的同学常在他家帮忙抬石建房，（梁惠莲）阿姨也不让我们白忙活，每到饭点，她那里总有热气腾腾的烩菜端上来，馒头和大米饭管饱吃。我因好辩，常与李老师论说，李老师也乐得给我做陪练。他总是说，你那是抬杆子，不是辩论；或者说，你那是诡辩，不是辩论。时间一长，师生之间无话不谈，常常谈到一些敏感话题。每当此时，阿姨便持长勺过来给我和李老师不由分说盖上一大勺饭菜，她想以此岔开我们的阔论，意思是少谈政治，多多吃菜。因为热衷政治，李老师吃过大亏，尤其连累阿姨及子女甚深，他自知有愧，一见阿姨暗示，便识趣地憨笑打住。

拿到大学录取通知书后，上学前途经横山县城，我以结束中学时代的仪式最后一次在县城拜访了李老师。农村孩子考上大学，阿姨自然是一番夸赞与鼓励。李老师只是眯着眼笑，送我出了他那新窑的院口时，意味深长地对我说："以后的路还很长——"

五、听见

经过4年的大学时光，我与李老师再次相遇在延安马家湾监狱提供的简陋接待室。

进接待室前，任管教交代说："这次我也不进去了，免得我一看你跷起二郎腿就心烦。"（监狱里的管教干部视犯罪嫌疑人跷二郎腿就像当年的县革委会领导看见李老师拒绝低头一样难以忍受）"但你得给我记住，不准谈案情，否则，你再休想见任何来访的客人。"我点头表示同意。当李老师抓住我的手脱口说出那句"你小子也有今天"的时候，我很想与他交流当年老师的"今天"是如何度过的。但我欲言又止，改问："李老师，你说的那个时代快来到了吗？"李老师先是一怔，憨笑道："快来了，不远了！"

"何时来？"我追问道。

"你还记得我在课堂上给你们说过的话吗？当群众见到官老爷或洋人不再奴颜婢膝，那个时代就快要来了！"

"那节课是讲《阿Q正传》的。"我说。

"你还记得？"李老师高兴道，"你在里面能看书吗？"

"能。"

一定要多看看《毛泽东选集》，李老师说。显然，他坚定地认为我当时所参与的反腐败民主运动没有接受毛泽东思想的指导实在可惜（李老师对官方解释毛泽东思想为"实事求是、群众路线、独立自主"颇不以为然，说这是将毛泽东思想工具化；在他看来，缺乏“不断革命直至人民当家做主”这一核心，就不能算是真正的毛泽东思想）。

我礼节性地问李老师：“你那本关于毛泽东诗词新解的《鲲鹏展翅》的书有没有出版？”

未等李老师回答，门被推开一条缝，探进半个头警告道：“不要谈论案情。”

遭遇过“今天”的李老师识趣地岔开话题，问：“里面冷吗？”

“当然冷啊！”

“醒来得早就会受些寒凉，不过不要紧，年轻人嘛，挨挨就过去了。”

我们说话不过5分钟，任管教便喊：“时间到了。”

我只得离开接待室。

走出门口时，李老师紧跟过来，好像有什么重要事情要交代，结果就说了一句：“在里面，要多锻炼身体。”

他从大老远跑来看我，匆忙中将他18年（据说实际执行了3年）牢狱生活的经验教训总结成一句话递给了我！

是的，当一个人身处最艰难的时刻，却仍然能够鼓起勇气锻炼身体，表明他看到了远处的光。

多年以来，每次想到回趟横山中学，可一听说那里再也没有一个背操着手、昂起骄傲的头颅不紧不慢地往来于教学楼与后操场的风景，便打消了回去的念头！

2021年1月14日

庚子于深圳

陈远，横山中学86届毕业生，原名陈学文，生于1967年，曾从事律师工作，现为深圳市长安汇富创业投资基金执行事务合伙人。

精神的力量依然推动前行的我们

邵廉清

2014年农历年关将至，北方早已千里冰封，万里雪飘。这个即将到来的春节似乎与往年并无差别。然而，2014年1月27日，常态却被无情地改变，我惊愕地收到先生李赤仙逝的噩耗。顿时，我的心好像当天的夜色暗淡下来。默默地站在窗前，模糊的双眼遥望着无定河那边的故土。夜幕阻隔了我的视线，却阻隔不了我沉重的思绪。

我想到一个高大而伟岸的身躯，此时却倒下了。围在他身边的是我们尊敬的师母，还有痛哭哀号的子女以及接到噩耗默哀的弟子。我想起陈忠实在路遥葬礼上的一句话："一颗智慧的头颅终止了异常活跃异常深刻异常痛苦的思维。"结束了，先生结束了他本不该平凡却平凡、本不该痛苦却痛苦的一生。对所有关心、爱戴、敬仰他的人来说，这是一个多么无情的消息，一个悲痛而又不愿意接受的现实。藏传佛教中讲人的生命和死亡是一个整体，即生、死、转世。不知先生会否转世，虽然我深知先生毕生追求的是共产主义理想和毛泽东思想。

陕北，这个荒凉、闭塞、落后、贫瘠的高原，这个圣人布道遗漏的蛮荒之地。多少个世纪，我们的先祖经历着与天斗、与地斗、与人斗的苦难岁月。追溯历史，"五胡乱中华""蒙古入侵""解放战争"，无数大大小小的战争使这片高原经历了太多的血雨腥风。今天，我们的耳际仍能听到战马嘶鸣、马蹄"嘚嘚"的声响，仍能看到刀光剑影、钢戟交挥的景象。就在这片神奇的土地上，曾经诞生了无数悲剧式的英雄。盘踞西夏的李继迁、李元昊，斯巴达克斯式人物李自成，革命先烈刘志丹，爱国将领杜聿明，痛骂蒋介石却得到蒋介石尊敬的中华第一报人张季鸾，教育家杜秉承，当代著名作家柳青、路遥等，涌现一批为民族、为国家献身的英雄豪杰和文人雅士。我不明白他们为什么都是悲剧式人物，即使是文人雅士也以悲剧结束。陕北，这块厚重而神奇的土地，总是忧郁的。作为陕北人，我们在失败和灾难面前从不会轻易屈服。我们也暴虐，也疯狂，甚至不理性。我们的豪情壮举有时不足以保护自我，以至于常常受到伤害。我们经常像受伤的动物，默默地舔着伤口，进行自我疗伤。我们有着极强的征服欲和极强的报复欲。陕北人的性格具有多重性和多面性，就是这个悲情的高原，诞生养育了无数悲剧式人物，可悲，可叹，可敬。

先生李赤亦是悲剧式的。他是当代高原的一名大儒，其精神至今仍推动无数前行着的人们，其思想观点仍是人们争论的话题。现在，他虽已盖棺，但对他的评价仍没有人能准确论定。

他的童年在20世纪40年代食不果腹、衣不蔽体、逃荒、乞讨中度过。在故乡高镇，他读了几年小学。在县城，他完成了初中学业。读了一年高中后，他一边与病痛做斗争，一边自学高中课程。因学习成绩优异，高中未上完就考上了西北大学，与后来成为剧作家的张子良、陕西电视台台长骞国政、《陕西日报》主编马师雄、陕西《社会与实践》主编姚羞，以及《西安晚报》总编、陕西社科院院长、陕西省委组织部部长等一大批社会名流政要成为同窗。

在西北大学学习期间，先生可谓寒窗苦读。张子良曾告诉我，你们李老师上大学期间一学期仅有6元钱的生活费，而且还拿出一部分用来买书。他的床让书占了大半的空间，一米八几的大个子，身体又好，经常蜷缩在床边睡觉。一年四季穿一套外衣，衣服洗了便出不得宿舍。张子良是子洲人，和先生隔着一条小理河。张子良讲到他有一次回家探亲，顺道去先生大哥家为先生寻生活费。先生大哥捎去两元钱，最大面值五角，最小一分。可见这难得的两元钱，是故乡大哥多少日积攒下的汗水钱。即便这样，先生从未向同学伸手借钱，更不会接受任何同情、怜悯、施舍。

“人不可有傲气，但不可无傲骨。”先生的骨头是硬的，他的脊梁正如故乡的黄土山峦，傲然于苍茫的大地之上。先生的同学姚羞曾告诉我，当年他们有位官宦之家的女同学，戴了块好手表，经常向同学炫耀，同学们很反感。见不得奢靡的先生就追着女同学谴责，最后女同学不得不摘掉手表。20世纪60年代国民经济处于困难时期，当时人们的思想观念崇尚朴素，反对奢靡之风。虽然先生的行为多有欠妥，却也反映出他爱憎分明的性格。后来他们班有位同学以先生刚正不阿的秉性为素材写了一篇小说。多年后，我去看望病床上的先生时，我讲了这个故事。先生虽已不能言语，但我看到他眼里噙满泪水。

是啊，先生，我知道你的泪水从何而来！一个拥有伟大抱负的人，一个具有成就惊世骇俗事业能力的人，当他的理想化为泡影后，才配有这奢侈的泪水。只有心中装着伟大祖国兴衰的人，才会有忧患意识。先生的痛苦来自思想，他的悲剧也许来自沉重的思想。

青年时代的先生心存大志，关心政治远胜于关心学术。他想以自己对政治的敏感性和远大的抱负，实现从政的理想。先生一直把自己置身于民族进步、国家发展的高度，想把所学用于国家建设，不甘心成为一个普通人，因为他本身就不是一个普通人。

可直至晚年罹病，先生悲剧性的命运彻底形成。有一次我去北京看先生，朝阳告诉我，先生现在在看《射雕英雄传》，病榻之上的先生不得不放弃了学术研究。那一刻我为先生释然了，放下才是最好的解脱。

大学毕业后，先生从北京人民出版社到地方，工作几经变故，心身遭受磨难，使他精神疲惫，郁闷之至。先生因思想观点激进，身陷囹圄。先生曾告诉我，当年他被判刑18年，入狱时师母送他，他告诉师母，自己预感最多坐3年，3年后他果然走出了监狱的大门。

出狱后先生走向讲坛，边教学边苦心钻研学术，成就卓著。他研究的《古语摘要说》，揭示了文言的最大秘密：“当时口语的摘要，是古人的文；古代口语的摘要，是后人的古文。”“内容的精密性和形式的简要性，是语言表达的两个基本要求，是一切语言发展中的矛盾，古代汉语的书面语——文言更是如此。”我上大学时先生托我带了一部《古语摘要说》文稿，请陕师大一位古汉语老师提意见，可是我的老师拿走一周后还我，说看不懂。我愕然，再次产生了对先生的敬畏。

先生先后又研究了文章全息四分法（起、承、转、合），汉字起源发展，李自成故里，毛泽东诗词，并成立东方文艺学会，著有《鲲鹏展翅——毛泽东诗词新解说》。先生曾经给我讲，中国研究毛主席的诗词人很多，包括著名诗人臧克家。主席生前多次反对出他的诗词注释本，说大多数注释家绝少是成功的，注愈详愈坏。先生认为他们研究主席诗词，却不研究主席本人，至少不理解主席的思想和情怀。没有弄懂主席诗词中的形象思维和比兴手法。主席不仅是诗人，更是思想家，怎能等同旧时文人的闲情逸致呢？主席诗词贯彻始终的形象思维主题——鲲鹏，出自庄子的《逍遥游》。“北冥有鱼，其名为鲲。鲲之大，不知其几千里也。化而为鸟，其名为鹏。鹏之背，不知其几千里也。”鲲至鹏核心为“变”，纵观主席一生无不以“变”为主线，他在不断变化中寻求真理，寻求进步，寻求发展，直至革命成功。治理国家时亦以“变”寻求突破，寻求稳定，寻求国家发展。事物在变，环境在变，时代在变，人的思想在变，所以主席诗词的形象思维应用“鲲鹏”一词，以变求新，符合人类发展的客观规律。拿《沁园春·雪》来讲，“北国风光，千里冰封，万里雪飘。望长城内外，唯余莽莽；大河上下，顿失滔滔。山舞银蛇，原驰蜡象……”有人研究认为主席描写的是景，是雪后秦晋高原的美好景色。而先生认为这是隐喻中国的封建主义和世界帝国主义的既得利益者，重重地压迫在中国人民的头上……诗言志，尤其是身处战争年代，主席处于革命的关键地位，他用诗人的浪漫主义情怀反映革命的理想主义，怎能简单地理解为写景？这是对主席思想简单化的处理。先生的《鲲鹏展翅——毛泽东诗词新解说》一书出版后在学术界必将引起强烈的震荡，新解说，新观点，必然会引起新思考。

当时，我们所在的班级是文科班，大多数同学基础差、底子薄、成绩不好。好多同学生性顽劣，好滋事，我也是其中之一。有人戏谑说我们班

“不是文科特长，而是理科特短”。学校决定让先生任我们的班主任。

先生管理我们班的措施是自治，所以我们班除了89届（2）班以外又有一个名称，即自治班。所谓的自治，就是把班里每8个人分为一个组，共8个组，64名同学。加上各种兴趣小组，划小单位进行管理，逐级考核，形成自我约束、自我管理、自我讨论、自我学习、比超赶帮、互相促进的局面，实行高度自治。

我们班是先生尝试教学改革的一个班。他主张素质教育而非应试教育，他倡导知识灵活运用而非死记硬背。已经过去了近30年，我们今天的教育仍是以应试为主，这不得不说是一种悲哀。那时，大学升学率在5%左右。根据我们班同学的学习情况，高考基本无望。但是先生考虑，大家应该接受高等教育，高中毕业就返乡务农，实在是可惜。于是先生去省城西安帮我们寻找另外一种接受高等教育的方式，即上自费大学。他引导同学们去西安接受自费大学的教育，并借用鲁迅先生的一句话鼓励同学们：“走异路，逃异地，去寻求别样的人们……”他告诉同学们要改变命运，只有走出陕北，走出大山，到更广阔的世界去，到文化、政治、经济、教育中心的省城、京城去。舞台大了，改变命运的机会便大了，走出去是唯一的选择。

在先生的感召下，一些高考无望的同学纷纷响应，横山中学掀起一股上自费大学的热潮。现实证明先生是对的，后来这些同学都学有所成，成为祖国各条战线上的有用之才。虽然我们班同学基础差，但先生从未放弃对同学们的教育，希望同学们学到更多的知识。他鼓励同学们要树立远大的理想，他用许多名言警句激励同学们，比如，“俱怀逸兴壮思飞，欲上青天揽明月”等。他要求学习委员每堂语文课都在黑板上摘录一首唐诗，让大家背诵，上课时他利用5分钟时间讲解。这样一年下来，同学们就会将300首唐诗全部背会。

别的老师授课只讲课本知识，先生则是站在民族的伟大复兴、站在陕北的高地教授知识，传导思想。他经常讲到我们的民族屡遭列强的侵略、欺辱，祖国的强盛需要有斗志、有理想、有抱负的青年去报效。他提倡反潮流思想，不反潮流，时代不会有进步，这个民族也不会有进步。他鼓励同学们要以民族大义为重，要以报效祖国为荣。他把自己当年宏大的理想加注到我们这一代人身上，想把未实现的理想，通过后来者代代努力来实现。为了提高同学们的理想境界，他给同学们教唱《国际歌》和《满江红》。先生预言一年后《国际歌》会风靡全国。“国家兴亡，匹夫有责”，他认为青年人应该站在民族的高度去规划职业生涯。

上学时，我与先生接触颇多。每年寒暑假从西安返回故乡，第一件事便是拜访先生，吃师母做的家常便饭，听先生讲时事，先生听我讲高校学生的思想动态。先生问我，你认为我们国家腐败问题应该如何解决。我当时思想简单，单纯地说，查到的该杀就杀，该判刑就判刑。就像当年解放后解决刘青山、张子善一样，绝不能手软。先生说，腐败问题是一个民族、一个国家的大事，管不好会亡党亡国的，国民党后期就是因腐败而不得民心，不得民心则不得天下；水是民心，舟是上层建筑，水能载舟亦能覆舟。他最后说，腐败问题最终得通过运动来解决。

我还是未走出校门的学生，所以很多深层次的问题先生避而不谈，他怕连累我，因为当时的政治形势也不甚好。每次和先生交谈，总是能使我受到启发，不仅增长知识，而且拓宽视野，提高思想认识水平。

中学时先生看我有些文字功底，加之热衷文学，就给我拿来他的藏书《平寇志》和《永昌演义》，叫我好好看看这两本书，尝试着写一部五集电视连续剧《少年李自成》。暑期我阅读了这两本书，构思数日，终因才疏学浅，难以驾驭，未能落笔。后来《永昌演义》还于先生，《平寇志》不知何故未还先生。此书至今仍在我的书架上，每当看到此书就想起先生和先生寄予的厚望，实在惭愧。在此向朝阳说明，《平寇志》不再奉还，留作纪念，睹物思人，铭记师恩。

我不是先生的好学生，先生系统、渊博的知识，深刻的思想，勤奋的精神，高远的志向，我均悟得甚少。先生对我器重有加，严厉执教，也语重心长，鞭策鼓励。先生曾对我寄予很高的希望，希望我在文学或文字方面有所建树，然而我胸无大志，没有持之以恒的毅力，诸事都一瓶不满半瓶晃荡，最终落得文不文、武不武。今天已到了徒伤悲的年岁，再忆先生当年的教诲，追悔不及，终成一生遗憾。

斯人已去，先生留给我的是无尽的思念。他那高大伟岸的身影经常在我眼前闪现。他背操着手，不紧不慢行走在横山中学校园，穿过操场，便是他的窑洞和师母创办的向阳幼儿园。他那高高的头顶上的头发似乎永远也长不长，他的眼睛不很大，但深邃而明亮，似乎永远在洞察着这个纷繁复杂的世界。他站在讲台上领唱《国际歌》时昂扬的神态，至今仍令我热血激荡。他严厉的目光仍像锥子一样刺穿我的内心，唤醒我堂堂正正做人的本性。他谆谆教导，严厉训斥，促使我完成学习，让我体会到严父般的教导。先生，走了的是你的身躯，留下的是你的精神，但愿你的精神永存。

王侯笔力能扛鼎，高原何日再此君。

2016年3月26于鄂尔多斯

邵廉清，横山中学89届毕业生，1968年出生于陕北横山，毕业于陕西师范大学中文系。现任内蒙古博源控股集团常务副总裁，政协鄂尔多斯市第三届、四届委员。内蒙古作家协会会员、电影家协会会员，文学作品主要有《高原的流脉》《毛乌素》《我的鄂尔多斯》《茅草地》等。其中《茅草地》被内蒙古电影制片厂改编成电影《北草地》，书法作品多次在国内获奖。

待到山花烂漫时，恩师丛中笑

曹选文

卜算子·咏梅

毛泽东

风雨送春归，飞雪迎春到。已是悬崖百丈冰，犹有花枝俏。俏也不争春，只把春来报。待到山花烂漫时，她在丛中笑。

一、三立不朽

我至今清晰地记得先生在我高一（7）班新年贺词作文上的批注："寒假里找到并读三本书：《马克思的青年时代》《共产党宣言》《法兰西内战》。"后来遵嘱又陆陆续续阅读了鲁迅著作、《毛泽东选集》。

在那个迷茫的青春岁月里，奠定了我人生基本信仰，不会随波逐流，不能同流合污，不敢放纵懈怠。

从那时起，我担任3年高中语文课代表，先生批注过的每篇作文我都珍藏至今。这是迄今为止最值得我荣耀与自豪的一个职务。因为这个原因，我有了更多接触先生的机会，更多体会到先生的心路历程。

中国古代哲人提出"人生有三不朽"的著名论断："'太上有立德，其次有立功，其次有立言'，虽久不废，此之谓不朽。"先生一生，傲骨峥嵘在立德，教学育人在立功，著书立说在立言，功德圆满，可谓不朽！

二、家国情怀

我不曾忘记，横山中学先生办公室明亮的灯光。窑洞的正墙上挂着马克思像和先生亲手写的一对条幅：“庄生晓梦迷蝴蝶，望帝春心托杜鹃。”

当时不甚明了其中含义，实际上这是先生一生的最好写照。深邃而又纯粹的精神世界和独特而又矢志不渝的至高追求，注定了不为同时代的人所理解。

每每讲到古今中外的悲剧英雄，先生都会以一种异乎寻常的悲愤之情慷慨陈词。“举世皆浊而我独清，举世皆醉而我独醒”是屈原在呐喊，也是先生在呐喊；“播下的是龙种，收获的是跳蚤”，是德国诗人海涅对历史的感叹，更是先生对青年学子未来的强烈期待。追随先生的几十年里，他总是有种崇高的使命感在身，呼唤更多的学子投身到中华民族伟大复兴的滚滚潮流中，刻苦钻研，不迷信权威，提倡创新自治。先生的思想、先生的实践、先生的创造，无不寄托着对毛泽东思想的崇拜和坚守。

这是贯穿先生一生的宗旨和灵魂。先生对于毛主席有种近乎宗教般的信仰，但又超越于信众之流。先生是真信、真学、真钻研。尤其是几十年如一日全面深入地探究毛主席诗词，其间的艰辛、冷暖非常人所能道也。在给我的书信往来中，20多封都是有关毛主席诗词解说集注的。夜深人静，每每打开这些饱含先生严谨又蕴藏着火一样热情的信件，我的灵魂就像是触电一般，一次次燃烧、一次次净化、一次次升腾！睹物思人，我又像回到了在西安上大学那个穷且益坚、热血沸腾的青年时代。

“走异路，逃异地，去寻求别样的人们”，先生总是以鲁迅先生的名言鼓励学生敢闯敢拼。那个时候，从横山到西安要走整两天。凌晨四五点从横山出发，日落时分到延安住一宿，第二天又是凌晨出发，到西安已是夕阳西下。尽管路途遥远，但我心中有梦，没有半点迷茫、畏惧，丝毫不觉得有多苦有多累。就是一个想法，冲出横山，到古城西安追寻梦想、增长知识。现在想来全凭着先生的殷殷期望和精神慰藉。先生就是我心中的神圣的精神导师！

凭借着先生这样的灯塔照耀，我的自信心空前高涨，无知者无畏。在大学里创办了毛主席诗词兴趣小组，每周进行一次交流、讲析，争论得异常激烈。能有如此胆识，直接受惠于高中时先生开创的第二课堂演讲辩论。“安乐死”“红高粱”等海阔天空的主题曾极大地拓宽了我的视野。每周辩论焦点就是围绕先生的研究思想展开的。概括起来讲：一是是否如先生所言毛主席诗词自成体系，文章全息四分法、八阵图；二是是否如先生所言毛主席诗词中鲲鹏形象贯穿始终；三是是否如先生所言毛主席诗词与《毛泽东选集》及中国共产党所领导的革命、建设和美学思想四位一体。为了组织好每一次的学习交流，我得学习先生的文章，还要反复阅读《毛泽东选集》一至五卷，学习中国共产党的革命史。总之，先生的文章中所涉及的，我都得一一求证，不敢有半点虚假。感念往事历历，先生的音容笑貌、言谈举止一一浮现，宛如昨日。

先生从来都是自信的、乐观的，但这些弥足珍贵的精神风范又有着深深的忧患意识、浓浓的家国情怀。我不曾忘记，先生讲解范仲淹《岳阳楼记》时的动人神态，真可谓“先天下之忧而忧，后天下之乐而乐”绝佳写照。正是这种满腔热忱的家国情怀，支配着先生义无反顾传奇的一生。某种意义上说，世人无忧乐，思乐得乐，思忧得忧。只是先生忧的是以天下为己任的强烈使命感无法施展，满腹经纶雄韬伟略只在三尺讲台传播！

三、孤独创新

“赤子孤独了，会创造一个世界。”这是傅雷的墓志铭。先生清贫一生，唯有在孤独中执着创新，艰难跋涉！

但先生创造的岂止是一个世界？古语摘要法；鲲鹏展翅——毛泽东诗词新解说；汉字造字法；文章全息四分法；自治教育理论与实践。先生独步五个时空数十年，竟无人唱和。先生曾引用曹雪芹开卷诗以自勉：“满纸荒唐言，一把辛酸泪。都云作者痴，谁解其中味。”怀念先生、追思先生。就我自己而言，已超越了情感和回忆的范畴，而是为自己的灵魂深处注入镇静剂，思考自己年近五十知天命的人生中有所作为、有所创造、有所奉献！

先生的遗产是座富矿，值得后来者深耕和探究。我自己很惭愧，没能在先生期待的学术领域发展，可惜了青年时的钻研执着！还好，我潜心将先生的自治管理思想完全运用于企业管理和实践，并取得了独特而又有竞争力的效果。培养鼓励青年才俊毅然走上了自主创业之路，也算是对先生在天之灵的告慰！受先生自治教育思想滋养厚泽，我的两个女儿成长中多了几分幸运。大女儿从幼儿园起就开始学习先生编写的“识字快”，小学一年级就能够阅读了；鼓励两个女儿从小有服务班级的意识、团队意识、领导力、独立思考和批判性思维，不迷信权威，摒弃奴性心理，注重培养孩子的基本情操。大女儿获得西安市优秀学生干部荣誉，连续多年被评为三好学生，获西安市书法大赛一等奖，行楷隶篆样样皆能；创立新声书社，连续3年组织春联义卖，所得善款一万多元捐给慈善中心。今年收到了美国11所名校录取通知书。二女儿获得陕西省古筝大赛一等奖。对女儿的教育培养，完全秉持先生的教育理念，注重自学能力，注重独立思考，注重自治能力。我常想，先生的创新在我可能是有限继承，在我的两个女儿一定会结出丰硕的成果，真可谓播下的龙种收获的一定不会是跳蚤！

先生大胆探索求证人类思维一般性规律的论著——文章全息四分法、人工智能，即使在30年后的今天读来，其原创性的一家之言依然熠熠生辉。先生不仅鼓励学生敢于质疑学术权威，敢于质疑教科书，先生自己就是这样实践的。先生从课本中发现文言文部分注解、词句、分段、语法问题较多，并将质疑写成论文寄给语文报社。长期专注教学研究，终于形成“古语摘要说”的理论突破，何其不易。先生心中有一个宏大的梦想，遵循“古语摘要法”实现机译文言，打开中华古籍宝库，从中吸取中华先贤的智慧，实现中华民族的伟大复兴。先生常说，欧洲文艺复兴起于被恩格斯誉为“旧时代的最后一位诗人，同时又是新时代的最初一位诗人”的但丁。

要知道那是在30年前陕北的一个小县城，大多数人尚处于为温饱而奔波阶段。有这样一位先生率先为中华民族的伟大复兴鼓与呼，多少次讲到欧洲文艺复兴，尽情讴歌那些开启欧洲文艺复兴的巨人，如但丁及《神曲》。然而先生是孤独的，世人有谁是先生的知音？“人生得一知己足矣”，至今在我的耳畔回响。一个人超越了时代几十年，超越了同时代绝大多数人。

当尘世的人们在赶潮流时，先生却奋不顾身地反潮流。20世纪80年代西方各种思潮泛滥，历史虚无主义风头正盛。但先生坚定地预言：毛泽东思想一定会大放光芒。可惜的是先生没有亲眼看到这一天。先生深沉的精神，极大影响了我的世界观。当我遇到困难挫折之时，想到先生的艰辛创造和清贫，想到先生的超凡成就和毅力，我就能够在精神上有了自给自足的幸福感。看到先生几十年前畅想的汉字博物馆却在别的省份落成，我的心情是复杂的。90年代中期，我和一位朋友（现已故去）曾在临潼为选址奔波！

先生是文明的使者、民族的先知。我宁可相信先生的思想还在慢慢地生长，如同漫山遍野的山花，如空谷幽兰静静地绽放，终究会有后来者充实壮大，成为我们信仰的代表，成为中华民族的筋骨和脊梁。正如黑格尔所讲：“更准确地说，古代文化的巨大成就都已经湮灭了，于是留下了不幸的后果，即一切都必须从头开始。但是同样也存在没有被破坏的发展进程，文化的结构和体系以它们的特殊方式存留下来，它们在质上十分丰富，同时向各个方面发展，从而去扩充文化。”从这个意义上讲，先生从未离开我们，先生不朽的精神汇聚到古老的神话中：共工怒触不周山，精卫填海，杜鹃啼血，夸父逐日，巨人安泰。为这些铸就史诗般的英雄悲剧痛心疾首时，壮怀激烈之感萦绕在我的心间，促使着自己走正道，敢担当！先生的创造是异常艰苦的，异常孤独的，经历了顽强的斗争过程。青年时如此、中年时如此，就是到了老年还是“烈士暮年，壮怀不已”！

四、傲骨刚烈

先生常说，人不能有傲气，但是不可无傲骨。我的理解就是要我们有骨气、有主心骨、有出息！面对种种误解和不公平待遇，先生以“木秀于林，风必摧之；堆出于岸，流必湍之；行高于人，众必非之”来自勉。高中时，先生教我们的第一首歌《国际歌》，当时不甚明了，目睹国内外风云变幻，经历几十年的人生风雨后，先生的用意真是良苦啊！

要我们做硬骨头的人，做自己命运的主人！岳飞的《满江红》，先生在黑板上写下来。结合宋朝的历史，深入浅出，旁征博引，再逐字逐句教我们学唱，强烈的民族气节、民族情操油然而生。

满江红

怒发冲冠，凭阑处、潇潇雨歇。抬望眼，仰天长啸，壮怀激烈。三十功名尘与土，八千里路云和月。莫等闲、白了少年头，空悲切。

靖康耻，犹未雪。臣子恨，何时灭。驾长车，踏破贺兰山缺。壮志饥餐胡虏肉，笑谈渴饮匈奴血。待从头、收拾旧山河，朝天阙。

先生善于利用名家名篇中培养学生的精气神和远大志向。《沁园春·长沙》《沁园春·雪》，花费了几个课时深刻解读。审美意境，典型环境，典型形象，形象思维，现实主义，浪漫主义，等等概念，那时起便深入我的心中。《庄子·逍遥游》中鲲鹏形象经先生指点，出神入化、摄人魂魄。先生坚持认为毛主席诗词不是简单地歌颂祖国大好河山及个人情怀，而是“诗言志”。

如恩格斯所言：“据我看来，现实主义的意思是，除细节的真实外，还要真实地再现典型环境中的典型人物。”鲁迅的小说《阿Q正传》《药》《祥林嫂》，倾注了先生极大的心血，从字、词、句、段落到修辞，简直是在上解剖课，如庖丁解牛般娴熟，游刃有余。我理解了毛主席为什么称赞“鲁迅是中国文化革命的主将，他不但是伟大的文学家，而且是伟大的思想家和伟大的革命家。鲁迅的骨头是最硬的，他没有丝毫的奴颜和媚骨，这是殖民地半殖民地人民最可宝贵的性格”。是啊！批判性思维何其珍贵，奴性思想多么害人。记得先生借用鲁迅文中的一句话批判奴性思想：“中国历史大致分为两部分，一部分是想做奴才而不得的年代，一部分是做稳了奴才的年代。奴才做了主人，是绝不肯废去‘老爷’的称呼的，他的摆架子，恐怕比他的主人还十足、还可笑。”

现在，国家大力倡导“创新”。只有从小培养批判性思维，长大后才能有创新，否则，“创新驱动”便成为无源之水、无本之木。记得1998年的秋季，先生来西安，与我有一个月同吃同住，想在西安办幼儿园，推广先生按造字法编辑的“识字快”。因为时间充足，有了更深入的沟通交流。我问先生：在您的有生之年，如果“鲲鹏展翅——毛主席诗词解说”“文章全息四分法”“古语摘要”“识字快”都不能成功，您还会给时代留下什么？先生沉思半晌说：“我会以陕北信天游的艺术形式表达自己的思索与追求，如同但丁的《神曲》、屈原的《离骚》。”然而，一场意外的煤气中毒彻底地改变了这一切。先生的晚年以坚韧不拔的毅力与疾病做着顽强的斗争。我们终究没有看到先生陕北信天游版的“神曲”与“离骚”问世。这是先生的遗憾，这是我们的遗憾。

今年是李赤先生逝世3周年，是我人生有幸认识先生的30年。

谨以此深切缅怀伟大的恩师——李赤先生！

2016年3月30日于古都西安

附：诗一首

咏恩师

巍巍横山紫气来，悠悠师恩魂魄在。
韶光三载跃龙门，常思鲲鹏与安泰。
精卫填海成追忆，杜鹃啼血唤英才。
家国情怀岂敢忘，知行合一照胸怀。

曹选文，曾用名李生碧，陕西横山人，横山中学89届毕业生，汉语言文学专业。曾任香港《文汇报》西北新闻中心主任助理。2000年创业，致力于早期筛查类尖端医疗设备代理销售和研发生产。

一棵理想主义的树

高 宏

李赤老师的名字在横山中学的学子们心中，就像黄土高原上一棵挂满云朵的大榆树，坚毅挺拔极其壮美。树冠上成串的榆钱散发着清香，一朵追着一朵，喜气洋洋，可食可观。风吹枝叶摆动时发出“盛、顺、盛、顺……”的节奏，雨打雷击时发出“倔强、倔强……”的吼声。仰望坡上的大榆树，树枝上挂满鸟巢，鸟儿飞向四方，莺歌婉转。人们在树下纳凉，谈古论今。时有村童爬上高枝摘取星星，夜色中纯洁的月白如脸庞，清晨的丹阳泛起赤色柔波的思绪，想让自己再高一寸。

李赤老师是高镇李家坬村人，我是高镇沙沟村人，我们是地地道道的老乡。再加上我祖籍是子洲县杨新庄人，外婆家在子洲麦地山村，两个村子和李家坬都是邻村。所以小时候便知道先生是小理河三大才子之一，更知道先生和梁惠莲老师的爱情故事。知道他在北京的人民出版社当过编辑，后来有了牢狱之灾；知道梁老师如何带两个孩子成长，如何走州过县经榆林上西安给先生翻案的故事。他们的故事在小理河流域被人传颂，且都是赞美声，这也是这块土地上特有的朴素情怀。当然我当时只是一个孩子，听到的是大人们语言中漏出的点点滴滴，话里话外都有鼓点。当事人家中凄厉的雨声不是一个孩子可以理解的。对于一个孩子，能听故事就是一种满足，不可能像当事人那样入戏之深，不可能把自己搭进去，所有的事情都如春风浩浩荡荡。但这个故事还是鼓励过我这个孩子，让自己的童年多了一首记忆的歌谣。

见到先生的时候，我已经成为一名横山中学的初中生。因为是老乡，提到他的名字和看见他都有一种亲切感，都是对一个农村少年的鼓励。只可惜没有和先生有过任何语言上的交流，只是远远地望着，就如同望一座山一样，不知道是崇拜还是自卑。每次先生从不远处走过，一丈以内都可以感受到震荡。先生身材高大魁梧，巍峨挺拔，双手背向身后，双目直视前方，脸上始终挂着标志性的微笑。他乐观而豁达，让人感受到一种远方的别样温暖。每次看到先生无论走在雷电下的大雨中，还是走在深浅不同的蓝色中，风姿不变，表情不变，衣衫不变，基本上是灰色的裤子，蓝色的中山装。你不知他是南风还是北风，就是那样一种意志力坚定如磐石，一副没有倦怠和困意的样子，站在人群中就是中央……如果你身边有这样的人，一定要珍惜。他能在你湿了鞋子、湿了衣衫后，找到一把精神的雨伞为你挡住大雨，扶你站起。

我读高中的时候，在横山中学89届（4）班，后来又去了（1）班，先生是89届（2）班的班主任。只是听说他们班在搞教学改革，当然这不是第一次听说他教学改革的事情，基本上是学生自制，先生监管。作文课要写假如我是横山县县长；文言文教学实施的是古语摘要，字词讲的是造字四要等。简单明了地说就是重点学习，深入学习，培养志向。这对于黑窝窝头换白面馒头的农村学生来说何其遥远，又何其幸运。遥远且无知并不重要，幸运的是为那么一部分学生开启了智慧的真谛。事实也是越贫穷越需要开智，先生的教育理念为那些找不到方向的同学打开了封闭的心灵，教会他们应该如何睁眼看世界，如何独立思考问题。遗憾的是那时的我没有机会接受先生的惠泽。当我知道理想是什么的时候、该做什么的时候，已经30岁了，已经在单位里上了很长时间的班。假如我在读高中时受过先生点化，也许会开悟得更早一些。好在先生的那些理念让我间接地受到了一些影响。事实证明接受过先生教学理念的学生，两种学生最受益，学习优秀者和学习成绩差的。

先生践行的教学改革的案例很多，最有名的就是文章全息四分法（起、承、转、合）。其实这些都是传统文化的思维规律，无论是诗词歌赋、琴棋书画、戏曲节奏，都离不开这个规律。在他的心灵里必然有格物致知的回响，正如李白云：揽彼造化力，持我为神通。一个人若在少年时期得到这样的启迪，一定会让孤独从此站迁徙到下一站，酝酿出沉默的风暴，让身子越来越轻，心越来越大。先生是一个朴素的人，他的朴素决定着他的厚度和情怀。我目睹过先生在给自己修建向阳幼儿园时挖地基、搬运石头的风轻云淡。那时的我时常看到先生的肩膀上挑着一担水走过偌大的操场，还是笔直的身板，大大的水桶垂在扁担下发出吱呀吱呀的声响。这声音是他说出来的快乐和沉默，像一块移动的磐石，心里始终装着方正在向前行走。先生一生向往生活的春天，绝对是生活的思考者，一切从那锹挖出的土和那块奠基的石头开始，那担在肩上摆动的水桶摇出时光的幸福，摇出生活的另一个春天。

先生是一个装满家国情怀的人，在由他发起的那场为横山县闯王故里寻根溯源活动中，先生不遗余力组织人员进行乡野调查和考证，不放过任何细节，就是一心想为横山县寻找一个精神图腾，一个斯巴达克斯式的英雄，让全县人民和子孙后代未来在精神上有一根精神的拐杖可以依靠，让革命的颜色永不褪色。哪怕是赤脚走过荆棘丛生的道路也可以视野辽阔，可以张开双臂呼吸自由的空气。所谓朴素和勇敢就是内心装有泥土的仁慈，即使身在低处心里也有一座坦然的高峰，即使站在危崖之巅也可以不慌不忙。有这样品质的人心灵胜于火柴和磷，只要点燃就会奋不顾身，把倾斜的人间当作惊涛拍浪的海岸，先生扳正其中的颠簸者。

先生是一棵风姿飘逸的树，树梢间挂满云朵。自己也是一个仰着头爱看云朵的人，眉间的微笑装着尘世的经历。先生对于马列主义毛泽东思想的执着，对鲁迅的深爱，就是鲁迅笔下的一棵是枣树，另一棵还是枣树。爱是个人的态度，坚硬也是个人的态度，爱憎分明后总有一种善举，舒则恣意，卷则圆满，善则残缺，风光有多不同，变化就有多丰饶。他是一个爱真理的诗人，这主要体现在释译的毛泽东诗词中。在《鲲鹏展翅》中，先生更像一个艺术家，一个诗人，里面的文字、图片如《易经》风水的故事在飞翔。那些诠释如同镜中镜像，恰似草丛飞起来的蝶舞，搁置在一处融入我境；轻则似举过头顶的蓝天，重则似下雨的云，高低都是鲲鹏展翅的震响。思想永不停止地流淌，携光明而来，携光明而去。

后来我考上了大学，毕业后在外地工作，先生的事知道得少了许多。当我也成为北漂后，知道先生也漂在北京，推行他的汉字识字法，再后来得知先生生病回了家。先生在北京做的这件事是具有前瞻性的，只是可惜没有进入互联网时代，而且人脉资源有限。加上后来身体有恙，先生推行的汉字识字法搁浅。我们虽然是同乡，但几乎没有交流过，现在想起来有诸多遗憾。但我观察过他，加上自己北漂多年，对先生在北京会理解得更深入一些。我也经历过租住在简陋粗糙房子里无人问津的至暗时期，完全可以知道那是一种什么样的困难和艰辛。无论你是在大街上还是窝进沙发里，那种孤独不会有人理解。只有自己用思考浇灌花草才能唤醒理想，你不能生出埋怨，更不能生出愤青的情绪，只能用行动戳穿屋顶摘取星月，和未来对坐，不问昔日。只有经历过这样生活的人才有可能明白心气要有多高才能越过鄙视者的目光。不论年龄多大，北漂一切都得从头开始。也许正是这样的压力、这样的生活状态，才让年龄不饶人的先生身体一下垮了，疾病熄灭了他最后的火焰，让一份执着成为沉思的掠影。

三尺讲台不高，但开阔在远方，高度在屋顶之上。无论是逆境、顺境，我猜想他的眼睛始终有一种恬淡的坚定。体态依然伟岸，衣衫补素，心有阳光。我一个劲儿地打捞起点点滴滴的记忆碎片，理解他就如守得云开见月明，解开一个志向高远者的命运。先生的人生绝对是一本大书，能读几页就可以受用。如果上过他课的人一定可以指认自己，我是谁，从哪里来，到哪里去……今日追思先生，是在读自己的回乡偶书，追忆那些看见过、听见过的时光，都会给人一种启迪。如有遗憾就是自己没有主动找过先生，没有过早地给自己吃一颗定心丸。愧疚的是30岁后北漂也未曾拜见过先生。也许是因为自己不优秀、不自信，其实还是因为先生在我心里面太过高大，没勇气前去打扰。后来几次和朝阳说想写点关于先生的感受，更准确地说是一些妄议。一直都拿不起笔，直至今日才写了一点，实属有些唐突。

先生的思想在山巅霞光间翻动草叶，让一部分学生触摸到理想主义者的指纹。正如那棵大榆树一样，枝干绣满天空，根部在不紧不慢中拥抱大地。溪水缓缓绕过山川，所有都是赠予。读先生就是在读黄土高原上的那棵大榆树，退回天空，目测理想和落叶交换宿命，寻一处安身立命之地，搬运的是自己。

高宏，职业画家，横山中学89届毕业生，1970年出生于陕西横山高镇沙沟村，现居北京宋庄画家村。

巍巍乎，李赤老师

冯光胜

清华大学原校长梅贻琦说过：所谓大学之大，非有“大楼”之谓也，乃有“大师”之谓也。大学尚且如此，对一所普通县级中学而言，能得一大师，更是千古幸事。

横山中学是我初中和高中的母校，在母校建校65年的历史上，就曾有这样一位名师大家——李赤老师，他已然是横山中学语文教学上的一座丰碑。我一个后生晚辈有幸与李赤老师相识、相知，受教于他，时间虽短，却受益终身。

一、初识

初识先生是1985年春，我上初一。

某个午后放学回家，院里小凳上端坐一位铁塔一般的壮汉。身材魁梧，体格健硕，前额宽大，印堂发亮；穿一件灰色中山装，脚蹬黑色圆口布鞋，声若洪钟，正与父亲交谈。后听父亲介绍，他就是横中老师、县政协委员李赤，在做李自成乡籍考辨。

早在20世纪80年代初，先生就以超常的敏锐性和深远的洞察力，最先意识到研究闯王乡籍的意义。

他根据明崇祯十五年正月米脂县令边大绥《塘报稿》记载的挖掘李自成祖坟路线，亲自带人（其中有我家兄）逐段踏勘实证，全面印证了边大绥《塘报稿》所记方位和里程，同时辅之以史料记载、实物考古、民间传说等，经过近十年研究，得出闯王故居是明米脂县双泉里二甲长梁湾，今横山县石窑沟乡长峁墕村古庄窠，并写出《李自成是今横山人》，发表在

《陕西日报》《黄土文化研究》等报刊。

先生的研究成果得到了历史学家顾城、明史专家毛佩琦、文学家姚雪根等大佬肯定，现正逐渐被社会各界所认可。1991年，国内研究李自成的专家北师大谢成仁教授在石窑沟长峁墕引凤山李自成故里纪念碑落成时题词：

李继迁寨，闯王桑梓；
今归横山，昔属米脂；
米脂立像，其像煌煌；
横山竖碑，其碑巍巍；
煌煌巍巍，青史永垂；
巍巍煌煌，两县之光。

我老家就在李闯王故里横山石窑沟乡长峁墕引凤山村，因先生研究李自成乡籍，我父亲退休后，根据祖祖辈辈对李闯王小时候故事的口口相传，通过走访、挖掘、收集和再创作，编辑出版了上中下三册《李闯王故里传奇》，再现了几百年来，与闯王有关的地理、地貌、奇闻逸事和神话演义，以及少年李自成流传于乡村的传奇故事和民间传说。

先生与我父亲交谈，正是在一起研究考辨闯王的故里。因我父亲是地地道道的闯王故里人，从祖父、曾祖父处传下来的闯王小时候的故事，对于闯王故里乡籍印证更有说服力。

二、共事

1988年秋，我上高二，被校团委任命为横山中学学生会主席直至1990年高中毕业。

因学生会工作较多，与先生互动频繁。此时先生带高三语文课，兼任89届（2）班班主任，同时是横中教改负责人。

在先生的主持下，学校成立了毛泽东诗词研究会（后改为鲲鹏诗社）、演讲辩论队、影评组、文学社等学生社团。学生会通过组织动员，引导高中各年级学生积极参加。一时间，每到下午课外活动，学校图书实验楼各个教室，人头攒动、人声鼎沸，辩论声、吟诵声此起彼伏……此时先生总是背着手，踱着步，在各个社团巡视、指点。

为检验社团学习效果，学生会组织了一系列活动。如作文竞赛，我们邀请先生担任作文大赛评委，他欣然应允，而且让语文组每一位语文老师参与评比，对语文老师们筛选出来的优秀作文，再亲自一一点评批改，并分出一、二、三等奖；如演讲辩论赛，先生会对每一位参赛选手进行培训，包括仪容仪表、神情面貌、运气吐字、手势体态，直到演讲内容、逻辑推理、论据论点等都提出全面指导意见。

他也时常对学生会工作提出建议，鼓励各班通过竞选产生班长，实现学生自治，让学生管理学生。高一、高二年级多数班级在学生会组织下，通过学生毛遂自荐、发表演说、民主选举产生了班长。这些班长自然成为学生会成员。

同时先生还组织学生对各科任老师打分评比，促进老师教学方式和内容的改变，充分实现学生在学校的主体地位。

先生也鼓励学生到社会上去。学生会成立记者团，由学生担任记者，进县委政府大院，采访本地热点事件；到市场田间，了解民生百态。

这个时期，横山中学的广播室和学校所有黑板报都由学生会管理和使用，每天在广播里播出学生自己采集编写的稿件；每周换一次学校的黑板报，板报形式灵活多样，贴近学生实际。

1988年到1990年这个时期，横中学生思维活跃、精神饱满、朝气蓬勃。在学习文化课的同时，通过先生指导的课外实践，普遍开阔了视野、锤炼了思想、加强了思辨能力。

虽然与当时坚持的应试教育相比显得另类，但深受学生们欢迎。直到很久以后才知道，先生倡导的这些叫“素质教育”，他是朝着“何谓人”“成为何人”“如何成人”的方向培养学生的，而不是培养一批批的应试机器和人云亦云的应声虫。

现在最为遗憾的是，先生曾委托学生会在学生中征集校歌和提炼校训，由于本人才疏学浅，能力有限，未能完成先生托付。所幸后来的学弟学妹以及校友当中人才济济，终于实现了先生愿望。

三、受教

1989年下半年，我们上了高三。先生送走89届后，给我们讲了半年语文课。先生的语文讲授虽只有半年，却影响我们一生。名义是讲授语文，实则是天文地理、诸子百家、逻辑哲学、诗词歌赋等的培训课，同时也是先生几十年毛泽东诗词、文章全息四分法等研究成果的发布课。

先生最喜鲁迅文章和毛泽东诗词，喜欢他们的棱角分明、思想独立、实事求是，一如先生本人。先生对小资情调浓厚的作家诸如郁达夫、郭沫若等人的文章很不以为然。

他最推崇鲲鹏的远大志向，故用鲲鹏八阵图研究毛泽东诗词，并做出新解，经常对臧克家注释的毛泽东诗词提出批评。

比如，《沁园春·长沙》上阕：

独立寒秋，湘江北去，橘子洲头。看万山红遍，层林尽染；漫江碧透，百舸争流。鹰击长空，鱼翔浅底，万类霜天竞自由。怅寥廓，问苍茫大地，谁主沉浮？

在臧克家等主流观点看来，这是主席描写的一幅多姿多彩、生机勃勃的湘江寒秋图。

先生的观点是：

“君者，舟也。庶人者，水也。水则载舟，水则覆舟。”

——《荀子·王制》

这个载舟覆舟的比喻，是中国传统文化中的通用典故，魏征用这个比喻规劝唐太宗记取隋朝覆亡教训，更传为历史佳话。

《沁园春·长沙》正是以舟水关系为中心，描绘了一幅20世纪20年代中国社会生活和革命道路的完整图画，抒发了作者“改造中国和世界”的壮志豪情。

湘江是作品视野中的主要形象，是中国最大的庶人阶层农民的形象；而当时的中国农民，正如鲁迅小说《阿Q正传》《风波》《故乡》《祝福》中所描绘的，是受压迫最深重而最不觉悟的阶级，蕴藏着极大的能量但没有受到激发。“碧透”是这种平静无波状态的精确刻画。

“百舸”是勾结帝国主义的军阀、官僚、地主买办阶级的形象，“争流”是争夺水面和水道，即争夺对农民的剥削权、压榨权，同“百年魔怪舞蹁跹”意思相近。

“谁主沉浮”，就是谁主宰这百舸的沉浮，也就是谁为中国革命的主要动力问题。

先生的分析不落俗套，见解独到，鞭辟入里。

先生研究的文章全息四分法， 也是重点讲授的内容之一。按照先生的看法，所有诗词歌赋文章涉及万事万物都分四部分，即“起、承、转、合”。

上先生的课，比较轻松，只要分段，就按四段来分，先生就很高兴。

有一次，先生布置我们对杜甫诗歌《兵车行》进行分段，并总结段落大意。

由于我当时年少轻狂，故意与先生的文章全息四分法意见相左，坚持按三段论分段。开始先生不动声色，让我把三段论板书在黑板上。板书完后，我在结尾处画蛇添足地写上“一目了然”四字。随后他按“起、承、转、合”四段开始讲解，讲着讲着好像突然记起了我的板书，指着“一目了然”几个字，对我劈头盖脸地一顿猛批。

这是我学生生涯唯一一次挨老师的批评，记忆尤为深刻，也体现了先生率真可爱的一面。

四、托付

1990年9月，我考入武汉大学法学院。

在我上大学启程的前夜，先生专程赶到我家，交给我三部他数十年来潜心研究成果。

一是用浅绿色油印报纸刊载的《鲲鹏展翅——毛泽东诗词新解说》。交给我的时候，还散发着阵阵墨香，不像现在出版的装帧十分精美考究的专著。

二是转注造字法汉字研究，是一本有16K纸一半大小图文并茂的小册子《汉字例话》。

三是文章全息四分法（起、承、转、合）原论，并附一信。

他嘱咐我把这些带给武汉大学历史系唐长孺教授（武大历史系主任，国家文物局古文献研究室主任，武汉大学中国3至9世纪研究所所长），请他指点。称唐先生与他一起参加过几次学术会议，比较熟识，是他敬重的学界泰斗。

我到了武汉大学第一件事就是找到唐老家里，把先生的研究成果和致唐老的信转交给他。唐老非常高兴，留下我盛情款待。后来先生与我通信告知，他已与唐老有了联系，就有关学术问题进行了交流，并对我表示感谢。

我大学毕业后，一路向南，与先生的距离愈来愈远，再未谋面。但在数十年里，先生的消息始终没有中断，对他后来的经历也耳熟能详。无论我走到哪里，每每与人谈经论道，总会提及先生。

先生之风，山高水长！
高山仰之，仰之弥高！

2014年先生仙逝，斯人远去，精神永存，谨以以上文字，纪念先生！

冯光胜，横山中学90届毕业生，横山人，1990年9月就读于武汉大学法学院，历任武汉大学法学院学生会主席，武汉大学学生会副主席、代理主席，1994年7月参加工作。现经营能源物流企业。

两句话，启发我立志和担当

吴　峰

我并非李赤老师亲手教出来的学生。他是2014年1月27日去世的。

最近，几拨从北京来西安的横山中学校友，先后时间虽然不同，但都是李赤老师带过课的学生。他们每每谈起李赤老师，都充满敬仰之情、赞誉之辞、追思之心。

这令我感动，引发了我对李赤老师的回忆。慢慢地，有些事情越来越清晰地浮现在我脑海中。

20世纪90年代初，我在横山中学读高中的时候，李赤老师便在那里带语文课了。他大概是当时全县最有名的语文老师了，也理所当然是横山中学最受尊敬的老师之一。名师自有一些传奇故事。我上学的时候，全校学生都议论说他是老牌大学生，曾是人民出版社编辑，因为政治问题，回县城教书。当时在那座封闭的小县城，能出这样一位大人物，足以让学生们羡慕和敬仰。

由于这些传奇故事，我当时也期盼有机会得到李赤老师的教授。我自叹没有这种师生缘的福分，其中原因是我属于理科生，“最好的语文老师应该配置给文科班”，这是我对校方没有安排李赤老师给我们带语文课的自我“解读”。这样的“安排”，让我错过了和李赤先生的师生缘分。但是，我们毕竟是有师生缘分的。

有两件事，值得记下来，以表达对老师的敬仰和思念。

一是关于如何立志。

有一次，我们语文老师有事请假（好像是吕文强老师，他语文课讲得也不错，对我也好），学校安排由李赤老师给我们代课。讲的是《子路、曾皙、冉有、公西华侍坐》，是孔子和他的四个学生谈理想志向的问题。

那时的我们，一般说理想，多数还是"当官""挣钱""当兵""当科学家""当老师甚至教授"之类的想法。像孔子和他的学生这样谈理想的，在当时的我看来，还是不多见，便印象深刻。李赤老师在课堂上对四人的志向做了分析，并解读了孔子的政治主张，最后圆满地解答孔子为什么说"吾与点也"。但是，一堂课下来，可能是理解力不够，我觉得没有听懂。课后，硬是追到李赤老师的办公室，请教他孔子为什么对曾皙表示赞同。老师再次做出耐心的讲解，但还是似懂非懂。

此后，我经常回忆起这一段场景，一是感慨于老师的耐心，更多是这一问题开启了我对如何立志、立什么志向的思考。我好像除了对孔子"以礼治国"的政治主张有了认识以外，更多想知道"礼乐"能成为志向的原因。

音乐或礼乐，或许是人类最具灵感的部分，既可涵养志向，也可成就志向，也能表征志向是否实现。对个人、对组织、对国家也是这样。在我后来的人生中，偶尔也有朋友问我或建议我，"听不听音乐"或"要听听秦腔"之类。一般地，我都会想起和李赤老师的这段缘分。

二是关于如何做事。

记得那时在李赤老师的支持下，横山中学的高二文科学生创办了"鲁迅文学社"。

李赤老师在文学社成立时讲了话，主要意思是鼓励学生主动作为，积极参与，共同办好文学社。他还引用青年时代毛泽东的话，我至今记得，那便是：世界是我们的，做事要大家来。那个年代，高考的压力也是很大的。我是唯一一个敢抽出时间参加文学社活动的高三学生。我庆幸的是，在这次活动中，收获了这么一句哲理！现在回想起来，一个人所说的话，能在20多年后的今天还能清晰地记着，足以说明它对我内心世界的影响。在时代中担当，首先要把自己看成时代的主人。一个青年的责任、担当，大概就是在这样的场合中慢慢树立起来的。一个人启发另一个人如何树立志向和担当做事，这两个人，应该就是老师和学生的关系。我庆幸在和老师仅有的两次接触中，收获了影响自己一生的两句话：“吾与点也。”“世界是我们的，做事要大家来。”

韩愈说了，师者，传道、授业、解惑也。李老师或许没有教给我太多的知识，但是教会我比知识更重要的“道”。传道，为师者之大，是师生之本。先师的遗风，将由学生们承接，并实现“接天莲叶无穷碧，映日荷花别样红”！您在天堂还记得吧，这是您窗前曾经贴过的一副对联。

2016年4月17日星期日晚于终南山下

吴峰，1974年生，陕西横山人，1992年毕业于横山中学后考入西北大学科技管理专业，获得学士学位，后在西安交大经济法专业取得硕士学位，现任西安高新综合保税区产业发展局局长。曾任陕西省软科学研究所助理研究员、办公室副主任、研究室主任，中国驻印度大使馆三等秘书、二等秘书，中国驻英国大使馆二等秘书、一等秘书等。

纪念我高中复读时的语文老师

韩世兴

1988年我从横山二中初中毕业。读初中时，学校有一个细叶文学社，我是成员之一。当时横山有个柠条花文学社，几个县城里文学泰斗式人物都在里面，其中就有李老师（当时只是听说还没有见李老师其人）。他的文学造诣令我仰慕不已。

80年代的娱乐还是以看电影为主，学校常组织看电影，评论电影人物。记得最清楚的是《一个和八个》。现在知道编剧张子良是陕西子洲人，是李老师的大学同学。后来我学习忙，对文学社的参与就少了。

高中我在横山中学念理科班。

最初接触李老师，是学校组织学生观看老师的教案及备课，我第一次看到李老师的教案。他给高二文科班上课，用他特有的笔体备课。因为其他老师的教案都写得很工整，唯有他特点鲜明，所以印象很深刻。

学校有学术讨论会，李老师组织了一次历史讨论会，我有幸参加。

我第一次听他讲李自成是我们横山人，那是他和一些年轻人亲自考察论证得出的结果。

当时我听了目瞪口呆。

因为教科书、历史资料都说李自成是米脂人，他居然把李自成说成横山人。

李老师娓娓道出他们根据历史书的记载，到实地考察，用实物对比，通过村里的老年人口口传述，以及他敏锐判断，最后得出结论：李自成的故居是明米脂县双泉里二甲长梁湾，今横山县石窑沟乡长峁墕村古庄窠。

我当时想：我们横山县多有像李老师这样的人，该有多好。

陕北这片土地自古出了不少英雄人物，如梁师都、张献忠等。他们的丰功伟绩，还沉睡在历史的长河中，等待挖掘、论证……

20世纪80年代的高考，能考上的人比例太少，考不上的是绝大多数。那时李老师极力主张那些没有考上的学生自费上大学。为此他积极为学生联系学校，我的一位亲戚曹师兄为此受益。从以后的发展来看，李老师的思维无疑是很超前的。那些毕业的学生现在是各行各业的杰出人物，对社会的贡献不亚于985和211的学生。

我1991年参加高考，那也是我人生中唯一的一次高考。没考上，只能复读。李老师真正给我上课是高三复读班，他给我们教语文课。

听他的课真是一种超级的享受。他讲《逍遥游》："北冥有鱼，其名为鲲。鲲之大，不知其几千里也；化而为鸟，其名为鹏。鹏之背，不知其几千里也；怒而飞，其翼若垂天之云。是鸟也，海运则将徙于南冥。南冥者，天池也。"李老师讲鲲鹏展翅，扶摇九万里，那种气势磅礴令人神往。他把它和毛主席诗词有机结合，发表了专著《鲲鹏展翅——毛泽东诗词新解说》，把中国古代诗词的精髓和现代伟人著作完美联系起来。

李老师在课上常常朗诵伟人诗词。一次随手一挥就在黑板上写出伟人的《忆秦娥 · 娄山关》：

忆秦娥　娄山关

1935年2月

西风烈，长空雁叫霜晨月。霜晨月，马蹄声碎，喇叭声咽。　雄关漫道真如铁，而今迈步从头越。从头越，苍山如海，残阳如血。

我印象中他说最喜欢"雄关漫道真如铁，而今迈步从头越"一句，只是我不能理解他说的是什么意思，但我感觉到他也一直在学习和探索、研究伟人的诗词。

他通常把文章划分为“起、承、转、合”四部分，这是他潜心研究的成果。用李老师的这种分析，我觉得更得心应手，他的分析让我受益终身。

李老师西北大学中文系毕业，当时分配到人民出版社工作，后回到榆林报社。因为李老师的性格刚直，毫不苟且，敢讲真话，敢讲真理，在当时可能得罪了某些领导，结果是把李老师下放横山县。但是李老师照样用他的知识教育学生，用他的言行给学生树立榜样，他照样潜心研究他的鲲鹏展翅。常见他神采奕奕地用杨市沟的水浇他的小菜园，似乎过着苏东坡的那种生活。在学术上他像闻一多，越研究越有劲，而且还带动一大批人共享、探索他的研究成果。

2014年春节刚过，听到李老师去世的消息，我心里一怔：那么有才华的李老师怎么会走了呢？李老师最喜爱鲲鹏展翅，但愿他像鲲鹏一样飞向宇宙。

2020年7月8日星期三

韩世兴，1991年横山中学理科（3）班毕业，1992年招工到横山电厂，从值班员做到运行值长。2009年，从横山电厂分流至榆林北郊电厂，在2016年筹建榆能榆神2x350MW电厂时，负责该水源地供水，现任供水站经理。

大 先 生

王泽华

恩师李赤先生仙逝已经有4个年头了，我心中一直想为先生写一篇文章，追记先生在京从事汉字研究时期我在他身边的日子，以飨他的学术思想、治学精神以及阔如海洋般的博大胸襟。

在4年前先生的追悼会上，我在恩师的悼词中写道：我对恩师的评价，非我妄自敢论，然而，先生的才学品德教育惠泽的学子遍及四海，必成社稷之器，国之栋梁，影响当代，润泽后世。无论身处何种境地，先生严谨治学，孜孜以求，乐观生活，肝胆照人！先生的成就主要体现于“转注造字法”理论的创新。早年得国学大师王力、周祖谟、康殷、袁晓园、李学勤等先辈的赞叹与肯定。此学虽未刊行见世，实为憾事，然其学术思想已影响学界久矣！其次，“毛泽东诗词新解说”，有《鲲鹏展翅》一书问世。先生新论惊人，思维浩瀚，分析入理，为研究毛泽东诗词及毛泽东思想理论体系树立了一座丰碑，此必为后世认同和弘扬。先生的成就虽不彰表于官方，却播誉于民间。今天也许被忽视，终将会震惊未来！时光是一把刻刀，碎石琢玉，剥出一尊伟岸，雕出一束耀世光芒！

李赤先生就是这样，平凡而又伟大，苦难而又传奇。

在我的人生路上，有几位大德恩公是我的人生导师。李赤先生是最早的一位，也是最早影响我人生重大选择的导师。是先生的人格魅力，让我义无反顾地中学辍学追随先生进京创业。在我还是一个青涩少年时，命运让我成为他的“关门弟子”。在他“二次进京”的那些岁月里，我伴随先生创业，见证了先生的第二次京华岁月。先生严谨治学和艰苦朴素的作风，尤其是他博大胸怀和独立思考的批判精神，深深地影响和教育了我。

那是1992年，我在横山中学读高中一年级。此时我已接任校园社团鲁迅文学社社长，并且创办了芦河书画社，也担任社长。值得感谢的是，李赤先生一直是我们创建社团的指导老师和最主要支持者。在我的社长任期，他甚至让出他的教研室供我们使用，这让同学们一直称道，让我心存感激。少年是叛逆的，也是迷茫的。担任两个社团的社长，在横中算得上“学生领袖”了，性格中那份躁动在发酵，在恰当的时候，便要爆发出叛逆之举。有一天李赤先生让我下课后到他的住所找他。先生谈了他要去北京创建汉字研究所，需要一位甲骨文篆文书写者做他的助理，问我有无去闯荡的胆魄。这将意味着，我要放弃高中二、三年级教育，也意味着有可能失去上大学的机会。我的性格中的叛逆成分第一次爆发出来，未假思索脱口而出：我去！先生见我态度坚决，言明利害并要我回家征求父母亲的意见。先生的名望塞上尽知，父亲当然欣然应允，尤其父亲说了一句话——“你去闯北京即使流浪街头，也是人生光荣”，这句话让我感激父亲一辈子！就这样，我撂下同学送别会上的“要闯天下去”的豪言壮语，作为闯王李自成的邻村老乡，一副铺盖卷中卷了砚台毛笔盒，大包小包地随先生辗转上了通往北京的客车。

在那个年代到北京，一大早要从横山出发换两次长途汽车经绥德到太原，在天黑时分坐上太原至北京的火车，直到第二天上午方可抵达。从北京站乘坐地铁出西直门后，我们转换公交车。先生带行李上了车，我一件一件从门口往车上递。在还剩最重的铺盖卷就要抱上时，在不断催促不耐烦的售票员诅咒声中车门终于咔嚓关住，汽车启动留下烟尘走了。我望着车窗中先生焦急的面孔，他不断拍打着玻璃窗叫喊同志停一下，而我不由分说背起铺盖卷拼命追了一站路，不忘挥手向车后窗同样挥手的先生招呼中不变地喊“同志停一下”。先生尚未告知我去往何处、联系人是谁，更不晓得电话之类。事发突然，我除了一张嘴、两只耳朵之外，没有任何可利用的东西。那时候不知有BP机，如此被抛下是断难再寻到先生的。可笑我的铺盖卷里因包了笔砚书法字典之类分量很沉，在奔跑中两根细尼龙绳子把我的肩膀勒下两道血红印子。终于，当我随车奔跑转过一道街，遇十字路口兀自迷茫徘徊不前之际，听远处先生喊我名字。原来此处不远就是下一站，显然，先生焦急时分选择到站下车。

我们的住所在圆明园遗址公园一带西苑一个叫一亩园的地方，在这里我第一次认识了先生的儿子李朝阳，还有闫道师兄。当晚我与先生居于一室，先生鼾声如雷，我辗转难眠，此时此刻我的人生就这样与还在中学宿舍里熟睡的同学们开始了不一样的命运吗？第二天早晨，迎接我们的是北京的红太阳，还有房东胖大嫂的满脸诧异，她感叹李先生的呼噜声能隔两间屋子如雷贯耳。我们开始了汉字研究所的艰苦创业。白菜土豆丝，土豆丝白菜，红薯熬白米粥，先生吃饭要求极简单，每顿饭量都很大，而且吃得特香。白米粥滋养了先生一米八的伟岸身躯和他那不倦的精力。那是什么让先生奋斗不止、智慧出新呢？是黄土地的闯王精神吗？还是庄子的鲲鹏精神？抑或是毛泽东思想呢？

我们每天早上6点钟起床，洗漱，工作，一日三餐是轮值的。晚上6点钟下班。我的工作是书写文字，一次几张蜡纸复写，除了《识字快》的文章内容，从陶文、甲骨文、钟鼎文以来的历史演变，都要认真书写。那年，中关村确确实实还只是个村庄，王永民的王码汉字电脑输入法是当时最先进的电脑输入程序。先生的思维便与之对接，设想利用声光电多媒体助力汉字研究成果，出版《识字快》，创建汉字博物馆。若干年后，河南安阳建立了殷商甲骨文博物馆，我认为与先生的设想还有一定距离。我常陪同先生一起到北京大学朗润园拜访国学泰斗、文字学家周祖谟老先生，到首都师范大学拜访著名书法家、文字学家康殷老先生等学术界泰斗。站在景山上，听先生慨叹大顺永昌皇帝李自成率部打进紫禁城后，大明崇祯皇帝自缢身亡的故事。那之前先生是横山县（现为横山区）政协组织编写《李自成故里》、参加李自成源考的主要学者，考证了李自成为横山县长峁墕人。这也是我为之骄傲的，因为李自成的村庄与我出生的姜曹村是邻村，而且都属崆峒山（kōngtóngshān）庙会。我家在崆峒山北麓，长峁墕在西南麓。相传李自成在崆峒山真武祖师庙当过挂单道士，至今庙里确实有一口明朝年间的铁钟，上有李自×字样。

先生是孤独的，我常常在不经意间看到他沉思着的目光，那略微昂着的头颅。他是孤独的斗士！对汉字研究，他超过了一位中学老师的工作范畴，从汉许慎《说文解字》六书造字提出了“转注造字法”，进而提炼做“识字快”工程。先生提出必须重视少儿对汉字的认识和理解，要让儿童在早期就一串一串地识字，从而激发儿童的形象思维，这就有了《识字快》。那时还要蜡纸复写，我每天在蜡纸上摹写甲骨文、金文以及到现代文字的演变。今天的图画和文字演变类的图书，多数依照了这个思路。

那时的中关村还处在一个“村”的年代，王码电脑输入刚刚兴起时，先生大胆地提出了“汉字文化园”“汉字博物馆”“汉字雕塑”“九宫汉字八卦阵”，提到了以声光电完善整个汉字文化系统，这是很超前的！恩师的外甥、复旦大学高才生陈志强那时在北京工作，常常来看望他的三舅。他儒雅俊朗，谈吐不凡，给我留下了深刻印象，这让我渐渐对我人生的学科教育规划产生了重新思考。陈志强在祭文中这样写道：三舅才华横溢，常以超前的眼光研判事物，天资聪敏的他也往往能领先他人一步。20世纪90年代，我们相聚在北京，我们一起探讨计算机技术的影响，他已能从人工智能的角度探索汉语研究与计算机的应用关联。当时有一些技术派认为汉字不易被计算机处理，汉字拖了中国计算机发展的后腿，主张文字改革向西方文字拼写方式发展。三舅明确指出汉字象形化明显的技术优势，如经发掘，必将打开文字研究的新方向，其成果也会被计算机技术所吸收。他决定投入汉字象形技术的研究和开发，历经多年寒暑，成果卓然，比起当今广泛应用的汉字学习软件整整提前了10年。可惜因身体原因，这部分成果没能完全成功进入市场。

后来我决定要去读大学。先生的交际，谈笑有鸿儒，往来无白丁。这是我从北大朗润园国学泰斗的书斋出来后更加强烈的愿望！我告别恩师的前一夜，先生特意到挂甲屯我的宿舍休息，我俩熄灯后仍然拉话，就这样聊了个通宵，我能感觉到先生的不舍，还有先生对我的殷切期望！

我的大学读得很艰辛，生活亦是过得艰苦。美术专业花销大，也就顾不得吃好。记得我去探望恩师，听师母讲，先生盼我来，说是乘机给我改善一下伙食，关切我瘦了，给我加肉菜的那一刻，我热泪盈眶。

后来，以及后来的后来，我经历了人生中一段黑色、灰色岁月。除了一张身份证外，我彻底地成了“光北漂”。在那段不堪回首的岁月里，我似乎是在体味并抚摸着先生的生命烙印，我的诗歌创作最精彩的句子是那时踽踽独行出来的，我的书法创作开始更多地神往于仓颉造字的神话，而对汉字充满敬畏！恩师的汉字理论深深地影响着我。人生有时活在虚伪里，即使我后来也走在北大未名湖畔，挤进哲学系就读研究生课程，我也不是一个完全的研究生。原来我们需要的是对人生的研究、对生命的研究，那是一生当中的事，百炼成钢。磨难是一部书，先生的人生传奇和精神财富是留给我永远的“研究生作业”。

天有不测风云，人有旦夕祸福。当时我住在城南旧宫时，先生已迁居巴沟。1999年冬天，先生因使用蜂窝煤炉不慎煤气中毒。出院那天，我把先生接到了我的住处，安顿他住在大卧室休养。作为弟子，这是我该尽的孝心，我真心想亲自服侍恩师！在那段又一次陪伴恩师的日子里，我既幸福又伤感。幸福的是我经年后又可得以亲近恩师、服侍恩师以报师恩；伤感的是恩师此次大病伤了元气。听说鲫鱼豆腐汤补身子，我便和女友每天从集市上买回食材用砂锅炖了给恩师喂着喝。

心路是世路的捷径。胡适说：“人心曲曲弯弯水，世事重重叠叠山。”人的心路就好像在世路的山环水绕中、花草树木的掩映里，有着惊喜的收获，有着纷繁的果实。心在，何愁无路！静静地用心感悟世界，感悟人生，不要让瞬间的精彩来得匆匆，也不要让刹那的感动去得匆匆，更不要将琐碎的心事堆积成无法开晴的天空。保持心中那一湾心湖的清澈与纯净，享受生活带给我们的快乐，还有对苦难的思考。

人生在经历了曲折磨难之后，我更深深地思考着恩师的一生：先生的执着，先生的豁达，先生的悲壮，先生的乐观。

从我看先生，先生不及我。那是因为，我读懂了先生的“李”，桃李成果半成半遗；先生的一生让人唏嘘不已，满腹经纶未成册，最重要的汉字学术成就中道而废，实为人生憾事！记得一次去和平里朝阳的寓所探望恩师，看着先生消瘦单薄的身板，难道这是当年的魁梧大汉吗？我不禁黯然神伤，不忍直视先生的目光。

从先生看我，我不及先生。那是因为，我读懂了先生的“赤”，赤胆忠心矢志不渝。先生的一生让人心生敬畏，耿耿星河欲曙天，终留鲲鹏展翅！

《鲲鹏展翅——毛泽东诗词新解说》一书的出版，董佳羽确实为先生完成了一个心愿。及至这次诸位师兄弟发起倡议的纪念李赤先生文集，想必更多的是为先生留给我们的精神财富所感召，先生的人格力量穿越时空隧道，在激荡着我们每一位弟子！抱元守一，博学善思，命途多舛，矢志不渝，我们能对一个伟大的主义和思想始终赤胆忠心吗？我们能面对命运做出抗争，忠诚于自己不忘初心吗？我常常在想，在思考，这一片黄土地，这片黄土地上的人，大风刮走了什么、留下了什么？我们要吸收什么、摒弃什么？

写纪念恩师的文章，我是如赴祭坛般的肃穆，如往圣殿般的神往！凛凛然，端正自己！皓皓哉，告慰先师！凛凛大丈夫，耿耿大先生！

2018年

附：在追悼会上的发言

沉痛悼念恩师李赤先生

同志们，亲友们：

横山大儒，先生去矣！山河壮悲，我心痛泣！

这是此时此刻参加李赤先生追悼会每一位亲友的共同心声。

对李赤先生的评价，非我妄自敢论，然而，先生的才学品德教育惠泽的学子遍及四海，必成社稷之器、国之栋梁，影响当代，润泽后世！

先生出身贫苦农家，刻苦求学，蒙横山中学老校长黑义忠先辈的赏识资助，考取西北大学，修汉语语言文学专业。毕业成材，分配就职于人民出版社。在那个革命如火如荼的年代，先生敢为天下先，也因为如此，命运之神为先生谱写了一段传奇人生……

无论身处何种境地，先生肝胆治学，孜孜追求，终成一代鸿儒！

李赤先生的治学成就有三：

第一，“转注造字法”理论的创新。早年得国学大师周祖谟、李学勤、王力、袁晓园、康殷等先辈的赞叹与肯定！此学虽未刊行见世，实为憾事，然其学术思想已则影响学界久矣。

第二，“毛泽东诗词新解”。有《鲲鹏展翅》一书问世，先生的新论惊人，思维浩瀚，分析入理，为研究毛泽东诗词及思想体系树立了一座丰碑，此必为后世认同和弘扬。

第三，“文章全息四分法”的理论创建，将“起承转合”的国学精粹运用于文章结构统分法，此一著述，影响深刻。

李赤先生的成就虽不彰表于官方，但誉播于民间。今天也许被忽视，终将震惊于未来！

先生在天有灵，我等弟子不会忘记先生的教诲，先生驾鹤西游，我等为您祈祷！

横山大儒，先生去矣！
山河壮悲，我心痛泣！
天生木子，烈烈为赤，
生不逢时，抱憾离世，
逝者已矣，生者痛惜！
祈祷上帝，再来济世！
横山大儒，先生去矣！
山河壮悲，我心痛泣！
恩师安息吧！

王泽华，曾就读于横山中学，现为龙熵纪元（深圳）文创集团有限公司董事局主席。

铮铮风骨　师恩难忘

杨　蕤

有人说，人生有三大幸运：上学时遇到一位好老师，工作时遇到一位好师傅，成家时遇到一个好伴侣。在我20余载的求学生涯中，李赤先生就是一位令人难以忘怀的好老师。

一、横中初识

1990年，农历马年，就在这一年瓜果飘香的季节，我背着铺盖卷从乡下进入县城，成为横山中学的一名高中生。第一次看见县城宽阔的马路和高耸的楼房，一切陌生而新奇。当年横山县共有两千余名初中毕业生，而横山中学录取的名额好像只有400余名，考上初中专（小中专）的学生不过40来人。客观地讲，当年能进入横山中学读高中，比今天考大学难得多。大部分没有考上高中的孩子自此就与“上学”二字无缘了。该学手艺的学手艺，该回家种地的种地。如果是女孩子就寻摸着好人家早早嫁出去，生些娃娃过平安日子。只有少数尚未考上高中的同学通过议价生（高价生）的方式进入横山中学读书，不过这批同学当中有一些还考上了很好的大学。可见我们横山老百姓还是懂得读书改变命运的道理，只是经济条件实在太差，心有余力不足。

对于我们这些来自农村的穷孩子来讲，能够顺利挤入横山的最高学府读书，的确是怀揣着一份期盼和梦想。记得中国社会科学院文学所的杨义先生在一次报告中讲到，当时在他们广西农村，老师们是这样教导学生认真学习的：在课桌上放两双鞋，一双是皮鞋，一双是草鞋，并告诉孩子们考上大学的穿皮鞋，考不上的穿草鞋！其实在20世纪90年代的陕北地区何尝不是这样。读书成为白面馒头和粗糠窝窝的“大决战”。认真读书争取成为“公家人”是为农村孩子仅有的希望和梦想。至少是像路遥小说里面所表现的那样：脱离祖祖辈辈“面朝黄土背朝天”的处境。这种原始的求生存性质的强烈愿望成为学生们努力学习的直接动力，就像在学习跑步的运动员后面放出了一只老虎来追赶，比什么高大上的教育都管用！

横山中学90级新生共分为9个班，我被分在高一（1）班。班主任是贺建勋老师，并兼任我们的数学老师，语文老师就是李赤老师。我们这些从乡下进入县城上学的孩子，对横山中学的师资等情况知之甚少。只是从一些家住县城消息灵通的同学口中得知，李赤老师不仅是一位声望甚高的老教师，而且他的经历颇具传奇色彩：据说他是西北大学中文系的高才生，毕业后被分配到首都北京工作，后因卷入了政治斗争、得罪了大领导等特殊原因才回到家乡教书。凡此等等，总之有着不寻常的经历。

这就使得我们这些进入横山最高学府的孩子们顿生敬畏之情，甚至觉得李老师是一位很神秘的人物！当然，我们这个班的其他任课老师也都是小有名气的骨干教师：贺建勋老师是刚刚从省城学成归来的青年才俊。记得他经常穿一件银灰色的夹克，帅气十足，在数学作业上批阅的对钩就是一个非常标准的抛物线！雷声春老师教历史，讲课时抑扬顿挫，很有味道；聂德贵老师教地理，博古通今，娓娓道来；马亚平老师教英语，有一股都市知识女性的气质！这些都是很有教学经验的教师，用我们陕北话讲，学校给我们班配备了最“康硬”的教师。也足以看出学校对待这个班还是颇费了一番心思的。当然，这个班生源质量也不差，一部分同学是基层中学的尖子生，还有一些领导干部的孩子。要么是“农二代”，要么就是“官二代”，既有政治资源，也有智力资源。

现在回想起来，李赤老师留给我们的初始印象就是他身材高大。站在讲台上，甚至可以用“魁梧”二字来形容。他讲话声若洪钟，并且带有我们陕北人特有的浓重鼻音。李老师在衣着方面似乎很不讲究，记忆中常年穿着一套宽大的中山装，并且略显旧色，经常脚着方口布鞋。讲课到了兴奋的时候，会把一只脚蹬在讲桌的衬子上，一只手捏着课本撑在膝盖上面，姿势很特别。有时会从裤兜里掏出手绢，擦一擦“大背头”上冒出的汗珠。李老师没有一点“架子”，单从外表看，他衣着朴素，更像一位普通的受苦人（农村人），很难判断出他是一名高级知识分子。每每到饭点的时候，我们这些肚子饿得咕咕叫的学生们，敲打着饭盆蜂拥到横中大食堂打饭。时常能看到李老师手操后背，偶尔会在手上握着一份卷起来的报纸（多是《参考消息》），从横中土操场上昂首挺胸缓步而过的情景（李老师家在操场后面）。虽然过去了20多年，但李老师的这些生活影像还会不时地浮现在我的脑海里。现在回想起来，虽然李老师外表朴实无华，但他的确是一个很有气场的人。

二、别样课堂

我敢断言，凡是李老师教过的学生，肯定都忘不了他特别的教学方式。李老师敢于向最核心的“考试”开刀。例如，他给我们教授的语文课程不进行闭卷考试。期末考试时把别的班级的语文试卷发下来供同学们自己测试参考，而正式的考题则是一些平时就需要完成的任务。我记得有一次的考题就是要全面整理“古语摘要”的基本要点。当时我还是很认真地完成了老师布置的题目，有章有节，整整写了一大作文本，像一本书稿的雏形。很可惜，我没有保存好这些材料，现已找不到当时完成的“试卷”了。对于我们这些习惯了考试的学生，开始还有一些不适应，便偷偷地找来一些语文“模拟题”来做，也未取得多少效果。

近些年来，在中国的大学教育中，不断有人呼吁应该用过程性评价方式来取代终结性评价方式，进行培养方式及教育教学改革，可能成为提高教学效果和人才质量的有效手段。实际上，李老师当年进行的考试改革就是今天教育学界所讲的过程性评价方式。在课程讲授上，李老师也有自己的一套理念和办法。和传统语文教学的认读、理解、巩固“老三篇”有所不同，他尤其注重学生对课文思想性的理解，更要知道课本里面的“轻重缓急”，同时还十分注重作文方法与思维的训练。例如，他在讲韩愈的《答李翊书》中反复解释、强调韩愈提倡的“唯陈言之务去”是作文的基本原则。我清楚记得他还把这几个字大大地写在黑板上，解释“戛戛乎其难哉”中的“戛戛乎”就是我们陕北话中“各巴巴”的意思。后来我读了一些书才了解到要真正学习文章的做法，韩愈确有开风气之功，是中国古代文章学中一个绕不过去的人物，这也就不难理解李老师反复强调的良苦用心。这看起来似乎是一个小知识点，但如果真的能掌握了这些方法和原则，这无疑是受益终身的事情。

李老师还善于将自己的研究成果用于教学实践当中。例如，他研究的“文章全息四分法”、毛泽东诗词等。记得当时横山中学教研楼对面墙上有一排水泥小黑板，各个教研组策划一些黑板报，花花绿绿，很有校园文化氛围。有时学校也把一年当中教师们的科研成果展示在那里。记得当时李赤老师的文章最多，令我们这些不知道“学术”为何物的学生们顿生仰慕之情！从表象上看，李赤老师的这套教授语文的办法似乎与应试教育有所矛盾和冲突，但通过两个学期的学习，我们所获得的东西不比传统应试教育教授方式获得的少，尤其是学生们获得一些理念性的东西更是受益终身。

在中国特定的教育环境下，李赤老师能够坚持自己的教育理念，并将之付诸实践，的确需要一定的勇气与胆识，其中也要承担一定的风险。当我自己从事了教育工作之后才明白李赤老师所做的工作就是今天所说的“素质教育”的内涵。他的教学方法就是探讨式、研究式、启发式的教学。当然，今天我们回过头来看，李老师的这一套教学方法并非十全十美，传统的方法也并非一无是处。李老师的可贵之处在于两点：一是他勇于探索的精神；二是引导学生思考问题、启迪智慧，即授人以渔。

今天大家都意识到我们应该改变一下固有的教学生态，但难就难在“落实”二字上。即使在今天的大学课堂上也没有多少人真正做到探究式、研究式、启发式的学习，但李老师在中学这样的教学阵地上坚持不懈地践行这些前沿的教学理念和方式，确是少有之举。当然，从另一方面也反映出当时母校横山中学的一份宽容与大度。

三、四菜一汤

李老师不仅能够坚持自己独特的教学方式，还开辟了自己的研究领域。他既是一名答疑解惑的教书先生，又是一位探索未知的科研人员。一个在中学教学的老师在教学之余，潜心学问，也不多见。

李老师在一次上课过程中讲到他的研究领域可以总结为“四菜一汤”。其中的“四菜”是指对毛泽东诗词、古语摘要说、文章全息四分法和转注造字法的研究；“一汤”就是对李自成故里等横山地方文化的整理和探讨。

李赤老师对毛泽东诗词的研究应该说是他最有成就和影响的领域，出版了《鲲鹏展翅——毛泽东诗词新解说》一书，这应该是他分量最重的一部学术专著。这本书专门论述了对毛泽东诗词的理解和解释，建立了一套对毛泽东诗词新的解释理论。在李老师看来，毛泽东诗词是一个十分完整的体系，环环相扣、逻辑严密。他还别出心裁地用一张“八卦图”来诠释他的这种看法。他曾经在课堂上反复讲，一定要用形象思维的方式去理解和解释毛泽东诗词，否则就会违背毛泽东诗词的本来意思。记得他还用毛泽东给陈毅的一封信来说明这个观点：诗要用形象思维，不能如散文那样直说。所以比、兴两法是不能不用的。

例如，他讲到毛泽东《沁园春·雪》时，就强调诗中的“雪”不应理解为一种美景，而是寓意着国民党的白色恐怖，因此才有后文的“须晴日，看红装素裹，分外妖娆”之类的表述。

表面讲外物，实则谈时局，直说出来就不成诗的样子了。这恐怕是李老师与传统毛泽东诗词解释的根本分歧所在。

此外，在对毛泽东诗词研究中，李老师好像特别推崇鲲鹏这种古代传说中的动物，还专门指导我们成立了“鲲鹏文学社”。鲲鹏这种动物出自《庄子》的《逍遥游》，是一种传说中的大鱼大鸟，在毛泽东的诗词里面也引用这一典故。李老师推崇“鲲鹏”、喜欢“鲲鹏”，大致也反映出他本身的性情特点和价值取向：做人应该有大志向，做事情应该有大视野，做学问要关注大问题！我不知道这样理解李老师偏爱这种动物是否正确，但从中的确可以看出李老师的一种追求和气魄。

李老师创立的“古语摘要说”是他的另一“菜肴”。这是对鲁迅先生在《门外文谈》中提出文言文是古语摘要这一论断的引申和拓展。其核心意思就是“当时的口语的摘要，是古人的文；古代的口语的摘要，是后人的古文”（鲁迅语）。

他还总结出学习这种文言文方法的四句口诀：“偏正保留偏，介宾头脚删。联合交错减，复句隐相关。”是对“古语摘要”这一文言文语法体系规律的总结和认识（这一成果发表于《延安大学学报》1991年第3期）。这种提法实际上是对我们现行文言文教学中“词类活用”语法体系的彻底否定！

记得在讲授文言文时，李老师逐字逐句地分析在“古语摘要”体系下如何解释，在“词类活用”体系下又是什么情况。要树立起一种理论的正确性，同时又要驳斥另一种理论的非科学性，这本身就是一项极具挑战性的工作。抛开事情本身的对错不说，他的这份认真和执着就令人感动不已。

文章全息四分法也是李老师研究领域中极具特色的一个方面。他的这一想法受到德国哲学家黑格尔辩证法等哲学思想的影响。其基本理念就是一个人的思维应该是四段论，一句话、一篇文章均是如此，甚至扩充到万事万物也基本遵循着“起、承、转、合”的特点与规律，文章更是如此。我在李老师的办公室见过他写的过一篇有关黑格尔哲学思想的文章，发表在一个教育刊物上，实际上谈的就是这个问题，现在却怎么也找不到了。记得当时上李老师的语文课不用发愁分段，所有课文就四段，并且要求我们用四个字概括出“起承转合”各段的基本意思，有点像古代的“对对子”的训练方法。表面上这是个语文问题，实际上是一个探讨思维规律的问题。我们暂且不说这种方法是否科学，但多年以后我感觉从李老师用四个字来概括文章内容的训练方法中获益不少。

转注造字法也是李老师所关注的一个研究领域。在课堂教学中，他特别注重对文字源流的梳理和解释，认为转注是造字的一种基本规律。实际上这涉及大学里面文字学的内容，作为中学生，我当时弄得不太明白，有点懵懵懂懂。只记得有一年从李老师家里借了一本《汉字例话》的书，觉得其中的汉字演变十分有趣，趴在我家的土炕上整整抄写了一个寒假。

李老师还是一个特别有乡土情结的人，因此他特别关注横山区域文化的整理和挖掘。他和横山文史同人一道调查了李自成故里，澄清了李自成出生地和成长地的史实，并编撰了《李自成故里》一书，为后人对这一问题的探索和文化资源利用奠定了坚实的学术基础。横山县原政协领导张芳主席曾经对我讲，李赤老师是当时横山政协文史资料整理和乡土文化挖掘方面的骨干，为横山区域文化的建设做出了实质性的贡献。李赤老师还愿意把他对乡土文化的研究成果传授给我们，从他那里我知道了“长峁墕”“老庄窠”“李继迁”这些与李自成有关的地名，略微知道了一些李自成的故事。李老师编撰的《可爱的横山》，其中大小标题全是四字词语，一看就是李老师的东西，已成为今人了解横山历史的普及读本。

我曾经想，如果李赤老师在大学里工作，一定能够成为一名非常出色的大学问家，当然也少不了教授、硕导、博导甚至更高档次的桂冠和花环。因为他所提出的问题都是具有原创性、颠覆性的大问题。如另立炉灶，对毛泽东诗词和文言文语法体系理论重新认识和解释，就是对这两个领域中主流学术的一些根本性问题的探讨，更准确地讲是根本性的否定。而他面对的则是王力、王宁、吕叔湘、臧克家、郭沫若这样的名满天下的学术大家。作为一名身处经济落后地区的县城中学老师，能够不断思考这些主流学术问题，敢于质疑名家的学问，不唯上、不唯书、只唯实，何止“不容易”几字所能概括。因此，没有能在更高的平台上发挥他的个人才智，也许是李赤老师人生的不幸和缺憾。但他能回到故乡这片热土，走向讲台，手执教鞭，教书育人，这何尝不是我们横山教育和文化界的大幸！

四、独立思想

李老师绝不是一个刻意追求与众不同的人。他独特的教学方式、对学术问题的独到见解应该源自他的思想，是他不断思考、探求的结果。我们这些曾经受益于李老师的学生也在不断地叩问自己：李老师到底对我们产生了什么样的影响？为什么大家都能记住他？

我想其中的一个重要因素就是李赤老师是一位有思想魅力的教师。正是他的思想火花不断撞击着一个个年轻而又渴望求知的心灵，才使得今天大家依然能想起他的名字。也许我们已经遗忘了李赤老师教授给我们的某些具体知识，但不会忘记他的那种傲骨在身、独立思考、坚忍不拔、脱俗而不清高的品质。这就是他留给我们的宝贵精神遗产！

无论是李老师的课程教学还是他的学术研究，独立思考是一个非常突出的特点。可以说，李赤老师对我们影响最大的一点就是他经常教导的独立思考。他在课堂上反复讲，不要迷信权威，一定要有自己的思考和见解。只要是学生独立思考出来的东西，他都予以鼓励和肯定，不断激发学生的思考能力。事实上，他也通过自己的学术实践来展现独立思考的品格和精神。记得他在讲毛泽东诗词的时候经常提到郭沫若、周振甫、臧克家等学术大家，客观分析他们在毛泽东诗词方面的缺陷和不足。他主要从事的四个研究领域都涉及挑战名家、挑战权威的问题，都能对主流学术问题提出自己独到的学术观点和看法。从历史的维度看，独立思考是推动人类文明进步的真正动力，若失去独立思考的能力，人类至今恐怕还在树上快活地荡来荡去！但要走出丛林密布的盲从与无知，一个人不仅要拥有超越常人的认知世界的能力，而且要承担巨大的风险，甚至付出生命的代价。不管面临什么样的境况，李老师都能用自己的眼睛观察世界，用自己的方式思考问题，不盲从、不跟风，和而不同，一以贯之，实属不易！

李老师身上还有着爱憎分明、刚直不阿的品质。是就是，非就非，不做两面派，也不和稀泥。这种品质既是他的个性使然，又具有我们横山这块黄土地的文化禀赋。据说他曾经给某位大领导人写过大字报，就是不满那位领导人表里不一、骑墙惑众的德行和做法。当然，这仅仅是听说而已，具体情况我就不清楚了，也不便打听和过问。李老师甚至将他的这种“棱角分明”的个性品质渗透到课堂教学当中。例如，他对郁达夫的作品似乎很不感冒。当时语文课本里面收了郁达夫的《故都的秋》，我隐约记得李老师批评这篇文章小资情调太浓重，明确讲不喜欢。其实郁达夫是中国现代文学史上一位很有才气的文人！李老师对郭沫若的《女神》、秦牧的《土地》同样不太“感冒”，评价都不怎么高。他对鲁迅和毛泽东的作品就极为重视，似乎有些偏爱。他经常在黑板上给我们抄写一些鲁迅写的诗。例如，“万家墨面没蒿莱，敢有歌吟动地哀”“忍看朋辈成新鬼，怒向刀丛觅小诗”就是那时候学会的。

无　题

鲁迅（1934年）

万家墨面没蒿莱，敢有歌吟动地哀。
心事浩茫连广宇，于无声处听惊雷。

李老师在课本以外还讲了不少毛泽东的诗词，我自己也背诵了不少。有时候李老师用毛泽东和鲁迅的诗词作为学生作文的评语，我的一篇作文后面就有过“高天滚滚寒流急，大地微微暖气吹”的评语。后来我才知道这是毛泽东的诗，当时糊里糊涂也不懂得诗文的准确意思。

李老师绝对不是一个两耳不闻窗外事的纯粹的旧式文人。他十分关心国家大事，并在课堂上发表对一些公众问题的看法，严厉批评社会上的不正之风，痛斥腐败现象，同时引导我们要关注社会现实问题。

有一次李老师给我们布置的作文题目就叫《假如我是横山县县长》。同学们各显神通，纷纷发表自己当了横山县县长后如何治理这一方热土的妙招：有的说横山大地光秃秃的，要搞些绿化；有的说横山这个地方自古就贫困，要搞些工业，发展经济；有的说横山文教不兴，有文化的人太少，因此要重视教育；也有的说横山的官场风气不好，因此要狠狠打击腐败等不正之风，等等。仿佛一个个真的变成了横山县县长！李老师对每一个人的作文做了详细的点评，鼓励大家一定要有开阔的视野、长远的眼光。记得李老师亲自给我们教室后面的墙报上写了两副对联，其中就有“胸怀祖国，放眼世界”之类的词语。20多年后，我们班不仅有了当县长的同学，而且当局长、镇长、乡长的“县长候选人”也不少。他们都是建设家乡横山的骨干力量和精兵强将。我想他们一定会记着当年曾经在作文中写下的庄严“诺言”。

李老师还是一个特别具有创新品质、敢为人先的人。他通过对中国汉字源流和造字规律的认识，开发了一套符合儿童认知特点的识字教材，让小孩子在短时间内就掌握一定数量的汉字，对于普及汉字很有好处。20世纪90年代初，李老师就能认识到通过形象思维和造字规律普及汉字的重要性，的确是一件很不简单的事情。其实现在不少识字软件和教材都遵循这样的开发思路，只不过是通过电脑技术把它表述出来罢了。在上学期间，有时候我和同学一起到李老师家里去，发现他家院子里面有浇菜地的一套“设备”，还有用废旧轮胎做成的秋千等。后来听同学讲，这些都是李老师亲手制作的“作品”！

时代发展到今天，能否上大学不再成为穿皮鞋和穿草鞋的分水岭，也不再是吃粗糠窝窝和白面馒头的决定性因素。社会给予年轻人更多展现自我的机会。学子们读书的动因也更加多元，老百姓对读书求知的看法也在悄悄地发生着改变。然而在喧闹的人群中，似乎还有一些摸不着、看不到的东西更值得我们去思考和关注。在纷扰的世界中，一些无法用金钱来衡量的东西却发出比金子更耀眼的光辉。

1929年，陈寅恪先生在《海宁王静安先生纪念碑》中写道："唯此独立之精神，自由之思想，历千万祀，与天壤而同久，共三光而永光。"

自古以来，中国知识分子做人、做事追求的就是一种风骨、一种气节、一种精神。我理解李赤老师所追求的和实践的正是陈寅恪先生所言的"独立之精神、自由之思想"！

李老师给我们教了一年的语文，又教了一年补习班的语文。后来去了北京搞研究。高中毕业后，一心想当律师的我却阴差阳错地收到了西北大学文博学院考古学专业的录取通知书，进入省城读书。大学期间我给李老师写信介绍在西大的学习情况，李老师回信谈了考古专业的优势，引荐了几位他的老师和同学，还说了不少鼓励我努力上进的话。至今思来，甚为温暖。毕业以后，我整天为"稻粱"忙碌，很少与李老师联系，有时候是仅从北京佳羽同学那里得到一点李老师的信息。2014年我回横山老家过春节，节后在返回银川的路上，宁夏大学开飞兄发来李老师去世的信息，但遗憾未能参加老人家的追悼会。只记得第二天下了一场特别大的雪，塞北大地寂静无息、苍茫一片！

斯人已去，精神犹存，记下上面的文字，是为对李赤老师的深切怀念！

杨蕤，1975年生，陕西横山人，1993年毕业于横山中学。在西北大学、宁夏大学、复旦大学获考古学本科，历史学硕士、博士学位；陕西师范大学博士后，美国哈佛大学访问学者。现为北方民族大学民族学学院院长、教授、博士研究生导师。

学为人师　行为世范

董佳羽

今天，我们怀着沉痛的心情，深切缅怀我们热爱和尊敬的李赤老师。

在横山中学，在北京，我有幸和李老师及其家人梁老师、朝阳、非雪相处了很长时间，我深深感受到“学为人师，行为世范”是李老师一生的真实写照。李老师一生从不同角度影响过许多人，但他从不夸夸其谈，或者是说教式地指导别人，他总是以身作则，用自己的一生诠释着老师、学者的光辉形象。

作为老师，李老师有着超前的教育理念，并在教学过程中，因材施教，创新不断，成绩卓越。我们当初成立文学社时，是很不符合以考试为教学目标的教育理念的。但是，李老师有一种“我劝天公重抖擞，不拘一格降人才”的教育观。他支持我们创办文学社，并亲自为文学社命名为“鲁迅文学社”亲自为文学社授课，亲自推荐校内校外的优秀老师给学生上课。这样，通过文学社，不仅培养了一批优秀的文学爱好者，更重要的是参与文学社各项活动的同学在走向社会后，大多成为适应社会、创造价值的佼佼者。

作为学者，李老师的一生是学习、研究、探索的一生。大家都知道，李老师研究汉字、毛泽东诗词、鲁迅著作等。他研究汉字，从象形文字、甲骨文到《说文解字》，最终研究出幼儿教学的《识字快》教材，并在北京亲自招生，使用《识字快》教材教学。他研究毛泽东诗词，更是尽其一生，孜孜不倦。尤其是出版的《鲲鹏展翅——毛泽东诗词新解说》一书，重新注解了毛泽东诗词创作的背景、历史和意义。书名特别用了“鲲鹏”

这个由鱼变为鸟的动物，充分表达了李老师对毛泽东诗词的理解和对毛泽东伟大理想“可上九天揽月，可下五洋捉鳖”的敬意。

今天我们缅怀李老师、纪念李老师的同时，更应该学习李老师的精神，李老师为人师表，平易近人，有着敢于说真话、说实话的人格魅力！

李老师一生生活简单、纯朴，在平凡的岗位上用坚强的毅力完成了不平凡的事业；在平凡的工作中，用坚实的行动影响了许许多多的人。

北京师范大学是培育老师的摇篮，其校训为“学为人师、行为世范”。今天，李老师带给我们的“学”“行”，值得我们铭记和学习，仅以此为题纪念李老师。

2014年2月3日

董佳羽，横山中学93届毕业生，生于1972年，现为博尔文化传媒（北京）有限公司董事长，全国工商联全联书业商会副会长，主要从事出版、教育、文化创意产业园投资、运营。

不畏浮云遮望眼

刘青逸

第一次见到李老师的时候，是在1994年的一个秋天。正在横山中学上高中的我和大多数同学一样，在吃过晚饭离上晚自习还有两个多小时，同学们有写作业的，有认真看书的，也有坐在一起聊天的……突然好多同学都一窝蜂地跑出教室。我当时也不知道发生了什么事，就跟着跑出了教室。到了教室外面才发现，不同年级楼道的栏杆上爬满了人，大家都在张望着校外远处的一条马路。虽然马路离我们有好几百米的距离，但我们的教室在三层看得还是比较清晰，只见一位60多岁身材魁梧的老人缓缓地行走在马路上。从议论纷纷的同学们的口中得知，那就是大名鼎鼎的李赤老师。李老师那个时候并不知道在几百米的远处聚集了那么多同学在张望着他，他也一定不会知道自己在当地青少年的心里会有那么大的影响力和知名度。其实关于李老师的故事在当地早就成为一个传奇。

青少年时期家境贫穷的李老师平凡而又异于常人，由于身体原因，仅读一年高中便被迫休学。在半工半读的闲暇时间里，一年内自学完剩下的两年高中课程并提前毕业，于1961年以平均每科80.5分的优异成绩被西北大学中文系录取。

按当时的分数线，他的成绩完全达到被北京大学录取的水平，但由于他是免试外语，所以就被录取在西北大学。当时西安交通大学的平均最高分为76分，其他省立高校平均分数都在60分上下。这就足见彼时的西北大学的知名度和实力。李赤老师当时在学校里是公认的高才生，在校期间他不仅学习成绩优异，且积极参加并组织相关的社团活动，无论是其在校期间发起成立的“解放社”还是“八四战团”，都能始终保持独立的思想和清醒的政治觉悟，在当时足可以傲视同侪，令同学难望其项背。

从李老师同学们的口中了解到，李老师上学伊始心中就有宏图大志，他刻苦攻读马列和毛主席著作，用马列主义毛泽东思想武装头脑，并指导自己的言行。毕业分配到人民出版社工作大约一年多之后，国务院决定将包括李老师在内的这批从全国各地分配进京的大学生下放到基层劳动锻炼，而后回到本省进行重新分配。李赤老师本来可以留在省级单位，但因需要照顾年迈的父母以及困难的家庭，他主动要求回到老家，后被安排在榆林报社工作。出众的才干和是非分明的个性，也注定他的命途多舛，不畏权贵、不唯书、不唯上，坚持真理、坚持正义的品格成就其一生，同时也使其一生充满坎坷与艰辛。但是他无怨无悔、矢志不渝，决定用一生所学报效祖国。

在榆林报社任职期间兢兢业业、恪守职责。有一次领导要求将自己满篇都是大吹特吹榆林发展多么好、人民生活多么富裕等不符合事实的会议讲话文稿在报纸上发表。这哪里是事实，完全就是“违反唯物论、违反毛泽东思想”，当然被李老师改得“面目全非”并拒绝发表且“拒不认错”，这可捅了大娄子。其后，又因坚持真理、坚持事实给更大的领导提意见而身陷囹圄，引来牢狱之灾。一身的才华和满腔的热血还未来得及施展便遭此厄运。然而成大器者，除有超世之才，亦必有坚忍不拔之志。无论身陷囹圄还是在以后的不被重用以及病魔缠身的过程中，李老师毫无畏惧也毫无抱怨，更加发愤图强，追求真理、追求正义、夙夜匪懈、持之以恒……

我真正近距离接触李老师是从1994年开始，就是开篇提到的那次在教室走廊上远远看到李老师行走在校外马路上的时候。其时李老师生活和工作历经磨难、几经沉浮。从北京到陕西到榆林到横山再到北京再到横山……平反之后，这个到处没有领导敢接收的“不安定分子”，最后还是被横山中学的老校长黑义忠慧眼识金，将李老师录用到横中执教，后又辗转从事教研工作，之后又自费投身到毛泽东诗词研究和汉字研究的学术研究之中。为了便于查阅资料和方便与相关权威人士交流，李老师长期客居北京潜心研究，并得到了北大教授周祖谟等权威专家的肯定和认可。

然而天不遂人愿，由于条件的艰苦和多年超负荷的工作而积劳成疾。这次就是因病回老家休养，但是病魔怎么能够阻挡他那颗永不停止的事业心？回家休养一段时间之后，病情稍有好转就迫不及待地马上投入研究事业当中。那天，我们第一次看到他从校外的马路走过，正是他去图书馆查阅资料的路上。

李赤老师德高望重，由于他为横山中学做出过的贡献，在他退休之后，学校还一直给他保留着一个办公室供研究之用。在之后的一段时间里，会在校园里偶尔看到他的身影。有几次他利用同学们晚饭和晚自习之间的时间做过几次讲座。讲座是由校学生社团自发组织的，没有强制性，只是在学生吃饭时经过的一块黑板上写了通知。开始的时候安排的是学校活动室，可是根本容不下那么多听众，后来转到更大的学生食堂，但也总是挤满了勤奋好学的人，甚至包括不少平时并不是特别喜欢学习的同学。偶尔还会看到一两个混在学生群中的老师，但似乎并未被人发现。

令我印象深刻的两次文学作品讲座——毛泽东的《沁园春・雪》和苏轼的《念奴娇・赤壁怀古》，除了常规性的解析之外，李老师那种旁征博引、引经据典的精彩讲解实在是引人入胜，令人折服。人群中不断发出啧啧赞叹的声音，不时会听到“怎么会有信息量这么广泛、知识这么渊博的人”的慨叹。除了将文章内容讲清讲透，更重要的是总能给人以醍醐灌顶的启发。当讲到《沁园春・雪》开篇的“北国风光，千里冰封，万里雪飘”时，我们一般听到的甚至包括教材上的注解都是主席描写纵横万里的北国壮丽雪景，抒发了词人对祖国壮美山河的热爱之情云云。然而李老师提醒我们，自古以来都是诗言志，更何况胸怀天下的主席岂是沉湎于赞叹美景之辈。结合当时的历史背景，他认为这首词的上阕借北国雪景暗示当时封建主义和列强统治下民族危亡之国情，不可能是意气风发地欣赏美丽壮阔的雪景。为了讲清这个观点，他讲了很多当时的历史背景。1936

年，红军组织东征部队，准备东渡黄河对日军作战，红军从子长县出发，挺进到清涧县高杰村的袁家沟一带时，恰逢大雪，长城内外白雪皑皑，隆起的秦晋高原，冰封雪盖。连平日奔腾咆哮的黄河都结了一层厚厚的冰，失去了往日的波涛——望长城内外，唯余莽莽；大河上下，顿失滔滔——正值寒风呼啸的北方严冬，红军战士东征路途万分艰苦，作者充满了忧患意识。只有认清了当时的政治形势，联想到当时蓬勃发展的革命形势风起云涌——山舞银蛇，原驰蜡象，欲与天公试比高——先抑后扬，由前面的静态到动态的描写，隐喻作者看到了黎明的曙光。作者充满必胜的信念并指出正确的方向，要摆脱这种被统治、被侵略的悲惨状况而迎来朝气蓬勃的新中国——看红装素裹，分外妖娆——必须改天换地——须晴日——江山如此多娇，引无数英雄竞折腰——承上启下。天下英雄、革命志士争相为民族的安危抛头颅、洒热血，今朝风流人物不负历史、不负使命，必将创造出一个全新的世界——数风流人物，还看今朝。数年后，《鲲鹏展翅——毛泽东诗词新解说》横空出世，引起学界的轩然大波，令部分权威人士感受到强烈的震撼与共鸣。正所谓阳春白雪，曲高和寡，主席这峨峨兮若泰山、洋洋兮若江河的高深“曲调”，也许只有少数如李老师般饱学之士且具有极高政治觉悟之人才能理解和欣赏。《念奴娇·赤壁怀古》的讲解同样精彩绝伦，让你仿佛觉得他好像是东坡先生的多年至交，对作者的心态和平生的事迹了如指掌，除了完全将作品本身讲清讲透，总能结合当时的历史背景以及作者的经历延伸很多的内容，令听课的学生流连忘返、意犹未尽。

这样的讲座对于当时的我们无疑是震撼的，原来我们总以为学习一篇文章掌握中心思想、段落大意以及字词理解即算完工，原来我们追求的不过皮毛，甚至远不达要领。至于批判性地吸收，更是从未敢有过丝毫的动念。这样别开生面的讲座，不仅让我们可以掌握最基础的课本知识，还给了我们看待事物和解决问题的方法论。关于这一点，在他当年横中执教带过班的学生们心中深有体会，并在日后的工作和实践中得以验证。在此期间我便与李老师有了一些接触。

转眼就到了第二年的暑假，那天下午我正在家里休息，突然听到院子里有摩托车的声音。出去一看是王永利和刘斌来找我，说是李赤老师要筹备一个汉字展览，需要一个画画和写字的（用图画把那些汉字表现出来）。他们知道我平时没事的时候喜欢写字和画画，就来找我帮忙。其实我从来没有正规学习过美术和书法，仅是从小的业余爱好，还算有那么一点天赋，李老师总是开玩笑说我是个“柳生”的书画家（柳生：陕北方言，意思就是天生的）。说明来意之后，又告诉我的父母。我父母听说是帮助李赤老师，也是大力支持，只是说了一句“记得完成假期作业”，就去帮我收拾行李。

学校离我家大概有60多公里，坐客车需要4小时左右，于是连饭都顾不上吃，简单收拾一下就径直奔赴学校。晚上李老师安排在他家里为我们接风洗尘，由梁阿姨（李老师夫人）给我们做了满满当当一桌子好吃的饭菜。席间李老师就给我们进行了分工，并给我们讲了组织这次汉字展览的意义和重要性。

据他介绍，中国汉字是由人们在数千年的生活和劳动中慢慢创造演变而来，从甲骨文、金文、小篆、隶书、楷书直到行书的发展演变是有着内在规律的。掌握这些规律，就会使了解汉字和学习汉语言知识变得十分简单方便。李老师的研究成果便是从现在成千上万个汉字当中找出250个左右的“字根”。所有的常用汉字都是由这200多个“字根”演化而来，掌握这些字根便会“顺藤摸瓜”，简单便捷地掌握大多数的汉字，而且可以自然而然地理解这些汉字的真正含义。这为人们包括外国友人学习中国汉字提供了极大的便利，且有效培养和提高人们的逻辑思维能力。对于研究成果的推广和转化，李老师显然也都做好了系统规划，从汉字展览开始，而后逐步开发汉字博物馆、汉字模具教具、汉字动画节目、汉字九曲迷宫游乐场，让人们在娱乐休闲中理解和掌握汉字……多年以后我每每想起这段话，总是折服于他那前瞻性的思维，这不仅仅是一个学者对所研究内容的融会贯通，同时还是一条完美的产业链，从而可以保证这利国利民的事业更顺利地推行。“然而——”李老师顿了顿又慢慢说道：“自从1956年和1964年这两次大规模的简化汉字的改革，很大程度上破坏了其一贯的连续性，使汉字和汉语的学习变得异常艰难。现行的《新华字典》有必要修正改版，来一场从上到下的汉字起义，我们需要重新找回汉字发展的脉络，找出其内在发展规律，造福后代子孙，虽任重道远，但是必须有人去完成……”这个“必须之人”也许只有他……

汉字，是古代东方文明的光辉结晶，蕴含着中华民族对人类历史的伟大贡献和东西方人民的早期交流。许慎《说文 · 叙》对象形字的定义是：“画成其物，随体诘诎（jié qū）。”会意字的定义是：“比类合谊，以现指挥。”汉字所具有的形象性、哲理性、精确性、系统性、造字法则也一定符合人类思维的普遍规律。

关于汉字简化改革时至今日都有着颇多争议，但可以肯定的是，有很多汉字被简化之后从逻辑上已经割裂了它的连续性，甚至完全不具有原本表达的含义，譬如：亲（親却不見），爱（愛而無心），产（產却不生），厂（廠内空空），导（導而無道），开（開関無門），乡（鄉裡無郎）……凡此种种，不胜枚举。中国每一个汉字历经数千年发展演化，应该自有缘由，香港和台湾至今保留繁体字体系值得我们深思。

一个月的时间很快就过去了。说实话，如果当时我们不是抱着完成任务的态度的话，应该会学习到很多汉字的知识，现在想来实在是追悔莫及。李老师好像从来不刻意要求别人什么，更多的是用自己的实际行动默默地影响着身边的人，只是偶尔会对我们说“年轻人要胸有大志，要往远看”。此外最关心的就是我们的吃饭和身体问题，总是过几天会给足我们吃饭的钱，然而他自己的生活却是非常简朴的。梁阿姨也总会隔三岔五地把我们叫去家里吃饭，那也成为我们讨论工作的场所。

李老师的办公室在校门口进去第二个门，和别的老师的办公室一样是标准的一孔窑洞，4个人在里边一起工作的时候显得有点局促，所以李老师除了有时候需要来办公室现场指导我们外，其余时间都是在家里或图书馆查阅和组织材料。除了吃饭和必要的休息之外，他一刻也没有停止学习和研究，总是会忘了吃饭的时间。有时候还刻意叮嘱家人，在他忙的时候不要打扰他，即使是饭熟了也不要叫他，把他的那一份留着就行。听说有一次大年夜，李老师一个人又像往常一样在办公室废寝忘食地进行他的学术研究，直到将近凌晨，家里人觉得除夕夜必须一起吃一次饭了，才安排女儿非雪去叫他（如果换了别人，可能会因为打扰到他的工作而遭到呵斥）。他走出办公室听到噼里啪啦的爆竹声响，才说他都忘了今天是大年夜，然后加快脚步回到家里一起吃年夜饭。

和李老师相处的一个多月，总是看到他孜孜不倦地整理资料和查阅典籍。家里的书桌上和床边总是堆满各种书籍，偶尔遇到哪怕一丁点有疑义的问题，他都会拖着尚未痊愈的身躯跑去文化馆或者图书馆查资料。对待学问的追求的确到了苛刻的程度，而乐此不疲。你似乎在他身上从来看不到任何困难和痛苦，我们曾经出于好奇，试图了解他年轻时候遭遇那么多坎坷缘由的时候，也被他轻轻一挥手断然制止。李老师显然不愿意提及太多过往，只是淡淡说了一句“真理到任何时候都要坚持，然而一切都要向前看”。如果简单地理解为不吸取经验教训显然是不客观的，所有曲折离奇的磨难和经历，在他面前似乎一切都风轻云淡……

很快就到了汉字展览的那一天，小小的县城变得热闹起来。县文化馆的展览室里来了很多县领导和参观展览的观众，不管是虚心请教的学者专家，还是充满好奇心的小孩，李老师总是给前来参观的每一个人详细而耐心地讲解……第二天已经没有了前一天刚开馆时那种门庭若市的繁荣景象，取而代之的是“门前冷落车马稀”的寂寥场景。李老师看出我们三个都显得比较失落且无聊，只是淡淡说了一句：“一件新的事物被人们认识和理解必然要有一个过程。”脸上仍然带着微笑并充满自信。

这个夏天很快就过去了，我们也马上投入迎接第二年的高考备战之中。其间李老师叫我们去他家里改善过好几次“伙食”，要我们利用时间好好学习，并一再嘱托“男儿志在四方，一定要去大地方，去北京”。我和永利后来去北京求学，应该和李老师的鼓励有着很大的关系，至今心存感激。

后来跟李老师只是断断续续地联系，他的汉字研究成果《识字快》在他和梁老师创办的向阳幼儿园试行推广，得到了很好的效果。几乎当地人都知道，从向阳幼儿园输送到各个小学的学生都非常优秀，尤其是语文成绩名列前茅，会读会写并能够深刻理解的字数明显优于其他幼儿园毕业的同学。时至今日，这所横山第一所民办幼儿园仍然办得如火如荼，成为横山教育界一块金字招牌。苦心经营30多年的梁园长还是每天带着温馨的笑容，站在校园的门口迎送着那些寒来暑往的孩子们，而这些接送孩子的家长们则很多都是二三十年前从这里毕业走向各个小学的佼佼者。

相对于梁老师主政向阳幼儿园的中规中矩，李老师当年在横山中学教学的方式则独辟蹊径。在他政治理想遇阻，生活步步受挫，直至退至三尺讲坛，人们都会认为这个满腹经纶、满腔政治抱负之人会从此沉沦在这个毫不起眼的边陲小县。然而瑕不掩瑜，是金子总会发光。李老师在将近十年的执教生涯中，在这个物质匮乏、思想贫瘠的黄土高原腹地，进行了也许是全中国最早、最彻底的“素质教育”（20世纪80年代初）。我接触过很多曾经在那个年代受教于李老师的学长，多年以后他们讲起当年那段激情燃烧的岁月仍然眉飞色舞、激动异常。除了课堂上融教于乐、别开生面之外，作为班主任，在班集体的管理上也推行“学生自治”，让学生自己管理自己。班委会成员都需要经过竞选，选出来的班干部如果治理不力还要被“弹劾”。并成立各种兴趣小组，人尽其才。有时候带领全班同学跑到无定河边，指着河堤给同学们出题——如果你是横山县县长，你会怎么治理这条河？凡此种种，激发每一个学生的潜能和自信，把每一个学生都看作可塑之才，真正做到教书育人。这些莘莘学子在他的浇灌和感召下，像吸足了水分和养料一样茁壮成长。我曾听到一位学长讲过，当时他的这种教学方式曾受到不小的非议，甚至部分同学不能完全理解。然而时至今日反观那些被李老师带过的同学，由于在学习的过程中掌握了逻辑思维能力、独立的思考能力和解决问题的能力，大都成为社会栋梁。诚如斯言，李老师当时教给他们的不仅仅是书本上的知识，更多的是学习的方法论和生存的智慧。

1997年，李老师身体基本恢复，又只身到北京继续他的学术研究。我们知道的时候，他已经在北京海淀区的六郎庄租好了房子，从这里去北大和海淀图书城都比较方便。那个时候我和永利在北京读书，我俩曾经两次去他租住的地方找他，但都没有碰到。听周围的邻居说，他每天早出晚归奔波于北大、海淀图书城、中关村，有时候还会去更远的首图和北图，我们没有电话也无法联系。毕业之后李老师给过我一些资料，可惜在一次搬家的过程中被搬家公司的人不小心在路上弄丢了，自责、惋惜，一直未敢向李老师提起。后来博尔公司与李老师合作出版《鲲鹏展翅 —— 毛泽东诗词新解说》，还带我去过两次，一切似乎都进展得非常顺利。就在《鲲鹏展翅 —— 毛泽东诗词新解说》刚刚完工，正要大展宏图准备投入汉字研究工作之际，突遭煤气中毒。后来朝阳为此辞了陕西电视台的工作，到北京照顾每天坐在轮椅上的李老师。显然李老师这次脑部受到的伤害比较严重，我们每次看望他的时候，再也不会像以前那样听到他兴致勃勃地讲述毛诗、汉字和古语摘要了。看到的总是他那依然坚定而又略显呆滞的目光注视着远方，对比从前，此情此景不禁令人唏嘘。真的是造化弄人，命运有时候总是让人感慨而却又无可奈何……

2014年年关，李赤老师永远离开了我们。他的离去，也许不仅仅是我们教育界的损失，也许不仅仅是横山这个小县的损失……也许李老师早就化作天空中最亮的那颗星辰，像原来一样俯视着大地的一切。

李老师那渊博高深的学问、远见卓识的超前思想、严谨认真的治学态度、大胆探索的创新精神以及朴素乐观的生活作风等，永远值得我们学习。无论是《鲲鹏展翅 —— 毛泽东诗词新解说》《古语摘要说》《李自成乡籍考》，还是尚未完成的《汉字研究》，都达到了令人无法企及的高度。在我看来，《汉字研究》才是李老师倾注心血最多、最寄予厚望造福子孙的事业。遗憾的是还未来得及整理完成却中道离去，实在是令人扼腕叹息。然而，他打开了这扇窗，等待着我们去开启和探索……

2021年于西安

刘青逸，横山中学96届毕业生，1975年出生于横山党岔，曾供职于经济日报社《中国企业家》杂志社，现为北京华建中远教育机构联合创始人。

师德垂范照千古

——悼念恩师李赤先生

王永利

2014年临近农历年年根的时候，我所任职的公司在北京郊区的一家宾馆开年会。那一天，一方面是一年紧张的工作终于放松下来，睡得很踏实；另一方面是头天晚上喝了一点酒，有些燥热，所以一大早（2014年1月27日），我就起床到宾馆外面的湖面上踩着冰散步，呼吸着郊区新鲜的空气。就在此时，我接到朝阳打来的电话，说他的父亲李赤老师昨夜去世了。我愣了几秒后，脑子里出现两个字：解脱。当时我虽然尽量用平静的口气去安慰朝阳节哀，劝说他作为儿子，已经尽力了云云。但脑子里想着，对于李老师和家人来说，这都是一种解脱。面对一位逝去的恩师，此刻出现“解脱”两个字似乎近于残酷，可我知道，对于与病魔斗争了整整14年的李老师来说，延长他的生命就是延长他的痛苦。打完电话后，我坐在湖边的一块大石头上，透过泪光望着一轮红日从东方慢慢升起，思绪断断续续地回想着先生这些年教诲我的点点滴滴。

我认识李赤老师是在1994年。那时我正在读高中，满脑子做着文学的梦想。

有一天下午，在球场上打球的我看到一位身材魁梧的人从操场上慢慢走过，手里拿着一张卷起来的报纸。先生的气质与众不同，他的目光中带着一丝对年轻人的关爱和宽容。而那时，我还不知道眼前这位长者就是已被我们当地传得神乎其神的李赤先生。我不记得是谁告诉我眼前这位就是大名鼎鼎的李赤老师。但那一刻，对于一个文学青年来说，能接触到他一定是十分渴望的事情。经过很长时间的酝酿，我和同班同学刘斌、刘青逸决定登门拜访先生。那天晚饭后，当我们三个人来到横山中学操场北门外的向阳幼儿园李老师家门口，正互相推让着谁先去敲门的时候，李老师的爱人梁老师首先发现了我们三个冒失鬼，热情地将我们请进了家。李老师从满炕的书堆中坐了起来，放下手中的书，和蔼地询问我们的姓名和老家在哪里。不知是因为我们紧张而回答的声音不够洪亮，还是窗户外总有汽车经过，李老师身体向前微微倾着，稍稍侧着耳朵耐心地听我们介绍自己，脸上堆着微笑，目光中充满了鼓励和真诚。从那一次开始以后，几乎每周，我都会到先生家中去请教，把自己写的作文送去让老师点评，下一周则取回旧作，送上新作。我记得，他每次都会给我的作文写下很长的评语，并严肃地告诉我该去读些什么书。他似乎不会去谈什么技巧，倒是总说观点和立场。对于那时候的我们来说，阅读的渠道十分狭窄，但李老师推荐的阅读书目仿佛为我开启了一条通往知识海洋的通道。从此，与李老师谈话、聆听他的教诲成了我高中读书生涯中的必修课。他不仅从知识上给予指导，更多的是从人生观、世界观给我指明了方向。从先生的身上，我受益许多，比如，他刻苦治学的严谨精神和对生活淡定从容的豁达态度。他能够看淡生活中的得得失失，但他绝不放弃对真理的追求。记忆深刻的是1995年那年暑假，他带领我和刘斌、刘青逸在横山县文化馆举办的那一次汉字展览。我们三个人各自有分工，而且要协作完成任务。他每天给我们布置不同的工作，但总围绕着汉字起源解释、展览绘图、展板制作到展馆布置等工作，足足忙了一个来月。开展那天，小小的县城轰动了，许多人都来参观，都想看看生活在身边的这位饱学之士究竟对汉字造字法和演变规律提出了怎样的观点。李老师耐心地给参展观众讲解汉字起源学说以及汉字的魅力。他提出，从象形字开始，总共大概有250多个所谓的“字根”。在这个基础上人们根据生活的经验和需要，运用形声、会意、指示、转注等方式演变创造出3000多个常用字。他研究的核心就是找出这些造字的规律，让我们在认识汉字的时候知道为什么会出现这样的字，由“字根”可以扩展出一串一串的字，识得其“字”还知其本义和来源，所谓“知其然”还能知其“所以然”，而不是简单地仅仅认识某个字。他提出必须重视少儿对汉字的认识和理解，要让孩子们在早期就一串一串地识字，从而激发儿童的形象思维。看看今天大大小小的电视台所举办的汉字读写节目，就知道，李老师总是比我们早很多年就看清了事物的本质。1995年的时候，李赤先生就亲口对我说，要办一个汉字“九曲”游乐场，在土地上按照“九曲”线路图种上玉米或者其他作物。每一株作物旁都竖起一个汉字及其字义解释说明的卡片，让大人、孩子在转“九曲”的时候认识汉字、知道汉字的造字规律，从而激发创造灵感，游、学两不耽误。这个创意，10多年后，我在因为北京奥运会而从北四环整体搬迁到昌平的洼里乡居楼看到了类似的旅游项目，只不过洼里乡居楼办的是“五谷八卦阵”。

李老师的外甥、复旦大学高才生陈志强在祭文中这样写道：三舅才华横溢，常以超前的眼光研判事物，天资聪敏的他也往往能领先他人一步。在20世纪90年代初，有一股反毛逆流，他挺身而出，断言毛泽东思想依然能够指导中国社会主义现代化建设。他奋笔疾书，以独特的视角，重新解读了毛泽东诗词，解答在战争时期和建设时期的重要历史关头，毛泽东为党和人民指出的正确方向，很多点评令人拍案称奇。而今我们回顾历史，重温他的作品，不能不佩服他惊人的超前判断。90年代，我们相聚在北京，一起探讨计算机技术的影响，他已能从人工智能的角度探索汉语研究与计算机的应用关联。当时有一些技术派认为汉字不易被计算机处理，汉字拖了中国计算机发展的后腿，主张文字改革向西方文字拼写方式发展。三舅明确指出汉字象形化明显的技术优势，如经发掘，必将打开文字研究的新方向，其成果也会被计算机技术所吸收。他决定投入汉字象形技术的研究和开发，历经多年寒暑，成果卓然。比起当今广泛应用的汉字学习软件整整提前了10年。可惜因身体原因，这部分成果没能完全成功投入市场。他还预言汉语必然会对世界文化产生重要影响。看看当今遍布全球的孔子学院和世界范围的汉语热，我们就不能不佩服他的远见。他从人工智能角度以电脑理解文章，至今业界尚无突破性进展。或许某一天，我们会看到类似于他四分解析法的成果。

1997年，李老师身体恢复后，又来到北京潜心自己的学术研究。而彼时，我也正好在北京上大学，经常在他租住的小屋里吃着一碗白米饭，就着一盆凉拌圆白菜，谈论着历史和当下。李老师是个无神论者，但命运却每在关键时刻都会捉弄他。可令人敬佩的是，先生从不言败，总是用乐观的心态面对一切。他从不讲究吃穿，总是笑着说“饭不好，要吃饱”，要我们分掉盆底的米饭和凉拌圆白菜。我工作以后，觉得手中还算宽裕，有一次请他去吃烤肉。进门的时候，我就见他脸上不高兴，点菜时我便不敢大手大脚。吃完烤肉，他批评我两个字：浪费。从此，我再也不敢提请他吃饭的事，和他见面总是白米饭就咸菜吃饱为止。先生在其他方面也极其简单，从不看重。

我认为，他是虔诚地信仰马克思主义的。他一生所学，全部都用在他所钟爱的学术研究中。李老师看淡名利，可以说，先生一生所从事的所有工作，都是为大局而忘小我，他的格局和高度让我们无法企及。记得多年前的一天半夜，他打我电话问我手头有没有“毛选”，我说有。他问哪年版的，我看了版权页后告诉他，他随口就说，那你翻到××页，有一句话我记不真了，是不是这样的。他在说，我在对，竟然一字不差，真是令我惊叹。后来他告诉我，他在写毛泽东诗词研究的文章，要引用主席的一句话，怕弄错了。

1999年，李老师的汉字研究进入一个新的高度，然而此时，病魔再一次将先生击倒，命运就这样再一次捉弄了他。此后的10多年，我和朝阳在北京住得很近，所以我经常去拜访李老师。由于病情严重，恢复起来很难，每次李老师都在轮椅上坐着，行动不便。可每次见到李老师，他的手中还总是拿着书，也总是问我最近在读什么书。在先生面前，我诚惶诚恐，因为我知道，先生的高度只能用那个词来形容——高山仰止——我辈在他面前总是世俗和肤浅了许多。那时的我经常会在他的要求下推着他去报摊、书店买书、看书。我接触李老师的时候，他已经从横山中学教学一线退了下来，专门从事汉字研究和毛泽东诗词研究。所以，对于李老师的过往我也从来没敢问起，只是从不同的渠道知道李老师的一些往事。这半年来我一直想写一篇关于李老师的文字，可总觉得自己认识不到先生的高度而不敢下笔。但无论如何，我需要写下这些东西来祭奠先生，以表达我心中满满堆积的情感。

李老师的一生不能简单地用成功或者失败来概括。在我心中，李老师是一位伟大的人，尽管他不善言辞，但他用自己严谨治学的精神和勤奋上进的行为影响了他的许多学生。他用行动告诉我们，人的一生应该永不停止学习和思考。2014年农历正月初四，先生的追悼会在老家举行。他的很多学生和同事、同学从四面八方赶来送先生最后一程。很多无法到达现场的人纷纷发来唁电，表达对先生的哀悼。北京大学法学院教授强世功和妻子孙俪馨的唁电写道："缅怀李赤老师——扎根塞北三尺教鞭锐意改革培育桃李满天下，博古通今潜心学问诠释毛诗寄望赤旗遍世界。"《中国新闻报》国内新闻部部长张伦发来唁电说："惊息李赤先生不幸仙逝噩耗，十分悲痛。李赤先生是陕西名人，他一生三大成就：第一，李赤先生是时政评论家，他心怀坦荡，仗义执言，敢于对时局发表评论，提出意见。第二，李赤先生是文学家。第三，李赤先生是优秀教师。"在追悼会的现场，许多不同身份的人和单位、团体赠送的挽联挂满了整个院子，纷纷表达着敬意和惋惜。我静静地看着这些缟素上泣血的文字，有万千种无法言说的痛楚弥漫在内心。

追悼会后，横山中学时任校长雷子义老师请我们几个在北京的学生小聚，话题自然围绕着先生，大家不断说起对先生的佩服和敬仰。县教研室一位领导激动地说："今天搞什么素质教育，我给你说，20年前李赤搞的就是素质教育，你今天搞的素质教育还没有脱离开李赤当年的框框。"对他的这个说法，在场的几位老师一致表示赞同。

早在1982年，李老师就开始在横山中学实行教改。李老师的学生、现任宁夏大学教授杨开飞（横山中学84届毕业生）在回忆文章《独立苍茫自咏诗》一文中写道："李老师把课堂变成学生的大讲堂。李老师的语文课是对传统教学的革新，改革创新是他教学思想的灵魂。他真正做到教学以教师为主导，学生为主体。他是导演，学生是演员，他是总设计师，学生是践行者。他把每节课要完成的教学任务，提前一天分成四部分内容，布置给四个小组做好准备，第二天上课时由各小组指定的课题负责人进行汇报。他是组织者，学生是参与者，他是改革者，学生是受益者。当时的中学几乎全部走应试教育的模式，绝大多数教师满堂灌，实行填鸭式教学。教师唯教材和教学参考书是举，不敢越雷池一步。学生的头脑被标准答案囚禁，不敢有丝毫自己的想法，遑论发表独立见解。但李老师把学生推上讲台，鼓励学生独立思考，做到‘如切如磋，如琢如磨’。学生和老师平等交流，提倡质疑问难。”同样为1984年毕业于横山中学的李老师的学生折小利在文章中对李老师的教改这样写道：“先生的这些做法，当时一些学校领导、老师以及部分学生家长都心存疑虑、颇有微词，有的甚至放言，先生的做法会彻底毁掉一个班级、一批孩子。毕竟高考是一个硬门槛，再活跃的思想、再好的组织协调管理能力在高考分数面前都会显得苍白无力。但事实证明，先生是对的，1984年的高考，我们没有给老师丢脸。而后来走进大学，步入社会，先生当时教会我们的那些能力，使我们受益终身，我们一直以先生为荣，生命中遇到先生这样的良师益友，这是我们最大的幸事。”

桃李无言，下自成蹊。李老师曾有10年时间在一线教学，这10年也让先生获得了巨大的财富。他深深懂得教学相长的道理并实践在具体教学中，他运用启发式教学方式，尊重每一位学生的人格。李老师教过的学生曾对我说，李老师给他们的不仅仅是知识，更多的是思想、是不懈追求和超越自我的精神。我认识的一位很成功的企业家当年就是李老师的学生，他提起当年李老师给他们当班主任时候的往事唏嘘不已。他说，当年他们班在全校是有名的乱班、差班，班上很多同学不仅不爱学习，甚至有的学生天天不上课，窝在宿舍里打牌、“盟湖”（陕北的一种纸牌游戏）。但作为班主任，李老师对所有学生一视同仁，他从不觉得学习差的学生就会没出息。他重视因材施教，尊重每位学生的人格。李老师在班级里大力推行民主选举制度，所有班干部都采用选举方式产生，而且干得不好会被随时“弹劾”。李老师当时就认为，未来的社会将是团体作战、小组作战的时代，所以，他把学生分成多个小组，形成竞争格局，让每位学生都参与到竞争中来。人人都是不同领域的领导者，人人都有机会出彩，一下就调动了所有学生的积极性。班级的所有的事务都必须经过班级讨论、辩论后决定。这就给许多人脑子里种下了民主的种子，让他们看待问题、处理问题的方法和思路有了不同，学会了辩证思考，让学生一生受益。

我常常想，一个老师的伟大不仅仅在于你把多少优秀的学生培养成国家的栋梁，这当然很重要，但更重要的是你能够把多少差等生内心的自卑去除、理想激活，让他们勇敢地走向社会，成就自己的人生。上文提到的那位企业家曾亲口对我说，当年，他们是学校里面最差的那个班，而现在来看，他们班的同学所创造的社会价值要远远高于其他班级。当然，有时候，社会的变化和人生的选择会让每个人的道路产生很大的差别。我们从来不会用世俗的眼光去评价作为个体的人生成功与否，但这位企业家不无担心地说，如果没有李老师，他们班的许多人的命运将会无法逆转地沉沦。他们很多人甚至会没有勇气去迈出人生的第一步，更无法谈论今天的成就。那时候，李老师把自己的班主任津贴全部拿出来搞班级第二课堂，每周五下午都开展演讲辩论，话题涉及连现在都觉得前卫的“安乐死”等内容，对学生思维调动、口才锻炼起到了非常重要的作用。李老师教授的语文课则更是打破大纲，勇于创新。他曾用一个月的时间在课堂上详细讲解恩格斯写的《在马克思墓前的讲话》。一篇不到1300字的文章，他运用自己渊博的知识，从哲学、逻辑学、共产国际运动史等不同的方面为学生打开知识的视野和高度。很难想象，一个高中语文老师会把黑格尔、尼采这样的大家“请”到教室里来，与同学们一起分享大师的精神世界。教材里其他他认为不重要的课文则实行自学和学生主讲、老师点评的方式，锻炼学生的口才和胆量，同时培养学生自学的能力。他不是在教书，更多的是在塑造学生的思想和灵魂。他不像高中的语文老师，倒像是大学里的导师。他绝不让学生盲从，他倡导让学生树立独立思考的精神和大胆批判的精神，甚至鼓励学生给教材“找碴”，发动学生给语文报写信，提出对教材的意见。他不是在教书，更多的是在塑造学生的思想和灵魂。作家王兴根（李老师的89届学生）曾说，李老师对他影响最大的就是先生不盲目迷信的批判精神。他说先生在讲《张衡传》时认为教材中的“衡下车，治威严，整法度”一句断句有问题，应该是“衡下车治威，严整法度”。

北方民族大学历史学教授、李老师的学生杨蕤在他写的长文《铮铮风骨、师恩难忘》文章如此断言：“我曾经想，如果李赤老师在大学里工作，一定能够成为一名非常出色的学问家，也少不了教授、硕导、博导甚至更高档次的桂冠和花环，因为他所提出的问题都是具有原创性、颠覆性的大问题。如另立炉灶，对毛泽东诗词和文言文语法体系理论重新认识和解释，就是对这两个领域中主流学术的一些根本性问题的探讨，更准确地讲是根本性的否定，而他面对的则是王力、王宁、吕叔湘、臧克家、郭沫若这样的名满天下的学术大家。作为一名身处经济落后地区的县城中学老师，能够不断思考这些主流学术问题，敢于质疑名家的学问，不唯上、不唯书、只唯实，何止‘不容易’几字所能概括。因此，没有能在更高的平台上发挥他的个人才智也许是李赤老师自己的人生缺憾，但他能回到故乡这片热土，走向讲台，手执教鞭，教书育人，这何尝不是横山教育和文化的一件幸事！”

李老师是个很有天赋的人，他能够同时进行几项学术研究，而且很快就达到一定的高度。按照许多人的回忆来看，先生当年的学术研究可以概括为“四菜一汤”。“四菜”是指毛泽东诗词研究、古语摘要说、文章全息四分法和转注造字法；“一汤”则是对李自成故里等横山地方文化的整理和探讨。杨蕤回忆说，李老师当年曾给他们出这样的作文题——《假如我是横山县长》，让同学们发表看法，假如自己当了县长会如何治理这片土地。李老师对每位同学的作品都进行了点评，鼓励大家要有开阔的视野和长远的眼光。我确实无法得知，身处偏远山区中学当老师的先生的头脑中究竟都在思考着什么，但他胸怀世界、放眼全球的思考有目共睹。王兴根在他的文章中说："先生总是教导我们，要以民族大义为重，要有远大的理想，有放眼世界的胸怀。我记得戈尔巴乔夫当选的第二天，先生就对苏联的未来有过断言，认为戈尔巴乔夫执政，苏联不会有光明的前途。当时我不相信，甚至觉得可笑，但后来的事实证明，先生是对的，让我不仅是佩服，更多的是不可思议，真有一种高山仰止的感觉。"作为学术研究的先生是严谨的，甚至是苛刻的人；作为一名为真理终生奋斗的人，先生总是十分乐观。他从不言败，他能藐视一切困难，具有非凡的气度和胸襟，敢把所有的困难踩在脚下。

后来担任榆林地委宣传部常务副部长、榆林报社社长、总编辑的胡广深先生曾对我说，李赤刚直不阿，坚持真理。李老师在榆林报社工作的时候，当时的地委领导写文章说榆林要"把三田（水田、梯田、坝田）建设为战备田"。李老师作为当时榆林报社的编辑，认为这种提法不妥，如果把农业和战争直接挂钩有极"左"的倾向，为此他就给地委领导写信表达了自己的观点。没想到，他因此而备受打击，受到批判，被停了工作。但他仍然坚持自己的观点，他甚至给兰州军区司令员和政委写了一份材料，表达自己对这个提法的意见。可想而知的结果就是，先生的人生一步一步滑入谷底。胡广深先生和李老师一起作为"牛鬼蛇神"被安排到农场"改造"，但放下手中的笔、拿起老镢头的李老师从来不对命运抱怨。他在任何时候都充满了力量，即使种地也要种到最好。担粪、翻地，这些从来不干的农活他干起来让人觉得他根本不像是个知识分子，倒像个好的庄稼把式。他干任何工作都能够舍出自己的身子，他们俩管理的农场的庄稼长势明显好于周围农民种的庄稼。

王兴根说，他清楚地记得李老师曾经对他说："即使我拉着大粪车从街上走过，也应该昂首挺胸，因为我没有错。"李老师可以说是历经风雨沧桑，一生并不顺利，甚至充满了挫折和磨难，但他总是敢于面对一切困难，敢于直视人生，从不逃避，乐观对待每一次挫折和磨难。像他所崇拜的毛主席那样，不畏惧任何困难和挫折，把困难举重若轻，也从不会因为别人的评价而动摇所追求的真理。他的内心总是充满了无穷的力量和理

想，他用行动告诉我们，他是一个敢于为真理奉献自己乃至生命的人。可以说，他是一位勇敢的人，是一位精神上伟大、人格上纯粹的人。他从未向任何人提及过去生活的艰难困苦，从未表达颓废消沉的言论。他总是在前进的道路上努力拼搏，他的眼光永远盯着前方。也许他奋斗的目标需要人们更长久地等待，他的人生确实给人感觉不那么顺畅，甚至令人扼腕叹息，但他从未退缩，从未后退。即使在他卧床不能独自行走时，依然以顽强的意志与病魔抗争。他坚持身体康复运动，甚至站在树下以击打树干的方式坚持自我训练，以常人难以想象的力量支撑着虚弱的身体。他顽强的生命力和坚强的意志感染着每一个人，给所有的人“正能量”，教会我们乐观处世、严谨治学、正直做人。命运有时候会开很大的玩笑，没有被挫折击败的李老师，最后却让病魔终止了他追求真理的脚步，让他一生的心血在即将产成巨大成果的时候戛然而止。这是他的不幸，也是我们的不幸，更是这个时代的不幸。巍巍乎横山见证，汤汤乎芦河呜咽。今天，李老师已经远去，但他曾给予我们的，还将继续给予我们力量，陪伴着我们继续前行。

王永利，横山中学96届毕业生，1976年出生于横山高镇，现为宁夏作协会员，曾为北京某媒体编辑、记者，2002年起到企业工作。出版有《京华陕北人——讲述陕北人的故事》一书。

雨霖铃·念师恩

张子芳

朝来暮去。又中秋月，冷雨愁楚。当年学府简陋，今承古训，书香无阻。昔日恩师容貌，竟言少难叙。念故旧，推革思维，学子莘莘共相与。

怀情又忆斯人语。更伤怀，漠北花残处。长歌远寄天际，杨柳岸，落英同旅。万念如灰，无定河边，捧水忧伫。愿世外，琴伴先生，曲绕霞烟渚。

张子芳，女，陕西横山人，横山中学84届毕业生，1987年8月参加工作，现就职于榆林中学。

忆先生李赤

（外一首）

赵国峰

先生去我一载余，每忆音容泪沾衣。
起承转合析文句，古语摘要悟精髓。
鲲鹏展翅出新意，纵论古今岂拘泥。
农家子弟承雅教，得成正果终受益。

念奴娇 追忆李赤先生

天嫉英才，魂归去，泪飞顿为盆雨。鲲鹏展翅，出新意，纵论古今不拘。起承转合，古语摘要，而今谁可拟？八阵图文，奇人奇文奇举。

忆及先生昔日，倾心灌桃李，求实摒虚，知行合一，索异路，力推素质教育。先生遗志，吾辈自当继，以慰豪气。看教苑里，花开花香遍地。

赵国峰，横山中学89届毕业生。

水调歌头·忆李赤老师

张耀祖

岁月有峥嵘，最美青年时。
多少光阴荏苒，各人记忆深。
吾欲执笔疾书，又恐才浅学薄，
不能胜此任。
学作古诗词，悼念李赤师。
学识渊，淡名利，遍桃李。
横山中学，我们知遇常教导。
授业解惑是他，启智明志有谁？
有幸遇良师。
学子今忆起，不忘昔日恩。

2016年9月4日

张耀祖，横山中学93届毕业生，生于1974年，现为榆林传媒中心短视频一部主任，榆林市作协会员。出版《我的幕后生活》一书，微电影《幸福来得太突然》等编剧、六集战役主题广播剧《我们一家人》等编剧，主要从事影视创作和文学写作。

悼李赤

李 荣

李下有蹊，横山失巨擘。

赤心昭日，塞北传勋名。

李荣，横山中学94届毕业生，现为横山区委统战部副部长，中国楹联学会会员，中华诗词学会会员，陕西省作家协会会员。在《中华诗词》《中华辞赋》《诗刊子曰》《当代诗词》《星星诗词》《诗选刊》《延河》等报纸、刊物上发表诗词联赋500余篇（首）。2015年出版长篇历史小说《英雄诀》入选2016年度榆林市文化精品项目；2019年出版诗词联赋《冷山集》。受聘为《横山年鉴》2017、2018、2020卷副主编。荣获全国、省、市各类诗词联赋大赛奖项40余次。

风木含悲

“子欲孝而亲不待，树欲静而风不止。”

李赤先生一生刚正不阿、勤奋好学，给他的家人和亲友非常大的影响。本篇主要收录李赤先生的家人和亲友对他的回忆文章。

阳光总在风雨后

梁惠莲

阳光洒在向阳幼儿园的院子里，我坐在凳子上，看小朋友们游戏玩耍。

每天有几个小朋友过来和我这个园长奶奶攀谈。一个小朋友用她的小手，把我的手轻轻地摸着。我们的聊天内容有：

园长奶奶，为什么你的头发是白的，我的是黑的?

因为我长大了，你还没长大。

回头过来看看我经历过的风风雨雨，眼前这幼儿园是多么令人珍惜啊!

千里的姻缘

我出生在陕北子洲县梁家沟村。

只上过小学的我和大学毕业后被分配到北京、在人民出版社工作的李赤，从介绍认识到结婚，只用了十几天的时间。

我娘家有三个哥哥、三个姐姐，母亲46岁生的我。我父亲一边种地一边做生意，家里光景还挺好。

在我小学四年级时，我妈妈开始经常生病。大哥和三哥家住在遥远的安塞，而住在近旁的二哥的孩子又多。我每天早上先把妈妈的药给熬喝了，才一人在来回8公里的路上去上学，每天都赶不上数学课。那时候有一节写方格课，谁给我辅导数学，我就利用下课的时间替他在方格上填小字。那时候农村没医生给看病，就找神医看。妈妈的病一天比一天重，时间长了我的课也落了下来。我想，如果没有了妈妈，念那么多书又有什么用？就这样我离开了我可爱的学校。

过了两年，妈妈的病渐渐地好起来了，但我的学习机会也错过了。虽然我再没上学，但是妈妈的病好了我就高兴。妈妈不是一般的女人，虽然没文化，但她是小理河川里有名的精致女人。她对老人好，对我的7个姑姑好。她会培养儿女。妈妈不让我干活，更不要我做饭，只教我做针线活，让我多看书。她教我怎么做人，长大要做好人。我们那个时代十六七岁就到结婚年龄了，但我22岁才结婚到横山李家坬村。

李赤有七十几岁的老父母，只有大哥一家在父母的身边。他只上了一年的高中，就考上了西北大学。大学毕业后，分配到了北京的人民出版社。大学念完了，工作也有了，他高兴地回家看望老人。过年回到家，父亲行动不便，而母亲由于胳膊受伤了，白天黑夜疼得坐立不安。庄里人都捣糕泡馍高兴地迎接新年到来，他家却连饭都做不出来。父母老了，家里就这样恓惶。

李赤的叔伯二哥劝他在老家结婚，找一个媳妇，伺候老人。回娘家的大姐也每天这么劝说。李赤本来没有在家里结婚的这个想法，他每天看着老人痛苦的样子，愁在心里。70多岁的老人身边没有人伺候是不行的，最后他答应在家里结婚。

我们的介绍人是我的两姨哥哥，也是李赤的亲戚，又是同学。他听到这个消息，就给我们牵了红线，连相亲带结婚只用了十几天。

正月，李赤上班去了，我在大队学校当了一名民办老师。本来我只读了小学四年级，去当老师肯定不称职。我知道这是大队看在李赤的面子上给的这么一份工作。

李赤在20天后给我写了一封信，问家里老人的情况，问学校的情况，问我的工作压力大不大。我想写信，又不会写，写了扯了再重写。半个月以后李赤的信又来了，他把我写的信就像老师给学生改作文一样，把错字、别字统统改了过来，别字上还注上拼音。信中语重心长地对我说，家里老人老了，学校也是个新工作，还年轻，要有信心，只要努力，困难总会过去的。他给我寄来《新华字典》、拼音字典，让我有时间多学习。每封信都是这样改的，时间长了我也就习惯了。

他对我也很关心。我知道他找我没别的要求，只要对老人好就行。这个任务很艰巨，我既然来到这个家，就要把这个责任担起来，要和老人搞好关系。我结婚嫁妆新的衣服、毡、被子全是借的，过了一段时间，我就把老人的破被子、破毡都给我换过来，把新的给老人。那时家里穷，没多少粮食。结婚时长辈给的13元钱，李赤走的时候拿了当路费。我当女儿的时候，没有持家的概念，也没担过那份心。回到娘家给父母说婆婆家很穷，他们安慰我不要怕，说没有什么就来娘家拿。后来，李赤把他每月的工资也往回寄。

相对于拄着双拐的慈祥和蔼的公公，婆婆对我这个连饭都不怎么会做的年轻媳妇会严苛一些。不过我至今都感谢两位老人的开明。

李家坬的12年

家乡，永远是每个人避风的港湾。哪怕这个人是外面来的媳妇。

村里为了照顾李赤，让我在村小学当老师。事实证明，我是一位能被学生、家长认可的好老师。我在李家坬小学当老师的10年中，有7年被评为模范教师。

我带低龄段孩子的课，还有全校的音乐、体育和美术课。我爱打球，带高龄段的孩子跑上两圈“一二一”，就一起打球。我们打球完全没有犯规之说，扔球进筐就算是得分。

我在当了大概一年老师后，发现李家坬生产队的社员们，无论男人女人都忙田里的农活。女人们手上裂着口子还去地里。拿两根萝卜，中午饿了，萝卜就是午饭。晚上才回家，歇下一会儿，又在纳鞋底。而村里只有一个剃头的，在有空的时候才能给孩子们剃头。我就借钱买了一把推剪，给全校男孩子们理发。女孩子头发长，容易长虱子。夏天，当太阳把小理河水晒得热乎乎的时候，我利用课间，带女孩子去河边洗头发，再帮着用篦梳篦虱子。

那时候孩子们的裤腿，是那么容易扯开口子。孩子们的鞋跟，又是那么容易裂开。我会针线活，就用针线，给孩子们把衣服、袖口补得光光堂堂。把鞋用麻绳也都补得结结实实。时间长了，我的教学道具不只是书和粉笔。我的道具包里，还有推剪、针、线、麻绳，等等。社员们纷纷议论，说我是好老师，给家长帮了好大的忙。

后来，由于李赤的原因，我不能再在学校当老师了。

在娘家时，我虽然是农村姑娘，但没有去地里干过农活。当生产队开始让我和其他队员一起干农活时，我连大麦和冰草都分不清 。那些由于天旱好不容易挑水才长出来的苗苗，被我锄起苗落。拿锄头松土，我是先把一条地锄好，再拿着锄头跑回来锄第二条。生产队看到我是个勤快人，实在不是种庄稼的料，我家里又有一台二手缝纫机，有做裁缝的功底，就把我分到裁缝铺。

不论是当老师还是不能当老师，不论李赤处于顺境还是逆境，李家坬对我的照顾都让我非常感动，永远铭记在心。

那时候，6家人共用一头驴，每6天轮一家。离我家能用驴驮炭还有两天的时候，家里的炭用完了。婆婆急得在地上迈着小脚转来转去。我去找队里负责的，想试着看能不能提前借一头驴。没想到第二天一大早，队里给拉来两头驴。这没驴也愁，驴多了也愁。家里只有一头驴驮炭的钱，去哪里找第二头驴驮炭用的钱啊？我坐在大门口落泪，叔伯二哥路过，看到驴被拴了一上午了（这季节哪有让驴闲着的时候），问明了情况，四处帮我凑了买另一份炭的钱。我肿着眼睛，拉着两头瘦驴，去炭窑拉炭。路上遇着熟人，老远就说这两天感冒了，鼻涕眼泪的。炭窑掏炭的、卷炭的，都是熟人，谁不知道我现在的情况。我一再说拉个瘦驴，就少装些炭，最后他们还是满满地给装了两个驮笼的炭。回去的路上，我生怕哪头驴腿脚有点闪失，倒在路上。最后总算是平平安安地回到了家里。

生产队分粮，有劳动力的社员先分。我躲在老远处，准备等着最后领点儿分剩的粮食。没想到负责分粮的首先喊："三婶子，你快来领粮，站那么老远干什么？！"还派社员替我送到家里。

我唯一一次受过的下马威，是刚到裁缝铺的时候。原先的裁缝担心我把她的工作给挤了，要我缝制一件四个兜的中山服，说第二天就要。我说："有没有简单些的？比如，缝裤腿这样的？衣服没做过啊！"答复是："不会做就不要进裁缝铺。这件衣服明天就要。"我一看情形，就把这件要做的衣服拿回家，又跟邻居家二嫂借来她家儿子的旧上衣。把领子拆了，学着做领子；兜拆了，学着做兜。就这样，等天亮了，新衣服和旧衣服都缝好了。

我把衣服交给很是惊讶的裁缝时，告诉她："你不要担心，我不会抢你的活儿。我家人还坐禁闭，我得把他的案翻了，让他出来才是我真要做的。"

18年的誓言

李赤未被"判刑"时，在横山关着，住的地方终日不见太阳。那时候，外面的人都吃不饱，里面人的伙食又能怎样。晚上一个屋子的人都冷得牙关打得咯噔噔响。我给李赤缝了一件四张羊皮的大衣。这件毛非常长的皮大衣，让在照不到太阳的背窑里关着的李赤，能熬过几年的时光。

后来李赤被判18年。

我就做好了自己的打算。我去集市花了5元钱：给3岁的女儿花1元买了5只小鸡，给6岁的儿子花两元钱买了只小羊，给我自己花两元钱买了只小猪。这是让家里老人放心，让村子里的人看到，知道我会在这个家里，继续踏踏实实地过日子。

过了一段时间，李赤给他爸和他大哥写了信，信中表明：

"咱家穷，孩子还小，孩子母亲如果要离婚，希望家里不要给出难题。"

这封信不知道在我公公和大哥手中辗转了多少天，公公才把信给我看。我给公公、婆婆表态："李赤跟我结婚，就是为了照顾你们。现在他不能负责任，不能照顾你们了。李赤现在在困难中。人死了，就没盼头了。现在他还活着，还在社会上，是有盼头的。我不会离婚，你们就放心。我要对你们比从前更好。"

听了我的话，老公公脸上又布满了笑容。

然后我又给李赤写了信。我说："以后呢，就看你的表现了。今年呢，我初步已经安排了。今年给非雪买了5只小鸡，给朝阳买了只小羊，给我自己买了只小猪。”

这样也安了李赤的心。

有一天，李赤的大学同学张子良来李家坬家里看望，他说同学们都住得远，让他代表他们来看望我们。

他先问候老人，又找朝阳。朝阳听见家里来了客人，就躲在大桥上，张叔叔越叫他，他走得越远。最后，我出去把朝阳哄回来。

我借了两碗白面，一边拉家常，一边和面。张叔叔把两个孩子都搂在他身边，问长问短。面做熟了，我把两个孩子安顿在外面去玩，招呼张子良吃面。张叔叔又找孩子一块儿吃饭。张子良把碗端起来一直擦眼泪，最后，一碗面没吃放下来。他还是搂着两个孩子一人给半碗面，孩子在吃面，他流着泪，看孩子吃饭。最后又叹气，看我的今后打算，我把我的想法和做法都给张子良说了。

临走前，张子良到老人身边安慰老人，放下他们班的全体同学捐的粮票和钱。他夸我：“你真不容易，七八十岁的两位老人，还有两个小孩。以后有什么困难给我们写信，我们会帮助你们的。”张子良走的时候还在擦眼泪。

我给张子良说的，也就是我一直支撑自己的信念和决心，我说：“你们都不要担心，做人难，做女人更难。我也有两只手，我既活一天，就要当孩子的好母亲，当老人的好儿媳妇。永远做一个好女人。”

横山的向阳园

1981年我们全家搬到了横山。

李赤平反回来后，亲戚朋友告诉我，让我找教育局再当民办教师。李赤告诉我：“我是从禁闭里出来的人，不是当官回来的。你为了我也求了不少的人了，咱们就不求人了，以后咱们自己修个学校。”

我们找了个地盘，一铲子一铲子把地摊平。

1984年我们自己烧砖、开山打石头，修了五孔窑洞。

1985年，李赤和我在这个院子里，开办了横山县第一所个体幼儿园。

当时横山县只有一所公立幼儿园，孩子想上幼儿园还是很困难的。幼儿园解决了我的工作问题，也解决了附近娃娃入学难的问题。

“我们的祖国是花园，花园里花朵真鲜艳。和暖的阳光照耀着我们，每个人脸上都笑开颜。”

向阳幼儿园就是祖国大花园中的一朵美丽的向阳花。

在向阳幼儿园，老师们就像妈妈、像姐姐，孩子们可以每天在院子里做游戏，在阳光下健康成长。在这里，老师会关注每个小朋友，让阳光洒到每个小朋友的内心。

三十几年来，向阳幼儿园一直为孩子们的启蒙教育耕耘着。今天，我欣喜地看到曾在此接受过启蒙教育的孩子们，有的把自己的宝宝依然送到向阳幼儿园；有的成为硕士、博士，还有的留学海外。

和李赤修窑时，我们打了两层的地基。当时经济困难，只修了一层。李赤说，将来一定要修上两层。幼儿园办起来，由几十个孩子，逐年增加到几百个。看着拥挤的教室，虽然想修二层，但李赤病了，坐了十几年轮椅，经济也不宽裕。2014年7月，我在李赤去世后，按照我们开始修窑的计划，在现有窑洞的上面，又修了一层。李赤最初的想法实现了，幼儿园教室也宽敞了。

幼儿园墙里墙外，被粉刷得像个花果山。楼上楼下的教室、活动室让小朋友有更宽裕的活动空间。当年李赤亲手制作的大滑梯和高高的一排秋千，现在都换成了五颜六色的现代的滑梯和秋千。院子里铺满绿绿的地毯。小型的彩色玩具是文静的小女孩爱坐的地方。当阳光洒在暖暖的院子里，男孩子三五成群，或坐着或跪着，摔他们竞技的小纸片。潇洒些的孩子，干脆就在地毯上打滚。

70多岁的我，不用再亲自给孩子们上课了。

每天早晨，我站在大门口，迎接到园的孩子们，听着一声声“园长奶奶好”。放学时，我又目送小朋友一个个离开幼儿园。

我对幼儿园的管理，几十年不变的原则是：平等、关爱。不论什么家庭条件的孩子，不论孩子看着活泼还是木讷，在幼儿园都是平等的；老师对于孩子，没有打骂、呵斥。每个星期，我和老师们都有小结会。我们一起讨论分析每周跟孩子互动的情况，并强调注意安全，搞好卫生，多做游戏，多跳舞唱歌。

在孩子们心中播下理想的种子，让每个孩子健康快乐地成长，是向阳幼儿园的办学宗旨。

三十几年来，幼儿园的家长们都非常配合，给幼儿园的工作铺平了道路。

如今国家政策好，教育局一直给幼教提供很全面的指导。希望向阳幼儿园这个民办幼儿园，桃李芬芳，继续为幼儿启蒙教育做出贡献。

“感谢亲爱的祖国，让我们自由地成长，我们像小鸟一样，等身上的羽毛长得丰满，就勇敢地向着高空去飞翔，飞向我们的理想。”

这就是我的故事，幼儿园小朋友的白头发园长奶奶的故事。

梁惠莲，李赤先生的爱人，1985年创办横山县第一所个体幼儿园向阳幼儿园。

劳动节忆父亲

李朝阳

父亲过世6年多了。

我上中学时，父亲是别人家孩子的老师。父亲没有给我上过课。父亲生前的学生们自发组织起来，倡议出版一本“纪念李赤先生文集”。除了这些学生们，父亲生前的老师、同学、同事和朋友也写了非常珍贵的纪念文章，让我们可以通过大家的文字，更多地了解我的父亲。

在此我要说一声谢谢你们！

父亲在横山中学读初中和高中，到西安上大学，到北京工作，到榆林工作，再回横山教书，勤劳、勤奋始终是他的品质之一。适逢劳动节，我写一段文字回忆勤劳的父亲。

一、改名

父亲在上大学以前的名字叫李庚贤，按照家谱给起的，在“庚”字辈上。父亲一直没向别人解释过他改名的缘由。

“赤”字在百度里的释义为“泛指红色；象征革命、表示用鲜血捍卫生命与自由；忠诚”，等等。

随着和父亲的相处，我逐渐理解了父亲改名“赤”的用意，并且也能看到他一直不断努力地践行着他的理想。

二、戒烟戒酒

从我记事起就没见过父亲吸烟和酗酒。但据母亲说，父亲年轻时候也是抽烟喝酒的，尤其抽烟还很凶。一段时间里农村栽种的那种老烟叶（俗称“汉烟”），父亲常不离手。后来在父亲30多岁时突然不抽了，问其原因，说抽烟没啥好处，又是一种浪费。

戒酒的原因也很是简单——喝酒误事。据说父亲一次酒喝大了，酒醒后急匆匆赶往汽车站，结果一天仅有的一趟班车已经发车了，原本回老家的计划也耽误了。从那以后，除了逢年过节我们给父亲端一两杯以外，他再未主动喝过酒。

三、自力更生

父亲吃苦耐劳的名气是很大的，一些原来和他一块儿工作过的同事经常给我提起，甚至周边农村人，说他们有时候劳动起来比不过父亲。

从1982年开始，父亲在横山中学工作。

横山中学操场的东北角是一片废弃的垃圾坡，面积大约一亩，坑坑洼洼高低不平，里面肆意散放着生活和建筑垃圾。夏天那里密密麻麻地长满半人高的各种野草。不知何时起，父亲关注上了这个垃圾坡。他利用节假日和下班后的空余时间，先是翻捡出垃圾堆里的砖块、石头以及废塑料袋，再找来干净的土平整垃圾坑，开发出半亩多的菜园。

土地平整好了，种蔬菜离不开水的浇灌，何况在垃圾坡上平整的菜地更是费水。陕北是个缺水的地方，有十年九旱的说法。垃圾坡旁边是源自杨市沟山泉水的小河，比菜园低三四米。也许是父亲一开始就规划好了的，也不知他从哪里学来的，亲手制作了一个桔槔（jié gāo）。

他找来三根碗口粗的木材架成支架，在上面再横搁一根三四米长的木椽，一头挂一块六七十斤大石头，另一头拴一根两米长的细木杆，杆头又勾着一个水桶。他先把挂水桶的细木杆用力拽下来，在河沟里打满水，然后顺势慢慢松开木杆让水桶上升。因为支架那边有大石头，起到跷跷板的作用，装满水的水桶自然升高到地平面，将水倒进流向菜地的水渠里。

就这样一桶水接着一桶水吊上来，不一会儿水渠里的水就汩汩地流向菜地了。用撑杆打水浇一遍菜园，至少得花费两个多小时，不知需要吊多少桶水。父亲常常是一边拽杆打水、一边拿个大毛巾不断擦拭脸上、头发上渗出的汗珠。

妹妹非雪和我回忆起父亲的菜园，都难忘那一次我俩的渎职行为。

浇菜园时，一般是父亲用撑杆大汗淋漓地打水，我或非雪在菜园里帮着拨水渠，一畦浇满水再浇另一畦。尽管拨水渠是个简单营生，但是夏天庄稼地里的蚊虫常常让人抓狂。所以那时候从心底里是不认同父亲辛苦劳作的。

虚土上的菜地既费水，也很容易发生管涌漏水。那一次，我和非雪一起被带去劳动，我俩都心不在焉地不知道在忙什么。父亲打了半天水怎么也不见满，等他跑过来一看，满满一畦水早往沟里漏去了，菜地还被冲开一个大口子。

现在回想起来，父亲当时不知白白打了多少桶水？

父亲从不打骂孩子，那次连一句批评都没有，但那次的渎职行为却给我和非雪留下了至今难以忘却的记忆。

菜园临近横山的二街——当时横山的两条主要干道之一。大知识分子父亲的“汗滴禾下土”不时引来过路人站下来热议一番。

维系菜园里各种蔬菜茁壮成长不仅要河水浇灌，也离不开充足的肥料。父亲就一回回从附近的公厕或自家厕所里挑来大粪浇在菜地里……

辛勤耕耘后的菜园丰富多彩、硕果累累。从春天开始，菠菜开始端上饭桌；夏天有辣椒、芹菜、香菜和韭菜，也有可生食的沙瓤西红柿、一尺长的莴苣、胀得鼓鼓的豆角和口口留香的玉米，每天的饭食既新鲜又多样；秋天里的老南瓜又黏又甜，既可蒸食又可煮在小米饭里；个头大且瓷实的大白菜很适合腌过冬酸菜；沉甸甸的向日葵，可以抱着整盘抠瓜子吃，也可以在冬天炒瓜子吃……

毛主席说“自己动手，丰衣足食”。在当时还要粮票的年月里，父亲通过勤劳的双手不仅解决了我们家的基本温饱，还可以分享给邻居和朋友。

后来父亲把与那块菜园隔小河相对的西边垃圾坡也填平、去杂、肥土，整成一块漂亮的菜园。

再后来，父亲征得当地村委会同意，把河东的菜园改造成现在自家窑洞的地基，又领导匠人在上面修建了五孔陕北窑洞，从此我们在横山有了自己的家。

学前小朋友上学唯一的选择是县幼儿园。1986年，父亲看到家周边的农村孩子上幼儿园困难，自家又有多余的窑洞，就指导曾经是民办教师的母亲办起县上第一家民办幼儿园。

30多年过去了，父亲虽然不在了，母亲还在坚守着这个幼儿园。幼儿园培养的小娃娃们，现在有硕士、博士，他们走向全国，甚至走向国外。

父亲在世时，家里的春联主要是父亲手书的毛主席诗词。

“红军不怕远征难，万水千山只等闲。”父亲曾将这首毛主席诗词写在家里窑洞的春联上。他或许自比红军战士，将人生看作一场长征，为着自己的理想，勇于克服任何困难，勇往直前！

如今，我也是两个孩子的父亲了。

我的孩子们，或许现在就像当年帮父亲拨水渠的我和非雪。但是，将来他们会读到“纪念李赤先生文集”，会更了解他们的爷爷、我的父亲，让纪念文集散发的精神光芒，照亮他们前行的方向。

再次感谢各位文集的作者！

李朝阳，李赤先生的儿子，摄影家，出版有《京华陕北人——讲述陕北人的故事》。

爸爸的朋友圈

李非雪

“乘风好去，长空万里，直下看山河。”

习近平总书记2018年5月2日在北京大学师生座谈会上讲话，最后引用辛弃疾的这句词。看到这句话，我的第一反应是想到：

“鲲鹏展翅，九万里……背负青天朝下看，都是人间城郭。”

这是毛主席诗词《念奴娇·鸟儿问答》的前两句。

我的熟背部分毛主席诗词的能力，全来自父亲的培养。

我爱我的父亲。

蔺相如完璧归赵的故事激励了多少学子。不知当年坚信石头里有璧的和氏是否有子女。

父亲有两个孩子：哥哥和我。

父亲是孤单的。

我一直觉得父亲就是那个捧着价值连城宝贝的现代和氏。

百度能搜索到很多的信息。

今天，我用百度搜索毛主席诗词中“鲲鹏”的解释，与2018年5月27日第一次搜索时的解释相同：

《念奴娇·鸟儿问答》：鲲鹏：参看《蝶恋花·从汀州向长沙》“万丈长缨要把鲲鹏缚”注。这里指大鱼变成的大鸟，做褒义用。

《蝶恋花·从汀州向长沙》：鲲鹏：《庄子·逍遥游》中所说的一种极大的鱼和由它变成的极大的鸟，所以既可分指两物（通常“鲲”不单用），也可合指一物。通常是褒义词，这里做贬义用，等于说巨大的恶魔。

这么说来，难道人们一般用于励志的鲲鹏展翅，也有可能解释为巨大的恶魔展翅高飞吗?

对于毛主席诗词的解释，父亲独树一帜。

父亲在人民出版社工作时，曾校对《毛泽东选集》第五卷。父亲是从1957年《诗刊》出版开始学习毛泽东诗词的，而且也是在许多学者、诗人的注释讲解的指引下领会毛泽东诗词的意旨的。

从1975年起，他发现这些注释同毛泽东的思想有矛盾，几年后完成了对毛泽东诗词科学体系的探究。父亲对每一首毛主席诗词的理解，都可以在《毛泽东选集》的文章中找到对应。

父亲观点的核心是：

第一，毛泽东诗词中创造了统一的形象思维主体——鲲鹏。

第二，毛泽东诗词是改造中国和世界的总图样。

第三，毛泽东的诗词、文章、实践、美学是四位一体。

第四，毛泽东正式发表的42首诗词是个结构严密的宏伟体系。

古人有言："善歌者使人续其声，善作者使人绍其功。"实现中华民族伟大复兴的神圣使命，是几代人的历史使命。

毛泽东规划和领导民族复兴大业的光辉诗章，照目前百度的解释，如同还是被石头严密包裹的美玉，没有体现其价值。

循着父亲的《鲲鹏展翅——毛泽东诗词新解说》，就如同剥开和氏璧外围的石料，避免百把年后没有人读懂毛泽东的诗词。

在《鲲鹏展翅——毛泽东诗词新解说》里，鲲鹏不再被解释为巨大的恶魔，毛泽东领导民族复兴大业的光辉诗章，应该有千千万万真正的知音了。

父亲这个学问家，研究的很多。

主要有：毛主席诗词新解说、古语摘要、文章全息四分法、《识字快》，等等。

父亲的研究犹如一座高山，以我现在的学识，只能欣赏山中一小部分的美景。

从父亲去世的那年开始，我把父亲的作品《鲲鹏展翅——毛泽东诗词新解说》逐字逐句地敲成文档。在敲字的过程中，我读到了美、智慧、知识、希望。

父亲在的那个年代，还没有微信朋友圈、微信公众号这样的自媒体。

如果有，而且如果父亲发朋友圈和公众号，现在这个40多岁的我，肯定会是他的忠实的朋友和读者。

我崇拜我的父亲。

我怀念我的父亲。

在这里，我就凭着想象，想象父亲发了几个朋友圈，聊做纪念。

一、朋友圈一

1974年7月的某一天，父亲晒了一张照片，是在李家坬自家小院门前大树下，抱着一个月左右的女儿晒太阳，满眼都是笑。

配的文字是：阳光

背景：

我出生的时候，父亲33岁。

他的履历是：

在陕北横山中学忍饥挨饿勤奋求学；

考到西北大学中文系；

分配到北京的人民出版社工作；

在榆林地区的《榆林报》任编辑；

回到横山县委宣传部。

事业的跌宕起伏，心中的快乐和悲伤，33岁的父亲已经品尝了。

父亲在北京工作时，爷爷、奶奶老了需要人照顾，父亲就和老家美丽的母亲结了婚。

母亲在老家照顾爷爷、奶奶，还给父亲生了一儿一女。

应该是周末或假期，父亲从县城骑自行车，驶过几十公里的山路，回到小村庄。

远在大门外，听到我这个小婴儿的啼哭，他把自行车往大门外的树上一靠，来不及锁车，立马跑回家里。

父亲抱着我，阳光下，满眼都是笑。

父亲在学术方面，他的知音陈志强，在《深切怀念李赤舅舅》的文章中，已经很全面而且深入地介绍了。

关于母亲，今天朋友圈里铺天盖地都在祝母亲们节日快乐时，我在这里也稍稍介绍一下。

林语堂的《苏东坡传》的序言里有这么一句话："苏东坡主要的魔力，是熠熠闪烁的天才所具有的魔力，这等天才常常会引起妻子或极其厚爱他的人为他忧心焦虑，令人不知应当因其大无畏的精神而敬爱他，抑或为了使他免于旁人的加害而劝阻他、保护他。"

母亲就是父亲这样的天才的妻子。

母亲一直在父亲的身边或身后。

历史告诉我们，这样的妻子是如何令人敬佩。

二、朋友圈二

1984年某一天，夕阳照在远山明长城的烽火台上，金黄，美丽。

配的文字是：人生观，世界观

背景：

哥哥和我上小学时，我的学习成绩不突出，但上课多动、多话的特点很突出。

每个学期期末，老师在我的《学生手册》上都指出：上课时爱说话，不但影响自己，还影响同学。

父亲年复一年地在《学生手册》的家长寄语部分写上："注意人生观和世界观的培养。"

横山是个在山坳里的小县城。南北走向，东边和西边都是山。

横山有北宋元丰五年（1082）折兵20万的永乐之战的遗址。

横山有明末农民起义领袖李自成的故里。

解放战争初期的横山起义，是在党中央、毛主席决策和指示下，在习仲勋的策划和指挥下，由胡景铎组织和发动的一个成功的武装起义。

周末或假期，父亲会带着全家人在横山的东山游、西山转。

这不，哥哥抱着他的小狗，爸爸带着大西瓜，妈妈带着我，我们在西沙的山坡上，欢声笑语。

夕阳在远处明长城上方，注视着这家人，愉快地前行……

三、朋友圈三

1990年的某一天，父亲晒了在自己开辟的菜园打水浇菜的照片。

配的文字是：西坡先生

背景：

20世纪80年代，父亲、母亲在公路边摊平河畔的一块荒地，修建了五孔大窑洞，我们在横山县城里有了自己的大院子。

父亲又把小河西岸的小土坡开辟成了菜园子。

园子里我能说得上名字的有：西红柿、茄子、南瓜、白菜、香菜、芹菜、黄花菜、玉米、向日葵、西米……

夏天和秋天，有时候母亲炒菜时，发现需要哪个蔬菜或调料，就叫我飞快地跑到菜地采摘。

父亲浇菜的时候，哪个邻居路过夸父亲的菜长得好，父亲会乐呵呵地从园子里摘些菜分给这个邻居。

父亲有他的西坡，正如苏轼和他的东坡，让母亲的饭桌永远有田园的新鲜。

父亲的工资有限，但现在我回忆自己的少年时期，这个西坡的菜园还是那么清晰、美好。

四、朋友圈四

父亲晒了一张站在讲台前的照片。时间是1991年。

配的文字是：为期一年的语文课

背景：

1991年，我开始了复读一年的高四生活。

父亲终于当我的语文老师了。

当老师后就不一样了。

有一次我发现父亲几天没跟我说话，就纳闷地问母亲，才知道原来是我写作文的字“龙飞凤舞”太难看。原来如此啊！

为了缓和与父亲的关系，我买了本颜体书法字帖，每天练硬笔书法，居然发现抄名人名言练字的感觉很好。

当父亲的学生，我又多了一个任务。

如果上课铃响了，语文老师没来，那肯定是父亲又忘了该上课了。

我就得飞快地去语文办公室找父亲。

我只记得催忘了上课的父亲，从来没看父亲当时面前是什么书或在写什么。

父亲笑呵呵地跟着我来上课。

这一年，父亲怎么上的课，我大体都忘了。

父亲布置的几个作文题目，至今记忆犹新。

一次在公司，写一个文档时，我用了父亲当年给我出的作文题目“工欲善其事必先利其器”作为我的论题，并且还做了小小的演讲。

今年在岳麓书院，我看到其中一副对联“工善其事必利其器，业精于勤而荒于嬉”；横批是“实事求是”。

对这副对联我格外有感情。

父亲作文的题目还有“为有源头活水来”；还有用“安泰只要双脚站在大地上，就可以从大地母亲那里获取无限的力量。敌人发现这个细节后把他举离地面，安泰就失败了”写读后感，等等。

五、朋友圈五

1999年， 父亲晒了两张照片，一张是他坐在办公桌前，面前摆着一摞有几百张A4纸的文件；一张是他在凤凰岭上，拄着一根木棍，开心地笑着。

配的文字是：鲲鹏展翅

背景：

父亲1994年因脑梗塞住院。

出院后，他每天天不亮就起来锻炼。

主要受影响的是左半身。院子里有几棵树，树上都挂了铁丝环，父亲每天都把偏瘫的左手向上拉起。

父亲还练智能气功，让身体血脉活络。

冬天很冷，父亲起来锻炼的时候，天黑蒙蒙的。

父亲人高脚大，他在院子里站着锻炼时，家里的一只小狗也从窝里出来，然后在父亲的鞋上继续睡觉。

陪父亲锻炼好像是它义不容辞的责任。

到1999年我和男友在陪父亲爬凤凰岭时，父亲的偏瘫症状已经很不易察觉了。

现在我在小区、公园里，如果看到哪个人左边或右边身体有明显的偏瘫，而且缩着手、瘸着腿，就忍不住上前说：你要练，不要怕疼，越练会越好的。

1999年，父亲把他从1975年开始记录的毛主席诗词解释的稿子整理了，在他的一个学生的帮助下，准备出版。

看着打印在白纸上的稿子，在女儿和准女婿的陪伴下，居然爬了北京的凤凰岭，父亲高兴！

还是1999年，父亲在整理文稿的北京租的平房里煤气中毒。

二表哥在我的电话中得知父亲煤气中毒后，立刻乘最近的航班从南京飞到北京。不然没有一分积蓄、女儿还在上学、儿子刚在西安工作的父亲，怎么可能进北京的医院治疗！

二表哥为了帮助父亲恢复，在父亲住院的几个月里，支付了所有的费用，还特意把他的工作暂时由上海总部移到北京分部。

从1999年到2014年，父亲的身体没能再次奇迹般地恢复。

父亲的抱负没有施展。

父亲整日坐在轮椅上，在孙子、外孙环绕膝边的日子里生活着。

父亲崇拜毛主席，崇拜鲁迅。

而我崇拜毛主席，崇拜鲁迅，崇拜父亲。

父亲如同天空中的一颗星。

在我成长的过程中，不论我是否需要，这颗星都在放着光芒，指引我前进的方向。

习近平总书记对北大的学生说："中国梦是历史的、现实的，也是未来的；是我们这一代的，更是青年一代的。中华民族伟大复兴的中国梦终将在一代代青年的接力奋斗中变为现实。"

看到习近平总书记讲话，我为父亲《鲲鹏展翅——毛泽东诗词新解说》的再次出版做着努力。

现在文稿已全部敲进文档。

期待着再次出版。

李非雪：李赤先生之女，工学博士，德国车企产品工程师。

说“孝”

李春孝

今天我们这些孙子抬举我了，让我在这儿说两句话。实际上我是个受苦人，说不了。而且牛老（牛崇皋，编者注）这些大文豪站在跟前，我更说不了。可说了说不了，孝子们抬举我，我还得说两句。

我今天主要说一个“孝”字。

李赤这一门子人，整个是大孝子，不是一般孝。

要说孝字，我从我三哥李春生开始。李春生是李赤的父亲。李春生那时候对待老人的孝啊，一般人都想不到，怎么能有这么孝的人。那会儿我叔叔叫他的三儿子李春生买一件东西，当时社会上没有卖这个原料的人。天黑了回来以后，我叔叔就问他的三儿子李春生：“你给我买来了没？”他就回答：“没买来，今天人家哪儿也不卖。”“没买来你给老子跪下！”我三哥就“咯噔”一跪。往下一跪后，我叔叔就睡着了，等天亮鸡叫醒来一看，我三哥还在地上跪着呢。他就说呀：“你起来啊，你这阵儿跪着干什么？”我三哥说：“您老没说啊！”他对待老人就是这么孝。

我三哥有三个儿子。大儿李庚芳，就是李刚的父亲，他对待老人就跟我三哥一样特别孝敬。二儿叫李庚旭，他在富县那会儿25岁就当过区工委书记。三儿就是李赤。

李赤对待老人的孝啊，我跟你说一般常人是做不到的。我三嫂，还有梁惠莲，热一碗，滚一碗，人家这个对老人的孝，我看了回来就很感动。我说世上能有这么好的孝子。梁惠莲对待老人是特别好。我三嫂老磕（去世）时都笑嘻嘻的。人都说“含笑九泉”，这是标标准准的一句话。

下来这些“生”上这辈：

李刚，他对待老人特别孝。特别对待他母亲，八十几上老磕了。八十几的人，尽量在外地买补品，哪个有营养买哪个，让老人吃。

还有焰娃，李赤的儿子，对待他爸爸是相当的孝。在这半年到一年的时间，本来他的工作在北京，一直在家伺候老人。女子雪雪，差不多一个礼拜坐飞机回来看望老人一次。你说李刚这一门子人的孝，我对我的娃娃们说，你们看，人家这真是大孝子。

我再说说李赤。李赤是我的三侄，我对他一辈子总结了20个字。这个人是：欺强而不凌弱，傲上而不忍下，恩怨分明，信誉素著。虽然说他老磕得有点早，在旧社会来说，73岁老磕了也行了，古稀已过的老人。可是现在这个年代，老磕得稍有点儿早。我作为长辈，感到还是很荣幸，因为我们李赤是惊天动地活了一生，不是个平凡人。

所以我给大家说说，特别我们李家的孙子们、小孙子们，你们好好听听，咱们对待老人就以李赤这一门子为标准，以后对待老人就这么个孝敬法。

我的话完了。

（本文根据李春孝在李赤先生追悼会上的发言录音整理）

附：

赞李赤

读高一年上大学，熠熠生辉梓里荣。

文章风流笔来神，《鲲鹏展翅》书著名。

忠孝仗义刚烈性，横山大儒第一人。

勤学肯钻是非明，教育战线名尤盛。

李春孝，李赤先生家族叔父，陕西横山李家坬人，生于1945年8月19日。1972年参加工作，先后在陕西省汽车二大队、横山县河口庙水库、横山县建筑工程公司、横山县地方道路管理站等处工作，2011年退休。1978年，出席由西北五省（区）在甘肃省武威市召开的技术革新先进集体和先进个人代表大会，受到大会的表彰奖励。1993年7月31日，经榆林地区劳动人事局考核工作委员会审核，被评为高级技术等级。1997年12月25日，由陕西省劳动厅代国家劳动部颁发了《中华人民共和国技师合格证书》。

至亲至善至知己　亦师亦友亦比邻

李　刚

20世纪80年代，叔父李赤执教横山中学，任高中语文教师期间，进行大胆的教学尝试，注重对学生进行人性化教育，用父爱般的言语化解学生的困惑，用启发式的方法给足学生自信，拔高学生自身的人生观和价值观。这种方法在学界和政界颇有争议。今天看到他的学生们，豪气干云、才华横溢，在不同的岗位上大放异彩，这不正是叔父教学改革的硕果吗？

时下学子们用酣畅淋漓、沁人肺腑的溢美之词追忆自己的恩师，用鲜活、生动、翔实的事例肯定恩师的不朽伟业，这在学界无出其右，在陕北这个古老的土地上也少有耳闻。

我作为李赤先生的侄儿，看见才俊们的回忆录，实感汗颜。看到一篇篇优美的文章，总想沟通，但又考虑自己和学弟们在才华上不是一个档次，因自己才疏学浅、孤陋寡闻，沟通起来担心出丑。师弟们和叔父生前好友发起撰写叔父的回忆录，通过微信，我了然于心。师弟们的文章我一字不漏地反复研读，一篇篇妙论，令我仰慕不已。这对过去某些人对叔父不公正的微词，是一个彻底的否定，让我重新认识到叔父的存在。我为我有这样的叔父而骄傲，同时我也为师弟们自豪，羡慕你们在改革的春潮中遇到了良师。

1999年叔父在北京搞课题研究时，不幸身染重疾，经多方求治，疗效不佳，导致半身不遂，大脑神经出现故障，从此中断了学术生涯。此间芸芸学子给了他不少慰藉和温情，他们从不同地方来到叔父病榻前，嘘寒问

暖，呵护备至，展示了一幕幕亦师亦友、至情至善的美好情景。

2014年1月27日，无情的病魔夺走了叔父富有传奇色彩的生命。莘莘学子闻讯后，从祖国各地放下自己的工作，或乘飞机，或乘火车，怀着无比沉痛的心情，奔到叔父灵前，或用挽幛、花圈，或用祭文、悼词，表达自己对恩师的幽幽哀思。

叔父已故，精神永存。

愿师弟们在恩师英灵的荫庇下，青出于蓝而胜于蓝，在不同的领域创出辉煌，铸就大业。

作为叔父的侄儿，我看到家风在爷爷、父亲、叔父的言传身教中传承。爷爷、父亲、叔父道德修养相当深厚，在我们家乡有让人尊敬的故事流传。我从他们的身上懂得了：人要有正气，行得正，坐得端，人要有骨气……我们后辈要努力让他们的优良品德生生不息，代代相传。

2018年9月20日

李刚，李赤先生侄儿，原横山县物价局局长。

深切怀念李赤舅舅

陈志强

各位领导，各位来宾，各位亲友：

今天，我们在这里深切地怀念李赤老师。李赤老师是我的三舅。得知李赤舅舅不幸病逝，我们全家万分悲痛。年前我们曾经想回横山与李赤舅舅再见一面，向他道一声新年祝福，交流一下工作心得。这些都成为人生遗憾，不能实现了。这几天，我们全家追忆舅舅的艰难岁月和往来故事，仿佛生活又回到了从前。

舅舅一生勤奋好学，酷爱读书。他出身贫苦家庭，在旧社会逃荒要饭，是共产党新中国给了他受教育学习的机会。他从小聪明好学，据我母亲讲，他七八岁时就能够阅读古文，常常在书架前流连忘返。由于家境贫寒，他在高一时休学，做打课铃的工作。他一边认真工作，一边刻苦学习。在没有完成高中学业的情况下参加高考，并以优异的成绩考入西北大学中文系。1976年我与舅舅第一次见面，那时他在县委宣传部工作。在他的宿舍里，桌上炕上堆满了各种书籍，像小山一样，令人震撼。每次我到他的办公室，甚至看完夜场电影路过那里，总能看到他伏案写作或阅读的身影。20世纪80年代他在县城里安了家，我们常常在寒暑假见面。每次看到他，常常见他盘腿于炕上，手中拿着书。身边的小桌上堆满了书稿，在昏暗的灯光下或奋笔疾书，或凝神阅读，或宁静沉思。他读书广泛，关心时事大事、关心前沿学科、交叉学科。即使在患重病的情况下，仍坚持读报和看电视新闻。舅舅是我见到的最勤奋刻苦读书的人。他真正做到了勤学不倦、诲人不倦，活到老、学到老。

三舅才华横溢，常以超前的眼光研判事物，天资聪敏的他也往往能领先他人一步。在20世纪90年代初，再现一股反毛逆流，他挺身而出，断言毛泽东思想必然、依然能够指导中国社会主义现代化建设。他奋笔疾书，以独特的视角，重新解读了毛泽东诗词。解答在战争时期和建设时期的重要历史关头，毛泽东为党和人民指出的正确方向。他的很多点评令人拍案称奇。而今我们回顾历史，重温他的作品，不能不佩服他惊人的超前判断。90年代，我们相聚在北京，一起探讨计算机技术的影响，他已能从人工智能的角度探索汉语研究与计算机的应用关联。当时有一些技术派认为汉字不易被计算机处理，汉字拖了中国计算机发展的后腿，主张文字改革向西方文字拼写方式发展。三舅明确指出汉字象形化明显的技术优势，如果发掘，必将打开文字研究的新方向，其成果也会被计算机技术所吸收。他决定投入汉字象形技术的研究和开发，历经多个寒暑，成果卓然，比起当今广泛应用的汉字学习软件整整提前了10年。可惜因身体原因，这部分成果没能成功投入市场。他还预言汉语必然会对世界文化产生重要影响。看看当今遍布全球的孔子学院和世界范围的汉语热，我们就不能不佩服他的远见。他从人工智能角度让电脑理解文章，至今业界尚无突破性进展。或许某一天，我们会看到类似于他四分解析法的成果。

三舅一生坎坷，历经风雨沧桑，但他始终以革命乐观主义精神迎接挑战，永不言败。他从未向我提及过去生活的艰难困苦，从未表达颓废消沉的言论。他总是在前进的道路上努力拼搏，他的眼光永远在前方。也许他奋斗的长远目标需要人们更长久的等待，他的人生确实给人感觉不那么顺畅，甚至令人扼腕叹息，但他从未退缩，从未后退。记得在北京一亩园出租屋创业初期，他是那么充满激情。尽管60多岁，而且疾病缠身，他仍亲自参与了多家公司的投资谈判，亲自走访多家研究单位请教研讨。即使他在卧床不能独立行走时，依然以顽强的意志与病魔抗争。他坚持康复运动，坚持自我训练，以常人难以想象的力量支撑着虚弱的身体，他顽强的生命力和坚强的意志感染着每一个人。

现在三舅离我们远去了，我失去了这样慈祥的长辈、博学多才的导师，也失去了一位知心的朋友。我会牢记他对我的谆谆教导，学习他优秀的品质，我将送上深深的祝福，祝他老人家一路走好！

安息吧，三舅，我们永远怀念您！

（本文为陈志强在李赤先生追悼会上的悼词）

陈志强，李赤先生的外甥，上海博达数据通信有限公司高级副总裁，毕业于复旦大学。青少年时期受李赤老师亲自教导指引，20世纪90年代与李老师在北京时有沟通交流，李赤先生推崇他的才华和品质。

三　爷

李万昌

李赤先生是我本家三爷（爷，老家的方言读yá）。在老家时，我家和三爷家住得很近，坡上坡下，距离不足20米。两家走动又多，就显得格外亲，也印证了坊间的一句老话“远亲不如近邻”。

小时候见三爷见得少，听到的都是关于他的传说。诸如学得好，西北大学毕业，在全国知名出版社工作过，“文化大革命”时“犯错误”了，劳教了，后来又平反回家了，在家里写了一副对联——“任尔东南西北风，躲进小楼成一统”，等等。那时候，感觉三爷身上充满神奇，充满了神秘。

竹　石

郑燮（清）

咬定青山不放松，立根原在破岩中。
千磨万击还坚劲，任尔东西南北风。

自　嘲

鲁迅（1932年）

运交华盖欲何求，未敢翻身已碰头。
破帽遮颜过闹市，漏船载酒泛中流。
横眉冷对千夫指，俯首甘为孺子牛。
躲进小楼成一统，管他冬夏与春秋。

真正接触到三爷，是在一切尘埃落定后，应该是1982年。当时，父亲顶班爷爷的工作，后调动到横山中学，正好三爷也在横中工作。由于同一个村、多年的邻居、三爷家的孩子朝阳和非雪是我小时玩伴等原因，一有时间，我就常往三爷家跑。

印象中的三爷是大个子，有一米八几，慈眉善目，言语较少，声音低沉。那时，我心里就在想：哦，原来这就是三爷，也没什么特别的，就是个头大点，看起来也不怎么凶。到三爷家的时候，他经常是在炕上躺着看书的。我就爬上他家炕头搜翻故事书看（这也是我一直往三爷家跑的一个重要原因）。三爷是读过大学的人，又学的是中文，所以家里藏书很多。我小时候酷爱看书，那时可读的书籍少，所以经常是跑到别人家翻书看，村里的《大八义》《小八义》《施公案》之类的书都让我借看遍了，甚至别人家墙上的年画都不放过。

发现三爷家的书后，我就像发现了宝藏，三天两头往三爷家跑。三爷也挺喜欢爱读书的人，总是笑眯眯的，偶尔也问我一两句，大多数时候是让我一个人在那儿尽情地阅读。现在看来，小时候的文学启蒙是从三爷家开始的。看过的书有《一千零一夜》《三百六十五夜》《伊索寓言》等。这些文学著作故事性强，生动形象，吸引人，我看得如痴如醉，经常是忘了吃饭时间。待到准备回家时，三奶（奶，老家方言叫niá）已经把饭做好了，于是我顺理成章地蹭了饭。

很遗憾，三爷没给我上过课，但是对三爷的授课艺术时有耳闻。

据说，三爷的授课不落俗套，上课不做过多讲解，注重调动学生学习的主观能动性，课堂往往是辩论会、研讨会。所以，三爷带出的学生都很有思想、很有主见，适应社会的能力特别强，都能在所在领域有所成就。回过头来想，三爷推行的是真正的素质教育。

三爷对毛主席及其诗词推崇备至，一直在研究毛泽东诗词，对毛泽东思想和诗词有独到、深邃的见解。他把毛泽东诗词与庄子的“鲲鹏”结合起来，“鲲鹏展翅”把毛主席的胸怀、抱负、诗词意境概括得一览无余。三爷也出版了一本专著。

后来，听说三爷退休后，致力于汉字的形象化研究。我以为这是一件很有意义的、突破性的研究。对于初接触汉字、汉语的人来说，是一条学习的捷径。学兄、族叔李生普曾追随三爷左右，据他说也出了成果，然终究未能面世。

再后来三爷就得了半身不遂，研究就此终止。2014年年初，三爷与世长辞，享年73岁。

回想三爷的一生，早年寒窗苦读，十年磨剑，终学得一身本领。满腔热忱报效国家，未承想壮志未酬。平反昭雪后，投身教育，积极倡导素质教育。寄情于毛泽东诗词，潜心钻研，颇有心得。及至退休在家，壮心不已，致力于汉字之形象化，不承想病魔来袭。斯人已逝，然其精神常在、浩气长存。三爷求学之执着、治学之严谨、为人之高洁、思想之深邃，始终为后世之范，堪称我辈之楷模。

记忆深刻的，三爷还是一个十足的大孝子。在横山工作的时候，他把老母亲接到家中，洗衣做饭，极尽孝道。在陕北这样一个大男子主义盛行的地方，三爷能做到这样，我以为与教育、修养、家风传承有很大关系。

李万昌，李赤先生本家孙辈，公务员。

硕果飘香

李赤先生一生追求光明，致力于学问，他在横山中学教学期间开创毛泽东诗词新解说（出版有专著《鲲鹏展翅》）、古语摘要说、文章全息四分法和汉字转注造字法以及李自成故里的研究，见解独到。本篇选取李赤先生代表性文章，以飨读者。

古语摘要说

李　赤

内容的精密性和形式的简要性，是语言表达的两个基本要求，是一切语言发展中的基本矛盾。古代汉语的书面语——文言更是如此。文言，实质上是一种修辞艺术，许多人单从语法角度去观察它，总是不得要领。陈承泽1922年提出的词类活用说后来被一些人奉为万应灵膏，到现在更充斥于大中学校文言教材，而鲁迅在《门外文谈》中关于文言是古语摘要的论断，几乎无人问津。文言语法中这个大是大非问题，我们必须尽快加以澄清。

文言就是古代汉语的木乃伊。鲁迅是精通文言阅读和写作的专门家，他在1936年就提出："也许我们的古人，向来就将不关重要的词摘去了的。……当时的口语的摘要，是古人的文；古代的口语的摘要，是后人的古文。"（鲁迅《门外文谈》）古语摘要，揭示了文言的最大秘密。为什么要对口语进行摘要处理？鲁迅提出两点：一是字难写，二是统治阶级搞文化垄断。关于书写，可能还要加上书写用品（龟甲、兽骨、铸器、丝织物）的紧缺和难以携带保管这些因素。文化垄断则更为少数人剥削和压迫多数人的一切制度所必须实行的政策。孔夫子有一个重要教言："民，可使由之，不可使知之。"这就是说，统治者只能让百姓干事，不能让百姓懂事。

古代汉语的书面语同口语保持相当的距离，根本上是为了使人民大众看不懂，追求文辞的美感则是第二位的。吃饼干果干要拌进唾液，用糖精味精要将它稀释成水溶液，理解文言也要加进常识和上下文背景知识，这是每个人事实上经历的阅读思路。可是一到了语法，人们就分辨不出现象和本质，迷信着头颈活用为脑髓、躯肢活用为脏腑的特异规律。各民族语言当然有它的地域特性，古今语言也有其历史特性，但是像古代汉语词类活用说，则是离开语言共性的特性癖，是语法研究中的斜路。早该回归正道了。

中国古代的“修辞”这个术语，本意就是修改语句。杨树达《中国修辞学》对这个名目进行了广征博引的考释。《周易·乾·文言》引孔子的话说：“君子进德修业。忠信，所以进德也。修辞立其诚，君子所以居业也。”这就表明，按照统治阶级政治伦理需要，来修改各种史稿文章中的语句，是所谓君子这一阶层人的专业。《仪礼·聘礼》说：“辞多则史，少则不达。”《公羊传·庄公七年》就提供了一个压缩“史”料的具体范例：“不修《春秋》曰：‘雨星不及地尺而复。’君子修之，曰：‘星殒如雨。’”八个字修改为四个字，的确少到了极限。《礼记·三十二·表记》提出的“情欲信，辞欲巧”，可算是“修辞”工作的基本要求。孔子对修辞原则进行了最高的概括：“辞，达而已矣。”（《论语·卫灵公》）文辞，只要能够在统治阶级内部传达信息就足够了。由于是在有相当文化修养的阶层里达意的工具，文言就采取类似中国年画的白描手法，将一切可删除的背景信息、基础信息皆予删除，最大限度地省略借代，炮制成古汉语的干物质。

《荀子·王制》中的一段名言，可看成古汉语干物质的典型：“君者，舟也；庶人者，水也。水则载舟，水则覆舟。”前两句用“者”“也”借代比喻式判断词“即如”（就如同是），还不难理解。后二句就相当隐晦了。这是两个假设复句的紧缩：水如果是处于平稳状态，那么它就可以浮起行船；而水如果是动荡的，它就可以把行船打翻。把这两句同前两句联系起来，就反映了对被统治阶级与统治阶级的辩证关系的清醒认识。这个道理，只能叫统治阶级懂得，从而维护其统治地位；如果让被统治阶级明白了，多么危险啊！所以，君子就把这两个最低限度得有九个字的复句修改成了八个字，水的平和荡两种动态被生硬地阉割了。如果说两个

“水”字是名词活用成动词了，但活用为哪个动词？为什么要名词活用为动词？历史进展到了今天，我们实在不必要维系孔老夫子这套露骨的愚民政策了；即使一下做不到把文化还给人民大众的程度，也应该让接受中高等教育的这部分人懂得文言的科学结构，熟悉中华民族悠久文明的这个运载工具，从而鉴古知今，推陈出新。何况电脑也等待着敲开文言典籍的门扇呢！

词类活用的一套概念，即使单从语法角度讲，也是极其贫乏的。词类，或叫词性，是语法学中的必要概念，但不是主要概念，更不是基本概念。语法里的决定性概念是句子成分。搞清楚词性或词类，对分析句子成分是有帮助的。但理解语义的基本条件是弄清各成分间的关系。《孙子兵法·谋攻》提出一套“全为上，破次之”的原则，通行读本都讲“全”“破”这里做动词。但既然活用作动词了，还有没有形容词的性质和意义？如果说还有形容词的性和义，为什么要说是做动词呢？形容词活用成动词，仅仅说明了词类的转换，它在句子里的作用有什么变化呢？难道动词能做谓语，形容词就不能做谓语吗？即使这几点不成问题，那么按形容词活用为动词而且这里是使动用法讲，“使……破”还能凑合着与文意相符，“使……全”就与文意大背。从古语摘要的观点看，那就简明得多了。文章标题是以谋略攻敌人，那么取国歼军就是它的根本目的，所以，“全国”就是全取敌国，“全军”就是全歼敌军，“破国”就是攻破敌国，“破军”就是击破敌军，都是状谓、谓补的偏正结构。由于状补成分是表达的重点，是语法重音所在，就被摘要保留在书面语里做了谓语部分的代表，而“取”“歼”“攻”“击”这些动词由于在本文中属于不言自明的常识而被省略掉。大学中学教材讲“十则围之”是（我军）十倍于敌人就包围他们，“分之”是“分散敌人”。“包围”“分散”难道是战役战斗的目的吗？孙子兵法的基本点是歼灭战，即“必以全争于天下”，可见“围”字“分”字下面都省略了一个“歼”字，“围”的目标是全歼敌人，“分”的目标是分割包围、部分地歼灭敌人。

语法语义的直接基础是逻辑。语句的疑难要拿逻辑的钥匙来解开。这是现代汉语和文言研究中共同的大课题。

文言中的所谓“之”字取消独立性及与之相联系的“其”的作用，一直是个纠缠不清的问题，有的语法教材甚至认为它是古今汉语不同的一个重要方面。仿古大家韩愈作的《师说》，是这样用“之”“其”的典范文章，各种教材的讲解也就纷然成讼。“句读之不知，惑之不解，或师焉，或不焉。小学而大遗，吾未见其明也。”这是个并述式结构，分解出来是：“句读之不知，或师焉；惑之不解，或不焉。（此可谓）小学而大遗。（人们采取这样的态度）吾未见其明也。”中学课本注“句读之不知”为：“不知句读的倒装。用结构助词‘之’来表示。下文‘惑之不解’同。”这显然是临时另起一个“倒装”的条规。大学教材《古代汉语》（郭锡良等编）注解“或师焉，或不焉”是“有的（指‘句读之不知’的）还向老师学习，而有的（指‘惑之不解’的）却不去请教老师”，这里又将“不知”“不解”作为人的定语了，从而等同于两个“或”字。走进迷魂阵的原因是对“之”的性质和作用认识不清。其实句子是表示判断的，词语是表示概念的；“取消句子独立性”的说法模糊了判断和概念的界限，又不能给人提供任何新的知识。词语和句子的地位是可以转化的，反映了概念和判断可以转化的规律，也就如同蛋和鸡可以转化一样。所谓取消独立性的句子，就是主谓词语做了名词性词语的限定词语，表达一个复合概念。“句读之不知”，是在句读不能知晓的时候（或情况下）这个介宾词组的摘要，省略了介词“在”和它的宾语中心词“时候”（或情况下），而将定语标志“之”移在主谓词组的内部，表明它只是个概念，不再是判断。“惑之不解”和一切加“之”取消独立性的句子都应这样理解和翻译。“其”是取代主谓词组的主词和结构助词“之”这两者的。“其明”是他们聪明的地方，偏正结构做宾语。同样，“其出人也”就是他们高出普通人的地方，“其下圣人也”就是他们比圣人低下的地方。为事物下定义的方法是属加上种差。主谓词组做限定词的词组，表达的正是属加种差这种复合概念。所以在理解和翻译时就必须将概念的属搞清楚。这个属有时是极浅显的常识，补出反而是累赘和啰唆，就直接用主谓词组做了句子成分。现代汉语大都如此。主谓词组内加“之”的形式在现代汉语中也有遗留，只是“之”字多数换成了“的”。有的人往往把“之所以”写成“只所以”，或在句子开头也用“之所以”，就是对文言的“之”“其”的性质作用不够了解。

与逻辑联系的，还有文言判断词问题。刻意搜求古汉语语法特性的人，矢口否认先秦文献中的“是”有判断词性，凡遇“是”字多指派为代词，就连《齐桓晋文之事》中这样明显的是非对举，也要强加曲解：“挟太山以超北海，语人曰：‘我不能。’是诚不能也。为长者折枝，语人曰：‘我不能。’是不为也，非不能也。故王之不王，非挟太山以超北海之类也；王之不王，是折枝之类也。”这段话里三个“是”两个“非”，最充分地显示着“是”的判断词性（“非”是“非是”的摘要，“非”与“不”的古音是相通的）。如果说第一个“是”还可以被强辩者指派为代词的话，那么第二个“是”和“非”字对举出现，一肯定，一否定，同现代汉语的口语句式也很接近。本来，第二个“王之不王”是可以承上句而省略的，但我们可爱的孟老夫子为了防备把这个“是”字说成代词，从而削弱了判断的力量，特意让“王之不王”重复出现，不顾“辞达而已矣”的教规。其实，“是”的判断词性在先秦文献中就是大量存在的。从词义发生过程看，实词总是先产生，虚词则假借实词而出现，做借代的“是”也是个虚化的实词，代词性后于动词性、形容词性和名词性，更后于判断词性。文言中凡是出现频率高的词易被摘去，“是”字肯定是使用最多的字，为了节省书写之力和物，为变文避复以求典雅，更是为了蒙蔽民众的视听，“是”就被尽量省代，“者、也、乃、亦”等就充当了这样的角色。逻辑和语法是骨肉至亲，我们只要透彻地研究了逻辑学，古语摘要问题就能一目了然，现代科学水平的汉语语法体系也就易于建成了。

唯物辩证法是语法研究的最锋利的解剖刀。词类活用说的哲学基础则是先验唯心论和形而上学。他首先定下某些词只能做某种成分而不能做别的成分的规则，然后以之衡量相异的句式，确定某变式为临时改变了基本功能而活用为某种词类。那么这些规则从何而来呢？如果你承认文言是古代汉语的自然形态，此类规则也应从其中提取，文言词语必须是所谓词类规则的外延所及，这就是“词无定类”说所走的路子。如果既要承认全人类语言共同的词类划分的规律，又要解释汉语文言中实际存在的词性转化现象，那就要探讨古代书面语的特殊形态和成因，揭示其省略借代的实质。词类活用说停留在文言的现象形态上，却要总结一套古汉语语法的普遍规则，结果是支离破碎，不能自圆其说。《邹忌讽齐王纳谏》中“私我”“私王”的“私”，通行的教材都注为“指偏爱”。为什么“私”是“偏爱”呢？妻偏爱邹忌，妾就不偏爱邹忌吗？宫妇左右偏爱齐威王，朝廷之臣就不偏爱齐威王吗？既然“私”是偏爱，而“背私为公”（韩非言），那么“公”就是兼爱、全爱、博爱、泛爱了，请给设计个“公”的方案吧！私与公相对，兼有名词、形容词、副词诸性。这儿的私就是“私有”的省略，即独得宠爱的意思。如果邹忌只有一妻一妾，那么他的性爱是属于二人共有的，妻想胜过竞争对手，邀得邹忌的专宠，即把邹忌的性爱变为她一个人的专有物，所以违背实际进媚言。齐威王宫中的后妃美人和左右嬖臣更是成十成百甚至成千成万，哪一个不想邀取专宠，把齐威王的性爱以致权力变成自个儿的私有物？“私有”是个状谓合成词，“有”是其关系的普遍性、共性，“私”是其关系的特殊性、个性，“私有”这个特殊性与另一个特殊性“公有”相对。妻与邹忌、威王与宫妃左右的关系中这个共性“有”已是不言自明了，现在斗争的是有多少的问题，即“私有”还是“公有”的问题，所以书面语中就将“有”字摘去，用状语“私”代表整个状谓合成词，这样就不会与另一个特殊性“公”发生歧义了。在当时用文言进行交际的统治者中间，这样省代后的达意是不成问题的。虽然孔圣人早有“不可使知之”的教令，我们还能让“人生识字糊涂始”（鲁迅言）的悲剧继续重演吗？我们有科学的宇宙观和方法论嘛！我们只要抓住个性与共性、相对与绝对这个矛盾问题的精髓，剖析文言就能达到“豁然已解，如土委地”（《庖丁解牛》），达到掌握“古人为文之用心”（《文心雕龙·序志》）的境界。

鲁迅提出古语摘要的纲领式论断，把具体解释和发挥的任务留给了后人。我对这个问题的钻研只有9年时间，仅仅归纳了些初步的条目。要点是四句顺口溜：“偏正保留偏，介宾头脚删，联合交错减，复句隐相关。”语法概念尽可能采用目前通行的术语，突破现行体系的主要是将介宾词组从状语补语中分离出来单立辅语一类。

一、偏正保留偏

偏正结构的合成词和词组，目前一般讲是定主（宾）、状谓、谓补三类，这里将谓宾结构也包含在内。

1．定代主宾：以定语性的动词、形容词、数词和主谓词组做句子的主语或宾语，就成了现在所谓的活用为名词和取消句子独立性。

（1）动词：“惧有伏焉”（《曹刿论战》），这个“伏”是“伏兵”的摘要，动词“伏”做“兵”的限定词。“兵”作军人讲这个引申义当时就普遍使用，是读者的常识，故可以“伏”借代“伏兵”，含义是特定的。讲“伏”活用为名词，倒可说是潜伏的一切人，一切动物，岂不迂远？

（2）形容词：“将军身被坚执锐”（《陈涉起义》），这是形容词活用为名词的熟例。“坚”“锐”实为“坚固的盔甲”“锐利的兵器”的摘要。它们能够省略借代的条件就是将军的所披所执不会是别的东西。至于盔甲、兵器之类名词早在将军这个词产生以前就有了，何必要拿“坚”“锐”这些形容词来活用！

（3）数词：“故知胜有五。”（《孙子兵法·谋攻》）单称数词而省略物量动量词，是文言数量词组摘要的通例，这里“有”的宾语“五”，则是“五种途径”或是“五个方面”的省代，仅说个数词活用为名词并不能对理解文意有丝毫补益。

（4）词组：主谓词组内加“之”的问题，前已讨论了，不加“之”而代表偏正结构的用法也是有的，而且与词类的类字有干碍。“君子……不鼓不成列。”（《左传·子鱼论战》）“不成列”这个谓宾结构是“敌军”的定词，借以代君子不击鼓攻击的对象。如果不认识摘取限定的词组以代表整个名词性偏正结构的规律，上引例句很可能理解为紧缩的假设复句。

2．状语代谓：主要是所谓形容词意动用法和数词活用为动词；还有副词代动、形是别人不讲的；能愿词的作用与其他做状语的相似，也归在此项。

（1）形容词："孔子登东山而小鲁，登泰山而小天下。"（《孟子·尽心上》）这两个"小"字是形容词意动用法的代表，实际上不过是"小视""小看"的摘要罢了，当时不是没有"看""视"这类动词，何必转弯抹角去"以为小""认为小"呢？附带说明，"鲁"也是"鲁国所有的山"的摘要，"天下"也是"天下所有的山"的省代，不能说成是鲁国和天下的整体，孔子还不至于那样癫狂。"尔安敢轻吾射"（《卖油翁》），"商人重利轻别离"（《琵琶行》），一切所谓意动用法，都是偏正结构状谓式的摘要。

（2）数词："二三其德。"（《诗经·氓》）"二三"就是"两次三番地变更"的摘要，何必活用为动词而后快？"变、更、改、换"这类动词产生得还会晚于西周吗？

（3）副词："孰视之，自以为不如；窥镜而自视，又弗如远甚。"（《邹忌讽齐王纳谏》）副词活用为动词，是语法学家不怎么讲的，但副词代表副动副形词组做谓语的现象是极为普遍的，"又（以为）"就是这样的结构，难道还能说"弗如"是谓语吗？"又"之所以能做这个代表，就是由于前边有了"自以为"。

（4）能愿词："假舟楫者，非能水也。"（《劝学》）词类活用学者讲这里的"水"活用为动词；从古语摘要的角度看，这里的动作意思（浮）是由"能"代表的：借力于舟楫的人，不都是能浮水的，却可以渡过长江大河。在这个语境中，"能"与"水"之间不能放进类如"泅、浮、游"以外的动词，所以就将这类动词作为无关紧要的信息载体而摘去了。这是文言里甚为普遍的一个省略借代规律。

3．补语代谓：当动词带上不及物动词、趋向词、形容词、数词这类补充词语成为动补结构时，补充成分往往成为表达重点，这是古今汉语所

共同的。文言一般摘取补词代表谓语部分，这被只看现象的词类活用说者宣扬为古汉语最独特的语法规则——使动用法。这种语法信奉者把丰富、生动的谓语句式译成清一色、枯燥无味的“使什么怎么样”，有的甚至将“远其积薪”译为“使其积薪远离”。

（1）不及物动词：“曹军方连战舰，首尾相接，可烧而走也。”（《赤壁之战》）“走”字被译成“使之走”，各种教材无异辞；但怎样“使”呢，还是个空白。现在会说“赶走它”“打跑它”，古人的词语就干瘪得只会这也“使”，那也“使”吗？不，这句文言是“可以用火烧战舰而赶走曹军”的摘要，作者留下几个虚范畴让读者凭常识和上下文去填充，这也是调动读者思维积极性的一种手段。外国学者讲语言的“经济原则”，从中国的文言中是可以找到无尽的实例的。

（2）趋向词：“衡下车治威，严整法度。”（《张衡传》）“下”只表示一种结果，动作还是“步”，由于这里突出强调的是结果，而不是动作，所以采取这种摘要方式。“下车”与“治威”是条件性顺承关系，中间省去关联词“即”（就），表明办事果断的魄力和风格。“严整法度”是对它的申述，两个四字句体现出斩钉截铁的语势。中学课本没有看清表达重点，将这句话标点断为“衡下车，治威严，整法度。”这就把代称张衡到任的“下车”，变成一个独立陈述部分，与“治威严，整法度”并列为三件事，文章气势完全被减杀。

（3）形容词：动词带形容词的谓补结构是最普遍的，表达的是动作及其结果。因为有结果必有成因，所以用形容词代表谓补结构也就是大量运用的。活用说在此大费笔墨，也最充分暴露出它的烦琐哲学性。“强本而节用，则天不能贫”（《荀子·天论》），“强本”就是“加强本业（农业）”嘛，偏要译作“使本强”。

“会盟而谋弱秦”（《过秦论》），“谋弱秦”就是谋求削弱秦国嘛，偏要译作“使秦国削弱”。还有1000年来传为美谈的“春风又绿江南岸”（《泊船瓜洲》），词类活用者当然又要“使江南岸绿了”，然而又怎样“使”的呢？不就是个“吹”吗？“吹”字在《庄子·逍遥游》里就用上了："野马也，尘埃也，生物之以息相吹也。"白居易的"春风吹又生"自然更能给王安石以启迪，他能不懂吹绿的道理？只因前有"又"后有"绿"，"吹"字自然而然被摘去，且又合于诗律，就成了这个锤炼字词的典范例子。从汉语词序来说，占据句子前边位置的总是比较重要的表达内容，而使动家却把谓语部分移后，将宾语提前，改变了语义表达的重点，这是何苦呢？

（4）数词：以数量词做补充的谓补结构数目较少，但也存在以补代谓的规律。"一法度衡石丈尺"（《史记·秦始皇本纪》）、"以一其人之视听"（柳宗元《封建论》）、"六王毕，四海一"（《阿房宫赋》）。这些"一"，人们都能用"统一"这个词对译，但只讲为数词活用为动词，不讲数词的使动用法。公平地讲，这些"一"倒是相当"使动"的，前二例是主动的，后一例是被动的，它们只能是某种动作的结果。

4. 宾语代谓：摘取宾语代表谓语部分，在词类活用说中称为名词活用为动词和名词的使动用法。还有些更曲折的说法。这反映了宾语问题本身的复杂性。吕叔湘主张宾语归入补语（补词），反映了宾语问题上的矛盾的严重性。例如，有些宾语可以转化为介宾词组担当句子的成分，所谓的双宾语都可加上介词。我们还按习惯讲法来叫，用以说明古语摘要的一些事实。

（1）后代介宾词组："沛公军霸上"（《鸿门宴》），就是"驻军于霸上"的摘要；"凡吏于土者"（柳宗元《送薛存义序》），就是以"吏"代表"为吏"，"一狼洞其中"（《狼》），还不就是"挖洞于其中"的省代吗？这样好理解好翻译，于人于电脑都便利。

（2）前面有时间名词："平地三月花者，深山中则四月花。"（《采草药》）这是宋代人写的文章，就在本篇中还引用了唐人诗句："人间四月芳菲尽，山寺桃花始盛开。"可见不是沈括不知道"花"与"开"的搭配关系，他用"三月花""草已芽"这样的句式结构，完全是为了求得"情信辞巧"的修辞效果。要理解和翻译，"开花""发芽"这类动词还得补出来。

（3）及物动词转为名词：“左右以君贱之也，食以草具。”（《冯谖客孟尝君》）通行的注解是：“给他粗劣的饭菜。草，粗劣。具，饮食。”（《古代散文选》，人教社版），真不知怎样排的转折，“具”竟然是“饭菜”。从本文看，冯谖只是抱怨“食无鱼”，不至于连米面油肉也吃不上。其实，“供食”摘去了动词，就成了宾语代表谓语的通例了。“草具”是简陋的碗筷等家具用具，介词“以”是本句以宾代谓的条件。亚圣孟夫子“治于人者食人，治人者食于人”里的“食”，也不过是“取食于人”“供食于人”的摘要罢了。文言中的一切代表谓语的“食”都应如是观。“食”的异读音sì是汉代以后儒者为教学方便而人为地加上的标记。

（4）“而”字连接的名词：都是紧缩复句中一个分句的宾语代表谓宾结构，主语省略。“君人者，隆礼尊贤而王”（《荀子·大略》），“王”就是“称王”“为王”的摘要，去声异读是人为区别。“不耕而食，不蚕而衣。”（《盐铁论·相刺》）“食”“衣”是“获食”“得衣”的省代。这类句式中动词是由于转折复句（以及别的复句）这个条件而摘去的。

二、介宾头脚删

介宾词组充当的句子成分，应视为一个独立的基本成分（我拟称之为辅语），与一般的状语补语是不可等量齐观的。国外的各语法研讨反映了对这个问题的重视。事物都在空间、时间中运动，运动都凭借一定的条件，采取一定的方式，介宾词组就是这些运动背景的语言体现。任何语句都有这个介宾背景，只不过或显或隐罢了。文言中的介宾词组，多数采取摘局部代整体的形式，甚至摘要部分用充当谓语的借代形式。我们现在来考察这类语言现象的实质吧！

1．删除介词：“箕畚运于渤海之尾”（《愚公移山》）。“船载以入。”（《黔之驴》）“畚箕”“船”这类所谓名词做的状语，实际上都是介宾词组，当时就有相配的借词，也有相配的用例，而且现代汉语也有同样省略介词的现象。“沛公欲王关中”（《鸿门宴》），“欲王关中”是“欲为王于关中”的摘要。现代汉语翻译也只是“想在关中称王”六个字。

2．删除宾语：“客从外来，与座谈。”（《邹忌讽齐王纳谏》）

“是时以大中丞抚吴者。”（《五人墓碑记》）这类介宾词组中的宾语省略是比较明显的，一般文言教材也是承认的。成问题的是被误认为连词的介词。“于是怀石，遂自投汨罗以死。”（《屈原列传》）这个“以”字现在是被作为表示承接关系的连词讲的；实际上这是省略介宾词组宾语的一种形式。“以自投汨罗的方式”摘要以后，将宾语的限定词语移在介词之前作为其借代，同谓语“死”发生关系。如果分为两句，则在“以”的后边加个宾词“之”，复指“自投汨罗”这个方式，也可以表达同样的意思。所有被称作连词的“以”字，都是这种介宾词组省略倒装的结果。

3．定带介宾：宾语带有限定词语的介宾词组，摘去介词和宾语，只留限定词语同主谓语发生关系，这也被称作“名词做状语”。“卒廷见相如”（《廉颇蔺相如列传》），“吾得兄事之”（《鸿门宴》），“斗折蛇行”（《小石潭记》），“猱进鸷击”（《冯婉贞》），“人立而啼”（《中山狼传》），“一狼犬坐于前”（《狼》），这些实例，意思显明，加上相应的介宾词组就可译出，其摘要规律是前二种的综合。值得特别提出的是所谓“为动用法”：“等死，死国可乎？”（《陈涉世家》）“死国”不就是“死于国事”（或“死于为国之事”，“死于救国之事”或再加上“上面”二字）吗？省略介宾，独留限定，如此而已，岂有他哉！

4．前置宾语：疑问代词做宾语和否定句中代词做宾语一般是在动词之前的现象，被视为古代汉语语序方面的特异规律。从介宾头脚删的一般摘要规律看，恐怕也是一种介词省略的表现。“吾谁欺？欺天乎？”（《论语・子罕》）就是“吾将谁欺”的摘要。现代汉语中提宾句式大量存在，只是一个“将”字换成“把”字罢了。“古之人不余欺也”（《石钟山记》），“不”后加个“将”（把）就接近现代汉语句式。文言中也有代词宾语在否定句中不前置的情况：“有事而不告我，必不捷矣。”（《左传・襄公二十八年》）“不知我者，谓我何求？”（《诗经・黍离》）

三、联合交错减

古人“修辞”，要求以最精练的词语，最巧妙的句式，表达最丰富的含义，最准确的性质，这就得最大限度地省略借代。文言的联合词组、并列复句、排比句和骈偶式句组为进行摘要提供了方便条件，因为有参照系统。我们的探讨也不够深细，只是规划大端，抛砖引玉。

1．联合词组：两个相同结构的词组共做一个句子成分，就交错减去一个部件。

（1）限定式："韩信羞将绛灌比。"（李白《答王十二寒夜独酌有怀》）"绛灌"是汉唐文言中用得很多的简化词组联合，指绛侯周勃和颍阴侯灌婴，一摘爵，一摘姓，交错见义。

（2）谓宾式："一亩之稼，则粪溉者先芽。"（《梦溪笔谈》）有人把"粪溉"译为"用粪肥施灌"（见《中学生文库，实用文言语法表解》），水和肥是植物生长的两个基础条件，"粪溉"是"上粪溉水"的交错省代，也是一种互文见义。

（3）宾偏式："虽乘奔御风不以疾也。"（《三峡》）"奔"是动词，"风"是名词，分别做并列的两个动词谓语的宾语似乎不相称，但如果把交错精简的"马"和"疾"补上去，则稳当不过了。"奔马""疾风"由于同在联合结构中做宾语，摘要后一留正，一留偏，就达到了"情信辞巧"的效果。

（4）"而"连式："先生之恩，生死而肉骨也。"（《中山狼传》）"而"字连接的并列结构的词性，表面全异而实质相同，补出交错减缩后是完全对应的：生成新生命于死人之身而长出活肌肉于白骨之上。

2．联合复句：各种复句，尤其是联合复句，不但有交错缩减的有利条件，也有便文避复的客观需求，因而摘要频率甚高。

（1）修饰交减："急湍甚箭，猛浪若奔。"（《与朱元思书》）什么东西的奔跑才能用来比喻浪呢？中国人最熟悉的莫过于马，故它是"奔马"的摘称。比急湍还快的当然不是平放的箭，也不是手掷出的箭，而必是强弓射出的飞箭，故"箭"前也必有"飞"修饰。"三子者出，曾皙后"（《子路、曾皙、冉有、公西华侍坐》）。我们在"出"前添个"先"，"后"后加个"行"，就不需要词类活用了。

（2）支配交减："不耕而食，不蚕而衣。"（《颜铁论·相刺》）

很显然，“耕”后剪掉了名词“田”，“蚕”前摘去了动词“养”。这是古代农业社会最基本的常识。“梯而下之”（《李愬雪夜入蔡州》），就是“立上梯子放下他”。中国画的美学境界之一是“虚实相生”。我们读文言，不要蔽于实而不知虚就好了。

（3）多词交减：在对偶句式中，几个接续的词组往往对应交替压缩，互文见义，尤其骈赋诗中为多。《谏太宗十思疏》的“在殷忧”“既得志”可视为典型。我们试将减去的词语补在括号里，以便了解其规律：“夫在殷忧，必（能）（用）竭诚（心）以（之）（礼）待下（属）；既得志，则（必）（会）纵（极）（私）情以（之）傲（视）（旁）物。”接下两句“竭诚（以待下）则”“（纵情以）傲物则”，交错减缩的就更多了。

（4）虚词交减：“宁与骐骥亢轭乎，将随驽马之迹乎？宁与黄鹄比翼乎，将与鸡鹜争食乎？”（屈原《卜居》）其中每一句前均应为副词“将”和选择关联词“宁”连用，才符合卜问的内容和情境：“将宁与骐骥亢轭乎，将宁随驽马之迹乎？”前一种选择符合与现实不相容的理想，后一种选择符合违背理想的现实，使人请太史詹为他决定何去何从。副词与关联词交互省代的用法是相当普遍的。

3. 排比对偶：排比句对偶句有更多的参照系，因而有更灵活的摘要法，下边所列类型属举例性质。

（1）数字排比：“一鼓作气，再而衰，三而竭。”（《曹刿论战》）“再”“三”摘去谓宾“击鼓”（进军），“衰”“竭”摘去主语“士气”。第二第三两个假设复句是承续第一个条件复句而减缩的，而第一句的条件复句特性是通过二、三句显示和确定的。

（2）人物排比：“吾妻之美我者，私我也；妾之美我者，畏我也；客之美我者，欲有求于我也。”（《邹忌讽齐王纳谏》）“妾”“客”承“妻”省略了“吾”字；“私我也”前应有“欲”字，“欲私我也”，表明这只是妻的愿望，并不一定会实现；“畏我也”前应加“有”字，“有畏于我”，表明不是一切都畏，有畏无爱也不是正常的夫妾关系。前二句分别与“欲有求于我”的客对应交错，属探下省减。

（3）位次排比："群臣吏民能面刺寡人之过者，受上赏；上书谏寡人者，受中赏；能谤讥于市朝，闻寡人之耳者，受下赏。"（《邹忌讽齐王纳谏》）这里"面刺""谤讥"前有"能"，"上书"前也应有"能"；"面刺"的宾词是"寡人之过"，"谤讥"的宾词也应是"寡人之过"，"谏寡人"下也应有"之过"。三个句式相当，交错"修辞"。

（4）总领排比："然则王之所大欲可知已：欲辟土地，朝秦楚，莅中国而抚四夷也。"（《齐桓晋文之事》）这是一个"欲"字总领的四个能愿句，各个分句的结构又是各不相同的，然又互为参照，交错减缩了一些词语。"辟"前应有"广"，是不费解的，"王之所大欲"，所辟土地自然是必求其广的。"朝"之后摘去了"会"，需要辨别。"朝"由早晨义引申为早晨帝王接受臣下朝拜的地方——朝廷。在朝廷这个地方相见的人有各种关系和方式："朝拜"是臣民见君主；"朝见"是使节、国宾晋见东道主；"朝会"是宗主、霸主在自己的朝廷上会见诸侯、属国和同盟者。"朝会秦楚"，就是齐国重新称霸于诸侯。"莅"后减去了"阼"，即帝王莅临视事时主持祭礼的台阶，"莅阼于中国"就是要称帝。"抚"前加"安"或"招"，都是霸主或帝王才处理的对外关系。四者表示，齐宣王政治野心的逐步升级，语句缩减呈现了复杂的情况，但只要补出相应词语，关系还是清楚的。

4. 句组省代：句组的省代是文言"修辞"里的迷踪拳，它以前述各项原则为基础，是各种摘要方式的综合应用。

（1）承前省代："万钟则不辨礼义而受之，万钟于我何加焉？为宫室之美，妻妾之奉，所识贫乏者得我与？乡为身死而不受，今为宫室之美为之……是亦不可以已乎？此之谓失其本心。"（《鱼我所欲也》）对这段话的含义及全篇主旨，现行教材和读本的解释千奇百怪。关键是搞不清"为"和"受"的宾词，就是儒家的"礼义"和新兴封建政权的官职。"（如果只要给）万钟（俸禄）则不辨礼义而（接）受之（官职），（那么……）"这个假设复句是立论的基础。"乡（过去）（仁人志士）（或'我们'）为（之）"（坚持儒家礼义），"（即使）身死而（仍）不（接）受（封建政权的官职），（今天却）为……”这个转折复句（以及下面两个）是辩驳的中心。孟子是在诸侯统治趋于稳定的形势下，进行反对儒家士人为封建政权服务的政治宣传的，为了减少摩擦，不得不摘去两个宾语。

（2）探后省代：“假舆马者，非利足也，而致千里；假舟楫者，非能水也，而绝江河；君子生非异也，善假于物也。”（《劝学》）三个“假”的义和类是相同的，“舆马”“舟楫”和“物”的地位也是一样的，“于”字表明“物”是“假”的补语。那么“假”的对象是什么呢？是力。前面两个“假”的宾语也是力。完整的结构是“假力于舆马”，“假力于舟楫”。还要看到：“利足”之前摘去了“能”，“能水”之前省掉了“浮”，“致”“绝”之前也减缩了“能”，“生非异也”之后则暗含着“而能治万众”之类的话，因为这也是“不可使知之”的一点要义，“修辞”君子特别地将它简化掉了，但借助前两个做陪衬的转折复句可以显现这个隐秘。

（3）纵横省代：《谏太宗十思疏》开头两个排比句组，是纵横交错摘要的典型，我们下面用括号标出减缩的词，省代规律就可一目了然了：“臣闻：（欲）求（得）木之长者，必（得）（培）固其根本，欲（求）（得）流之远者，必（得）浚（深）其泉源，思（求得）国之安者，必（得）积（厚）其德义。（泉）源（浚）（得）不深而望（得）（到）流之远，根（本）（培）（得）不固而（欲）求（得）木之长，德（义）（积）（得）不厚而思（得）（到）国之安，臣虽（是）下愚（之人），（尚且）知其不可，而况于明哲（如君者会不知其不可）乎？”括号中多数词是从前后左右移补上的，“培”“得”“会”“尚且”这几个也是根据前后左右的词语关系填补上的，“之”“其”的用法前已解析，因而未换。这比词类活用要明白得多吧！

（4）合叙单提：《子路、曾皙、冉有、公西华侍坐》末章，是曾皙与孔子的五问五答，缩减了若干字句。中学课本把孔子的第二个回答以下全部标点为答话，好像这位老先生突然心血来潮，自问自答，从而创造了这样长篇大论的记录。曾皙是由于先生喟叹“吾与点也”，而未对冉有公西华表示赞赏而有不平之意，他要彻底澄清夫子的态度，便一再追问。

在“赤也为之小”前，略去了总括上面意思的一句话：“然则何不与二子？”即：既然求、赤之志都是为政之事，为何只讲“吾与点也”而不对二子加以肯定？然后才逼出了先生的最后这句话。这句话也不完整，真是“千呼万唤始出来，犹抱琵琶半遮面”。问的是求、赤二同学，答的却只有公西华，那么冉有的缺欠究竟在哪儿呢？原来，这就是古人说的“言简意赅”！赅，是兼备的意思。求与赤的缺点是共同的：为小不为大。单提赤，而兼备求，这是句组里更复杂的一种省略借代。孔子并不是反对三子者为政，而是要求他们更好地为政，批评了一个的过和两个的不及。曾皙的理想图画也不是消极退隐，而是以礼为国的美妙结果，所以孔子才赞叹不已。与点哂由，微嫌求赤，总归到“克己复礼，天下归仁”。

四、复句隐相关

任何复句，总是由四个相关部分构成：前关联词，上句，后关联词，下句。文言中的四部分完整出现的极少见，一暗三明的多，二暗二明的也不少；尤其是隐去一个分句及其相关的半截话，最需留意研究。

1. 半隐关联词：“非死则徙尔”（《捕蛇者说》），“不出于西，则出于北”（《教战守策》）。有的文言读物将这种“非……则”“不……则”句式作为选择复句看，实在是皮相之见。“则”（就）是条件性关系的典型关联词，不管是出现在承接、假设、条件、因果哪种复句里，都是这种逻辑关系。上引二句的真实关联词是：“如果（不是）……那么就（则）（一定是）……”看到文言中的一个关联词，我们就要想到它还兼备着另一个的作用和意义。

2. 全隐关联词：“有志矣，不随以止也，然力不足者，亦不能至也。”（《游褒禅山记》）这个二重复句的第一层，以“然”字兼备“虽然……但是……”这一对转折关联词，浅显易明；第二分句的内部，有个副词“亦”，带出了“如果（是）……那么也（是）……”的语气，关系也清楚；唯第一分句，关联词全隐，使句意理解发生困难。这“随”就是上文“余亦悔其随之而不得极夫游之乐也”的“随之”，就是跟随那个“怠而欲出者”“俱出”的“随之”。这两句话关联起来就是：“只要有了志，就不会随着别人而中止了。”接下去再申述“力”的作用。

3. 分句全隐：隐分句是文言中较大的虚范畴，宜根据分句间关系细加推究，关联词也是识别的标志。下边各项属举例性质。

（1）因果式：“以吾一日长乎尔，毋吾以也。”（《子路、曾皙、冉有、公西华侍坐》）这是两个因果复句的显隐省代。第一重关系是转折，上句隐去了结果分句，意为：你们可能不敢畅所欲言。下句省掉了原因分句，意为：今天是聊天儿。六个关联词只出现了一个“以”，这一个却可以引出下边五个。这样理解，文章义脉才能贯通。

（2）选择式：“抑王兴甲兵，危士臣，构怨于诸侯，然后快于心欤？”（《齐桓晋文之事》）这个“抑”是选择关联词“还是”，那么供选择的另一个分句是什么呢？减缩了。此句接“王请度之”，宾语“之”是复指下边的选择复句的。复句的上句，根据前边的论述可以得出：“是王推恩至于百姓，保民而王，这样快于心欤？”

（3）转折式：“吴起说武侯以形势不如德，然行之于楚，以刻暴少恩亡其躯。”（《史记·吴起列传》）这是1989年高考题，关键是抓住关联词“然”。“然”是表转折的，而前边句子却无所肯定，必有所隐含；“然”否定的是其“行”，那么第一分句应肯定其“言”，由此推出隐含的句子是“其言诚是”，顺承吴起句。

（4）连锁式：“入之愈深，其进愈难，而其见愈奇。”（《游褒禅山纪》）从前边看，两个分句是条件关系：“只要……那么……”从后边看，两个分句是转折关系：“虽然……但是……”其进愈难一身二任，故为一显一隐，隐的分句连在表轻转的“而”字后。

4. 隐半截句：在紧缩的复句里，靠排偶结构显示出来的分句隐没，表面上没有标记，但句意却短半截，阅读时要细心体会才能补全。

“木受绳则直，金就砺则利，君子博学而日参省乎己，则知明而行无过矣。”（《劝学》）前两个紧缩复句是做比喻，类似诗歌里的比兴；后一个二重复句是正论。比兴式论证的句式结构应为类似的，这三个复句的层次却有所不同；正论句的条件句和结果句都是紧缩式递进结构，重点在于“日参省乎己”和“行无过”，而前两个条件复句的条件与结果却不相当，因为，如果没有进一步的动作就不会有“直”和“利”的结果。所以，“受绳”后应补“照线锯”，“就砺”后需添“用力磨”。锯木材和磨金属器具的结果，就不仅是“变直”“变利”，还有锯平和磨光，所以两个“则”字后应为“变得直而平”“变得光而利”。两个紧缩句分别再加上关联词“如果……那么……”就与第三句的结构和意义相当了。四个递进复句的重点，只有“变锋利”是显露的。

以上是我对古语摘要规律的粗浅体会。7年来遍试于中学文言教材，历届学生多数觉得这种解法得心应手。“臣之所好者，道也，进乎技矣。”从对经历数千年而不朽坏的文言的解剖和还原中，我更看到了起、承、转、合四分逻辑在人的思维和语言中普遍存在。

词类活用说在20世纪20年代提出后，对批判词无定类说和促使人们研究文言的构造特性方面起过积极作用。但在鲁迅提出古语摘要论断后，语法界不但不做认真研究，反而大肆鼓吹词类活用，使之广为流布，这就阻止了真理的发展，妨碍了民族文化水平的提高。譬若纲之在网，纲举而目张。现在，国家若能组织力量彻底搞通古语摘要的规律，并像明清纂修类书那样编纂文言和现代汉语对应的词语库，那么采用电子计算机阅读和翻译文言文献，就很容易做到。中华民族悠久的灿烂的文明，必将迅速弘扬于全社会、全世界，并弘扬于千秋万代。

1989年9月30日

本篇文章发表于新疆人民出版社2000年出版的《鲲鹏展翅·毛泽东诗词新解说》一书（CIP数据字[1999]第76839号）。

文章结构统分法

李　赤

一、文章思路

文章是用文字记述的表达一个完整的思想内容的话语组织。文章中的话语是怎样组织起来的呢？古代文章理论家刘勰对文章结构的基本要求是："外文绮交，内义脉注。"（《文心雕龙·章句》）现代语文教育家叶圣陶写作和讲解文章的经验是："作者思有路，遵路识斯真。"（《语文教学二十韵》）思路清不清，是各类考试中作文评估的一个根本条件；划分段落层次更是阅读教学的起码功夫。可见，大家对体现在文章中的思维路线的认识是肯定的。

但是文章思路是个什么样子呢？是北京长安街的笔直坦途，还是华山千尺幢的羊肠小道？是珠穆朗玛峰的茫茫雪坡，还是宇宙空间的荡荡轨迹？显然，绝对相同的思路是没有的，每个作者有每个作者的思路，每篇文章有每篇文章的思路；但既然作为路，就有区别于非路的特点，有它的可行性；作为思路，就有符合人类思维规律的地方，使作者与读者能够交流思想感情，使古今中外的经验智慧能够汇合一处。这个具有全人类共通性的思路，就是文章结构的客观基础。

几千年来，人类在文章思路上的探索和跋涉，是不亚于人类在地表、地下、水里和天空的行程的。无数作者的失败和成功的写作是自不待言了，就文化史上站住脚的和今天人们传颂不息的诗文作品来看，人们对文章思路的体验、理解、掌握和运用，是有共同之处的，甚至有根本性一致。但是这种共同性的认识和实践却多数停留在自发状态，停留在"日出而作，日入而息"的必然王国，并没有形成如同月球、地球、太阳运行规律那样的科学认识。刘勰撰写了辉煌巨著《文心雕龙》，奠定了中国古代文章学体系的基础；他深入探讨了文章体制和文章写作的许多方面，但他没有解剖出文章的心脏位置和功能。中国文章分支中的诗歌散文，到唐宋时期到达了灿烂的高峰，与之相应的，理论上发现了“起、承、转、合”的规律。但这个规律由于封建阶级的没落而被引到了八股文的死胡同。西方近代科学和哲学传入后，许多人又丢掉了中国古代哲学和科学思维中的辩证法因素，起、承、转、合规律也没有得到拯救和发挥。文章学这门古老而又普遍的学问，直到近年才成为议论较多的话题。目前也还只在争立户头。虽然延安整风已打响了开山炮，无产阶级在批判旧世界中已经创造出并继续创造着文章学的新世界。当然这个批判和创造不是一代人能够完成的，更彻底的清理和大规模的建设还要我们后人来进行。

当前最迫切需要的是，对数千年来文章大家的典范作品加以剖析，对古今中外文章理论家卓见深识加以总结，在唯物辩证法的基础上形成文章结构的规律认识，形成科学的分析方法。这不但是提高各级各类学校语文教学水平的急需，而且对提高全民族全人类的思维能力和文化水平，对发展各种信息传输系统和研制智能电子计算机，也具有重大意义。还好，做到这一步的条件已经趋于成熟。现代自然科学整个地走向系统化，科学界的思维方式在突破形而上学的框子；帝国主义和无产阶级革命时代的经济、政治、文化在世界范围内极紧密地联系在一起，更要求人们辩证地思考和表达；国内外对文章句段结构的探讨论著渐渐增多，尤其是用系统论观点考察文章结构，更取得了丰硕的果实。恩格斯指出：“辩证逻辑和旧的纯粹的形式逻辑相反，不像后者满足于把各种思维运动形式，即各种不同的判断和推理的形式列举出来和毫无关联地排列起来，相反，辩证逻辑由此及彼地推出这些形式，不把它们互相平列起来，而使它们互相隶属，从低级形式发展出高级形式。”（《自然辩证法》）即今为止的文章结构分析法，大都没有完全脱离这种旧的纯粹的形式逻辑的范畴。古人提出的起承转合划分方法是科学的，但没有从思维规律的高度加以认识，没有形成理论体系，因而也没有贯彻到一切文章领域。

本文试图说明起承转合这种系统划分方法的科学真理性，并在文章结构分析中普遍提倡。

二、判断分类

语言及其文字表现形式文章，是人类认识成果的交流手段。形式逻辑宣称自己是研究人类思维形式及其规律的科学，但不研究全部语句和文章。辩证逻辑不但应当纠正形式逻辑的错误，而且应当把被形式逻辑排除在外的一切语句形式都包括在自己的研究领域之内。这个科学的逻辑体系虽未完全建成，但清理地基和准备材料的工作已进行到相当程度，甚至可以说准备好了工程蓝图和建筑模型。

在辩证逻辑科学体系的创立中，黑格尔是做出了杰出贡献的一个人。列宁评论黑格尔的《逻辑学》时说："在黑格尔这部最唯心的著作中，唯物主义最多，唯心主义最少。'矛盾'，然而是事实。"（《〈黑格尔逻辑学〉一书摘要》）黑格尔的基本见解是用彻底的先验唯心主义方式讲述的唯物论。他的根本缺陷是在于三分法。三分法使他未能完全脱离形而上学的窠臼。然而在讲判断分类时，在分类的第一层次上，他采用了四分法，表现出他的思想的卓越之处。黑格尔在《逻辑学》中将判断分为：有的判断、反思的判断、必然性的判断和概念的判断（现在有的译名是：实有判断、反思判断、必然判断、概念判断）。这个四分法突破了他的"有、本质、概念"的三分体系，是完全符合于人类认识程序的真理。

人的一切认识活动都是判断。判断当然只能够从"有"开始。"有"是认识的对象，"有"就是事物。无对象怎么会有认识？事物都具有多种多样的属性。人在实践中与认识对象接触，引起对事物某种属性的感觉。感觉就是反映和思索，就是反思判断。对事物多种属性的反映和思索，构成了认识的感觉印象阶段。人在考察事物时的目的不同，因而对事物属性的注意点不同。确定了着重点，才能抓住事物的主要矛盾。主要矛盾的主要方面，形成了事物的本质属性，决定了事物发展的必然性。必然性判断就是寻求事物本质的判断，是感性认识向理性认识的飞跃。这个飞跃的结果形成概念。概念是对事物发展规律的认识。在认识的每个层次上，即每个认识系统中，概念的判断都是认识的结果。因为人们认识的目的就是掌握事物发展的规律，从而实现由必然王国向自由王国的发展。这个四分法，是黑格尔用唯心主义方式表述的人类思维的客观逻辑。中国古人将一首诗歌、一篇散文都作为完整的独立系统看待，用起、承、转、合四个层次加以判断，这同黑格尔对认识过程的四分方法完全一致。诗文“起”的部分是有的判断，“承”的部分是反思判断，“转”的部分是必然性的判断，“合”的部分是概念判断。这不是偶然的巧合，而是正确反映思维规律的必然产物。一切语句，一切文章，都是表述判断的，因而都是可以四分的，都是必然四分的。

四分方法，不但是表述思维结构的科学方法，更是表述事物结构的科学方法。世间万事万物都是两极对立的。例如，好、坏；美、丑；高、低；长、短。而每一级又有其反面，例如，不好、不坏；不高、不低；等等。四分法，是对立统一规律的发展形态。人体结构是自然界发展的高级产物，人体首先可划分为头部和躯体，但这还不足以说明人体的功能。进一步划分为头、颈、躯、肢，就可以看出：头部是主要感觉器官和神经中枢所在处；颈部是各种管道的并行部位，起传输作用；躯干的胸部是心脏、肺脏所居，是人体的动力源泉，腹部是消化、吸收、排泄和遗传器官的处所；四肢手足则是工作和运动器官。这四部分不也是个起承转合吗？人体的纵深结构也是四分的：皮毛是起，血肉是承，筋骨是转，精髓是合。人的心脏更是一个辩证逻辑的样板。心房心室，一分为二，左右房室又分为二。只有这样四分，才能完成动脉静脉血的大循环和小循环。如果不是房室之间二尖瓣定向，或者左右房室没有间隔，血液就不能正常流通，生命活动也就不能维持长久。哲学上的两副对子：唯物论和唯心论，辩证法和形而上学，也是对人类认识系统划分的四个类别，系统结构间的关系是起承转合。

起承转合的重点在于转，认识发展的重点在于必然性判断。这正如人体的重心在躯干部一样。恩格斯《在马克思墓前的演说》是一篇结构科学的典范文章。这篇文章就是按照起承转合的规律组织话语的。文章首先提出马克思的逝世是无产阶级解放运动和历史科学的重大损失，这是有的判断；接着分析了马克思的两个伟大发现和其他方面的发现，这是反思的判断，说明为什么是历史科学的损失；然后总结了马克思的战斗一生，说明马克思首先是一个伟大的革命家，这是必然性判断，一方面回答了为什么是无产阶级解放运动的损失，另一方面更阐明了他之所以有那些理论发现的原因；最后是概念判断，他遭到反动阶级的最疯狂反对、无产阶级最衷心的爱戴。他的英名和事业将永垂不朽。马克思是伟大的革命家，这个本质判断决定了其他三个判断，是文章的心脏。《史记》里的“鸿门宴”是一个独立的故事，是一个系统的结构：刘邦大难临头是有的判断；项伯周旋救助是反思判断；宴席上的刀光剑影是必然性判断，故事转折的关键是樊哙的壮举；刘邦溜脱是概念判断，用范增的话说是：“夺项王天下者必沛公也。”鲁迅小说《药》的四部分，作品已标明：老栓买药，小栓服药，茶客谈药，最后是凄惨的药效。合起来则是一切革命者必须服用的不唤起民众不行这副苦口良药。判断程序明晰，一步深入一步，作品的重心在第三部分，革命者为民众而壮烈献身，老百姓沉迷不醒嘲骂烈士，这就是一幅中国旧民主主义革命的悲剧画面。《改造我们的学习》更是一篇起承转合的科学结构的典范。文章的四个部分严整地反映了判断程序的推进。有——30年理论和实践结合的成就；反思——存在严重的缺点即浓厚的主观主义作风；必然性——同马克思列宁主义态度对比中表明主观主义的实质和克服它的必要性；概念——克服途径和美好前景。文章的要害在于第三部分，即两种态度的比较、对照，它决定了事物新陈代谢的方向。

客观事物和人的思维的发展都呈为“S”形，起承转合正是“S”形轨迹中的四个片段。如下图：

承—起

\

合—转

黑格尔整个逻辑体系采用的是所谓“正、反、合”的三分法，得出的结果是圆圈哲学。这是对事物发展规律的扭曲。三分概念抽去了事物发展的条件性，把转化的方向看成绝对的，这就违反了辩证法。把反思判断和必然性判断扭合在一起，作为本质判断，模糊了判断程序，阉割了感性认识向理性认识的飞跃。列宁深刻地指出：“黑格尔的唯心主义是在这里，即在时间的概念中（而不是在表象对思维的关系中）。”（《列宁全集》）三分法是黑格尔同形而上学妥协的产物。中国古代的阴阳学说的不足也在三分法。阴阳三重而成八卦。这卦画的命意就是天、地、人三才，但与人相对的天地实为一个方面，即自然界。还有所谓“三条路走中间”的庸人哲学。实际上，任何道路上的正中是走不通的，来往要相撞的。所以交通规则中有一条“自行车、架子车靠右行”。心尖如果不是偏向一方，心脏的运动也就成问题。黑格尔总结他的哲学体系时，似乎也觉得三分法不甚合理，于是提出“肯定、否定、否定之否定”的方法，也可叫作四分法。但是他说了半天也没有说清楚第三项和第四项的区别。所以四分法除了在判断分类的第一层用到外，终究只是飘忽一闪的概念。

黑格尔判断分类的第二层全是用三分法，留下了许多错位的缺欠。有的判断下面是肯定判断、否定判断、无限判断。他没有弄清无限判断的性质。肯定判断和否定判断都是确定判断，无限判断应属于另一类：未定判断。未定判断包括无限未定判断和有限未定判断。未定判断的语言形式是疑问句。形式逻辑把疑问句排斥在判断之外，因而不能解释问答这两种思维形式为什么能够转化。辩证逻辑不能不研究疑问句。提出问题已经包含了判断，选择问和是非问的判断程度已相当高。从问答的判断程序是：无限、有限、否定、肯定。毛泽东《人的正确思想是从哪里来的？》一文开始就用了这四种判断。“人的正确思想是从哪里来的？”这是无限判断；答案是无穷无尽的。“是从天上掉下来的吗？”“是自己头脑里固有的吗？”这是两个有限判断，答案范围是有限的，表示了判断的发展。接着的两个“不是”，是确定的判断，是否定判断。结论：“人的正确思想，只能从社会实践中来，只能从社会的生产斗争、阶级斗争和科学实验这三项实践中来。”这是确定判断，是肯定判断。这四项判断之间的关系同样是有、反思、必然性、概念，是起、承、转、合。

在反思判断项下，黑格尔也和一般逻辑学者一样，只列出了单称、特称、全称三种。这是有缺陷的。实际上在单称与特称之前有一个过渡项：多称判断。单有一次手掌与手掌的摩擦，是不可能过渡到手掌摩擦定能生热的特称判断的。必须有自己多次摩擦手掌，以至许多人摩擦手掌都生热这样的多称判断，才能产生类判断：手掌摩擦能生热。由特称判断手掌摩擦生热才能过渡到一切摩擦都能生热的全称判断。价值形态的发展过程，更是量的判断结构的典型例证。商品价值的发展经过了四个阶段：简单价值形态（1只绵羊等于2把斧子）；扩大价值形态（1只绵羊分别等于80斤粮食，60尺布，6分黄金，其他种种商品）；一般价值形态（80斤粮食，60尺布，6分黄金，其他种种商品，分别等于1只绵羊）；货币价值形态（80斤粮食，60尺布，其他种种商品，分别等于6分黄金）。这四个形态正好反映了人类对商品价值的认识发展的四个阶段，反映了量的判断的科学结构：单称、多称、特称、全称。很显然，不经过扩大的价值形态这个阶段，简单价值形态是不可能过渡到一般价值形态的。这四个量的判断顺序是一个、一些、一类、一切。把一些与一类混同一起，也是混淆反思判断与必然性判断的结果。

在必然性判断里，黑格尔不但没有为联言判断安排位置，而且也像一般形式逻辑的混乱一样，把简单判断解释为直言判断，而把因果关系的复句表示的判断归到三段论推理中去。直言判断应该就是因果关系的判断，不是因果复句表示的判断。所谓“三段论”，实际上是两个因果复句组成的推理，只因省略了前提中的结果分句，被人误认为是三段，以至把因果判断又误认为三段论的省略。例如，菠菜含叶绿素这个推理的完整形式是：因为凡绿色植物都含有叶绿素，所以每一种绿色植物也含有叶绿素；又因为菠菜也是一种绿色植物，所以菠菜也含有叶绿素。这样来理解直言推理，三段论就是四段论的省略。过去对三段论所做的种种限制就是多余的。“假言三段论”“选言三段论”等说法本身就不确当，因为假言判断的前件和后件就是两段，选言判断的选言枝也可以分为两部分，各段之间的关系都是起承转合。联言、选言、假言、直言，是关系判断的四分法。四种判断也是按照有、反思、必然性、概念的层次排列的。这样，四种判断与四种推理就完全对应了，而过去既把直言判断归在关系判断项下，又把它等同于简单判断，与直言推理又对不上号，谁能说清楚这逻辑呢？

黑格尔在概念判断项下也列了三个小项：实然判断、或然判断、必然判断。这三项的排列顺序也有问题，而且“应当”“希望”“愿意”等词语表示的判断还包括不进这三项中去。应该还有一种模态判断：虚然判断。虚然判断表示的是改变实在性的愿望和计划，是可能性发生的基础。这四项判断的层次是：虚然判断、或然判断、必然判断、实然判断。这个问题在许多逻辑书上至今没有搞清楚，在实践上弄混淆的就更多了。斯大林的《悼列宁》一文就缺虚然判断。文章平列了七个宣誓项目，可以归纳为三类：政党、政权、国际。显然没有写上保卫列宁学说的誓词。列宁在《国家与革命》一书的开头就讲“马克思的学说在今天的命运”，旗帜鲜明地同一切“遗忘”“抹杀”“修正”马克思理论遗产的人进行殊死搏斗。列宁的一生正是在理论上和实践上反对机会主义、修正主义的斗争中度过的，正是在这个斗争中锻炼和发展了马克思主义的学说，把马克思主义推进到列宁主义阶段。列宁在世时就多次用“布尔什维主义”这个概念指称马克思主义的这个新阶段。显然在悼列宁、向列宁遗体宣誓时，应当把坚持和保卫列宁主义任务明确地提到党和人民的面前。虽然斯大林后来写了《论列宁主义基础》等论著，为捍卫列宁的思想进行了长期有成效的斗争，但《悼列宁》中表现出的忽视理论的失误，其后果也是极为严重的。可见，思维规律的研究，判断分类的研究，是多么必要而迫切！

三、统分方法

如同生物中存在全息律一样，人的认识也是一种全息结构。认识过程，无论从宏观上看，还是从微观上看，都包含有、反思、必然性、概念四个阶段。文章是认识过程的体现，因而凡是反映了认识过程的文章结构，也是起、承、转、合的全息结构。从微观到宏观，四分的级数可以是无限的。随着生物分子的不断分化，生物体由低级向高级不断发展，生物的全息结构也在不断进化，遗传信息越来越集中。思维和文章的全息结构也是不断地由低级向高级发展的，每一层次上的起承转合，既有共同性，又有差异性。随着体裁的不同，文章结构的划分方法也具有各自的特点。这种系统的全息的包含同异的文章结构划分方法，我们称它为统分方法。

为了探讨和检验文章结构的规律性，我们将对不同体裁的文章进行具体划分，并结合着讨论文章写作和教材编辑中的经验教训。“起、承、转、合”四个字将用该字汉语拼音字母的第一个小写字母代表，第二层次是两个小写字母，依此类推，内容则用四字成语式的简练词句加以概括。

记人叙事类文章的起承转合，表现为开端、发展、高潮、结局。这四个术语在讲戏剧结构的文章中用得多，在一般记事类文章的结构说明中偶有提及，但没有把它看作规律性的划分方法。一般人习惯的是三分法或任意法，因而没有一个统一的规格。许多指导中小学语文教学的参考书籍资料更是“乔太守乱点鸳鸯谱”，弄得老师学生和一般读者无所适从。

鲁迅的《祝福》是一篇结构奇特的小说。一般参考书籍根据小说中祥林嫂的经历安排，说小说采用的是倒叙结构，因而将作品划为三大部分。那么，这篇小说是不是也符合开端、发展、高潮、结局的规律呢？我以为这样安排更符合起、承、转、合，更符合判断程序，更突出了作品的反封建主题思想。作品是按照“我”在年底回乡时的所见（同祥林嫂的问答）、所闻（关于祥林嫂的死讯）、所忆（祥林嫂的生平片段）、所感（对杀害祥林嫂的刽子手们逍遥的现实）这样四个层次来安排结构的。孟轲说：无君子无以治野人，无野人无以养君子。这话道出了几千年阶级社会政治思想的精髓。《祝福》的主要锋芒正是揭露君子治野人的血腥本质。

作品从开始到不祥的预感之后的“无论如何，我明天决计要走了”，是故事的开端，是有的判断。这个开端把旧历年底“君子”（鲁四老爷）祝福、“野人”（祥林嫂）避祸的紧张情态显明对照地摆在读者面前，把理学杀人的社会矛盾尖锐地突现出来，这是要比平铺直叙地讲述祥林嫂故事要强烈得多的情节安排。“我”同鲁四老爷的直接冲突，也为凸显作品的主要矛盾的主要方面起了衬托作用，从“我因为常见些但愿不如所料”到“至此也联成一片了”是情节的发展，是反思判断。“野人”死不合时，“君子”愤愤不同。“我”从这个严酷的事实中引出了对祥林嫂之死的评价：“为人为己，也还都不错。”

情节发展到这里自然推向高潮：什么力量把祥林嫂摧残致死？为什么祥林嫂死得“不错”？往后关于祥林嫂的要经历的追叙，生动地说明了祥林嫂的体质和精神是怎样被彻底摧毁的。

追叙部分按空行标明的自然界限是三部分，实际上也包含着起承转合。揽工遭劫是开端，卖进深山是发展，讲述悲惨故事（“但有一年的秋季”至“她单是一瞥他们，并不回答一句话”）是高潮，赎门槛无救是结局，再往深划分两个层次，第四次划分的高潮是四叔对四婶的告诫，就是所谓祥林嫂“伤风败俗”“不干不净”的咒语。正是这把封建理学的软刀子杀害了祥林嫂。高潮所有，就是作品的要害所在。四叔既然如此鄙视祥林嫂，为什么又要雇用祥林嫂呢？这是“鉴于向来雇用女工之难”，也就是“无野人无以养君子”这个规律支配着他，他们需要榨取祥林嫂的血汗来养肥自己。正是这个问题的中心，一般的评论讲解没有抓住。上海出的《中学语文备课手册》解释鲁四老爷的“可恶，然而……”是针对祥林嫂的被劫未得他的同意又无可非议这一点的。这样讲解根本离开了作品的主旨，也不符合小说的前后故事情节。“可恶，然而……”是鲁四老爷对前期祥林嫂的基本看法。“可恶”的是祥林嫂寡妇逃出做工，“然而……”是由于祥林嫂是个难得替代的“野人”，四老爷这时为没有榨干祥林嫂的血汗而惋惜不已。这四个字是鲁四老爷的个性化语言，是理解人物性格冲突的关键词语。《备课手册》之所以发生上述误解，与没有准确划分小说的结构是密切相关的。

《祝福》故事的结局，是作者的反语刺世，表明当时的中国农村仍然是封建势力称霸的天下，严重的农民问题还没有什么人去关注和解决。鲁迅是个伟大的思想家和伟大的革命家，他是着眼于革命的全局来提出问题的。因为当时无论是国民党还是共产党，都没有把农民问题作为中国民主革命的中心问题提出来，放在主要的议事日程上。《祝福》为了“揭出病苦，引起疗救的注意”，着意绘制了这样一幅中国农村风俗画：封建势力凶残杀人，人民大众昏睡不醒。

下面是我们草拟的《祝福》的纲目：

q　彼福此祸：

qq　回乡冷遇，

qc　祝福之家，

qz　灵魂有无，

qh　不祥预感。

c　死的评价：

cq　咒为谬种，

cc　避讳止问，

cz　死得不错，

ch　生平联片。

z　四权摧残：

zq　揽工遭劫：

zqq　夫死逃出，

zqc　卖力做活，

zqz　婆家捆去：

zqzq　堂伯窥探，

zqzc　婆取工钱，

zqzz　记米寻箩，

zqzh　抢劫上船。

zqh　鄙弃惋惜：

zqhq　“可恶然而”，

zqhc　责备卫婆，

zqhz　难有替代，

zqhh　不久忘却。

zc　卖进深山：

zcq　四婶还提，

zcc　卫婆谈到，

zcz　“交了好运”：

zczq　花轿抬去，

zczc　婆家赚钱，

zczz　闹得出格，

zczh　“后来好了”。

zch　不再提起。

zz　悲惨故事：

zzq　走投无路，

zzc　阿毛故事，

zzz　境遇大变：

zzzq　旧主留用，

zzzc　仍称旧主，

zzzz　“不干不净”，

zzzh　“你放着吧”。

zzh　陈旧玩物：

zzhq　老讲阿毛，

zzhc　初颇有效，

zzhz　听众厌弃，

zzhh　不再开口。

zh　替身无救：

zhq　一丝甜蜜，

zhc　哭求门槛，

zhz　挣扎枉然：

zhzq　取笑伤疤，

zhzc　喜捐替身，

zhzz　精神摧毁，

zhzh　雇主警告。

zhh　解雇沉沦。

h　社会太平：

hq　爆竹震醒，

hc　五更将近，

hz　音响浓云，

hh　疑虑扫空。

封建阶级讲究修世系，写家谱，以使血统清楚，班辈分明（其政治上的反动性是另一个问题），文章结构的统分，也是为文章内容列谱系，使段落层次的划分有个客观依据。俗话说：“杀猪捅到心，打蛇打七寸。”文章结构的每一层转的部分，就是该层内容的心脏和“七寸”。

述物讲学的文章，即一般所谓的说明文。述物类文章的起承转合是总提、分承、深入、归结。深入部分是文章的重心，与分承部分有质的区别。现在的段落层次划分法大多是将两部分混同一起的。

叶圣陶《景泰蓝的制作》是一篇结构严整的述物文章。人民教育出版社中学语文《教学参考书》将本文分为三部分：首尾两段各为一部分，六道工序为一部分，这部分又分为四层次；上海《备课手册》没有划部分，但也是将六道工序平列起来。这就将重点淹没了。六道工序中，前两道是基础工序，后四道是装修工序。景泰蓝不同于别的搪瓷的特色在于点蓝和打磨。这是名称就表明了的。掐丝工序固然费了功夫，但那也是为了填料和打磨的需要。

我们试拟的纲目如下：

q　写作缘由：

qq　参观工厂，

qc　粗看制作，

qz　多人喜爱，

qh　说说过程。

c　制胎掐丝：

cq　红铜做胎：

cqq　易打成形，

cqc　铜片打盘，

cqz　花瓶分截：

cqzq　分为三截，

cqzc　每截一张，

cqzz　打制方法：

cqzzq　圈叠捶打，

cqzzc　要哪打哪，

cqzzz　接合成瓶，

cqzzh　瓶底焊打。

cqzh　底座口边。

cqh　盒类焊接。

cc　铜器制作。

cz　精细掐丝：

czq　铜胎粘面：

czqq　粘在胎面，

czqc　非常精细，

czqz　不用打稿：

czqzq　心里有谱，

czqzc　例如粘柳，

czqzz　剪曲枝杆，

czqzh　琢磨叶子。

czqh　如同刺绣。

czc　随意驱遣：

czcq　自由沾画，

czcc　也能照图，

czcz　如同画家，

czch　合作创新。

czz　细密理由：

czzq　繁笔线条，

czzc　内有道理，

czzz　物理决定：

czzzq　色料不溢，

czzzc　面宽两害，

czzzz　面窄两利，

czzzh　类比文艺。

czzh　一色也分。

czh　费工求细：

czhq　值得惊奇，

czhc　丝丝费心，

czhz　工数举例，
czhh　工种对比。
ch　烧焊煮洗：
chq　粘不结实，
chc　还得烧焊，
chz　烧焊方法，
chh　酸煮水洗。
z　涂烧磨镀：
zq　点蓝工作：
zqq　名称介绍：
zqqq　点蓝名实，
zqqc　为何名此，
zqqz　初叫后惯，
zqqh　景泰来由。
zqc　色料介绍：
zqcq　原料类别，
zqcc　山东运来，
zqcz　基本质料，
zqch　不同颜色。
zqz　研磨色料：
zqzq　捣碎研细，
zqzc　吸除铁屑，
zqzz　保证光彩，
zqzh　研法待改。
zqh　填料工序：
zqhq　水和碟盛，
zqhc　舀料填格，
zqhz　不用看样，
zqhh　三填三烧。

zc　烧的工作：

zcq　叫作烧蓝，

zcc　燃料与炉。

zcz　铁架送进，

zch　亮退色显。

zz　打磨工作：

zzq　烧后打磨，

zzc　先磨平整，

zzz　再磨光润，

zzh　用椴木炭。

zh　铜丝镀金：

zhq　还得镀金，

zhc　铜丝全镀，

zhz　方法电镀，

zhh　铜不生锈。

h　全用手工。

这篇文章虽以介绍制作工序为主旨，但承转两部分的进层特点还是很分明的，深入部分表明了景泰蓝的本质特征。也有混淆起承界限的划法。苏轼《石钟山记》是兼有记叙、描写、议论、抒情多种表达方式的述物文，主旨是说明石钟山命名的根据，并辨别前人说法的是非。中学语文课本把该文划分为三个自然段，上述两种教学参考书也将该文分为三部分。而且人民教育出版社《教学参考书》在划分记叙部分时仍坚持三分法，把寺僧扣石作为"一个小插曲"。实际上，苏文是非常严格地按照四分法结撰的。郦元、李勃之说是一正一反的两种论点，在苏文中的地位是根本不同的。划分段落层次不能以字数多少为依据，而要根据认识发展的阶段性。郦元之说是根本正确的，与作者见解是一致的，是全文起的部分，是有的判断；李勃之说是错误的，是全文反思判断。苏轼亲临观察，得出真知，是解决问题的关键，是必然性判断。最后一段是概念的判断，不但澄清了是非，还得出规律性的认识：目见耳闻才能准确判断是非。本文起承合部分虽短，但都包含有各自的起承转合，记叙部分虽长，也可经三个层次深划到句子。语文教学事半功倍的根本原因在教材，从这里不是可见一斑吗?

论辩道理的文章，现在一般称作议论文。论理文的结构划分，更是目前阅读与写作教学中的迷茫问题。毛泽东在《反对党八股》中指出：“一篇文章或一篇演说，如果是重要的带指导性质的，总得要提出一个什么问题，接着加以分析，然后综合起来，指明问题的性质，给以解决的办法。”这里讲的，实际上就是一般论理文的结构要素。可是目前流行的议论文结构要素的提法只有提出问题、分析问题、解决问题，而没有指明问题的性质这一项；一般学生的议论文框架也就是提出论点，举例论证，结尾号召，而不能深入剖析问题的实质。即使分析中接触到本质性问题，也由于淹没在一般性分析中而缺乏说服力。指明问题的性质，或者说抓住问题的实质，是论理文的生命力所在，却又是目前读写论理和实践中的根本缺陷。鲁迅《“丧家的”“资本家的乏走狗”》是最深刻有力的论辩道理的典范文章，我们的教学参考书却将它的锋芒磨钝了。这篇文章包括前边一段引题性文字，分为五个自然段，按提出问题、分析问题、抓住实质、解决问题的层次结构而成。全文第四段揭露梁实秋的卑鄙手段和险恶用心，是全文的重点，是给梁实秋的致命一击。第五段举重若轻，收束全文。人教版和上海版的教学参考都按形式的三张画像来分析结构，把四、五段合在一起分析，恰恰掩盖了第四段的特殊功用。

张溥《五人墓碑记》是一篇记事形式的论理文。教材的段落划分和教参的结构分析，都表现出我们的语文教学和研究中的主观随意性。教材三、四段应为第二段落，属分析问题部分；《教学参考书》划分为第二部分，而《备课手册》的第二部分连同教材所划第五段。文章的转的部分，界限本来是分明的，“嗟夫”至“轻重固何如哉”，指明了问题的性质，即五人斗争对巩固政权的巨大功绩；但教材却将第五段划至“不可谓非五人之力也”，而将“由是观之”以下划在第六段；《教学参考书》将教材所划第五段和第六段划为第三部分，《备课手册》的第三部分则是教材所划第六段。文章的解决问题部分从“是以蓼洲周公”至篇末，教材将“贤士大夫者”以下作为第七段。《教学参考书》认为这是“补白性文字”，

《备课手册》则将它划成独立的第四部分。两种教学参考意见如此相左，谁是谁非呢？或者是教材分段不清，导致教参的茫无头绪呢？还是语文科学、思维科学发展的目前阶段限制了大家的眼界？可是我们一代一代的亿万中学生需要的是统一的、正确的学习材料啊！

我们试拟了以下的纲目：

q　烈士容显：

qq　激义死难，

qc　移葬竖碑，

qz　赞叹隆盛，

qh　独皦何故。

c　抗暴捐躯：

cq　抶仆缇骑，

cc　噪逐巡抚，

cz　蒙诬受诛，

zc　谈笑当刑。

z　不朽功绩：

zq　缙绅莫比，

zc　气节高尚，

cz　力挫元凶，

zh　轻重反衬。

h　流芳千古：

hq　百世之遇，

hc　志士扼腕，

hz　作记明理，

hh　主办官绅。

《五人墓碑记》是带有民主启蒙意义的杰出文章，思路明晰，结构精密，可做写作的借镜，研究的范例。但它到了我们的教材和教参中却成了一篇破碎文字，无可师法。其他文言课文以致古籍整理中，此类问题也是相当普遍地存在着的。这只有从思维规律的探究入手，才能求得根本的解决。

抒情寄意文章的特点在于托物言志。抒情类文章的四分结构是：借题、发挥、正题、寄托。刘勰讲比兴手法说："比者，附也；兴者，起也。附理者，切类以指事；起情者，依微以拟议。"（《文心雕龙·比兴》）真切地描写类似的熟知事物，用来指代生疏的事物或抽象的道理，这是比的手法；由微小的具体事物引出或比拟难言的情感，这就是兴的手法。比兴寄托，不仅在词句安排上运用，而且在篇章结构上也运用。对于篇章结构上的比兴，尤其是散文中的比兴，过去讲得不够。"切类""依微"往往就是诗文的借题、发挥部分。"指事""拟议"则是正题和寄意部分。

冰心的《樱花赞》是一篇激情洋溢、文笔优美的散文，结构相当精妙，但也有微瑕。文章第三自然段结尾引"清人黄遵宪樱花歌"至第四段开头的"举国若狂的盛况"，应当作为独立的第四自然段，同前三段构成文章的第一部分，借题部分，是有的判断。"'十日之游'是短促的"至第六自然段"华光四射的樱花"是文章的发挥部分，是反思判断。第七自然段至第十四自然段，是必然性判断，文章的正题部分。其中第七段内的"内滩渔村去访问"后应为逗号，"公司工人罢工的日子"后应为句号。这是正题部分第一层的第一层（zqq）；"还没有达到目的"之后也应是句号，第一层的第四层（zqh）。这些纠缠盘结的部分，多少也影响到教参对文章结构的划分。《教学参考书》和《备课手册》都把全文分为三部分，然而起止界限又各各不同。《教学参考书》的第一部分到第五自然段，第二部分到第十四自然段，《备课手册》的第一部分则到第六自然段，第二部分到第十五自然段。出入虽然不太大，但给人一个文章是由人随便捏的面团的印象。难道文章真是由人随意分割的吗？

我们试拟的纲目如下：

q　樱花之国：

qq　国花尊崇，

qc　到处都有，

qz　品种繁多，

qh　看樱若狂。

c　观感不同：

cq　花期短促，

cc　文人感喟，

cz　联想不暗，

ch　金泽最盛。

z　罢工推迟：

zq　得悉罢工：

zqq　听说罢工，

zqc　几百工人，

zqz　生活所迫，

zqh　是第六次。

zc　兴奋忘记：

zcq　胜利事迹，

zcc　群众大会，

zcz　睡不好觉，

zch　忘记罢工。

zz　车轮滚滚：

zzq　准时登车：

zzc　谈话动心：

czcq　询问究竟，

czcc　特议改时，

czcz　促进友谊，

czch　心灵火花。

zzz　花海轻舟：

czzq　山路飞驰，

czzc　樱花盛开，

czzz　溢彩流光，

czzh　驶向朝阳。

zzh　微笑目送。

zh　感谢帮忙。

h　回味深情：

hq　奇花辉映，

hc　美在报春：

hcq　美在哪里？

hcc　喜爱的人，

hcz　春天消息，

hch　东风吹开。

hz　友谊幻化：

hzq　听话悟理，

hzc　心理作用，

hzz　友谊花海，

hzh　轻舟激进。

hh　欣然作赞。

这篇文章的大多数段落，四次划分就到了句子，只有个别部分要划第五次。一般的散文和长诗，也是这种“四世同堂”的结构。大家都觉得本文第十二段优美，甚至妙不可言，就因为它处于全文最核心地位。刘勰矢志不渝探求“为文之用心”30余年，所未摸到的恐怕就是这个部位。

文章结构统分法是一种系统的划分方法，也是一种笼统的划分方法。现在流行所谓“模糊语言”“模糊数学”“模糊逻辑”，等等“模糊”概念，是不是确当，值得研究。人们认识既有精确领域，又有非精确领域。表示非精确认识的也不能是模糊概念。模糊的东西不成其为概念，更不能表示判断。中医学上经络穴位的距离是无法用精确数量单位表示的，因为人体的长度各不相同，但穴位的相对位置又是可以度量的，这个度量单位就是中医学上特定的“寸”（“一寸”相当于本人中指中间一节的长度）。任何一个完整的有机系统的各个部分的界限，也是不可能用精确数量的精确语言表示的。因为事物都是矛盾统一体，都有流动不居的性质。这样，反映事物的思想也就要有具有灵活性。但事物又具有相对确定性，没有确定性就没有事物。确定性与灵活性的统一，质量与数量的统一，才能完全地反映事物。所以表达非精确认识的判断也应该是具有质量的判

断，是一种笼统的认识。文章的统分方法，起承转合四分方法，就是着眼于事物性质区别的笼统划分法。这是可用于一切非精确系统的分析方法。

四、系统工程

本文对思维规律和文章结构的探讨仅仅是草创，粗疏是自然的，错误也难免。彻底解决这个问题是一项浩大的工程。进行这样一项工程，必须有许多从事思维科学和语文科学研究的专门人才，还要有一批具有广博常识和实践经验的人。刘勰说："不截盘根，无以验利器；不剖文奥，无以辨通才。才之能通，必资晓术。自非圆鉴区域，大判条例，岂能控引情源，制胜文苑哉？"（《文心雕龙·总术》）黑格尔的宏伟的三分逻辑体系虽然是一树不结果实的花朵，但他的博通百科的治学经验和献身学术的崇高精神，是永远可以昭示后来人的。

我国现在有各种各样的语言学和文学的研究机构，却没有文章学研究机构，这是一种畸形现象。因为语言学和文学包括不了文章学，而文章学却可以包括语言学和文学。有的《现代汉语》教材讲到文章学，但那是将文章学隶属于修辞的范畴之下讲的，自然没有涉及文章之学的全面。现在将文章知识稍微系统地加以整理的，是各种语文复习资料；编写这类复习资料，人力物力都有限，又以营利为目的，体系的科学性要求自不能高了。开展文章学系统工程的研究和建设，需要一个全国性的核心机构，由它的统筹性研究工作，把全国各级教研单位、学术单位、学校的思维科学、文章科学的研究工作带动起来。这个机构的首要任务是熔铸科学方法，即完美辩证逻辑体系。在此基础上做好教材的结构规范工作，像推广标点符号一样推广文章结构的划分，使中国古代的章句之学在现代科学的基础上发扬光大。

文章结构的统分，不只是篇章结构的统分，而且还应有知识结构的统分。正像生物学的发展不能停留在解剖生物学，还必须向细胞生物学、分子生物学发展一样，语文知识也应进行知识专题和知识点的划分，才能为文章教学和运用的科学化创造前提。我们曾修订的黑格尔判断分类，将文章知识对应地分为四类十六项，把说写程序和听读程序统一起来，把文章知识和思维规律统一起来。分项列表如下：

听读程序

文章知识
语言材料
语音
文字
义素
词语
话语规则
句法
修辞
逻辑
哲学
艺术体现
结构
表达
体裁
风格
思想内容
时势
取材
主题
价值
起
承
转
合
无限
有限
否定
肯定
单称
多称
特称
全称
联言
选言
假言
直言
虚然
或然
必然
实然
有
反思
必然性
概念
判断分类
说写程序

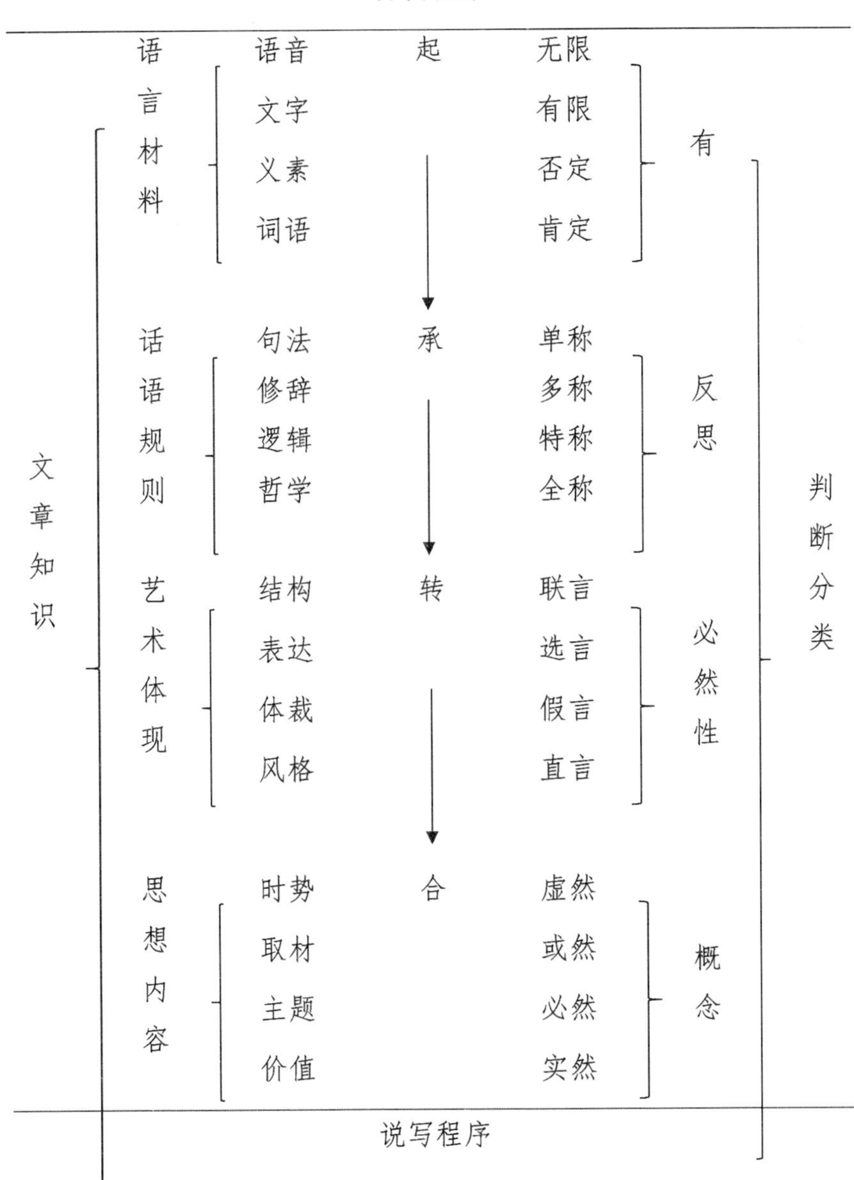

在文章系统中，听读和说写的方向都是相反的。听读总是从语言文字的鉴别开始到达主题、价值的理解。说写则是从确定价值主题开始到达文字、语音的表达。从判断来说，在听读中，语音是无限判断，文字的判断就有限了；写作中，价值的确定是实然判断，主题的选择是必然判断。过去流行的“词素”概念，近年来被“语素”取代。“语素”是更模糊不清的概念，因为语音元素、语法元素都可简称为“语素”。所以我们用了“义素”这个概念，指语义元素，是从意义范畴考察的，实为文字表达的义项。哲学是过去的语文知识专项不顾及的，因而也就使得语法、修辞、逻辑等专项知识长期纠缠不清。文章学，包括语言学和文学，其中许多问题，不用哲学方法是说不明白的。所以应当将唯物辩证法，尤其是逻辑辩证法作为话语规则的根本原则加以运用。

分为16项后，再深入分析三四层次，就到了知识点。这些层次的统分，我们还没全部搞完，下边举句法专项加以说明。句法知识是包含文言句法的，因而与目前流行的各家语法体系有所不同。由于全人类思维结构规律的一致性，作为思维表现的各种语言的规则也有共同性；作为汉民族共同语言的文言和现代汉语的词法和句法，在本质上更是相通的，文言的特点主要是修辞问题。鲁迅早就指出：“当时的口语的摘要，是古人的文；古代的口语的摘要，是后人的古文。”（鲁迅《门外文谈》）古语摘要，说尽了文言的实质；可是直到目前还没有在语法学界得到确认。而人们杜撰什么“先秦口语”“词类活用”“古代汉语语法”等等，充斥大中学校教材，使得本来就是少数人专利品的文言更神秘莫测。我们将文言的特点分别列在词语、句法、修辞专项下加以说明，以求得语言形式与思维实质的统一。下边是句法项下知识点试拟：

句法	单句成分	基本成分：主语、辅语、谓语、宾语
		明确成分：定语、状语、补语、独立语
		复杂成分：多定、连动、兼语、包孕
		省代成分：主宾、状补、谓述、独词

句法	复句关系	外在关系：并列、承接、递进、选择
		内在关系：因果、条件、假设、转折
		多重关系：层次、关系、顺序、变换
		简缩关系：连锁、融接、合叙、连及
	句组结构	记事结构：开端、发展、高潮、结局
		述物结构：总提、分承、深入、归结
		论理结构：问题、分析、实质、概括
		抒情结构：借题、发挥、正题、寄托
	标点符号	词旁符号：书名、专名、着重、平仄
		词间符号：圆括、尖括、引号、破折
		句内符号：顿号、逗号、冒号、分号
		句末符号：问号、叹号、句号、省略

门捷列夫发现的元素周期规律奠定了物质结构科学的重要基础，文章的全息统分规律也将使文章学的研究进入科学的轨道。文章篇章结构和知识结构的全息统分，将不但使计算机存储和检索文章信息成为现实，而且将使电子计算机进行文言今译成为可能。人工智能的研究和运用不是更必须通过文章学这一关吗？现代科学研究表明，人的大脑皮层由四个各具不同功能的区域构成，即感知区、贮存区、理解区、决断区。这个有序结构系统，它们的关系也是起承转合的关系，而且理解功能是大脑功能的关键。所以，确立四分方法，是文章学发展的先决条件，也是整个信息科学技术发展的先决条件。我们中国从古到今都是文章大国，我们的文章科学研究和运用应该走在世界的前列。

1989年9月30日

按：用起、承、转、合全息统分方法来分析《毛泽东诗词》的内在结构，非常有利于领会作品的主题思想。《沁园春·雪》就是四分逻辑的卓越范例。《沁园春·雪》词上片是起，是有的判断，描绘民族战争的典型。下片第一句“江山如此多娇，引无数英雄竞折腰”是承，是反思的判断，由典型环境向典型性格过渡。“惜秦皇汉武”至“射大雕”是转，是必然性判断，是作品主题思想所在，即反对封建主义。最后，“俱往矣，数风流人数，还看今朝”是合。是概念的判断，是结论。全词起的部分又是四分的。“北国风光，千里冰封，万里雪飘”是起，有的判断，即中国社会的基本矛盾，尤其是面临的民族危亡局势。“望长城内外，唯余莽莽；大河上下，顿失滔滔”是承，反思的判断，即矛盾的发展趋向：民族矛盾上升，全国一致对外。“山舞银蛇，原驰蜡象，欲与天公试比高”是转，必然性判断，即回顾几千年历史上的民族解放斗争，又规划抗日反法西斯战争和整个推翻帝国主义压迫的民族革命战争，是无产阶级与封建阶级比赛风流的关键之点。“须晴日，看红装素裹，分外妖娆”是合，概念的判断，上片的点睛结穴之笔。认真体味两个层次的转的部分，就能领略《沁园春·雪》词的重心和结构的精致。

本篇文章发表于新疆人民出版社2000年出版的《鲲鹏展翅·毛泽东诗词新解说》一书（CIP数据字[1999]第76839号）。

四分方法论

——为我国人工智能进一言

李　赤

我国的人工智能技术能不能迅速跨到日美俄欧的前头？著名科学家钱学森预言的第二次文艺复兴会不会很快在中国兴起？通过对语言和思维规律的探讨，我得出的结论是肯定的。荀况写了《解蔽篇》，对战国时代的百家争鸣进行了总结。用这个眼光来看，西方计算机模拟技术似乎是：蔽于量而不知质。有鉴于此，我国的人工智能和文艺复兴的突破口应为：确立仿生逻辑，即四分逻辑，即统分逻辑，也就是辩证逻辑的完善。

在辩证逻辑科学体系的创立中，黑格尔是做出了杰出贡献的。黑格尔在《逻辑学》中，在判断分类的第一层次上，采用的是四分方法，将判断分为：有的判断、反思的判断、必然性的判断、概念的判断。这是用先验唯心主义方式讲述的人类思维发展的客观逻辑，所以列宁评论说：在黑格尔这部最唯心的著作中，唯物主义最多，唯心主义最少。中国古人将一首诗、一篇文章都作为一个独立的完整的系统看待，用起、承、转、合四个层次加以划分。这同黑格尔判断分类完全一致，是人类思维结构规律的正确反映。起（有）、承（反思）、转（必然性）、合（概念）四分方法，是对立统一规律的展开形态，是描述一切系统结构的科学方法。植物分为根基、茎干、叶子、花果四个功能各异又密切联系的部分，进行起、承、转、合的生命运动。人体结构是自然发展的高级产物，人体划分为头、颈、躯、肢四部分，就可以看出各部分功能的独立性和整体功能的统一性。人的心脏更是辩证逻辑的样板：心房、心室一分为二，左右房室，又分为二；只有这样四分，才能完成静脉动脉的大小循环。现代科学研究揭明，人的大脑皮层也是功能各异的四个区域：感知区、贮存区、理解区、决断区。起承转合的重点在于转，植物生长的重点在于叶片，人体的重点在于躯干（尤其是心脏），大脑功能的重点在于理解，认识发展的重点在于必然性（本质）判断。

客观事物和人的思维发展都呈S形，起承转合就是S形轨迹的四个片段。黑格尔整个逻辑体系采用的是“正、反、合”三分法，得同的结果是圆圈哲学。三分方法，圆圈哲学，抽去了发展的条件性，把转化看成是绝对的，为了构造体系的需要，而将发展规律扭曲到其反面。可能正是基于这一点，列宁指出：黑格尔的唯心主义是在时间的概念中，而不是在表象对思维的关系中。这就导致他在判断分类的第二层次上弄出不少错位，留下严重缺欠。

黑格尔在有的判断下面列出肯定判断、否定判断、无限判断。他没有搞清无限判断的性质，也没有搞清性质判断的程序。肯定判断与否定判断都是已定判断，无限判断应该属于另一类：未定判断。未定判断的语言形式是疑问句。提出问题（“这是什么”）就已包含了判断，开始是无限判断；是非问和选择问的判断程度则已相当高，是有限判断。然后是否定、肯定。毛泽东《人的正确思想是从哪里来的？》一文开头就用了这四种判断。

在反思判断项下，黑格尔也和一般逻辑学者一样，只列了单称、特称、全称三项判断；应该在单称、特称之间增补一项多称判断，否则就不能过渡。商品价值形态的发展过程，就是量的判断的典型表现：简单价值形态、扩大价值形态、一般价值形态、货币价值形态。四者的关系是：个别、特殊、一般、普遍。不经过扩大价值形态，简单价值形态怎么能达到一般价值形态呢？

在必然性判断里，黑格尔不但没有为联言判断安排位置，而且同普通逻辑一样把直言判断解释为简单判断，把因果复句归到所谓三段论中去。这是以讹传讹。直言判断应该就是因果关系的判断；三段论实际上是两个因果复句组成的推理（一般是：全称、多称、特称、单称四项），只因习惯上省略了前提中的结果分句，被人误认为是三段；又因为二、三两段实质上是不同的（“每一个”“这一个”），于是人们又编排了中词周延等烦琐规则。联言推理、假言推理的前提就是两段，选言推理的多个选言肢也可归为正反两类，所以由关系判断展开的推理都应称为四段论。

黑格尔的概念判断也是三项：实然判断、或然判断、必然判断。这三项的次序失当，而且把“希望”“应当”等词语表示的判断包括不进任何一项中去，所以应该增补一项虚然判断，而将实然判断移至末项。这是生活常识都能说明的，办成一件事情都得经过希望、可能、一定、实现这样四个阶段。

这样看来，黑格尔的判断分类表应修订为：

有				反思				必然性				概念			
无限	有限	否定	肯定	单称	多称	特称	全称	联言	选言	假言	直言	虚然	或然	必然	实然

如同生物体中存在全息结构规律一样，人的认识也是一种全息结构。认识过程，无论从宏观上看，还是从微观上看，都包含有、反思、必然性、概念四个阶段，四分的级数是无限的。其关系都是起、承、转、合。

钱学森教授高瞻远瞩地预见到，中国的古老文明将是第二次文艺复兴的现成材料。他热心地倡导建立思维科学，移植并改造西方的系统论，将人类知识划分为四个层次八个系统，尤其把人体科学提到了应有的位置。

这个知识系统表飘扬着马克思主义旗帜，有重要的开导意义；但是也有缺欠，主要是方法论问题没有根本解决。知识的系统划分是人工智能的前提条件。要使计算机能够模拟人的思维，人类已有知识的排列必须是符合思维规律的有序结构。西方的系统学带有自发的性质，没有上升到辩证逻辑的高度；应该与东方的整体划分的观念结合起来，与起承转合统分方法结合起来。我吸取了钱老知识分类表的积极成果，草拟了一、二层科学门类表：

自然科学				人文科学				社会科学				思维科学			
天地学	物理学	化学	生物学	人类学	人体学	心理学	伦理学	经济学	军事学	政治学	文化学	语言学	数学	逻辑学	辩证法

法国启蒙思想家狄德罗主编百科全书，为资本主义历史性胜利做了铺路工作。黑格尔的宏伟的哲学全书体系虽然是一树不结果实的花朵，但为马克思主义的生长开垦了土地。我们的文艺复兴也要搞百科全书。我们的方法是什么？我认为就是全息统分，就是四分方法。按这种仿生逻辑建筑的知识体现，将如人体一样，如人脑一样，是最严密的有机整体。

钱学森同志提出人工智能的突破口可能是形象思维，并组织了一些文章论述形象思维问题。形象思维无疑是思维科学的重要组成部分，而且国内外对这个问题的研究和阐述是很不够的；但我觉得目前对思维科学门类的划分不尽确当，突破口的选择也有待斟酌。我认为，思维的类别为：直觉思维、抽象思维、形象思维、逻辑思维、直觉与形象，抽象与逻辑，都是不同认识阶段的范畴；而灵感与顿悟，则是每个认识阶段都有的突变现象。按黑格尔揭示的后一认识阶段包含了前一认识阶段的积极成果的规律，逻辑思维，尤其是辩证逻辑科学体系的建成宜于作为思维科学、人工智能的突破口。过去的逻辑研究，局限于二分法或三分法，对辩证逻辑范畴的分析长期未有根本的进展。我觉得，逻辑范畴的排列应符合思维发展的全息规律，尝试草拟逻辑范畴表如下：

实际	认识	实践	理论
现象	原理	目的性	根据
形式	偶然性	可能性	必然
本质	结果	规律性	条件
内容	必然性	现实性	自由

人的思维从事物的现象开始，经过各个阶段的飞跃，最后进入自由王国，这不正是人工智能需要遵循的路线吗？

人工智能模拟人的听说读写能力，首先面对的是组成篇章的话语。要使计算机能够理解语句、文章，语文知识必须系统化、科学化。我在中学语文教改的实践中，用5年多的时间，对高中语文教材的篇章结构和知识结构，进行了穷尽性全息统分实验。实验表明，起承转合是文章结构的普遍规律，也是知识结构的普遍规律（详见专文《文章统分法》）。我初拟了文章知识结构表，一、二层次如下：

语言材料				话语规则				艺术体现				思想内容			
语音	文字	义素	词语	句法	修辞	逻辑	哲学	结构	表达	体裁	风格	时势	取材	主题	价值

这个知识结构表与判断分类表、逻辑范畴表项目对应，程序一致，听读程序和说写程序步骤统一，方向互逆。

西方计算机学者在用精确技术模拟思维中碰到了难以克服的困难，于有又有人提出了“模糊数学”“模糊语言”“模糊逻辑”“模糊思维”等一堆“模糊”概念。这是蔽于量而不知质的另一极端表现。有模糊事物，但反映模糊事物的人的概念、判断不能是模糊的；模糊概念不能反映事物的特征，又怎么区别事物的质呢？人类对事物的划分，有精确概念，也有非精确概念；非精确概念，或叫笼统概念，也是具有质的概念，就是统分概念。事物都是两极对立的，如长短、好坏等等。而其中每一极又有其反面，如不长，不短，不好，不坏；合起来就是一个个完整的系统：坏、不好、不坏、好；短、不长、不短、长。这样统分的结果，都具有质的区别，才能满足人认识事物的要求。所以，应该用统分概念取代“模糊”概念，使统分方法大兴于世界。

门捷列夫发现的元素周期律，奠定了物质结构科学的重要基础。思维的全息统分规律、四分方法可不可以将思维科学研究和人工智能送上轨道呢？建议国家组织力量研究这个问题，以推动新的科学革命、技术革命、产业革命高潮的到来。

东方文艺复兴之花就要绽开了，让我们都来浇灌它吧！

1988年2月4日

本篇文章发表于新疆人民出版社2000年出版的《鲲鹏展翅 · 毛泽东诗词新解说》一书（CIP数据字[1999]第76839号）。

汉字科学确证昆仑就是巴比伦城

李　赤

汉字，是古代东方文明的光辉结晶，蕴含着中华民族对人类历史的伟大贡献和东西方人民的早期交流。昆仑是中国文化的一个重要源头。西安学者秦建明的《昆仑山为新巴比伦城考》（据陕西《各界导报》介绍），在昆仑神话的混沌圈里投了一束炬光，我这里从汉字科学方面为之增一些确凿证据。

昆仑及其相关事物，是中国人根据对巴比伦城的观察和传闻做出的命名，它遵循荀子所揭示的“制名以指实”的规律：有汉字及其科学规律在，这些谜团是可以特地澄清的。

一、弱水得名于幼发拉底河水库

《山海经》以来的文献中关于弱水的论述很多，要弄清弱水之所在，必须探究弱字的本义，以明了弱水命名的实情。

“弱”的甲骨文、金文形体现未见到，从《说文》所载小篆和汉代竹简的形体看，两个“弓”是植株形象讹变来的，类似于草芽演变成的“乃”（艿）；弓下的两点原为三细撇，像水生植物的根须。

郑玄注《周礼·考工记》：“今人谓蒲本在水中者为弱。”蒲本就是蒲根，他这里不自觉地讲出了弱字的本义。

许慎《说文·叙》传下的象形字的定义是“画成其物，随体诘诎”（jié qū，微缩）；会意字的定义是“比类合谊，以现指挥”。弱字半边就是蒲根的象形字，合在一起成了丛生蒲根的会意字，就如木是象形，林是会意一样。“弱”的软弱义是引申假借，本义专注为蒻，这就是“建类一首，同意相受”（《说文·叙》）。《广韵》解释：“蒻，荷茎入水之处。”《说文系传》解释：“蒻，蒲下入泥白处，今俗呼‘蒲白’。”由假借到转注，是喧宾夺主，本义转移的过程。《说文·叙》保存了转注的正确定义。

弱字本指蒲荷等水生植物的入泥根须，所以引申出插入、陷入等义；须根又是纤细柔软的，所以又引申出清软、柔弱等义。《周礼·考工记》称辐条插入轮毂的部分为“弱”，就是用插入、陷入义。《山海经》《史记·夏本纪》等将甘肃山丹河称为弱水，也是用弱的插入、陷入义。因为山丹河是内陆河，水流到沙漠就消失了，类似蒲荷根须陷入泥中。《说文》将弱水写作溺水，是在假借基础上的形声造字。《说文·叙》形声字的定义是“以事为名，取譬相成”，溺就是典型的形声字。三点水旁是“以事为名”，表示类属，名是共名；声旁弱是“取譬相成”，用蒲白插入泥中比喻内陆河消失在沙漠这个特征。所以形声字是共性与个性的结合，普遍性与特殊性的统一，体现汉字造法的高度科学性。凡以弱为声旁造的字，都以蒲荷根须或柔软打比方。

古籍中与昆仑、西王母有关的弱水，也应写作溺水，是弱字本义的假借用法，由插入、陷入取名的。原来，巴比伦有一个女王尼托克里司，她在巴比伦城北的幼发拉底河上修了一座巨型水库。水库必然有清水道，清水道穿过坝体放水，就像蒲荷之类的入泥根须一样，所以叫作弱水。近古书中弱又被借用为撒尿的尿，形声字溺（ruò，nì）更是直到今天还是用的尿的假借字。水库清水道同尿道是极其相似的，所以两个客人住进了一个店里。这是一条人工的弱（溺）水，幼发拉底河当为中国古籍中的赤水或丹水，这座水库就是疏圃之池或瑶池。《山海经》为“昆仑南渊深三百仞”（南当为北），昆仑之“下有弱水之渊环之”，就是这个水库及其与巴比伦城的关系的记述。《史记·大宛传》已明白载着：“安息长老传闻条支有弱水、西王母，而未尝见。”这是一个极为重要的线索，条支就是巴比伦故土，张骞、汉武帝如果循“弱”的线索下去，当时巴比伦虽亡，城还未毁，或许还能弄个水落石出的。

二、崑字取于巴比伦城墙众多塔楼

巴比伦城建于公元前3000年，在公元前2000年到前1000年是西亚最著名的商业中心。尤其在尼布甲尼撒二世（前604—前562）时曾大规模扩建成巴比伦新城，为西亚最繁华、最壮观的城市。全城有三道城墙环绕，主墙每隔44米便有一座塔楼，共有塔楼三百多座。正是这众多塔楼，构成了昆仑之名首字的来源。

崑是以山为声符表类属的形声字，简化字以声符代替。做声符的昆字是会意字，金文形体由日与比构成。昆属会意字里“合谊（义）”类型，意为日光并射。人眯住眼睛可以看到七色日光的连续放射，这就是昆字的来由。

昆字引申有同、并、众、盛等义项，以昆为声符的字都取光芒四射的比喻义。比如，以火为形符的焜，义为火光、辉旭，同日光放射是完全一样的（宽泛地讲，焜就是昆的转注字）。水字旁的混，本义“丰流”（《说文》），“杂流”（《集韵》），即水流并下，显然是拿日光并射打比方的。棍的本义是密集的枝杈，如柳树的椽子，引申为椽子截成的木棒。纟旁的绲，是编织成的带子，其织线就像放射的光线。

巴比伦的黄色城墙周长13.2公里，城内的北门有两重，高达12米，两旁有塔楼护卫。门和塔楼的墙上有以蓝青色的玻璃镶嵌而成的雄狮、野牛和蛇首龙等异兽浮雕56座，全城墙共有这类浮雕575座。《山海经》记述昆仑“为墟四方”“面有九门”，应是确实的；《淮南子》所说“旁有四百四十门”，可能包含三道城墙甚至300座塔楼的门。这么多的塔楼和琉璃浮雕立在城墙上，不正像喷薄四射的太阳光芒吗？《山海经》记述槐江之山——“实唯帝之平圃”后写道：“南望昆仑，其光熊熊，其气魂魂。”

这样宏伟壮丽的建筑，在当时的世界上是独特的，所以中国古人就以日光放射做比喻来给它命名。

值得特别注意的还有《水经注·河水》所引的《昆仑说》：“昆仑之山三级：下曰樊桐，一名板桐；二曰悬圃，一名阆风；上曰层城，一名天庭。”《淮南子》也说：“悬圃、凉风、樊桐，在昆仑阊阖之中。”樊是攀的本字，大字上头的部分正是篱笆的本字，后借樊表示（樊专注为攀）。樊同藩，是篱笆和筑篱围绕的意思。桐是梧桐树，是塔楼的比喻。樊桐就是环立在巴比伦城头的300座塔楼和500多座浮雕，叫板桐主要是从浮雕着眼的。这作为昆仑的第一级，高度在10米上下。下面就来看它的二、三级。

三、崙字取义于空中花园和马都克神庙

巴比伦城最著名的建筑是王宫里的空中花园。这是以石块、砖、铅板和泥土垒起的大土台，高达25米，上面遍种奇花异木。中国古籍中称之为玄圃、疏圃，说它有9层，并具体计数各层所种花木。这就是《昆仑说》所记的第二级。阆（làng）的本义是像走廊一样的门，引申为高大空旷，阆风之名也切合此花坛耸立于25米高空的特点。

《昆仑说》的第二级，就是高达92米的梯形塔——马都克神庙。塔身7层，上面是四角镏金的庙宇，内有巴比伦奉为天帝的马都克金像。层城河天庭的名称都非常切合这座世界最高建筑物的特征和性质。

昆仑与巴比伦更神奇的吻合，在于这个崙字。

崙的形符山是后来按形声造字法加上的，原来就借用侖字。假借的“依声托事”和形声的“取譬相成”的性质是相同的，假借甚至是形声造字的必经阶段。侖字的上部是今字的省写，今是“钤”的本字，钤是下级的官印，引申有按压义；侖的下部是册字的变体，册是古代连缀成排的竹简。侖是“今”与“册”合成的会意字，意为将连缀竹简卷起来，挤压在一起。这样，侖就具有条理分明、次序井然、圆圈、缠绕等义项，以侖为声符的字都拿捆卷书简做比喻。

纟旁的纶（lún）指缠绕的钓丝，被称为诸葛巾的纶（guān），也是把青丝巾像卷竹简一样盘绕成圆筒状。论，是有条理的言谈；沦，是物体沉没后在水面留下的一圈一圈波纹；车轮的滚（辊）圆状人们更熟悉。巴比伦的九层悬圃和奇迹神庙都像人工编排卷起来的书册竹简，所以借侖字做比喻，后来就归在山丘之类了。中国和世界各地的七级浮屠——佛教宝塔，当是巴比伦塔的遗制，是崙字本义的实物证据。“巴比伦”在阿卡德语中意为“神之门”，《山海经》称昆仑为“帝之下都”“百神之所在”，

完全是相同的语言。昆仑山成了中国神话的重要源泉，李白诗有“我欲攀龙见明主，雷公砰訇震天鼓。帝旁投壶多玉女”“阊阖九门不可通，以额扣关阍者怒”，这阊阖九门显然是以巴比伦——昆仑神话为蓝本的。

四、昆仑丘山是巴比伦城的海市蜃楼

中国古籍中对昆仑的称谓有虚（虚）、墟、丘、山四种，其中虚——墟是实况，丘、山是讹传，用汉字法理能做精确的鉴定。

甲骨文的山字是并连的三个锐三角，《说文》释为“有石而高”。甲骨文丘字是并列的两个锐三角，《说文》释为“土之高也，非人所为也。……一曰四方高中央下为丘。”从甲骨文形体看，后一说准确，丘的义项居邑、坟墓、空、聚也切合此说，而土之高、丘陵是引申借用。

虚字是以丘为形符，虍为声符的形声字。虚是墟的本字，义为邑落城堡。城堡邑落都是四边高中央低，形符只取相似性。声符比喻城邑像蹲卧的老虎一样（包括形态和功能）。虚字引申假借为空虚、虚假等义，本义加土旁转注。土与丘属土石一类，清人王筠将这类转注字称为累增字。段玉裁正确指出虚是墟的本字。转注与形声的区别在于：前者表声部分就是本字本义（如虚），后者的表声部分是借字比喻义（如昆仑）。所以古籍称昆仑为虚——墟是确实的，称丘称山是比况或道途讹传。至汉武帝“案古图书，名河所出山曰崑崙”（《史记·大宛传》），则更是历史的误会了。

古代巴比伦（尤其汉谟拉比时代）和新巴比伦（尼布甲尼撒二世时代），代表了西方自埃及之后的奴隶制文明的最高成就。它同东方文明的代表中国（特别是轩辕黄帝和大禹治水），产生相互的辐射交流是自然而然的。这种辐射交流的陆上通道就是帕米尔高原东西侧，也就是后来的丝绸之路。在这一轴线上，从《山海经》等书记载看，既有华夏文明辐射的遗迹，如轩辕、后稷、大禹、夏启等，又有沃民之野（两河流域）、昆仑、西王母、巫咸等。在《山海经》的西山经、海内西经、海外西经、大荒西经诸篇里，这些东西方文明的遗迹是反复交错地记述着的，呈现着耳闻目见和道听途说并载的复杂情况。

这是万里长途、高山流沙和民族仇怨、国家猜忌等导致的交流困难的曲折反映。

中国人对巴比伦的知识逐渐凝集在帕米尔高原的上空，演化成海市蜃楼的幻景，成了以昆仑山命名的神话世界。从海路上的交流则形成了中印半岛和南洋群岛一系列以昆仑命名的文化。殷商时代中国的海上贸易就很发达，《诗经 · 商颂》里有“相士烈烈，海外有截”“肇域彼四海，四海来假”。巴比伦则是当时世界性贸易中心，幼发拉底河可通船舶，尼罗河支流有运河沟通地中海与红海。所以东西方海上贸易可能开始很早，晋代已有罗马帝国的使节由海路来华交往赠献。特别是公元前4世纪巴比伦国亡和公元2世纪巴比伦城毁时，肯定有大批巴比伦人渡海东南迁徙，以其经济实力和文化水平，在中印半岛和南洋群岛建国或做官，所以留下了唐宋文献中众多的昆仑专名。昆仑文化还渗透进中医学，《黄帝内经 · 灵枢》里就有针灸穴位名昆仑，位置在足外踝后的凹陷处，这也是用昆仑墟打比方的典型一例。

长期以来，文学界、史学界有一种漠视古代世界范围的经济文化交流的倾向，现在逐渐被各大洲发现的出土文物有力地打破。昆仑——巴比伦关系的澄清，起码能使丰富多彩的昆仑山神话传说坐实在唯物论基础之上，东西方文明的相互滋养也就容易了然了。

汉字造字法则符合人类思维的普遍规律。汉字具有任何别的文字无法比拟的形象性、哲理性、精确性、系统性。解开昆仑命名之谜是形象汉字学的小试锋芒，在为全民族全人类开启智慧、增长才干中它将大显身手。汉字开发的伟大事业，向四海五洲的热心朋友招手致意！

1997年7月16日

于陕西横山

本篇文章发表于新疆人民出版社2000年出版的《鲲鹏展翅 · 毛泽东诗词新解说》一书（CIP数据字[1999]第76839号）。

闯王家乡寻访记

李　赤

李自成的老家究竟在哪里？米脂县，还是横山县？李继迁，还是长峁墕？这是一个需要清理的历史积案。

家乡问题，首先是县籍问题。《明史》、地方志和其他一些清代史料把李自成说成“米脂人，世居怀远堡李继迁寨”，是含混的。现代的历史书和中学语文教材，笼统说李自成是陕西米脂人，更属误传，因为自清雍正九年横山设县（由怀远堡扩充为怀远县）以来，经过多次变动区划，已将可能是李自成故家的地方都包括在内，现在到米脂县范围内已不可能找到李自成家乡遗迹。所以李自成的籍贯应写为：陕西省横山县（原属米脂县）；或写为：陕西省米脂县（今横山县）。

如果说县籍问题还只是个依照史书惯例改正书写的技术性问题，那么故居问题就是个必须考证和踏勘的关键性问题了，横山本地人和在横山工作的文化人，责无旁贷地应当完成这项工作，明清史籍中关于李自成祖坟和故家的许多记载，不是异说并存，就是含混不清，《永昌演义》则把相距30多公里的两处地名杂糅在一起，以讹传讹，把李自成家乡定为横山县殿市乡李继迁村，更陷入同许多历史记载和民间传说的矛盾之中。

我曾根据李继迁在清代、近代、现代多为一个区乡行政单位名称和李继迁、长峁墕在历史上曾同属一个区乡的情况，提过一个假说，即“生在李继迁，长在长峁墕”仅指生在李继迁这个行政单位的范围，而不是生在李继迁村。5月初，我同县政协的张芳、杨增尚、张汉有等几个同志到李继迁、长峁墕一带做了两天走马观花的考察；在我来说，也就是想印证这个假说。经过这番调查和踏勘，我否定了先前的假说，对“生在李继迁”

有了新的认识，将史书记载和民间传闻统一起来了，从而可以认定：李自成的老家是在横山县石窑沟乡长峁墕附近。为了澄清这个问题，我们首先来研讨：

一个小字

打开清康熙年间修的《延绥镇志》（以下简称《镇志》）、乾隆、道光年间修的《怀远县志》（以下简称《怀志》）和光绪年间修的《米脂县志》（以下简称《米志》），在李自成传略里都写着："小字硙生。"按本地人取名习惯，凡是小字即乳名带"生"的，多与出生地点或生辰八字有关，既然李自成小字叫"硙生"，就应与推磨有关，硙就是磨。但这个小名是横山本地人不能理解的，把磨子叫硙子是外地人的叫法，横山及周围各县没有这个叫法，《镇志》修成于1673年，距李自成兵败不到30年，对李自成事略的了解，应该是有充分的客观条件的，"硙生"这个小名从何而来呢?

我们这次到殿市镇李继迁村看了群众称为"闯王窑"的地方。据说原来是上下两层，内中相通的是地窨子似的土窑，下边的窑口已被地坝淤平，上边的窑口现还保存。上层窑内还套两个窑洞，都可住人；里边是否还有深洞，我们未进去看。脚地上有个深窨，就是原来与下层的通道。这显然不是本地人平常的住宅，而是一个避兵的崖窑，本地人也叫"藏贼窑子"。有的群众说，这是闯王的兵器库，因为在光绪三年祈雨时从下边的窑洞里挖出几捆箭，还有几口刀（剑），有一口保存到解放交给了政府工作人员，当事人现在还能画出这口刀（剑）的奇特形状。离这个村子三四公里的吴岔的对面，有一块160亩的山畔原地，村人叫它城塌，上有毁掉10多年的城隍庙遗址，传说是李继迁到白城子（统万城）以前使用的练兵寨。李继迁这个村子，以西夏开国之主李继迁的名字命名，一定与该人有重要关系，但现在连他的任何遗迹也说不出来，很可能被称为"闯王窑"的这个窨子真是当年李继迁的出生处或兵器库或转兵洞，这是由中外古今用名人名字做地名的通例可以推知的。李自成、李继迁，这两个历史名人的遗迹的重合，是不是具有一些必然的因素呢?

李继迁村里的群众传说：有一年正月，一个寻吃婆姨来到那个土窑里生下李自成。说是由于米脂跌下来了年成（饥馑），李自成家与本村李家是一户（一个家族），所以逃荒到了这里。这个窑洞后边的山沟是长梁沟，长梁沟里原来是有水的，由于“李自成是真龙天子下凡，把沟里的水也冲干了”。关于李自成在李继迁村住的时间，村人有两个说法：一说是住到8岁，一说是住了两年就走了，这些说法可能有些缘由，但可疑之处也不少。据明清史书记载，李自成的祖辈父辈不是贫穷人家。清初彭孙贻辑的《平寇志》载：“闯将李自成，米脂双泉堡人，本名鸿基，改自成。祖海，父守忠，世农自饶。”清计六奇《明季北略》谓：“李自成，陕西延安府米脂双泉堡人。……父名守忠，务农，颇饶。”近人曹颖僧辑的《延绥览胜》据“别传”称述李自成的家世为：“父守忠，隶行太仆，为养马户。守忠之父海，海之父世辅，家颇饶。”这些记载可以证明，说李自成是讨饭女人所生，是不符合实情的。编《览胜》的曹颖僧是横山人，他记述的李自成家境变迁是在父死后：“守忠、吕氏先后死。李过者，兄子也，相与为傲荡，尽亡其父资，乞贷与艾氏，常为之牧羊。”这也可作为李自成母亲不是讨吃妇女的佐证。李自成生时米脂遭年馑问题，也找不到历史根据。关于李自成的生年，历来有两个说法：一说是万历二十五年，一说是万历三十四年。明代万历、天启、崇祯年间，陕北的饥馑记录是空前频繁的，可是《米志·记事志》在上述两个年份之际的记载为“十九年十月白虹贯日”；“二十九年秋七月陨霜杀稼”；“三十二年大水雨雹”；“三十八年大饥”。可是，无论二十五年，还是三十四年，都不是饥馑年。石窑沟乡长峁墕附近的群众关于李自成的出生地有个更通俗的说法：“李继迁养下，牛心山长大。”他们还说，李自成在李继迁生下三四天就引回牛心山（离长峁墕两三公里的小山村）。由上述可以肯定，李自成是在李继迁生养的，但这里既不是他的故家，也不是逃荒来到这里。这个矛盾事实的原因，得从当地的一种风俗中探求。

横山及附近各县群众中对付难产难育的孩子，尤其是男孩，至少有种种忌俗和讲究：一种是在院子里的某些角落产或是到别家到外村去产，一种是捩叫，孩子叫自己的亲爹娘为舅舅妗子、姑夫姑母、姨夫姨母、乾大乾妈，而把相应的亲朋叫作爹娘。李自成小字硙生，是不是“外生”的误写呢？在陕北方言中，“外”有两个音：一是wèi，外爷外婆；二是wài，内外，外边。李自成的娘舅家，李继迁人说在长峁塬，石窑沟人则说在大王山，没有人说在李继迁的，李继迁的高姓是清代由米脂迁入的，至今未过十辈；李自成的母亲是吕氏，不但多种传略中这样写，而且李自成在西安即新顺王位后追尊的皇太后就是吕氏母亲；大王山距长峁塬、牛心山不过数公里，至今住吕姓，李继迁没有姓吕的；按照本地风俗，除过招女婿外，女子是不在娘家生养的。根据上述诸项推断，李自成小名硙生不是外爷外婆的外（wèi），而是外村外家的外（wài）。这里正有个生动的例子：长峁塬现在有个孩子，由于是生在院子里的，小名就叫“外生”。修《镇志》的谭吉璁是浙江嘉兴人，可能他不了解本地人有这种到外村外人家生养值贵孩子的习俗，也没有弄清李自成小名外生的命意，就武断地写成了硙生，后来修怀、米县志的人就陈陈相因下来了。那么，李自成的故家在哪里？父母为什么要跑30公里路到李继迁生他？“李继迁养下”或“生在李继迁”为啥会成为横山群众的普遍传说呢？这就要我们接着考察。

三则神话

中国从古以来盛行天命思想，凡是想做帝王或做了帝王的人，都由本人或其亲属或其僚佐，编造种种怪异故事，以便造成王权神授的舆论。与众不同的是，李自成的帝王舆论，在他未生之前即由他的父辈有计划地造开了。李自成从降生到少年时代，一直笼罩在这种称王称帝的迷信气氛中，以致流传至今的许多传说故事，都浸透了这种意识，其中的三个神话有助于说明李自成出生地与故家的矛盾。

一是异人指穴。

《平寇志》引述了陕西巡抚汪乔年发李自成先世冢的情况：“米脂县令边大绶查得孙姓者，实自成族，拷之，乃曰：墓去县二百里（按：应是130里之误），在万山中，十六冢中则始祖也，相传穴为仙人所定，有铁灯点火墙中，曰：‘铁灯不灭，李氏当兴。’如其言而发之，中一冢得蝼蚁数万，火光尚荧荧然。”这个记载与现在流传的边大绶《塘报稿》大同小异。“李氏当兴”的断语，在《永昌演义》上的说法是：“此地群山环抱，众水朝宗，山势嶙峋，为银州一百八十二处龙脉之一，葬之可卜王霸之征。”这个说法在当时是远近周知、世人确信的，因而当李自成占领洛阳、南阳后，米脂诸生贺时雨贡生艾诏便去拜见陕西督军汪乔年，上书请发李自成祖墓为压胜计，竟然得到崇祯皇帝的批准，以致正月初二边大绶就连获督、抚、按密札，正月初八就迫不及待去刨坟。从李守忠葬父这件事可以看出：第一，当时守忠家境不是赤贫的揽工人，因为异人指下墓地还有个地权问题，能够如愿地选择或购置坟地，必定有一定资产做后盾，何况守忠选的坟场有几亩大，后来栽起1300多株树木，这绝不是一般贫雇农的气象；第二，当时守忠家离坟地不太远，按边大绶《塘报稿》和米脂进士高钿的考证，李自成祖墓在武家坡10公里外的黄龙岭附近，这守忠的家不会住在离这里30公里的李继迁，在这样远的路上一夜之间埋葬老人和搬迁20多座祖坟几乎是不可能的；第三，李守忠在子孙身上寄托的不只是人丁繁盛、家业兴旺，更有极大的政治抱负，即建立王霸之业；最后，他之所以跑到李继迁去生李自成，可能正是要托西夏先祖的洪福，实现他生个帝王的理想。正是培育帝王这个主导思想，使得李守忠葬父迁祖这件事闻名远近，也使得李自成“生在李继迁”成为广为传扬的美谈。

二是华岳乞子。

李守忠无子祷嗣事，《明史》《镇志》和怀、米《县志》均有记述，曹颖僧《览胜》综述“别传”，讲得具体：“守忠娶吕氏而无子，既以侄李自立为子矣；祷于华山，梦神告曰‘以破军星为若子’，而生自成。”该书称李过为从兄子，当即为自立之子，本地采用抚育促生育做法的不少，似乎抚育个侄子之类可以起个引导和屏蔽的作用。只是各书对守忠祈祷处所的记述有所不同，说祷于华山的居多，也有说是祷于华岳庙的，《永昌演义》更直指为家乡附近的小庙。华岳庙恐怕只在华阴县有吧，本地是不听说有华岳庙的。李自成祖墓前的引坟山上有座娘娘庙，祠的是九天圣母娘娘；乡人最熟悉的是《劈山救母》里的三圣母娘娘，因而把这座庙混称为华岳庙也有可能。李守忠向这位假想的三圣母娘娘乞祷，想望生一个能打败二郎、力劈华山的沉香式的儿子，是合乎情理之事。如果他确曾跋涉千里到华山去乞子，则一方面更可表明他的求子心切，再则更可显出这个农人的宏图大志，无怪乎他要给李自成取名为鸿基了，这不与“李氏当兴”是一条思路吗？李继迁奠定了西夏十三王、258载政权的鸿基，这不正是李守忠所钦慕的吗？这样看来，到李继迁遗址去生李自成，就是自然而然的了。

三是王者入帷。

生育帝王这个意识，也占据了李自成母亲的整个心灵。道光《怀志》李自成事略中载：“母吕氏，怀远堡人。生自成时，梦一冕旒如帝者旁有二貂珰翼之而进。因名自成为皇来子。”《米志·拾遗记》中也写着：“生自成，弥月之夕，其母梦一黄衣人如王者褰帷入。遂取名黄来儿。”俗话说：日有所思，夜有所梦。王充更讲：“思念存想，自见异物。”（《论衡·订鬼》）在陕北这个穷乡僻壤，最适宜李自成母亲产生帝王入怀梦想的环境，当推李继迁这个村庄，甚至就是可能与李继迁直接相关的这个地窨子了。做梦之事，别人无法做证，他母亲愿意说梦见什么都可以的。《览胜》在介绍过黄来儿的奇异来历后，还述有一事：“六岁教以识字，大能记忆，逾常儿，顾跳梁不可禁。守忠曰：‘黄来儿后当富贵，其如顽戾何？’”李自成必将富贵，已成其父母的坚定信念了。从有生以来，李自成一直耳濡目染这类神话，李继迁在李自成心目中占了无可比拟的地位，西安即位后，首先就“追王其先代，以李继迁为不祧之祖”（此据《米志》，《明史》则谓“以李继迁为太祖”）。李自成这个家族是否为李继迁后代，恐怕是说不清楚了；但李自成本人与李继迁有梦幻亲缘，看来是自认不讳而且以为荣耀的。横山群众普遍传扬闯王生在李继迁，许多官私史籍混称李自成是怀远堡人，这都是父母搞的迷魂阵所致；我们要走出这个迷魂阵，还得查看九处遗迹：

九处遗迹

本地传说的有关李自成家乡和青少年时代活动的遗迹，除李继迁的“闯王窑”外，集中在石窑沟乡长峁墕和大王山之间的山山沟沟里。5月2日下午和3日上午，我们在这一带走访了部分群众，察看了一些遗迹，对闯王家乡有了个大略印象。过去的史料，包括边大绶的《塘报稿》和曹颖僧的《览胜》，提供了一些基本的线索，我们又结合民间传闻，对村庄道里做了一些考证和核实，返回县城后也随时向有关干部群众进行调查，弥补这次浮光掠影的考察的不足。

这些遗迹使我十分确信：李自成故乡就在这个地方！

第一个遗迹，自然是史不绝书的祖墓了。墓地在长峁墕北边的老坟塌，东北为黄龙岭，正北为皇陵沟，西北为夏田峁、引坟山，正西为毛芦草沟，远处是牛心山，老坟塌为圆丘状，北面、西面是两道坡，塌与夏田峁之间有个不长的墕口，墕口上原有个土圪梁，已被刨平，群众传平士（阴阳先生）的话说，这块坟地好就好在那个土圪梁上。我对风水先生的一套没有研究；不过，看这个老坟塌的形状，再加上墕口的土圪梁，正像一只巨大的龟鳌。中国古代的石碑多用龟鳌做碑座，因为龟鳌既力大，又寿长。女娲补天时，曾叫巨鳌把三座山托到海里，成了蓬莱、方丈、瀛洲三座仙山，这不是龟鳌类负载能力的表现吗？边大绶的《塘报稿》称："相传营葬时有异人为之指画，以为三代之后当得极贵。"其中命意恐怕就是灵龟负载永为仙家吧！老坟塌北坡现有墓丛，丢些断碑残柱，据周姓人说是他们的祖坟；西坡的墓地，现已是层层梯田，埂上有处墓坑遗迹，梯田下边的大路上，也有近年汽车碾出的墓坑，但没有其他标志可寻。史载：李自成即位西安、进军北京之际，攻占了延安、榆林等地，"自成至延安，戎马万匹，旌旗数十里，遣伪礼政府侍郎姜学一祭墓"，"向为官军所发焚弃遗□，筑土葬之"（均见《米志》）。李自成祖墓命名为皇陵，肯定也就在这次衣锦还乡、光宗耀祖、诛灭掘墓仇人的行动中。高钿《三峰子李自成茔考》（以下简称《祖茔考》）记述："地广约三亩，虽冢墓平夷，土人尚禁樵采。"附近群众说，这里自来叫"忌坟"，是官地，直到1945年才被八路军的一个生产队开垦种上庄稼。需要辨别的是：许多史料把李自成祖墓与三峰子联系在一起，殊为失当。三峰子是个古砦，用以概称这个大范围地方是可能的，但不是具体的墓址；三峰子山在黄岭山以东5公里，属武镇乡，与长峁墕隔一道沟，同李自成祖墓没有关系，高钿的考证及别的一些记载大概是把引坟山与三峰子弄混淆了。边大绶《塘报稿》说："一昼夜行一百三十里始到其地，地名三峰子山。时遇大雪，深二尺余，山路陡滑，马不能进，职下马步行五六里，至其山。鸟道崎岖，久绝人迹，旋开道攀缘而上。又一里许，见窑舍十余处，墙垣尚存，即闯之院也。又过一山，至其墓地。”显然他们没有到三峰子山上去，而是经过三峰子底沟，走到老坟塌的。他们在李自成故乡留下了反动阶级卑劣而凶暴的可耻记录。

第二处遗迹是旧居。按边大绥所述方位和里程，“闯之庄院”当在引坟山与夏田峁之间；这帮人掘墓未完，“值天晚，难以下山，遂坐贼旧窑中向火”，可见李自成旧窑与祖墓在一座山上，且相去不远。听家在本地的同志讲，夏田峁后有一个古庄窠，古庄窠在马鞍梁下边，这与《塘报稿》是一致的。《延绥览胜》写道：“吾乡故老相传，自成生于李继迁，长于厂梁湾。”“厂梁湾位于武镇之西南，与自成祖墓之黑峰子相比邻，其形势地貌，迥异寻常。道光时某学使北上案试，称躬勘其境，断定其山背向旺气果超绝众岭。”这里说的黑峰子当是老坟塌旧名；而厂梁湾应为长梁湾，可能就是马鞍梁下的这个古庄窠之名；因为引坟山是一道长梁，长梁的头部就是长峁，大概长峁墕、长梁湾的得名都由引坟山这个大地形而来；引坟山的名称由老坟塌而来，原来或许就叫长梁峁。××梁、××峁，这是本地山川村镇命名的一个通例。现在群众传说的自成旧居在老坟塌正西约两公里的牛心山，与引坟山、夏田峁、老坟塌隔沟相对。牛心山村子左侧，也是个古庄窠，群众在修梯田种地中曾挖出一些烟囱，还有十六个细瓷碗。村人相传的李自成揽工住过的一个土窑洞，在10多年前，还有两丈多深，近年有人在下面修建，把这个窑洞劈去大部，现在只有窑掌的形状约略可辨。村人说：牛心山是高镇、石窑沟到武镇的大路，高、武镇赶集的人走到牛心山脑畔山上常常歇脚抽烟，指着闯王旧窑和远近遗迹漫谈闯王故事。牛心山的古庄窠与引坟山的古庄窠隔沟相向，究竟哪处是李自成故家？边大绥带的向导是曾为李自成祖父、父亲经营丧葬的同里人李诚，访查得李诚的艾诏可能正是李自成揽工时的主家，《塘报稿》又是向上司向朝廷报告工作的文件，所以说李自成村庄应该具有相当的可靠性；可是牛心山村人及附近群众为什么只说牛心山这孔土窑而不讲对岸庄院呢？是不是两说各有所据，故家在引坟山那边，而牛心山大窑只是后来揽工时拦羊种地的临时住址呢？李自成故家的具体定点是需要继续调查研讨的，但可以确定的是，不出引坟山为中心的三四里的范围，他的其他活动遗迹也是以引坟山为中心点辐射展开的。

闯王家乡有四处遗迹是跟他青少年时代的活动直接相关的，而且有生动的故事传说。其中两处我们看过，两处则未去，横山群众盛传的李自成葬父之地在脑门儿山下边，据说是一个向阳湾子。传说李自成和父亲背瓷器去卖，途中父亲病故，家穷无力安葬，便用两条瓮对着把父尸套住，填在狐狸窝里。后来李自成有力量搬埋父亲，打开临时墓穴时，芦苇根已将两瓮抬在空中，瓮中飞出的长翅膀蚂蚁遮天蔽日，这样把“风水”破了。附近群众记得，这个穴地上长一株红柠条，羊牲口都在这里站不住。在夏田峁和引坟山之间有个沙墕，从前有个大沙堆，李自成少年时给人家当帮羊的（做大拦羊人的助手），常在这儿放羊、歇晌。6月天正午，他坐在沙堆顶顶上，一群羊排成两行卧在下边，像文武百官向皇帝朝拜一样。他说这是“龙位”，大拦羊不信，往上一坐，羊群都跑散了。在螺圈山下的大沟里有个独立特起的小土山，传说那是闯王少年时的“龙墩”。这个小山与老崖之间有个平场子，只有一个出口，那是李自成的羊圈圐圙。李自成把羊群赶进平场子，自己坐在“龙墩”上，一天不到别处拦羊，羊也吃得饱饱儿的。近年前沟打起淤地坝，“龙墩”下边已淤起了地，放羊场子还未淹没，是保存最完好的一个遗迹。螺圈山上去是大王山，与引坟山相对，是马湖峪沟水系的两个流域面。石窑沟人说，大王山是李自成娘舅家，著名的“小红煞”故事就发生在那里。一天，舅家办喜事，李自成去行门户，路上碰见一个穿红衣服的年轻女人快步走着。李自成问她为什么急急忙忙赶路，红衣女子说：“我是小红煞，今天是我当值，前边那家人故意冲犯我，我要去摄造他们。”李自成便说，办事情是好事，你不用去说，我给他们说说。小红煞忙说：“有紫微星说情，我就不去了。”李自成到了舅家就责问平士（阴阳先生），为什么择这个犯小红煞的日子，平士笑着说：“虽是小红煞值日，但有紫微星挡驾，所以大吉大利！”众人非常惊异，李自成暗自高兴。行过礼后，李自成在一株大柳树下歇凉睡觉，听见有个声音说：“快动手！快动手！武器就在头浮起。”李自成抬头一看，满树柳椽都长成了，知道是神灵在召唤，便开始招兵买马，砍下柳把做武器。还有一次，李自成在大王山的大王庙里睡觉，来了几个刀客（强人），想杀李自成。但是他们看到一条白蛇在李自成的七窍里钻来钻去，惊奇地说“这人有星宿”，于是喊起李自成，结拜为兄弟，成了闯王打天下的将佐。这些传说，带有迷信色彩，可能是李自成编来服众或部下附会神化闯王的，但它有助于说明李自成足迹所至，说明李自成家乡所在。

在大王山与引坟山之间的大沟里，还有与闯王名字相关的三处遗迹：龙碑、旗杆、饮马泉。“龙碑”在大王山前高峁下，与“龙墩”距离不远；我们是在小蒜峁的半山坡上远眺这两处形胜的，边大绶所谓“鸟道崎岖”“攀缘而上”的地方，大概就是这个背坬。据说，“龙碑”原有四五丈高，1976年3月3日倒掉，引坟山上村子里的人都听到天空一声巨响。沈括《梦溪笔谈·雁荡山》中说的“今成皋、陕西大涧中，植土动及百尺”，就是这里传说的龙碑、旗杆之类，这些土柱在风吹日晒雨打水冲下极像天安门前的华表、纪念碑，又可能与李自成少年时的玩耍戏称有关，所以很引人注目。高锢《祖茔考》就提道：“又有土石结成螭首巨碑及旗杆一对，拔地特起，高逾数丈。”旗杆在龙碑的上游，是羊圈峁与拐沟峁之间一个小沟口的两个土桩，像大门外的一对旗杆。由于前沟大坝，现在浸跨。不过，只要在这四五丈高红胶石泡土层不被淹没，这样的旗杆还会生成，前沟的龙碑所在处就有一个新的土碑正在从老崖上游离出来，而且群众出于对闯王的喜爱，可能还会和他联系起来。1936年冬，皇陵沟塌崖淤住在坝滩上，冻出了人马树木钱财器物等等千奇百怪的冰花，远近军民师生争看不厌，群众说这是李闯王的显化，表明闯王不忘故乡人。饮马泉，已被坝滩吞没，我们未去看。不过，在调查李自成的经历和亲族时，饮马泉正是值得注意的。《横志》谓李自成“十余岁即与回回婆家牧马”；《明史》《米志》都有“安塞马贼高迎祥者，自成舅也”；李自成“二十一岁应募为银川驿马夫，因挟弓矢，习骑射，时供邮传”，各志大体都提到；《祖茔考》还说，李自成曾驻兵于大王山后十里的折家营。如果《览胜》引“别传”谓李守忠“隶行太仆，为养马户”属实，这李自成与马的不解之缘结得就更早了。那么，这个饮马泉是少年时代牧马所用，还是青年时代邮传回家所用？回回婆家是吕家，还是高家？婆家是大王山，还是长峁墕？驻兵折家营，是初起义时，还是西安称王后？这些问题，也是研究李自成家乡问题时应予澄清的。

《西游记》作者吴承恩有句诗：“山水每缘人得胜。”上述几处闯王遗迹之所以被横山人民传扬不断，还不是由于李自成在故乡人心中激起的景仰和骄傲之情所致吗？连做过清代广东文昌知县的《祖茔考》的作者也不禁由衷赞叹：“地灵人杰，理或然欤？”长峁墕附近群众不只讲述这几个具体遗迹，还把整个这一片山水都与李自成联系起来，所以我们最后再谈谈十八名山。

十八名山

李闯王十八架名山，是我们这次到长峁墕一带才听到的名胜。不是一村一人讲，而是几个村子的人都说，可见是有来由的。这些山名是：

牛心山，下山，大王山，半坡山，引坟山，下驴山，黄岭山，高庙山，张家山，大、小脑儿山，毛芦草山，夏田峁，小蒜峁，长山，大、小猪山，太木瓜山。

这些山可能有一定的编排，可惜没来得及细问；若编成巫山十二峰那样整齐的顺口溜，则不失为一方盛景。

长峁墕、大王山一带处在磨石沟、马湖峪沟、椰子沟、黑木头川等几个水系的分水岭上，山上有山，沟内有沟，是一块贫瘠之地。正是在这高山深沟的贫瘠之地上，磨炼和玉成了李自成以及李过、李来亨一批农民革命的领袖人物。群众把这一带的大山头都归在闯王名下，也不纯粹是溢美之词。李自成给米脂地主艾家放过羊，这是史书俱载的；武镇、石窑沟的土地大都属于米脂地主的领地，因而少年李自成牧羊故事可能就发生在给艾家揽工时。牧羊人是少不了要走遍方圆十数里的山山沟沟的，甚至天长日久了，把十八架大山编排起来，如同把羊群分为五卿四相、文武百官一样，也是驱除寂寞和痛苦的一种法儿。李自成还给人揽工种过地，《镇志》《米志》上都有记载。民间还流传一个李自成拜锄把的故事。一天，李自成与许多种田人一起在田间休息，大家商议拜锄把，谁能把锄把拜得立起来，就说明谁有“星宿”，结果，众人都拜不起来，只有李自成能拜起来，大家都拜服李自成。用现在盛传的气功和特异功能解释，这拜锄把的故事或许还是实有的；但这不是重要的，重要的是它反映了李自成由羊倌孩子王成长为群众领袖的足迹。李自成去当银川驿马夫（米脂城到鱼河堡的邮差），还不是最后离开家乡，由于崇祯朝财政危机，给事中刘懋上书“裁减驿站，岁可省金钱巨万”，李自成也被裁减回家。家乡人民推举李自成当了里长，“使主征会以自给”（《米志》）。李自成当里长时的作为，现在没听到传说，也没看到史料记载，有个“牛尾巴”的故事，姑且当它是“陈平宰社”看吧！少年李自成给财主家放牛，一天他和许多放牛娃一起约好，把财主的牛杀了，大家分肉吃，把牛尾巴插进一个大石缝里，然后，李自成装作心急火燎的样子，跑回去报告财主说：“不好了！那头牛正吃草，忽然‘哞’地叫一声，钻进石旮旯里去了，我们大伙连忙跑去捉，现在正搁着牛尾巴。”财主赶紧跑去看，果然见一群孩子吆喝着从石缝里拔牛尾巴。他正在疑惑，李自成在一旁悄悄问：“你是不是给老家亲还是哪个神神有许下还没还的口愿？”财主盘算了半天，鬼神之事谁能说清，也就只好作罢了。这个故事有些夸张，但它反映了他与地主阶级的矛盾冲突，是他劫富济贫、均田免粮思想的根苗；《平寇志》就有记载，说他是杀了米脂地主艾同知之后投奔农民起义军的。总之，李自成当里长肯定不会讨好财主家、坑害穷苦人；果然他比《聊斋 · 促织》里成名当里正落得更苦的结局：“值催科甚迫，县令笞之，加以杻”；成名经历了一番悲苦后，享了荣华富贵，李自成也开始了壮丽的生命里程：“自成脱去，窜入王左挂子、苗美队中，号八队闯将”（《米志》）；逼上梁山，自古而然，闯王怎会例外？十八架山可不可看成李闯王的社会基础呢？非常巧合，崇祯十一年春，李自成在潼关南原遭了一次大败，“尽亡其卒，独与刘宗敏、田见秀等十八骑溃围，窜伏商洛山中”（《明史》），也是十八！希腊神话中有个安泰，是大地的儿子，只要他的身体的一部分接触大地，他的力量就无比大，任何敌人打不败他。十八架名山，是闯王李自成力量的源泉，是他的大地母亲。

元杂剧里塑造了一位可亲可爱的农民英雄李逵的形象，大家称他是山儿李逵。山儿，多美的称号，他也可移赠李自成。李自成是中国封建社会向近代民主制过渡的先驱性人物。他的性格和思想中的民主性因素，如性甘淡泊，不贪酒色财货，均田免粮，剿兵安民，保护人民的严明军纪，民主式的合议制，改禹州曰均平府，等等，表明他像王夫之、顾炎武、黄宗羲等著名思想家一样，开启着中国新的世纪的曙色。但他思想中的封建迷信成分，又严重妨碍了他对政治军事情势的清醒估量，尤其在进北京后，自以为种种“龙星”的预言都应验了，就忘记了关外的严重敌情，也失去了对混进来的投机家牛金星之流的警惕，结果失去了力量支柱，失败得一塌糊涂。家乡人民中流传一个故事，是讽刺李自成的。故事说：闯王进北京后，有人问他什么最好，闯王回答过年最好。于是天天过年。结果应坐40年的天下，40天就坐完了。戴毡帽、穿缥衣、骑着乌驳马走进帝王宫殿的李自成自身，不一定很快就腐化起来，但他对自己队伍中享乐思想的泛滥却没有认真预防和节制，对贪官污吏的斗争又操之过急，这都是小生产者狭隘性的表现。李自成采用顾君恩的策略，先取西安，经营陕西，建立基业，后取北京，是正确的；但是，改延安府曰天保府，改米脂县曰天保县，把自己的力量，十八大山的力量，人民的力量，都归结为老天爷的力量，这就错得远了，老天爷看得起保佑一个穷山沟里的穷羊倌吗？

李自成是一颗划破中国封建时代茫茫夜空的巨大陨星。他的品格和作风，即使在地主阶级官方私人修撰的种种志书和史料中，也往往掩抑不住赞叹之声，人民群众的崇敬和爱戴之情则历十数代而无减有增。李自成这样杰出的农民领袖，出现在饥荒频仍、边患深重的横山大地上，是有其深刻的历史必然性的，我们应该倾注大力，研讨其中的经验教训。为了便于今人和后代研究、借鉴，我以为，应在横山县城、石窑沟乡长峁墕附近，修建李自成纪念馆、室。您的意见呢？

1988年8月2日

本篇文章发表于新疆人民出版社2000年出版的《鲲鹏展翅·毛泽东诗词新解说》一书（CIP数据字[1999]第76839号）。

后　　记

李赤先生去世已七年，《先生李赤》作为对李赤先生的纪念文集，在大家的努力下即将问世。

李赤是怎样一个人？人们为什么情不自禁地回忆李赤、怀念李赤、褒奖李赤？他给世人到底留下了什么？

李赤有节操有坚守，他是追求真理、心怀天下的读书人；他是勇敢前行、不畏艰险的开路者；他是学识渊博、培根铸魂的大先生。他一生坎坷，但济世之志未减。

李赤坚持“李赤理想”，他永远不可能成为众人心中所希望的“李赤”。他从不随遇而安、曲意逢迎，赢得卑微的认可。他宁肯捍卫真理而高傲地死，绝不服从强权而苟且地活。他义无反顾地为“李赤理想”而奋斗，这使他一直走在时代的激流险滩里，走在舆论的风口浪尖上。

在离开这个世界以后，他成为一个令人难以忘怀的故事，并且回味无穷。“李赤理想”与“理想李赤”永远是背离的，这正是李赤的魅力所在。

李赤的语文教学改革过去将近四十年，他的改革今天显见成效，在争议和质疑中经受住了时间的检验，同样经得起检验的还有他的毛泽东思想的研究。“要争千秋之高下，不较一日之短长”，这就是李赤。“理想李赤”是温情的幻影，它远远比不上“现实李赤”和“李赤理想”那样高亢、坚毅、磅礴、傲岸。

2015年仲夏，李赤门弟子发出“纪念李赤先生征文”倡议，熟悉和关心李赤的同学、朋友、同事、学生及家人积极响应，纷纷秉笔直书。至2021年夏截稿时，共收到60多篇纪念文章。这些文章从不同角度讲了心目

中的李赤。“由来意气合，直取性情真。”60多篇回忆文章宛如60多块塑材，塑造了一个完整、真实的李赤，一个不同凡响的李赤。

2021年7月17日，“李赤老师纪念文集出版筹备会”在榆林召开，特别邀请了榆林市政协原副主席张芳、横山区政协副主席曹楗翊、横山中学校长马小平等出席。感谢他们为“文集”的出版出谋划策，提出了很好的建议和意见。感谢“文集”的策划者和执行者，从文集命名、封面设计到内容编排，大家集思广益，不遗余力，才使“文集”得以顺利出版。

最后衷心感谢为“文集”撰稿的每一位作者。他们对李赤的书写，塑造了一个立体、全面的李赤，希望更多人透过文字，探寻“李赤理想”，走进李赤的精神世界。司马迁说：“古者富贵而名摩灭，不可胜记，唯倜傥非常之人称焉。”

让“非常之人”李赤的精神给我们的未来增添更多前行的力量与希望。孟子有言：“富贵不能淫，贫贱不能移，威武不能屈，此之谓大丈夫。”李赤的精神、品德凌霜雪而弥劲，与天日而相晖。让“先生李赤”在陕北大地找到更多的相知者和同行者。

李赤写过一副春联：“闻道春还未相识，走傍寒梅访消息。”今天，这本浸润着心香与墨香的文字，能否如冬天的腊梅，把冲天的香阵撒向横山大地、撒进那些追求理想的心灵，抵达那个生长思想的春天？

先生李赤不朽！

向所有为“文集”做出贡献的人致敬。